中國學術思想 研究輯刊

五 編

林慶彰 主編

第3冊

《易》元亨利貞四德之研究

吳雅清 著

花木蘭文化出版社

國家圖書館出版品預行編目資料

《易》元亨利貞四德之研究／吳雅清 著 — 初版 — 台北縣永和
市：花木蘭文化出版社，2009〔民98〕

目 2+302 面；19×26 公分

（中國學術思想研究輯刊 五編；第 3 冊）

ISBN：978-986-254-032-9（精裝）

1. 易經 2. 易學 3. 研究考訂

121.17 　　　　　　　　　　　　　　　　　　98014792

ISBN - 978-986-2540-32-9

9 789862 540329

中國學術思想研究輯刊

五 編 第三冊 　　　　　　　ISBN：978-986-254-032-9

《易》元亨利貞四德之研究

作　　者	吳雅清
主　　編	林慶彰
總 編 輯	杜潔祥
出　　版	花木蘭文化出版社
發 行 所	花木蘭文化出版社
發 行 人	高小娟
聯絡地址	台北縣永和市中正路五九五號七樓之三
	電話：02-2923-1455／傳眞：02-2923-1452
網　　址	http://www.huamulan.tw 信箱 sut81518@ms59.hinet.net
印　　刷	普羅文化出版廣告事業
封面設計	劉開工作室
初　　版	2009 年 9 月
定　　價	五編 20 冊（精裝）新台幣 33,000 元

《易》元亨利貞四德之研究

吳雅清　著

作者簡介

吳雅清，台灣大學中文系學士，文化大學藝術研究所美術組碩士，文化大學中文所博士。碩士論文：《八大、石濤合譜》，博士論文：《《易》元亨利貞四德之研究》。曾任國立台灣藝術教育館《藝術教育》月刊主編，現任國中國文科教師。對生命以及生活的動力和熱忱，來自於中國傳統儒家義理中對於人性的大信與堅持，期許自己於人性與哲理方面，有更深的理解，藉以在其中尋得安身立命的基石。

提　要

　　本論文旨在研究《易》經、傳「元、亨、利、貞」之字源、字義，和其可否形成「四德」；以及若其能形成「四德」，則在《易》經卦爻辭中應該如何以「四德」的角度詮釋卦理、卦義；最後，看看各卦如何與他卦旁通，才能儘量得以「元、亨、利、貞」，四德俱全。

　　研究程序為：首先以素樸之眼光（即不參考或引用任何對《易》經、傳的解說與注釋），而使用檢索法與歸納法先求《易經》與《易傳》文本中有「元、亨、利、貞」等字的相關文句，其可能的斷句方式與字義，並考察此四字是否可獨字為句，而將「元、亨、利、貞」四字字義整理出初步的結果。

　　有了以上的結論，再將《易經》與《易傳》之作者與成書時間提出目前在學術界的研究結果，並以此凸顯《易經》之卜筮色彩，與《易傳》之人文精神，兩者作一比較，且探索其中差異是如何過渡與演變的？接著以《易經》之卜筮色彩，與《易傳》之人文精神分別為《易經》與《易傳》中之「元、亨、利、貞」四字作字義上的延伸，看看其在《易經》與《易傳》中的意義有何相異、相同與相通之處，最後據此說明「四德說」的存在與其價值意義。

　　接著透過文獻考證，列舉歷代重要易學家有關「四德說」之內容，並溯源及歸納整理之，而比較其異同，最後說明「四德說」之存在淵源已久，且其來有自；再尋求文獻資料之支持，以肯定「元、亨、利、貞」之四德即源自《易傳》所謂的「乾元」。

　　繼而根據「四德說」來闡發《易經》六十四卦之卦理，以及分析其四德或有或無之因，和如何與其他相關之卦互通卦理，以期儘可能達到四德俱全之圓滿狀態，如果不能以相通卦理之卦互相輔助發明以達致四德俱全之圓滿狀態，則說明其可能的原因是什麼。

　　最後為本論文之結論：強調「四德」的存在與價值。

目
次

第一章　導　論

第一節　本文寫作動機

　　牟宗三先生在其《五十自述》第三章〈直覺的解悟〉中說到：

　　　　中國的文化生命、慧命，不能不說是集中在《易經》與《春秋》。這
　　　　實在是兩部大經。……我讀著《易經》，是直想著伏羲畫八卦是在宇
　　　　宙洪荒原始混沌中靈光之爆破。那是一種生命之光輝，智及之風姿。
　　　　全部〈繫辭傳〉是智慧之光輝，是靈感之周流。那光輝更潤澤、更
　　　　嘉祥；那靈感更清潔、更晶瑩。無絲毫火氣。正投著我那年輕時之
　　　　單純，想像之開擴，原始生命從原始混沌中之向外覺照，向四面八
　　　　方湧現那直覺的解悟。〔註1〕

初讀此文，深爲之動容，有關《易經》的文字看過的也算不少，但從未見過
有如此形容《易經》的，簡直將《易經》藝術化、生命化了，然而它也使我
終於了解：爲何一向喜愛文學、藝術的我，對《易經》的接觸卻始終若即若
離：若離是因性情使然，避理論、哲理猶恐不及，然一旦遠離了理論根基、
與相關師友的提撕，又漸漸自覺有所慊餒，若無根之萍，浮游無所定著，因
此又回頭來沐浴知性的光輝，與親近師友，爲補縫我性情和學問上的欠缺，
此若即之因。今讀此文，乃知這兩種態度，其間並無鴻溝或撕裂，若覺得有
縫罅，實因一己之識力與體驗不足所致。哲理可以是如此「更潤澤、更嘉祥」，

〔註1〕　牟宗三：《五十自述》（臺北：聯經出版事業公司，2003 年 4 月印本，《牟宗三
　　　　先生全集》32），頁 39。

其靈感「更清潔、更晶瑩」，而「向四面八方湧現那直覺的解悟」，牟先生讀《易》至此，可謂逐湊精微，與道冥合了。

漢班固曾言：「六藝之事，樂以和神，仁之表也；詩以正言，義之用也；禮以明體，明者著見，故無訓也。書以廣聽，知之術也；春秋以斷事，信之符也。五者，蓋五常道，相須而備，而易爲之原。」〔註2〕可見《易經》確爲五經之原。曾昭旭師也指出：

> 在以實踐爲本的中國哲學中，《易》到底是佔著一個怎樣的地位？這應是一個既重要又饒富趣味的問題。在六經中，孔子刪詩書、訂禮樂、贊易、作春秋，已可見六經可概分爲三組，而各有其體用本末。詩書是生命歷史的事實紀錄，乃一切人文制作與詮釋的現實基礎；……禮樂是人文制作的結構與鋪揚，乃所以使生命事實顯現其道德與藝術之價值者。……易春秋是對人文制作的後設反省與批評，乃所以貞定人文活動以使其不變質流失者。就中批評活動（春秋）又須據最高原則（易）以行，故易爲體，春秋爲用。合以上三組，即《春秋繁露·玉杯篇》所謂：「詩書序其志，禮樂純其美，易春秋明其知。」〔註3〕

曾師之文闡析詩書、禮樂、易春秋此三組的內容，其文與所引《春秋繁露·玉杯篇》謂「詩書序其志，禮樂純其美，易春秋明其知」互相發明，綜二者之要，皆與「善、美、眞」之領域若合符節，然前二者之根基究竟須立於「眞」之上，方能有所固著與依附，因此我選擇以易、春秋這組當中的「體」——即《易經》——爲研究的對象，我認爲《易》中大有幽玄弘旨，值得鼓勇一探，因此選定「《易》元亨利貞四德之研究」作爲論題，以進行探討。

第二節　《易》「經」與「傳」問題的釐清

本文主題爲「《易》元亨利貞四德之研究」，所以有必要在進入「元、亨、利、貞」的研究主題之前，先對《易經》一書有關其「經」與「傳」的問題做一釐清的工作。自來一般傳統觀念中所提《周易》一書，其實皆包括有「經」

〔註2〕　班固：《漢書·藝文志》第10（臺北：鼎文書局，1974年10月印本），卷30，頁1723。

〔註3〕　曾昭旭：《在說與不說之間》（臺北：漢光文化事業公司，1992年2月印本），頁53。

與「傳」兩部分：「經」即是指六十四卦之符號與其下所繫之卦辭，以及三百八十四爻之下所繫之爻辭；而「傳」則包括有〈象上〉、〈象下〉、〈象上〉、〈象下〉、〈文言〉、〈繫辭上〉、〈繫辭下〉、〈說卦〉、〈序卦〉和〈雜卦〉，共計有十篇，又名爲《十翼》，至西漢以後，即以《易傳》之專名稱之。〔註4〕

但治《易》之學者對《易經》與《易傳》所持之觀點，自民國以來已有不同的看法：第一類觀點認爲應將《易經》與《易傳》合爲一個整體來看，並認爲《易傳》能確實闡釋及發明《易經》的道理，此爲「經、傳合一」的看法，也是傳統的看法；第二類觀點則認爲《經》是《經》、《傳》是《傳》，即將《易經》與《易傳》分別來看：《易經》是西周卜官所彙編而成的占筮之書，無義理可言；《易傳》則是戰國至西漢的儒者所獨立寫成的發揮儒家義理之作，並非一時、一地、一人之作，也非必然根據《易經》之原意來發揮撰述而成，此爲「經、傳獨立」的看法。

所謂「經、傳合一」的看法，其實與《易經》與《易傳》的作者有關：持此類觀點的學者認爲《易經》是由伏羲畫八卦，文王由之演爲六十四卦，並作卦、爻辭繫於卦爻之下（然東漢馬融又主張：爻辭爲周公所作），孔子則作《十翼》以解經，因此，《易經》與《易傳》是一脈相成的，而有此「經、傳合一」的看法。如〈繫辭・上〉即云：

> 古者包羲氏之王天下也，……近取諸身，遠取諸物，於是始作八卦。

而關於周文王將之演爲六十四卦，並作卦、爻辭，則見諸《史記・周本紀》：

> 西伯蓋即位五十年，其囚羑里，蓋益《易》之八卦爲六十四卦。

另外，《史記・日者傳》亦云：

> 自伏羲作八卦，周文王演三百八十四爻，而天下治。

而《十翼》爲孔子所作的看法，亦載於《史記》，《史記・孔子世家》記載：

> 孔子晚而喜易，序象、繫、象、說卦、文言。

是故西漢之後的文獻，皆承續此種看法，如《漢書・藝文志》言：

> 文王以諸侯順命而行道，天人之占，可得而效。於是重易六爻，作
> 上、下篇，孔氏爲之象、象、繫辭、文言、序卦之屬十篇。故曰：
> 易道深矣！人更三聖，世歷三古。

此外，《漢書・藝文志》亦記載著：

〔註4〕見韓仲民《帛易說略》（北京：北京師範大學出版社，1992年印本），頁100
～103。

昔宓羲氏始畫八卦，以通神明之德，以類萬物之情；蓋因重之，爲
六十四卦。及乎三代，實爲三易：夏曰連山，殷曰歸藏，周文王作
卦辭，謂之周易。周公又作爻辭。孔子爲彖、象、繫辭、文言、序
卦、說卦、雜卦，而子夏爲之傳。

至唐陸德明，於其《經典釋文》中則云：

孔子彖辭、象辭、文言、繫辭、說卦、序卦、雜卦，謂之「十翼」。

是以唐孔穎達之《周易正義》曰：

其彖、象等「十翼」之辭，以爲孔子所作，先儒更無疑義。

而明確持「經、傳合一」看法的學者，始於東漢鄭玄，鄭玄注《易》是將〈彖〉、
〈象〉分別繫屬於各卦卦辭與爻辭之下，此即是抱持「經、傳合一」的看法，
才會直接的將《經》、《傳》混融在一起編排；〔註5〕至魏晉王弼注《易》，不但
沿襲鄭玄注《易》本的編排觀點，甚至更將〈乾·文言〉與〈坤·文言〉分別
繫屬於乾、坤兩卦之後；以致迄唐之孔穎達作《周易正義》，乃直接採王弼注《易》
本加以解說，可見孔穎達亦是持這種「經、傳合一」的觀點，認爲《經》、《傳》
是一不可分割的「文本」，此觀點直至清代，仍是易學上的主流。

另一方面，持「經、傳獨立」看法的，則始於宋歐陽修《易童子問》卷
三：

繫辭……文言、說卦而下，皆非聖人之作；而眾說淆亂，亦非一人
之言也。

至《古史辨》的顧頡剛〔註6〕、李鏡池〔註7〕、錢穆〔註8〕、余永梁〔註9〕等先
生，則由甲骨文出土之文獻，和《左傳》、《國語》等先秦文獻記載中，提出
「經、傳獨立」的看法。

後因漢石經《周易》殘字的出土，以及一九七三年湖南長沙馬王堆第三

〔註5〕 參見屈萬里：《漢石經周易殘字集證》（臺北：聯經出版事業公司，1984 年印本），
卷 1，頁 18～25。以及屈萬里：《先秦文史資料考辨》（臺北：聯經出版事業公
司，1985 年印本），頁 309～310。另外持此類看法的學者，還有：湯用彤：〈王
弼之《周易》《論語》新義〉、張善文〈王弼改定《周易》體制考〉，此二文見
林慶彰編《中國經學史論文選集》上冊（臺北：文史哲出版社，1992 年印本）。

〔註6〕 顧頡剛：〈周易卦爻辭中的故事〉、〈論易繫辭傳中觀象制器的故事〉，見顧頡
剛編：《古史辨》第 3 冊（臺北：明倫出版社，1970 年 3 月印本）。

〔註7〕 李鏡池：〈易傳探源〉、〈論易傳著作時代書〉、〈周易筮辭考〉，見同註 6 之書。

〔註8〕 錢穆：〈論十翼非孔子作〉，見同註 6 之書。

〔註9〕 余永梁：〈易卦爻辭的時代及其作者〉，見同註 6 之書。

號墓出土之《帛書周易》，有更多的學者爲文說明「經、傳獨立」的看法，如屈萬里〔註10〕、嚴靈峰〔註11〕、高亨〔註12〕、李學勤〔註13〕，及韓仲民〔註14〕等先生，皆有此方面的論述。另外還有其他學者在其著作中，也是以《易經》與《易傳》分別來作理解與論述的，其意亦即認爲：二者應分別言之，故可將彼此視爲獨立的著作來看待，如戴璉璋〔註15〕、范良光，〔註16〕以及徐志銳〔註17〕等諸位先生。

如李鏡池先生，於其〈周易筮辭考〉一文中，即表達了他對「元、亨、利、貞」此四字的看法：

> 「利貞」並不是什麼「德」。「利」字不能獨立；「貞」字亦要與他詞連結而成文；就是「元」字也不過是個副詞，只能說「元亨」，不能說「元，亨」。只有「利貞」連文，沒有「利」、「貞」分立；分開則不能獨立成一種意義：——「利」本來可以說是獨存的，因爲「利」與「無不利」是相對待的；但《周易》中沒有單用個「利」字。……「貞」字更沒有單用的，……只有個「亨」字是獨立成義的。……那裡去找「四德」？〔註18〕

然李鏡池亦於其〈易傳探源〉一文中有言：

> 易雖是筮書，而儒家不妨拿來做教科書，只要能夠加以一種新解釋，賦以一種意義。——這是《周易》所以能加入《詩》《書》《禮》《樂》一群而成爲「經」底最先的根基。〔註19〕

可知李鏡池先生之意，雖是力求恢復《易經》卦爻辭的原意，然亦不否定《易

〔註10〕屈萬里：《漢石經周易殘字集證》（臺北：聯經出版事業公司，1984 年印本），《先秦文史資料考辨》（臺北：聯經出版事業公司，1985 年印本），〈周易卦爻辭成於周武王時考〉，見《易學論著選集》（臺北：長安出版社，1991 年印本）。

〔註11〕嚴靈峰：《易學新論》（臺北：正中書局，1979 年印本）。

〔註12〕高亨：《周易古經今注》（北京：中華書局，1989 年 2 月印本），《周易古經通說》（臺北：洪氏出版社，1977 年 9 月印本），《周易大傳今注》（濟南：齊魯書社，1981 年印本）。

〔註13〕李學勤：《周易經傳溯源》（臺北：長春出版社，1992 年印本）。

〔註14〕同註4，韓仲民：《帛易說略》。

〔註15〕戴璉璋：《易傳之形成及其思想》（臺北：文津出版社，1989 年印本）。

〔註16〕范良光：《易傳道德的形上學》（臺北：臺灣商務印書館，1982 年 5 月印本）。

〔註17〕徐志銳：《周易大傳新注》（臺北：里仁書局，1995 年 10 月印本）。

〔註18〕同註6，顧頡剛編：《古史辨》第 3 冊，頁 201～202。

〔註19〕同註6，顧頡剛編：《古史辨》第 3 冊，頁 102。

傳》依文託義的做法，而認爲有其價值。

繼李先生之後有高亨先生，於其《周易古經今注·序》中說到：

> 我主張講《易經》不必受《易傳》的束縛，談《易傳》不必以《易經》爲歸宿，照察兩書的本來面貌，探求兩書的固有聯繫，才是研究《周易》經傳的正確途徑。這就是我不守《易傳》的理由。〔註20〕
>
> 《易傳》的解經，誠然有正確的成分，但是有許多地方不符合經文的原意。而且《易傳》的作者們常常假借經文，或者誤解經文，或者附會經文，來發揮自己的哲學觀點，又夾雜一些象數之說。……因此，我認爲研究《周易》古經，首先應該認識到《周易》古經本是上古的筮書，與近代的牙牌神數性質相類，並不含有什麼深奧的哲理。〔註21〕

高亨先生並在《周易古經通說》中說到：

> 乾、隨之「元亨利貞」，猶言大享利占耳。文言、左傳四德之說，既無當於乾、隨二卦之旨，亦大有背於周易全經之義。〔註22〕
>
> 文言、左傳妄以四德釋之，千載學者爲其所蔽，致周易古經之初旨晦龥不明，甚可慨也。〔註23〕

其文謂「元亨利貞」，「猶言大享利占耳」，而對《易》中其他與元、亨、利、貞等字相關辭句的解釋，如對於「利於……之貞」、「元永貞」、「不可貞」、「利於不息之貞」……的解釋，則付之闕如，如此即驟下「文言、左傳妄以四德釋之，千載學者爲其所蔽」的結論，似乎過爲武斷了。

「元、亨、利、貞」四字皆可各自獨立爲句爲義，其歸納整理，以及證據之徵引，詳見第二章，在此不贅言。因爲「元、亨、利、貞」四字在《易》經、傳中皆可各自獨立爲句爲義，故本文不採高亨先生以「元亨利貞」爲「大享利占」的觀點，而以「元、亨、利、貞」爲乾元之「四德」，其證成之過程與論述，則詳見第二、三、四章。

高亨先生雖不同意「元、亨、利、貞」爲「四德」，但他也承認：「然而我們如果不管《易傳》解經的是非，而只就傳文所表現作者們的思想體系而

〔註20〕高亨：《周易古經今注》（北京：中華書局，1989年2月印本），頁3。

〔註21〕同註20，高亨：《周易古經今注》，頁7～8。

〔註22〕高亨：《周易古經通說》（臺北：華正書局，1967年印本），頁89。

〔註23〕同註22，高亨：《周易古經通說》，頁99。

論，那末《易傳》還是古典哲學中異常重要的著作。」〔註24〕可見高亨先生仍無法漠視《易傳》的重要性。

由以上將「經、傳合一」與「經、傳獨立」兩種觀點的比較中可知：對經、傳二者之間的關係採取不同的觀點，將導致完全不同的研究易學之角度，最後當然也可能獲致判若雲泥的研究結果，因此本文先將此一問題作一釐清，以便能夠切入進行本文最重要之議題「元、亨、利、貞」的探討與研究。

如若要對此一看似分裂的觀點尋求一個解決方案，可參考陳蘭行《《易傳》之解經學研究》中所採的觀點：

> 在「《易傳》解經學」這個理解的觀點下，因爲將《易經》視爲一部「文本」，《易傳》即是一個詮釋者，沒有了《經》，即沒有了詮釋的對象，那《傳》的詮釋即不可能產生；沒有了《傳》的詮釋，即沒有了一理解的詮釋主體，那《經》的文本只是一個歷史的存在，沒有在不斷的詮釋中賦予一新的意義生命。〔註25〕

陳蘭行並據此作成結論：「在這個『《易傳》解經學』的觀點下，則傳統的看法便能避免將《經》、《傳》視爲一義的困境，同時也能合理說明《經》、《傳》爲何可視爲一整體，而使得《周易》一書獲得一致的解釋。至於異於傳統的看法，則也能根據這個觀點，而使得其對《經》是占筮，《傳》是義理的懷疑，得到合理的說明，同時也不必苦於將《經》、《傳》分開而獨立看待。」〔註26〕

又說此「《易傳》解經學」之成立條件爲：「《易經》的『卦爻辭』時代產生在先，解經的《易傳》寫作在後，而且這個在文獻資料上的確切證據，也能同時滿足『《易傳》解經學』這個論題成立的必要條件。」〔註27〕從而確定「《易傳》解經學」的意義和價值。

楊儒賓先生對《易經》和《易傳》之間錯綜的關係，則更爲深入的說到：

> 《易傳》作者解經時，乃是以極虔誠的態度去闡幽發微，彰顯經之大義。此種作傳的立場，恐怕不能以歷史的偶然，或外在因素機械的湊合等角度，來加以解說的（事實上，此種解釋不是解說，而是

〔註24〕同註20，高亨：《周易古經今注》，頁8。
〔註25〕陳蘭行：《《易傳》之解經學研究》（臺北：中央大學中國文學研究所碩士論文，1994年6月），頁22～23。
〔註26〕同註25，陳蘭行：《《易傳》之解經學研究》，頁23。
〔註27〕同註25，陳蘭行：《《易傳》之解經學研究》，頁23。

解消）。否則，《易傳》裏的許多觀點，即無從解釋。……我們如從
《易經》此書的性質著眼，自然可以辯解說：《易傳》所以採取這
種獨特的模式，泰半的原因早已爲此書的性質所限定。因爲此書多
爲象徵的語言，象徵的語言自然就難求指涉對象的一致；……但，
另外一個更可能的原因，也許是《易傳》作者站在當時的思想水平
上，蓄意地要將往聖原始而渾沌的洞見，與當時儒者所達到、所關
懷與所面對的問題，兩者熔爲一爐，同時加深並加寬兩方原有的境
域。〔註28〕

楊儒賓先生認爲《易傳》作者解經，是以當時的思想水平爲起點，而刻意的
要將以往聖人「原始而渾沌的洞見」，與當時儒者所面對的問題，兩者熔合在
一起，而認爲《易傳》作者不只是想解經，更要「同時加深並加寬兩方原有
的境域」，此實爲的論。楊儒賓先生接著說：

換言之，《易傳》之注經，並非僅求經文字面意義所指涉者，而是以
對話兼闡發的立場，超越了文字、歷史情境，甚或原作者心理「原
意」之藩籬，以直驅《易經》得以成立的理論根基。然而，此種超
越原作者心理「原意」之模式，並非即爲主觀獨斷，強作解人。因
爲聖人精神風貌所凝聚的經典，仍是《易傳》作者關懷投注的焦點，
爲其詮釋時發展的起點，亦爲理論回歸時的終點。就普見於傳統型、
宗教型人士的「永恆回歸」〔註29〕之心態而言，《易傳》之釋經，仍
是要求符合「原意」。其外在風貌之歧異，只是考慮的層面不同所致
而已。〔註30〕

由此可知：《易經》與《易傳》各有其不可磨滅及替代的重要性，而其中二者
相關聯的部分，特別是《易傳》詮釋《易經》的角度，和將之加深、加廣、
加高的詮釋觀點，更是值得我們研究的課題。

〔註28〕 楊儒賓：〈從氣之感通到貞一之道〉，見楊儒賓、黃俊傑編：《中國古代思維方
式探索》（臺北：正中書局，1996年11月印本），頁167～168。

〔註29〕 根據楊儒賓原文之注：人往往不能忍受太多世俗經驗的累積，所以到了某
一階段後，這些世俗的經驗會被轉型，融化到無時空的原型上去。據耶律
亞德所論，往原型的永恆回歸，乃是近代化以前，原始部落與各大文明共
同的特色（雖然其原型各不相同），也是它們的存有論。不回歸，則此世界
必變爲虛妄不實。參見 Eliade，The Myth of Eternal Return，pp.34-48，New
York，1965。

〔註30〕 同註28，楊儒賓、黃俊傑編：《中國古代思維方式探索》，頁168。

第三節　《易》「元、亨、利、貞」論題的提出及其意義

　　《易經》卦爻辭中，「元、亨、利、貞」等字屢見，今通行本之《易經》，以乾、坤爲首，其卦辭皆有「元、亨、利、貞」四字，乾卦之卦辭但言：「元亨利貞」，此外更無他字，因此，「乾」是否就是「元、亨、利、貞」之全部涵義？而「元、亨、利、貞」是否構成所謂「四德」？這在歷代易學中誠爲一重要議題，如清焦循作《易通釋》，卷一即是論元、亨、利、貞，〔註31〕民國以後高亨先生著《周易古經通說》，其中第五篇爲〈元亨利貞解〉；〔註32〕蒙傳銘先生之《易學新探》，亦有〈周易「元亨利貞」析論〉一篇；〔註33〕而黃慶萱先生《周易縱橫談》中亦有〈周易元亨利貞析論〉專文一篇；〔註34〕方中士先生也以「周易元亨利貞四德說研究」爲題，寫成碩士論文；〔註35〕都曾將「元亨利貞」四字加以分析研究，亦各有所發明。本文第四章「『四德』說之源流與建立」，即是將東漢至民國以來，前人研究此議題之具代表性著作，舉其大要，並綜合析評之，最後提出一己之看法，希於《易》中「元、亨、利、貞」之義，有進一步的釐清與認知。

　　其中，方中士先生之論文：《周易元亨利貞四德說研究》，從題名上看來，本文似與其有重複之虞，實際上不然，以下即條列本文與方中士先生論文不同之處：

　　一、本文同時肯定《易經》與《易傳》中皆有「四德」之存在，而方先生論文所作成之結論，基本上雖是肯定四德說之價值、意義，然此價值、意義僅只限於「對於易傳有決定義理性格之價值」〔註36〕、「若欲明瞭易傳，莫若以四德說爲基礎、綱領爲最佳」，〔註37〕此乃因「卦爻辭之『元亨利貞』及易傳中之『元亨利貞』各有其義，而所謂四德者，應當只就乾坤文言傳及乾坤象傳中言

〔註31〕焦循：《易通釋》（臺北：新文豐出版公司，1983 年 10 月印本，趙韞如編《大易類聚初集》第 20 冊）。
〔註32〕其書同註 22：高亨：《周易古經通說》。
〔註33〕蒙傳銘：〈周易「元亨利貞」析論〉，《中國學術年刊》第 2 期（1978 年 6 月）。
〔註34〕黃慶萱：《周易縱橫談》（臺北：東大圖書公司，1995 年 3 月）。
〔註35〕方中士：《周易元亨利貞四德說研究》（高雄：高雄師範學院國文研究所碩士論文，1987 年 5 月）。
〔註36〕同註 35，方中士：《周易元亨利貞四德說研究》，頁 214。
〔註37〕同註 35，方中士：《周易元亨利貞四德說研究》，頁 215。

天道處說解，即使以坤之卦辭『元亨利貞』亦不必解爲四德」，〔註38〕是故，「考究卦爻辭『元亨利貞』者貶抑文言傳四德說爲誤解附會故不必，言義理者以四德說解通六十四卦之經傳，亦爲不必也。」〔註39〕

　　方先生此結論與本文同時肯定《易經》與《易傳》中皆有「四德」之存在，大爲不同。

　　二、本文並進一步認爲：《易傳》中之四德，乃直接承自《易經》而來，且最後果以「四德說解通六十四卦之經傳」，可謂與方先生之觀點：「言義理者以四德說解通六十四卦之經傳，亦爲不必也」，二者截然不同。

　　三、本文有詳細證成與論述「四德」之過程：如在本文第二章中，檢索所有《易經》與《易傳》之文句，並歸納出「元、亨、利、貞」此四字皆有獨字爲句之例，與方之論文研究結果：「元亨當爲一句，利貞當爲一句」〔註40〕絕不相同；在第三章中本文則上探《易經》編訂成書之過程，從而認定：由《易經》一書卦爻辭之編排方式可看出，其中已充滿了編訂者所欲強調的義理；再者，本文上溯「元、亨、利、貞」之個別原始字義，則此四字之初始義即蘊含有德性的意思；接著探討由《易經》之卜筮易，到《易傳》之義理易，是怎樣合理轉化的，而其在歷史與文獻中的演變軌跡又是如何，從而深化及確立「四德」之存在及其價值。

　　方先生之論文則無上述證成與論述「四德」之過程，此亦爲本文與方先生論文之不同處。

　　由歷來研究「元、亨、利、貞」之專文，或直接標舉「四德說」的解說文章，其篇數甚夥可知：學界對「元、亨、利、貞」之義，一直有迫切求解的渴望，因爲《易》爲五經之原，而其中頻頻出現的「元、亨、利、貞」等字，更顯得有爲其確定意義的需要，金元浦先生在其《接受反應文論》中說到：

> 構成的本文在接受者意識中引起了對語言的穩定意義的期待，因爲語言一旦被運用，人們便總是試圖理解它的真實意義。

> 對於穩定意義的基本期待是促使讀者對文學本文的意義逐步現實化的前提。……換言之，具有多義性的本文只有經過排他性的選擇，才能獲得某種明確的意義。但這種明確的意義必須在閱讀過程中本

〔註38〕同註35，方中士：《周易元亨利貞四德說研究》，頁214。

〔註39〕同註35，方中士：《周易元亨利貞四德說研究》，頁213～214。

〔註40〕同註35，方中士：《周易元亨利貞四德說研究》，頁213。

文各部分穩定意義形成的基礎上產生。因爲具有多義性的本文不可能在整體上立即被讀者所理解，只有當它的各部分獲得了穩定的意義時，其整體意義才會逐步實現。〔註41〕

的確，「對於穩定意義的基本期待」實是一很本能的需求，在追求「其整體意義」之前，「各部分穩定意義」有必要先呈顯出來，否則即無法完整呈現其整體意義，而「元、亨、利、貞」四字在整部《易經》中隨處可見，是《易經》當中很重要的部分，的確有先將之梳理、歸納及確定意義之必要。

但從另一個角度而言，「文本」之被多重解釋，也是它不可擺脫的命運，金春峰先生說：

《周易》的這種兩重性：在占卜者手中，是占卜的工具，是信仰與神秘的啓示錄，是與巫術相聯繫的；作爲精心編纂而成的著作，又蘊涵《周易》編纂者對世界之複雜關係的認識與看法，從而使《周易》成爲智慧與人生經驗的某種總結，成爲理性發展的工具，成爲訓練與啓迪智慧的一種「源頭」，並能在以後朝完全義理與哲學的方向進行詮釋，而終於成爲一哲理與義理的「文本」。……追究原因，這應與《周易》編纂者的兩重屬性有密切關係。〔註42〕

另一原因，則在它被編纂爲一種「文本」這一事實本身。「本文」一旦成爲「文本」，就具有「文本」本身所具有的屬性，那就是被多重詮釋的可能性。《周易》之具有上述兩種基本屬性，正是它作「文本」所具特性的表現。〔註43〕

《易經》以其圖象式、象徵式的陰陽爻形成卦畫，其初始之詮釋空間已是寬闊，雖然後來被繫之以卦爻辭，仍不能脫其被多方詮釋的可能，此固因《周易》之編纂者同時具有占卜者與史官的身分，一方面也因爲它既已作爲一「文本」，就不能脫離被多方詮釋的命運，再加上《易經》主「立象以盡意」（〈繫辭〉），象徵式的符號和語言很容易形成箭垛式的詮釋可能，因此本文欲釐清有關「元、亨、利、貞」之理論，並探求「元、亨、利、貞」之眞意，以求教於學界先進。

〔註41〕金元浦：《接受反應文論》（濟南：山東教育出版社，1998 年 10 月印本），頁53。
〔註42〕金春峰：《《周易》經傳梳理與郭店楚簡思想新釋》（臺北：臺灣古籍出版公司，2003 年 4 月），頁28～29。
〔註43〕同註42，金春峰：《《周易》經傳梳理與郭店楚簡思想新釋》，頁30。

第四節 本文的研究方法與論述程序

本文研究方法與論述程序爲：首先儘可能以素樸之眼光（即不參考或引用任何對《易》經、傳的解說與注釋），而使用檢索法與「歸納法」先求《易經》與《易傳》文本中有「元、亨、利、貞」等字的相關文句，其可能的斷句方式與其字義，並考察此四字是否可獨字爲句，而將「元、亨、利、貞」四字字義整理出初步的結果，此爲第二章之內容。

所謂「歸納法」就是：「從個別、特殊知識概括或推導出一般性知識的推理方法」，〔註44〕而歸納原理成立的客觀基礎是「個性和共性的統一。……任何關於個別事實的單稱判斷都包含某種一般性，因而通過個別可以認識一般。這是歸納法從個別推出一般的合理性和可靠性依據。」〔註45〕而歸納法當中又包含有「完全歸納法」，使用該方法的前提是：「一、必須確實知道該類對象的數量；二、必須對所有對象加以考察。」〔註46〕而該方法由於其「前提窮盡了同類對象，其結論一般是可靠的。」〔註47〕根據該方法的使用條件可知：本文的確適合使用「完全歸納法」，藉以獲致可靠的結論。

在第三章中，則進一步對《易經》與《易傳》之作者與成書時間提出目前在學術界的研究結果，並以「比較法」來凸顯《易經》之卜筮色彩，與《易傳》之人文精神，且進一步探索其中差異是如何過渡與演變的？接著再一次以《易經》之卜筮色彩，與《易傳》之人文精神分別爲《易經》與《易傳》中之「元、亨、利、貞」四字作字義上的延伸，看看其在《易經》與《易傳》中的意義有何相同、相異與相通之處，最後據此說明「四德說」的存在與其價值意義。

所謂「比較法」，就是「認識對象之間的相同點或相異點的邏輯方法。事物間的差異性和同一性是運用比較法的客觀基礎。比較事物的差異性，就可以對事物加以區別；比較事物的同一性，可以認識事物間的相互聯繫。」〔註48〕所以，對探討《易經》中之卜筮色彩如何過渡到《易傳》中的人文精神之歷程，是適合以比較法來進行分析的。

〔註44〕王海山主編：《科學方法百科辭典》（臺北：恩楷公司，2003 年 2 月印本），頁22。

〔註45〕同注44，王海山主編：《科學方法百科辭典》，頁22。

〔註46〕同注44，王海山主編：《科學方法百科辭典》，頁22。

〔註47〕同注44，王海山主編：《科學方法百科辭典》，頁22。

〔註48〕同注44，王海山主編：《科學方法百科辭典》，頁17。

接著在第四章中，透過文獻考證，列舉歷代重要易學家有關「四德說」之內容，並溯源及歸納整理之，而比較其異同，最後以「論證法」說明「四德說」之存在淵源已久，且其來有自；再尋求文獻資料之支持，以肯定「元、亨、利、貞」之四德即源自《易傳》所謂的「乾元」。

所謂「論證法」即是：「根據某個或某些判斷的真實性，來證明另一判斷的真實性的方法」，〔註49〕而此方法若「運用不完全歸納法進行論證，要想獲得可靠的結論，就必須選擇有代表性的典型事例」，〔註50〕本文因篇幅所限，無法一一例舉史上所有易學家對於「四德說」的觀點，因此只能舉出歷代重要易學家有關「四德說」之內容，而以「不完全歸納法」來論證「四德說」的存在。

在第五、六章中，則據「四德說」以「演繹法」闡發《易經》六十四卦之卦理，以及分析其四德或有或無之因，和如何與其他相關之卦互通卦理，以期儘可能達到四德俱全之圓滿狀態，如果不能以相通卦理之卦互相輔助發明以達致四德俱全之圓滿狀態，則說明其可能的原因是什麼。

所謂「演繹法」，是「按照一定的邏輯規則從若干命題（前提）直接引出一個命題（結論）的推理方法。其特點是：前提與結論之間有蘊涵關係（即必然聯繫），如果前提正確，並採用正確的推理形式，則導出的結論一定正確。」〔註51〕這樣，「如果前提是真的，且推理形式有效，在演繹推理中就能把已經隱含在前提中的知識揭示出來，得到正確的結論。」〔註52〕根據先前的歸納與論證結果，若「四德說」確然存在，則據此演繹及分析《易經》六十四卦之各卦、爻，其四德或有或無之因，並藉之以闡發各卦卦理，和援引其他相關各卦之卦理與卦德，以期儘可能達到四德俱全狀態之闡明與敘述，也必然是正確的。

第七章為結論，強調「四德」的存在及其價值。

此為本文大致的研究進路。

〔註49〕同注44，王海山主編：《科學方法百科辭典》，頁38。
〔註50〕同注44，王海山主編：《科學方法百科辭典》，頁39。
〔註51〕同注44，王海山主編：《科學方法百科辭典》，頁29。
〔註52〕同注44，王海山主編：《科學方法百科辭典》，頁30。

第二章 《易》經、傳「元、亨、利、貞」字義之初步歸納

第一節 概 說

「元、亨、利、貞」四字，在《周易》經、傳中多有所見，有四字連用者，如乾、屯、隨、臨、無妄、革等卦辭；有四字分用成二句者，如言「元亨」、「利貞」等卦爻辭；有單用一字者，如言「元吉」、「亨」、「小亨」、「光亨」，或言「利」、「小利」、「不利」、「無攸利」、「無不利」，及「貞」、「貞吉」、「貞凶」、「貞厲」、「貞吝」、「可貞」、「不可貞」等卦爻辭；也有隔字而用者，如言「元永貞」、「利艱貞」、「利女貞」、「利君子貞」、「不利君子貞」、「利牝馬之貞」、「利幽人之貞」、「利武人之貞」等卦爻辭，諸如此類，不一而足，一部《周易》經、傳，到處可見此四字，可知欲通曉《周易》，則有必要先將此四字意義梳理清楚，否則在研讀經、傳文字時，必多扞格而難通之處。

「元、亨、利、貞」四字，歷來各家解說文字，頗有出入，例如蒙傳銘先生〈周易「元亨利貞」析論〉〔註1〕一文，其結論是將四字爲二字一斷，是爲「元亨，利貞」，並且以此否定歷來之「四德說」；方中士先生碩士論文《周易元亨利貞四德說研究》〔註2〕則以爲卦爻辭之「元亨利貞」與易傳之「元亨利貞」各有其義，二者無涉；黃慶萱先生〈周易元亨利貞析義〉〔註3〕則認爲

〔註1〕 蒙傳銘：〈周易「元亨利貞」析論〉，《中國學術年刊》第2期（1978年6月）。
〔註2〕 方中士：《周易元亨利貞四德說研究》（高雄：高雄師範學院國文研究所碩士論文，1987年5月），頁214。
〔註3〕 黃慶萱：《周易縱橫談》（臺北：東大圖書公司，1995年3月印本），頁144。

卦爻辭中有「元」「亨」「利」「貞」分用者，有「元亨」連用者，有「利貞」連用者，有「元亨利貞」連用者，四字可分可合，然細觀其論點，則謂：「『元亨利貞』，雖連用成句；然各字分別爲義，亦不無可能。」〔註4〕而論「元亨」「利貞」分用者則有『『利貞』既有與獨立之『亨』連用或隔用者，則謂『利貞』連用必連義成一詞，恐亦非確論」之語，〔註5〕則其語氣態度似又將「元亨利貞」可分立言之，只是在其結語中仍以「元，亨，利，貞」、「元，亨，利貞」、「元亨；利貞」、與「元亨利貞」四種斷句並存，〔註6〕其立論之主要觀點，是認爲《易》本占筮之書，喜作模稜語，因此「元亨利貞」四種斷句並存，是有可能的。這樣的結論，可說是圓融而包容性最大的，並且，也不否定「四德」的存在。

有關「元、亨、利、貞」此四字個別特殊的德性與意義，將待到下一章節再進行探討，本章先行確定此四字是否能介然分立爲四。

以下第二、三節即對《易》經、傳原文作一文本上的地毯式搜索，以探「元亨利貞」各字在經、傳中的語言脈絡，進而定其斷句之法。

第二節　《易》經中「元、亨、利、貞」字義之初步歸納

一、「元」

「元」字在《易經》中以下列幾種文句脈絡出現，依次歸納如後：

（一）元亨利貞

1. 乾卦辭：「乾：元，亨，利，貞。」
2. 屯卦辭：「屯：元，亨，利，貞；勿用有攸往，利建侯。」
3. 隨卦辭：「隨：元，亨，利，貞，無咎。」
4. 臨卦辭：「臨：元，亨，利，貞；至于八月有凶。」
5. 無妄卦辭：「無妄：元，亨，利，貞；其匪正有眚，不利有攸往。」
6. 革卦辭：「革：己日乃孚，元，亨，利，貞，悔亡。」

〔註4〕 同註3，黃慶萱：《周易縱橫談》，頁136。
〔註5〕 同註3，黃慶萱：《周易縱橫談》，頁137。
〔註6〕 同註3，黃慶萱：《周易縱橫談》，頁137。

（二）元　亨

1. 坤卦辭：「坤：元，亨，利牝馬之貞。君子有攸往，先迷，後得主，利。西南得朋，東北喪朋。安貞，吉。」

2. 大有卦辭：「大有：元，亨。」

3. 蠱卦辭：「蠱：元，亨，利涉大川；先甲三日，後甲三日。」

4. 升卦辭：「升：元，亨，用見大人，勿恤，南征吉。」

（三）元　吉

1. 坤六五：「黃裳，元吉。」

2. 訟九五：「訟，元吉。」

3. 履上九：「視履考祥，其旋元吉。」

4. 泰六五：「帝乙歸妹，以祉元吉。」

5. 復初九：「不遠復，無祇悔，元吉。」

6. 大畜六四：「童牛之牿，元吉。」

7. 離六二：「黃離，元吉。」

8. 損卦辭：「損：有孚，元吉，無咎，可貞，利有攸往。曷之用？二簋可用享。」

9. 損六五：「或益之十朋之龜，弗克違，元吉。」

10. 益初九：「利用爲大作，元吉，無咎。」

11. 益九五：「有孚惠心，勿問，元吉：有孚惠我德。」

12. 井上六：「井收，勿幕：有孚，元吉。」

13. 鼎卦辭：「鼎：元吉，亨。」

14. 渙六四：「渙其群，元吉；渙有丘，匪夷所思。」

（四）元永貞

1. 比卦辭：「比：吉。原筮，元，永貞，無咎。不寧方來，後夫凶。」

2. 萃九五：「萃有位，無咎，匪孚；元，永貞，悔亡。」

（五）元　夫

1. 睽九四：「睽孤；遇元夫，交孚，厲無咎。」

《易經》「元」字小結

由以上歸納所有《易經》卦爻辭有「元」字的例句可得知：

1. 似乎沒有「元」字單獨成義的，不是「元、亨、利、貞」四字一起出

現，就是「元亨」、「元吉」、「元夫」，「元」字可作爲一個副詞或形容詞，冠在形容詞或名詞之前，因此「元亨」即「大亨」、「元吉」即「大吉」、「元夫」即「大夫」之意；「元夫」即「大夫」殆無疑義，然「元亨」、「元吉」似亦可斷爲「元，亨」、「元，吉」，而解爲：「本來就亨（吉）」、或「自初始就亨（吉）」的意思。

2. 「元，永貞」此例較爲難解，在此例中，「貞」字無論是作動詞（貞定）或形容詞（正固），都不妨礙「元」字依其語脈來判定，應是名詞無疑，屈萬里先生謂：「比卦辭之『元，永貞，無咎』、萃九五之『元，永貞，悔亡』者，元蓋如屯九五『大貞凶』之大，此字當截句，謂遇大事而永守其常則無咎、則悔亡也。」〔註7〕其釋「元」之意爲「大事」，仍是將之視爲一名詞，因此，「元」字在《易經》卦爻辭中是可以作爲名詞來使用的，是以〈乾・文言〉通篇文字也才能直接稱「乾」爲「乾元」，此於下一章中將有較爲深入的探討，在此暫不深究。

詳細推究屈萬里先生以「元永貞」比較「大貞凶」兩卦爻辭之例句，則可發現此二句事實上不可平行比擬：雖然兩例句皆是三個字，也都有「貞」字，但其結構卻決不相同，似不可把「大貞凶」中的「大」字直接搬來解釋「元永貞」的「元」，更何況如果單指「大事」一義，何不援舊例用「大」字而成「大永貞」，以減少改用「元」字的疑義呢？再者，屈先生謂「元，永貞，無咎」或「元，永貞，悔亡」爲「遇大事而永守其常則無咎、則悔亡」，則其所謂「大事」又何所指？如果說「大事」指的是「國之大事在祀與戎」，「祀」之事容或可「永守其常」，然「戎」之事如何可「永守其常」？況且〈繫辭・下〉第八章說到：「易之爲書也，不可遠，爲道也屢遷，變動不居，周流六虛，上下無常，剛柔相易，不可爲典要，唯變所適」，則不論大事或小事，如何可以「永守其常」呢？除非談到易之基本原理，即「元」爲「乾元」之意，才談得上「永貞」（「永守其常」）的意思，而「乾元」即是創造性的生生之力，「元永貞」就是「永保其創造性的生生之力」，而後乃能「無咎」、「悔亡」也。〈乾・文言〉曰：

> 乾元者，始而亨者也。利貞者，性情也。乾始能以美利利天下，不
> 言所利，大矣哉。大哉乾乎，剛健中正，純粹精也。

則唯有「乾元」，乃是「剛健中正，純粹精也」，也因此其不變的「變」（生生）

〔註7〕屈萬里：〈說易散稿〉，見《書傭論學集》（臺北：聯經出版事業公司，1984年7月印本，《屈萬里全集》第2輯），頁32。

之特性，乃能「永守其常」，而不變其純粹精一的特質。

　　故於此「元，永貞」二例句（即比卦辭之「元，永貞，無咎」、萃九五之「元，永貞，悔亡」），足證「元」字在《易經》卦爻辭中是可以當成「乾元」來解釋的，而此二例句中，「元」即包含有乾元「生生不息」的德行，可見「元，亨，利，貞」當中首字的「元」，是可以獨立成爲一義、乃至於成爲一德的。

　　由以上歸納可知：「元」字在《周易》中是可以作爲名詞來使用的，且可獨立爲一義；黃慶萱先生在其〈周易元亨利貞析論〉中亦對此有特別的說明：

　　　　比卦辭、萃九五爻辭，皆言「元，永貞。」此處「元」爲四德之「元」，
　　　　獨自成一句讀。比卦辭下，《伊川易傳》釋云：「元謂有君長之道；
　　　　永謂可以長久；貞謂得正道。」至於萃九五爻辭之言「元，永貞。」
　　　　李鼎祚《周易集解》引虞翻云：「元，永貞與比象同義。」《伊川易
　　　　傳》釋云：「元，首也，長也。爲君德，首出庶物，君長群生。有尊
　　　　大之義焉；有王統之義焉。而又恒永貞固，則通於神明，光於四海，
　　　　無思不服矣。」所釋甚符卦爻辭「元，永貞」之初義。〔註8〕

此以程頤與虞翻之意解「元，永貞」，甚能符合其卦爻辭涵義，從而斷定「此處『元』爲四德之『元』，獨自成一句讀」。接著，黃慶萱先生又解釋「永貞」之意，並認爲高亨以增字來解「元永貞」，是曲解了經文之意：

　　　　蓋「元」爲元首之德；「永貞」爲恆永貞固。「元」「永貞」不得合爲
　　　　一也。高亨作〈元亨利貞解〉既以「元亨」爲一句，「利貞」爲一句
　　　　矣。乃於比卦辭「元」下，謂當有「亨」字；於萃九五爻辭「元」
　　　　下，謂疑脫「吉」字，擅添文字，改易古經，以牽就己意。通人亦
　　　　不免爲成見所蔽，此其例也。後學若余，可不慎歟！〔註9〕

黃慶萱先生直接將「元永貞」二例句斷句爲「元，永貞」，這樣更能清楚的看出「元」字的獨立性，及其作爲「卦德」的明確性，因此，斷句爲「元，永貞」，遠比「元永貞」更能表示出義理的深刻內涵，以及「元」德「剛健中正，純粹精也」的充沛原動力。至於高亨先生「擅添文字，改易古經，以牽就己意」，實非研究經典之正確示範，故於經典文字，還是要尊重原貌，參酌可靠版本才好，不可強自附會，純爲一己之說法作開解。

〔註8〕　同註3，黃慶萱：《周易縱橫談》，頁138。
〔註9〕　同註3，黃慶萱：《周易縱橫談》，頁138。

二、「亨」

（一）元亨利貞

同「元」之第一例。

（二）元 亨

同「元」之第二例。

（三）某亨（某為卦名）

1. 蒙卦辭：「蒙亨。匪我求童蒙，童蒙求我；初筮告，再三瀆，瀆則不告，利貞。」
2. 小畜卦辭：「小畜亨；密雲不雨，自我西郊。」
3. 謙卦辭：「謙亨，君子有終。」
4. 噬嗑卦辭：「噬嗑亨，利用獄。」
5. 賁卦辭：「賁，小利有攸往。」
6. 復卦辭：「復亨，出入無疾，朋來無咎；反復其道，七日來復。利有攸往。」
7. 咸卦辭：「咸亨，利貞；取女吉。」
8. 恆卦辭：「恆亨，無咎，利貞，利有攸往。」
9. 遯卦辭：「遯亨，小利貞。」
10. 萃卦辭：「萃亨，王假有廟，利見大人，亨，利貞；用大牲吉，利有攸往。」
11. 困卦辭：「困亨；貞，大人吉，無咎；有言不信。」
12. 震卦辭：「震亨。震來虩虩，笑言啞啞；震驚百里，不喪匕鬯。」
13. 豐卦辭：「豐亨，王假之；勿憂，宜日中。」
14. 兌卦辭：「兌亨，利貞。」
15. 渙卦辭：「渙亨，王假有廟，利涉大川，利貞。」
16. 節卦辭：「節亨，苦節不可貞。」
17. 小過卦辭：「小過亨，利貞；可小事，不可大事；飛鳥遺之音，不宜上，宜下，大吉。」
18. 未濟卦辭：「未濟亨；小狐汔濟，濡其尾，無攸利。」

（四）某亨（某為光、吉、用、小）

1. 需卦辭：「需：有孚，光亨，貞吉，利涉大川。」

2. 泰卦辭：「泰：小往大來，吉亨。」

3. 大有九三：「公用亨于天子，小人弗克。」

4. 隨上六：「拘係之，乃從維之；王用亨于西山。」

5. 益六二：「或益之十朋之龜，弗克違，永貞吉；王用亨于帝，吉。」

6. 升六四：「王用亨于岐山，吉，無咎。」

7. 困九二：「困于酒食，朱紱方來，利用亨祀；征凶，無咎。」

8. 旅卦辭：「旅：小亨，旅貞吉。」

9. 巽卦辭：「巽：小亨，利有攸往，利見大人。」

（五）亨

1. 履卦辭：「履虎尾，不咥人，亨。」

2. 否初六：「拔茅茹以其彙，貞吉，亨。」

3. 否六二：「包承，小人吉；大人否，亨。」

4. 同人卦辭：「同人于野，亨，利涉大川，利君子貞。」

5. 大畜上九：「何天之衢，亨。」

6. 大過卦辭：「大過：棟橈；利有攸往，亨。」

7. 離卦辭：「離：利貞，亨；畜牝牛吉。」

8. 萃卦辭：「萃亨：王假有廟，利見大人，亨，利貞；用大牲吉，利有攸往。」

9. 鼎卦辭：「鼎：元吉，亨。」

10. 節六四：「安節，亨。」

（六）維心亨

1. 坎卦辭：「習坎：有孚，維心亨，行有尚。」

（七）亨　小

1. 既濟卦辭：「既濟：亨小，利貞，初吉終亂。」

《易經》「亨」字小結

由以上歸納《易經》卦爻辭中有「亨」字的例句可得知以下結論：

1.「亨」字可單字獨立成義：不單是第五種例句中的十個例子如履卦辭：「履虎尾，不咥人，亨」，或大畜上九：「何天之衢，亨」等例句如此，即連第三種例句中的十八句，如謙卦辭：「謙亨，君子有終」，噬嗑卦辭：「噬嗑亨，利用獄」，這樣在卦名之後緊接「亨」字的例句，其卦名與「亨」字之間的句

讀也是可有可無的，如加上句讀，變成「謙：亨，君子有終」，或「噬嗑：亨，利用獄」，亦不妨害其原來的意義，因爲在卦名後緊接「亨」字的十八個例句，都是在說明該卦大致上亨通，容或有一些不同的先決條件，則將在卦辭的其他部分說明這些條件；因此，「卦名」與「亨」字當中有無句讀，只在朗讀時的停頓或連貫上造成區別，對於語意則無絲毫差異。因此可知：「亨」字是可以單字獨立成義的。

2. 至於第四種例句：某亨（某爲光、吉、用、小），則整理如下：

（1）「用亨」有五例

大有九三：「公用亨于天子，小人弗克。」

隨上六：「拘係之，乃從維之；王用亨于西山。」

益六二：「或益之十朋之龜，弗克違，永貞吉；王用亨于帝，吉。」

升六四：「王用亨于岐山，吉，無咎。」

困九二：「困于酒食，朱紱方來，利用亨祀；征凶，無咎。」

很明顯的在此五例句中，「亨」皆爲「享」字之借，因此「用亨」實際上是「用享」之意，即「舉行祭享之儀式」，而與「亨」之成一義、一德無直接關係，故在論「亨」字字義時，可暫不列入討論範圍內。

（2）「光亨」、「吉亨」各有一例

需卦辭：「需：有孚，光亨，貞吉，利涉大川。」

泰卦辭：「泰：小往大來，吉亨。」

「光亨」、「吉亨」各依照其字面意思是：「光明而亨通」、「吉祥而亨通」，於整卦的卦義上也說得通。於此也可以看出：若去掉「光」字或「吉」字，於卦辭之義改變並不大，至多是在說明其卦亨通的狀況是「光明的」或「吉祥的」，如此而已，無論是「光」字或「吉」字，皆用來形容「亨」字，是作爲副詞來使用。

（3）「小亨」與「亨小」，其例句如下

旅卦辭：「旅：小亨，旅貞吉。」

巽卦辭：「巽：小亨，利有攸往，利見大人。」

既濟卦辭：「既濟：亨小，利貞，初吉終亂。」

旅卦與巽卦之卦辭其實同於第三種例句，即在卦名之後緊接「亨」字的例句，只是在這兩卦中，雖有亨通之特性，然而只是小小的亨通，並不像蒙、小畜、

噬嗑等十八個卦，在配合著其餘卦辭所敘述的條件之下，是大致亨通的；而旅卦、巽卦即使配合了卦辭的其他條件，也只是小小的亨通，不能大意輕忽，還是必須戒慎恐懼以行之，所以其〈象〉辭皆曰：「旅，小亨，……是以小亨。」「重巽以申命……是以小亨。」

在既濟卦的例子中，也有將其卦辭斷成「既濟：亨，小利貞，初吉終亂」的，不過究屬少數，因為如此斷句，實難解釋其卦義；細究既濟之「亨」，實不可能於全卦皆亨，因其卦辭即言明「初吉終亂」，則既濟如何能全卦得「亨」？再者，既濟卦之後是未濟卦，未濟卦是打破既濟卦舊有的秩序，欲從破壞中另起爐灶再建設起來，設若既濟能亨通，則何須未濟卦大費周章、大開大闔的又破壞又建設？何況〈既濟·象〉中已言明：「既濟亨，小者亨也；利貞，剛柔正而位當也。」是以「亨小」應解為「亨於小」、「於小為亨」之義，小者為陰，於陰為亨，即於結構秩序而言為亨，既濟每一爻皆得位，內外卦的相對二爻也兩兩呼應，實在是秩序井然森嚴，看起來真是又亨、又利、又貞，然其實於此凝滯僵化的結構中，恰恰不能符合《易》之「生生不息」、「瞬息萬變」的基本原理，因此卦辭才明白的警告「初吉終亂」也。有關各卦卦義之分析，在第五、六章中，將有詳盡的闡析，於此不贅述。

3. 維心亨：此例句僅此一例，出現於坎卦卦辭：

習坎：有孚，維心亨，行有尚。

維是語助詞，「維心亨」乃因前面的「有孚」而來，有此誠信（孚）能度險難，則內心自可以通達無礙。程頤注坎卦曰：「陽實在中，為中有孚信。維心亨，維其心誠一，故能亨通，至誠可以通金石，蹈水火，何險難之不可亨也？」〔註10〕接著注解「行有尚」為：「以誠一而行，則能出險，有可嘉尚，謂有功也，不行，則常在險中矣。」〔註11〕可見「其心誠一」，遇險都能亨通，且能建功；其心駁雜昏昧，縱使處於順境，亦是處處碰壁，終無所獲。則此「心」字可否與動力的根本——「元」字——接頭，實是耐人尋味之處。

在此提供一古印度思想，或者可作為參佐，日本瑜珈學者龍村修先生說：

古代印度人，把創造宇宙所有現象的宇宙原理、根本法則，又把造此宇宙的根本能量，稱之為「梵」（普拉夫曼）。另一方面當成現象表現出來的，以個人中心產生功能的法則與能量，稱為「我」（阿圖曼）。

〔註10〕黃忠天：《周易程傳註評》（高雄：復文圖書出版社，2000年9月印本），頁331。
〔註11〕同註10，黃忠天：《周易程傳註評》，頁331。

於是在重覆著體驗與思索中，下了個結論，認爲此二者終究在本質
上是相同的（梵我一如）。又認爲人生是爲了領悟此二者是相同，而
給與的。如果能成爲梵我一如的狀態，就可從一切束縛中解脫出來。
〔註12〕

就是說：「造此宇宙的根本能量」與「以個人中心產生功能的法則與能量」，
二者在本質上是相同的。龍村修先生並說：「這用日本話就以『梵我一如』或
『我即宇宙』或『生命即神』……來表示。」〔註13〕

　　換個方式來講，以中國哲學觀之，就是「天人合一」、「心即理」、「除此
心以外別無宇宙」的意思。在「水洊至」（〈坎‧大象〉）的坎卦裡，其情勢可
謂險之又險，作《易》者不說「元亨」（本來就亨、或說又有原動力又能亨通）
來使占卦者見之如吃了定心丸一般，反而要說「維心亨」，可謂用「心」良苦，
是要特別點醒占卦者「除心之外，別無能亨通者」，只要此心常在腔子裡，此
心不灰，則無論如何（即使在困境中）都能夠亨通。

三、「利」

（一）元亨利貞

　　同「元」之第一例。

（二）利　貞

1. 蒙卦辭：「蒙亨，匪我求童蒙，童蒙求我；初筮告，再三瀆，瀆則不告，
   利貞。」
2. 大畜卦辭：「大畜：利貞；不家食，吉，利涉大川。」
3. 離卦辭：「離：利貞，亨，畜牝牛吉。」
4. 咸卦辭：「咸亨，利貞，取女吉。」
5. 恆卦辭：「恆亨，無咎，利貞。利有攸往。」
6. 遯卦辭：「遯亨，小利貞。」
7. 大壯卦辭：「大壯：利貞。」
8. 明夷六五：「箕子之明夷，利貞。」

〔註12〕龍村修著，楊增紅、林英昭譯：《當爲生活方法的瑜珈》（臺北：中華民國沖
　　　　道瑜珈會，2003 年 3 月印本），頁 258～259。
〔註13〕同註12，龍村修著，楊增紅、林英昭譯：《當爲生活方法的瑜珈》，頁 258～259。

9. 損九二：「利貞，征凶，弗損益之。」

10. 萃卦辭：「萃亨，王假有廟，利見大人，亨，利貞；用大牲吉，利有攸往。」

11. 鼎六五：「鼎黃耳，金鉉，利貞。」

12. 漸卦辭：「漸：女歸吉，利貞。」

13. 兌卦辭：「兌亨，利貞。」

14. 渙卦辭：「渙亨，王假有廟，利涉大川，利貞。」

15. 中孚卦辭：「中孚：豚魚吉，利涉大川，利貞。」

16. 小過卦辭：「小過亨，利貞；可小事，不可大事；飛鳥遺之音，不宜上，宜下，大吉。」

17. 既濟卦辭：「既濟：亨小，利貞，初吉終亂。」

（三）利某貞／不利某貞

1. 坤卦卦辭：「坤：元，亨，利牝馬之貞。君子有攸往，先迷，後得主，利。西南得朋，東北喪朋。安貞吉。」

2. 坤用六：「利永貞。」

3. 屯初九：「盤桓，利居貞，利建侯。」

4. 否卦辭：「否之匪人，不利君子貞，大往小來。」

5. 同人卦辭：「同人于野，亨，利涉大川，利君子貞。」

6. 隨六三：「係丈夫，失小子；隨有求得，利居貞。」

7. 觀六二：「闚觀，利女貞。」

8. 噬嗑九四：「噬乾胏，得金矢；利艱貞，吉。」

9. 大畜九三：「良馬逐，利艱貞；日閑輿衛，利有攸往。」

10. 明夷卦辭：「明夷，利艱貞。」

11. 家人卦辭：「家人，利女貞。」

12. 升上六：「冥升，利於不息之貞。」

13. 艮初六：「艮其趾，無咎，利永貞。」

14. 歸妹九二：「眇能視，利幽人之貞。」

15. 巽初六：「進退，利武人之貞。」

（四）利某／不利某／小利某

1. 乾九二：「見龍在田，利見大人。」

2. 乾九五：「飛龍在天，利見大人。」

3. 屯卦卦辭：「屯：元，亨，利，貞，勿用有攸往，利建侯。」

4. 屯初九：「盤桓，利居貞，利建侯。」

5. 蒙上九：「擊蒙，不利為寇，利禦寇。」

6. 需卦辭：「需：有孚，光亨，貞吉，利涉大川。」

7. 訟卦辭：「訟：有孚窒惕，中吉終凶；利見大人，不利涉大川。」

8. 師六五：「田有禽，利執言，無咎；長子帥師，弟子輿尸，貞凶。」

9. 同人卦辭：「同人于野，亨。利涉大川，利君子貞。」

10. 豫卦辭：「豫：利建侯行師。」

11. 蠱卦辭：「蠱：元，亨，利涉大川；先甲三日，後甲三日。」

12. 賁卦辭：「賁亨：小利有攸往。」

13. 剝卦辭：「剝：不利有攸往。」

14. 復卦辭：「復亨：出入無疾，朋來無咎；反復其道，七日來復，利有攸往。」

15. 無妄卦辭：「無妄：元，亨，利，貞，其匪正有眚，不利有攸往。」

16. 無妄六二：「不耕穫，不菑畬，則利有攸往。」

17. 大畜卦辭：「大畜，利貞，不家食，吉。利涉大川。」

18. 大畜九三：「良馬逐，利艱貞；日閑輿衛，利有攸往。」

19. 頤上九：「由頤，厲吉。利涉大川。」

20. 大過卦辭：「大過：棟橈；利有攸往，亨。」

21. 恆卦辭：「恆亨：無咎，利貞，利有攸往。」

22. 蹇卦辭：「蹇：利西南，不利東北；利見大人，貞吉。」

23. 蹇上六：「往蹇，來碩；吉，利見大人。」

24. 解卦辭：「解：利西南，無所往；其來復吉，有攸往，夙吉。」

25. 損卦辭：「損：有孚，元吉，無咎，可貞；利有攸往，曷之用？二簋可用享。」

26. 損上九：「弗損益之，無咎，貞吉。利有攸往，得臣無家。」

27. 益卦辭：「益：利有攸往，利涉大川。」

28. 夬卦辭：「夬：揚于王庭，孚號有厲；告自邑，不利即戎；利有攸往。」

29. 姤九二：「包有魚，無咎，不利賓。」

30. 萃卦辭：「萃：亨，王假有廟，利見大人，亨，利貞。用大牲吉，利有

攸往。」

31. 鼎初六：「鼎顛趾，利出否；得妾以其子，無咎。」

32. 漸九三：「鴻漸于陸，夫征不復，婦孕不育，凶，利禦寇。」

33. 巽卦辭：「巽：小亨，利有攸往，利見大人。」

34. 渙卦辭：「渙亨：王假有廟，利涉大川，利貞。」

35. 中孚卦辭：「中孚：豚魚吉，利涉大川，利貞。」

36. 未濟六三：「未濟：征凶，利涉大川。」

（五）利用某

1. 蒙初六：「發蒙，利用刑人；用説桎梏，以往吝。」

2. 需初九：「需于郊，利用恆，無咎。」

3. 謙六五：「不富以其鄰，利用侵伐，無不利。」

4. 謙上六：「鳴謙，利用行師，征邑國。」

5. 觀六四：「觀國之光，利用賓于王。」

6. 噬嗑卦辭：「噬嗑亨，利用獄。」

7. 益初九：「利用爲大作，元吉，無咎。」

8. 益六四：「中行告公從，利用爲依遷國。」

9. 萃六二：「引吉，無咎。孚乃利用禴。」

10. 升九二：「孚乃利用禴，無咎。」

11. 困九二：「困于酒食，朱紱方來，利用亨祀；征凶，無咎。」

12. 困九五：「鼻刖，困于赤紱，乃徐有説，利用祭祀。」

（六）無不利／無攸利

1. 坤六二：「直方大，不習無不利。」

2. 屯六四：「乘馬班如，求婚媾。往吉，無不利。」

3. 蒙六三：「勿用取女，見金夫，不有躬，無攸利。」

4. 大有上九：「自天祐之，吉無不利。」

5. 謙六四：「無不利，撝謙。」

6. 謙六五：「不富以其鄰，利用侵伐，無不利。」

7. 臨九二：「咸臨，吉，無不利。」

8. 臨六三：「甘臨，無攸利。既憂之，無咎。」

9. 剝六五：「貫魚以宮人寵，無不利。」

10. 無妄上九：「無妄，行有眚，無攸利。」

11. 頤六三：「拂頤，貞凶。十年勿用，無攸利。」

12. 大過九二：「枯楊生稊，老夫得其女妻，無不利。」

13. 恆初六：「浚恆，貞凶，無攸利。」

14. 遯上九：「肥遯，無不利。」

15. 大壯上六：「羝羊觸藩，不能退，不能遂，無攸利，艱則吉。」

16. 晉六五：「悔亡。失得勿恤，往吉，無不利。」

17. 解上六：「公用射隼于高墉之上，獲之無不利。」

18. 萃六三：「萃如嗟如，無攸利，往無咎，小吝。」

19. 鼎上九：「鼎玉鉉，大吉，無不利。」

20. 歸妹卦辭：「歸妹：征凶，無攸利。」

21. 歸妹上六：「女承筐無實，士刲羊無血，無攸利。」

22. 巽九五：「貞吉，悔亡，無不利，無初有終：先庚三日，後庚三日，吉。」

23. 未濟卦辭：「未濟：亨。小狐汔濟，濡其尾，無攸利。」

（七）利

1. 坤卦卦辭：「坤：元，亨，利牝馬之貞。君子有攸往，先迷，後得主，利。西南得朋，東北喪朋。安貞吉。」

（八）利 已

1. 大畜初九：「有厲，利已。」

《易經》「利」字小結

由上述歸納所有《易經》卦爻辭有「利」字的例句，可得知以下結論：

1. 第四種句型「利某／不利某／小利某」所見例句最多：這種句型即是從「利某」這樣最初、最簡單的句型衍化而來，其後可接人、事、或者方向，譬如「利建侯」、「利見大人」、「不利涉大川」「小利有攸往」、「利西南，不利東北」、「不利賓」等等，觀其句義，「利」字皆可解釋為「利於……」或「對於……是有利的」，可將之視為動詞或形容詞，而其本義皆是「利益」也。

2. 由以上小結論可知：「利」字最常作「利於……」或「對於……是有利的」的解釋，試將之套入到其他句型，看看是否仍可通用：則第二與第三種句型「利貞」、「利某貞／不利某貞」，加起來共三十二個例句皆仍可適用，「利貞」之意即「利於守貞」，而「利某貞／不利某貞」則可釋為「利於……之貞固」及「不

利於……之貞固」，至於「貞」字字義，則待到下一小節再做詳細探討。

　　3.「利用某」此一句型中也有十二個例句之多，「利用」此一詞語於今時今地仍常用常見，詎知其早已於《易經》卦爻辭中即出現。試將「利於……」此一最普遍的意思套入解釋，則「利用某」即是「利於……之用」，「利」字本義爲「利益」，則「利用」之意當即爲「好好的用」、「用出許多利益來」的意思。觀其例句如「利用刑人」、「利用恆」、「利用賓於王」、「利用獄」、「利用爲大作」、「利用亨（享）祀」，其「利用」一詞皆可以「好好的用」、「用出許多利益來」這樣的意思來解釋，綜合以上三點小結論來看，則「利」字意義在《易經》卦爻辭中可說是較爲單純的——即「利」當名詞爲「利益」之意，當動詞爲「利於……」之意，當形容詞則爲「於……是有利的」之意。

　　4.「利」字最獨特的用法在坤卦卦辭中：「先迷後得主利西南得朋東北喪朋」，關於此段文字歷來有下列幾種斷句法：

　　（1）「先迷。後得主利。西南得朋。東北喪朋」主張者有唐孔穎達《周易正義》及唐李鼎祚《周易集解》。

　　（2）「先迷後得。主利。西南得朋。東北喪朋。」主張者有朱熹《周易本義》。

　　（3）「先迷。後得主。利西南得朋。東北喪朋。」主張者有朱駿聲《六十四卦經解》。

　　（4）「先迷。後得主。利。西南得朋。東北喪朋」主張者有黃壽祺、張善文《周易譯註》。

　　首先要解決的是：「利」字究係何所屬？是屬之於「先迷後得主」之後，還是冠於「西南得朋東北喪朋」之前？亦或獨字爲句？在判斷之前，先看看《易經》卦爻辭講到有關方位的語句，其語脈是如何組織的：

　　　蹇卦辭：「蹇：利西南，不利東北。……」

　　　解卦辭：「解：利西南，無所往。……」

方位語之前皆是一簡單的指示：「利」或「不利」，並沒有看見「利」字加「方位語」後，又加上其他文字或事情的，因此，「利西南得朋」這樣的斷句法似乎是個孤例，況且就其語意言，「利西南得朋」中的「利」字看來是個贅字，「西南得朋，東北喪朋」語意清楚明晰，令人有所遵循，且對仗工整，口氣明快，何至於在前面冠上個「利」字？此於用字精簡的《易經》卦爻辭風格也不符，因此余意以爲「利」字必然不與「西南得朋，東北喪朋」等文字相連。

　　接著要解決的，是「先迷，後得主，利」，還是「先迷，後得，主利」的問題。後者「先迷，後得」看起來似乎對仗整齊，然而「主利」當如何解？難道是說坤卦「主利」？還是此句之前「君子有攸往」的君子「主利」？「主利」即「以利爲主」，不管「利」字作「利益」解，或是「義之和」（〈乾·文言〉）解，都說不通：若是「以利益爲主」，則如何才能以利益爲主呢？《易經》思想乃生生不息的辯證思想，〔註14〕利害辯證相生，如何可能專務於製造或獲取利益，而不受一點災害或警惕呢？若解成「以『義之和』的利德爲主」（〈乾·文言〉中明顯將元、亨、利、貞視爲四德），則坤卦「主利」，那卦辭其他部分所提到的「元」、「亨」、「貞」三德，其地位則該如何看待？

　　在此不妨先將這句坤卦辭點斷爲：「先迷，後得主，利」，再看其語意是否可疏通於坤卦其他卦辭，而能取得整體意義之和諧：

　　　　坤卦辭：「坤：元，亨，利牝馬之貞。君子有攸往，先迷，後得主，

　　　　利。西南得朋，東北喪朋。安貞，吉。」

坤卦不似乾卦卦辭：乾卦卦辭只有「元，亨，利，貞」四字，而坤卦卦辭說「元，亨，利牝馬之貞」，對此種差別，王弼注曰：「坤，貞之所利，利於牝馬也。馬在下而行者也，而又牝焉，順之至也。至順而後乃『亨』，故唯利於『牝馬之貞』。」〔註15〕此說歷來被治易者所遵循，於其卦理之瞭解亦頗有助益，如順此義理而下，則坤卦辭緊接其後的文字「先迷後得主利」當斷爲「先迷，後得主，利」，於其義理之疏解才能連貫，其意爲：「（坤）若是搶先居首必然迷入歧途，處於乾之後，則有遵循和跟隨的依據，而能得其主，必有利益」。

　　有關坤卦辭之句讀，馬王堆三號墓出土的帛書《易之義》也提供了兩則佐證：

　　第一條爲：

　　　　坤六柔相從順，文之至也。君子「先迷後得主」，學人之謂也。「東

　　　　北喪朋，西南得朋」，求賢也。〔註16〕

　　第二條爲：

　　　　《易》曰：「先迷後得主」，學人謂也。何先主之又？天氣作□□□

〔註14〕曾昭旭：〈論大易的義理結構與王船山的兩端一致說〉，見《在說與不說之間》（臺北：漢光文化事業公司，1992年2月），頁53～64。

〔註15〕王弼、韓康伯注，孔穎達疏《周易正義》10卷（臺北：藝文印書館，1993年9月印本，《重刻宋本十三經注疏附校勘記》第1冊），卷1，頁18上。

〔註16〕《易經新譯·易之義原文》（臺北：文津出版社，2001年2月印本），頁1169。

□□□□□，其寒不凍，其暑不曷。〔註17〕

這兩條資料皆顯示了：「先迷後得主」為一斷，其中第一條引坤卦卦辭「東北喪朋，西南得朋」，雖然與原文「西南得朋，東北喪朋」倒反，不過反而更容易由此看出：「西南得朋」與「東北喪朋」是各自獨立的，並沒有一「利」字冠於某一句之句前，而其斷句所形成之句義，和二者整齊對仗的形式，是顯而易見的，可見《易之義》的作者視「西南得朋，東北喪朋」此句為一整體，之前並無「利」字，然而此「利」字亦不與「先迷後得主」互相連貫為一句。

5. 「無不利／無攸利」句型中的二十三個例句，其「利」字也作「利益」解，詞性則為名詞，此無疑義。

四、「貞」

（一）元亨利貞

同「元」之第一例。

（二）利　貞

同「利」之第二例「利貞」條。

（三）利某貞／不利某貞

同「利」之第三例「利某貞／不利某貞」條。

（四）某　貞

「某貞」又可再細分為下列各項目：

1. 可　貞

（1）坤六三：「含章可貞，或從王事，無成有終。」

（2）無妄九四：「可貞，無咎。」

（3）損卦辭：「損：有孚，元吉，無咎，可貞：利有攸往，曷之用？二簋可用享。」

2. 元永貞

（1）比卦辭：「比：吉，原筮，元，永貞，無咎；不寧方來，後夫凶。」

（2）萃九五：「萃有位，無咎，匪孚；元，永貞，悔亡。」

3. 艱　貞

〔註17〕同註16，《易經新譯・易之義原文》，頁1172。

（1）泰九三：「無平不陂，無往不復，艱貞無咎；勿恤其孚，于食有福。」

4、不可貞

（1）蠱九二：「幹母之蠱，不可貞。」

（2）節卦辭：「節亨，苦節不可貞。」

5. 永　貞

（1）小過九四：「無咎，弗過遇之，往厲必戒，勿用永貞。」

（五）貞　某

「貞某」又可再細分爲下列各項目：

1. 貞　吉

（1）屯九五：「屯其膏，小貞吉，大貞凶。」

（2）需卦辭：「需：有孚，光亨，貞吉，利涉大川。」

（3）需九五：「需于酒食，貞吉。」

（4）比六二：「比之自內，貞吉。」

（5）比六四：「外比之，貞吉。」

（6）履九二：「履道坦坦，幽人貞吉。」

（7）否初六：「拔茅茹以其彙，貞吉，亨。」

（8）謙六二：「鳴謙，貞吉。」

（9）豫六二：「介于石，不終日，貞吉。」

（10）隨初九：「官有渝，貞吉，出門交有功。」

（11）臨初九：「咸臨，貞吉。」

（12）頤卦辭：「頤：貞吉，觀頤，自求口實。」

（13）咸九四：「貞吉，悔亡；憧憧往來，朋從爾思。」

（14）遯九五：「嘉遯，貞吉。」

（15）大壯九二：「貞吉。」

（16）大壯九四：「貞吉，悔亡；藩決不羸，壯于大輿之輹。」

（17）晉初六：「晉如摧如，貞吉；罔孚，裕無咎。」

（18）晉六二：「晉如愁如，貞吉；受茲介福于其王母。」

（19）家人六二：「無攸遂，在中饋，貞吉。」

（20）蹇卦辭：「蹇：利西南，不利東北；利見大人，貞吉。」

（21）解九二：「田獲三狐，得黃矢，貞吉。」

（22）損上九：「弗損益之，無咎，貞吉。利有攸往，得臣無家。」

（23）姤初六：「繫于金柅，貞吉；有攸往，見凶，羸豕孚蹢躅。」

（24）升六五：「貞吉，升階。」

（25）旅卦辭：「旅：小亨；旅貞吉。」

（26）巽九五：「貞吉，悔亡，無不利；無初有終；先庚三日，後庚三日，吉。」

（27）未濟九二：「曳其輪，貞吉。」

（28）未濟九四：「貞吉，悔亡；震用伐鬼方，三年有賞于大國。」

（29）未濟六五：「貞吉，無悔；君子之光，有孚吉。」

2. 貞　凶

（1）屯九五：「屯其膏，小貞吉，大貞凶。」

（2）師六五：「田有禽，利執言，無咎；長子帥師，弟子輿尸，貞凶。」

（3）隨九四：「隨有獲，貞凶；有孚在道以明，何咎。」

（4）頤六三：「拂頤，貞凶；十年勿用，無攸利。」

（5）恆初六：「浚恆，貞凶，無攸利。」

（6）巽上九：「巽在床下，喪其資斧，貞凶。」

（7）節上六：「苦節，貞凶，悔亡。」

（8）中孚上九：「翰音登于天，貞凶。」

3. 貞　厲

（1）訟六三：「食舊德，貞厲，終吉；或從王事，無成。」

（2）小畜上九：「既雨既處，尚德載；婦貞厲，月幾望，君子征凶。」

（3）履九五：「夬履，貞厲。」

（4）噬嗑六五：「噬乾肉，得黃金，貞厲，無咎。」

（5）大壯九三：「小人用壯，君子用罔，貞厲；羝羊觸藩，羸其角。」

（6）晉九四：「晉如鼫鼠，貞厲。」

（7）革九三：「征凶，貞厲；革言三就，有孚。」

（8）旅九三：「旅焚其次，喪其童僕，貞厲。」

4. 貞　吝

（1）泰上六：「城復于隍，勿用師；自邑告命，貞吝。」

（2）恆九三：「不恆其德，或承之羞，貞吝。」

（3）晉上九：「晉其角，維用伐邑；厲，吉無咎，貞吝。」

（4）解六三：「負且乘，致寇至，貞吝。」

（六）某貞，吉（或凶）

1. 坤卦辭：「坤：元，亨，利牝馬之貞。君子有攸往，先迷，後得主，利。西南得朋，東北喪朋。安貞，吉。」

2. 訟九四：「不克訟，復即命，渝。安貞，吉。」

3. 賁九三：「賁如濡如，永貞，吉。」

4. 剝初六：「剝床以足，蔑貞，凶。」

5. 剝六二：「剝床以辨，蔑貞，凶。」

6. 頤六五：「拂經，居貞，吉，不可涉大川。」

7. 益六二：「或益之十朋之龜，弗克違，永貞，吉；王用享于帝，吉。」

8. 革上六：「君子豹變，小人革面；征凶，居貞，吉。」

（七）女子貞不字

1. 屯六二：「屯如邅如，乘馬班如，匪寇婚媾；女子貞不字，十年乃字。」

（八）貞

1. 師卦辭：「師：貞，丈人吉，無咎。」

2. 豫六五：「貞，疾，恆不死。」

3. 恆六五：「恆其德，貞；婦人吉，夫子凶。」

4. 明夷九三：「明夷于南狩，得其大首，不可疾，貞。」

5. 困卦辭：「困亨，貞，大人吉，無咎；有言不信。」

6. 旅六二：「旅即次，懷其資，得童僕，貞。」

《易經》「貞」字小結

由上述歸納所有《易經》卦爻辭有「貞」字的例句，可得知以下結論：

1. 「貞」字歸納之第八項：「貞」字可獨字爲句者，共六句，與「亨」字獨字爲句的十個例句，數量差不多，若以「貞」字與「亨」字，二者共同比較「元」字與「利」字，則「貞」字與「亨」字獨字爲句的數量相較爲多：元字獨字爲句之例，爲比卦辭「元，永貞」、萃九五「元，永貞」，共二例；而利字則只有一例：坤卦辭「先迷，後得主，利」，可見「亨」字與「貞」字最容易被視爲「卦德」，也許〈象〉之作者在熟讀《易經》卦爻辭之後，也因此對「亨」、「貞」有較爲深刻的印象，所以在說明卦辭之「元亨利貞」時，

直接以「大亨以正」釋之，從而凸顯了「亨」、「貞」此二德。

又，這種「貞」字可獨字為句的句型不一定是在卦辭才出現，但不管是在卦辭或爻辭出現，皆在說明此卦爻之大致狀況與性質，而有其一定的時空限制，所以可視為該卦或該爻之德。

2.「貞」字歸納之第六項：「某貞，吉（或凶）」，之所以如此斷句，是根據其文意脈絡而定，如「安貞，吉」是「安於貞正，則得吉」；「居貞，吉」是「居停於貞正，則得吉」；至於「永貞，吉」則是「永居貞正，則得吉」；而「蔑貞，凶」即是「蔑（減）貞正之態度，則凶」。其斷句之根據，可參考蒙傳銘先生：〈周易「元亨利貞」析論〉。〔註18〕

總　結

綜上所述「元」、「亨」、「利」、「貞」各字的歸納與整理，總合的來看，關於「元、亨、利、貞」這四個字之間，還有一些錯綜複雜的問題，必須在此討論：

1. 「亨」與「貞」單字成義為句的例子較多（「亨」字二十八例，「貞」字六例），「元」字亦可單字成義（即比卦辭與萃九五：「元，永貞」之「元」，為「乾元」之義），有二例，而「利」字只一例（坤卦辭：「先迷，後得主，利」）。

2. 「元亨利貞」究竟應該二字一斷為「元亨，利貞」，或是一字一斷為「元，亨，利，貞」？此問題也牽涉到是否有元、亨、利、貞四德的問題。本章下一節中，將會再次探討之，在此還不能做出結論。

3. 為何有「元亨」、「利貞」二字為句成組出現的例子（「元亨」有四例，「利貞」有十七例），卻無「元利」、「元貞」以及「亨利」、「亨貞」二字成一詞組出現的例子？此與元、亨屬陽德，而利、貞屬陰德有關，詳見第四章。

4. 卦辭中的「亨，利貞」（咸、萃、兌、小過卦）與「利貞，亨」（離卦）有何不同？其中細微差別，詳見第五、六章各卦四德闡析。

5. 「利貞」及「利某貞」的例子最多，是否表示了什麼意思？此與〈乾·象〉曰「乾道變化，各正性命，保合太和，乃利貞」有關，詳見第四章。

─────────────

〔註18〕同註1，蒙傳銘：〈周易「元亨利貞」析論〉，頁31～33。

第三節　《易》傳中「元、亨、利、貞」字義之初步歸納

一、「元」

1. 乾·彖:「大哉乾元!萬物資始,乃統天。雲行雨施,品物流行。大明終始,六位時成,時乘六龍以御天。乾道變化,各正性命,保合太和,乃利貞。首出庶物,萬國咸寧。」(乾卦辭:「乾:元亨利貞。」)

2. 坤·彖:「至哉坤元!萬物資生,乃順承天。坤厚載物,德合無疆,含弘光大,品物咸亨。牝馬地類,行地無疆,柔順利貞。君子攸行,先迷失道,後順得常。西南得朋,乃與類行;東北喪朋。乃終有慶。安貞之吉,應地無疆。」(坤卦辭:「坤:元,亨,利牝馬之貞。君子有攸往,先迷,後得主,利。西南得朋,東北喪朋。安貞,吉。」)

3. 坤六五·小象:「黃裳元吉,文在中也。」(坤六五:「黃裳,元吉。」)

4. 訟九五·小象:「訟,元吉,以中正也。」(訟九五:「訟,元吉。」)

5. 比·彖:「比……原筮,元,永貞,無咎,以剛中也。……」(比卦辭:「比:吉,原筮,元,永貞,無咎。不寧方來,後夫凶。」)

6. 履上九·小象:「元吉在上,大有慶也。」(履上九:「視履考祥,其旋元吉。」)

7. 泰六五·小象:「以祉元吉,中以行願也。」(泰六五:「帝乙歸妹,以祉元吉。」)

8. 大有·彖:「大有……其德剛健而文明,應乎天而時行,是以元亨。」(大有卦辭:「大有:元,亨。」)

9. 蠱·彖:「蠱,剛上而柔下,巽而止,蠱。蠱元亨,而天下治也。利涉大川,往有事也。先甲三日,後甲三日,終則有始,天行也。」(蠱卦辭:「蠱:元,亨,利涉大川。先甲三日,後甲三日。」)

10. 大畜六四·小象:「六四元吉,有喜也。」(大畜六四:「童牛之牿,元吉。」)

11. 離六二·小象:「黃離元吉,得中道也。」(離六二:「黃離,元吉。」)

12. 損·彖:「損,損下益上,其道上行。損而有孚,元吉,無咎,可貞,利有攸往。曷之用?二簋可用享。……」(損卦辭:「損:有孚,元吉,無咎,可貞,利有攸往。曷之用?二簋可用享。」)

13. 損六五‧小象：「六五元吉，自上祐也。」（損六五：「或益之十朋之龜，弗克違，元吉。」）

14. 益初九‧小象：「元吉無咎，下不厚事也。」（益初九：「利用為大作，元吉無咎。」）

15. 井上六‧小象：「元吉在上，大成也。」（井上六：「井收勿幕，有孚元吉。」）

16. 鼎‧彖：「鼎，象也，以木巽火，亨飪也。聖人亨以享上帝，而大亨以養聖賢。巽而耳目聰明，柔進而上行，得中而應乎剛，是以元亨。」（鼎卦辭：「鼎：元吉，亨。」）

17. 渙六四‧小象：「渙其群元吉，光大也。」（渙六四：「渙其群，元吉；渙有丘，匪夷所思。」）

18. 「易曰：不遠復，無祇悔，元吉。」（繫辭下‧第五章）

19. 「元者，善之長也。……君子體仁足以長人。……故曰乾：元，亨，利，貞。」（乾‧文言）

20. 「乾元用九，天下治也。」（乾‧文言）

21. 「乾元用九，乃見天則。乾元者，始而亨者也。利貞者，性情也。」（乾‧文言）

《易傳》「元」字小結

1. 〈象〉傳文字如遇卦辭中有「元」字時，幾乎不解釋，或說〈象〉傳是將之解釋於字裡行間，並灌注至〈象〉之文氣中，令人一路唸下來，自有「元」氣淋漓的感受。

如〈乾‧象〉之「大哉乾元，萬物資始，乃統天」是說「元」的創始性與包容性，而「雲行雨施，品物流形」則敘其亨通之狀況，接著，「大明終始，六位時成，時乘六龍以御天」，則似在統括說明利、貞的涵意，但緊接的下一句「乾道變化，各正性命」，則同時講元、亨、利、貞，而「保合太和，乃利貞」著重於利、貞的特性與內涵，最後，「首出庶物，萬國咸寧」又統括了元、亨、利、貞四德。所以，整篇〈乾‧象〉實難以將之抽離或分解出：哪些字句是各講元、亨、利、貞哪一德的，若一定要將之區隔或標舉出來，也並非不可行，只是恐怕會影響其文氣，或是落於見樹不見林的限制中了；再者，若仔細體會〈乾‧象〉中的寓意與意境，則其中有哪一字、哪一句，不在形容乾元之統括元（原始）亨（通暢）利（利益）與貞（貞定），此四德之特性的呢。

　　至於〈坤‧彖〉對其卦辭中有關元、亨、利、貞四德的解釋，也有如〈乾‧彖〉一樣，實難一一個別解釋的情形：譬如「至哉坤元，萬物資生，乃順承天」講坤元之特性，而「坤厚載物，德合無疆」似講元、亨二字，而接著「含弘光大，品物咸亨」也講元、亨，「牝馬地類，行地無疆，柔順利貞」似敘其亨、利、貞之意，而「君子攸行，先迷失道，後順得常。西南得朋，乃與類行；東北喪朋，乃終有慶」又重申坤元的柔順性及其利貞之道，最後，「安貞之吉，應地無疆」乃敘其利、貞之德性與作用；但如此分別的解釋〈坤‧彖〉之文字，實較難收一氣呵成的效果。

　　由以上觀察〈乾‧彖〉與〈坤‧彖〉的文字可知：「元」德實無法獨自存在，它需要灌注至結構當中，才能感通（亨）運作（利）並做出造型而固定下來（貞），是以「元」字實難獨字為句，但它運行與作用的痕跡，卻灌注在字裡行間，是以〈乾‧彖〉與〈坤‧彖〉幾乎不解釋「元」字，但其文句確令人有「元」氣灌注其中的感受，如：

　　　　〈乾‧彖〉：「大哉乾元！萬物資始，乃統天。雲行雨施，品物流形。大明終始，六位時成，時乘六龍以御天。乾道變化，各正性命。保合太和，乃利貞。首出庶物，萬國咸寧。」（乾卦辭：「乾：元，亨，利，貞。」）

　　　　〈坤‧彖〉：「至哉坤元！萬物資生，乃順承天。坤厚載物，德合無疆。含弘光大，品物咸亨。牝馬地類，行地無疆，柔順利貞。君子攸行，先迷失道，後順得常。西南得朋，乃與類行；東北喪朋。乃終有慶。安貞之吉，應地無疆。」（坤卦辭：「坤：元，亨，利牝馬之貞。君子有攸往，先迷，後得主，利。西南得朋，東北喪朋。安貞，吉。」）

再如屯卦：

　　　　〈屯‧彖〉：「屯，剛柔始交而難生。動乎險中，大亨貞。雷雨之動滿盈，天造草昧，宜見侯而不寧。」（屯卦辭：「屯：元，亨，利，貞，勿用有攸往，利建侯。」）

若將〈屯‧彖〉與屯卦辭對照來看，則很容易就將「元」解釋成「大」，這雖然不錯，但屯之元之作用，實不僅止於此，如「剛柔始交而難生」、「動乎險中」，和「雷雨之動滿盈，天造草昧」，又何嘗不是屯之元的創造與作用的結果呢？

　　上述為乾、坤、屯三卦之〈彖〉辭對其卦辭中「元」字的解釋，此三卦之〈彖〉皆可說是將「元」字解釋於字裡行間，並灌注在整篇文字當中，而

其他卦辭中具有元德的卦，如隨、臨、無妄、革四卦，其〈象〉之釋「元」字的方式，皆準此。

至於〈乾·文言〉，則提到「乾元」此一詞語達三次之多（分別是「乾元用九」二次、和「乾元者」），只有一次提到「元者，善之長也……」，說「元」而不說「乾元」，應是純粹爲了與接下來的文句「亨者，嘉之會也……」作一對仗，而實際上，「元」就是「乾元」，「元」是「乾元」的簡稱。

2. 牟宗三先生曾在詮釋〈乾·象〉時說到：

> 乾象這種語言不是嚴格的概念語言，這是具體的漫畫式的語言。漫畫式的語言重要的是要了解它的意義，……乾象就是總起來判斷乾卦的本性，這種判斷的語言很有啓發性。唐君毅先生叫這種語言做「啓發性的語言」，用具體的詞語表示，所以是啓發性的。……「大哉乾元。萬物資始」這兩句話是概念的。下面說「雲行雨施，品物流形。大明終始，六位時成，時乘六龍以御天」就不是概念的語言，是漫畫式的語言。〔註19〕

> 「時乘六龍以御天」……這句話就是圖畫。我們說每一爻是一條龍，象徵自然現象的變化，山河大地不管怎麼複雜，統統可以用這種圖畫來表現它。〔註20〕

這種圖畫式的語言，不落入逐字逐句的考據訓詁當中，只描繪出一個畫面，而欲表達的概念則蘊含於其中，所以給人一個很大的聯想空間，足以啓發人繼續延展、擴張其想像與思考，以補充他對義理的瞭解、甚至發揮，所以也是「啓發性的語言」。這種注重「象」（包括圖象、意象、象徵、象位等）的語言，是《易經》與《易傳》的共同特徵，所以，在研讀時，必須把握住它的整體意義，否則將容易落入「見樹不見林」的盲點，這樣的態度，亦是孟子所言「不以辭害意」之眞諦也。

戴璉璋先生則將〈象〉的解經方式歸納爲兩種，一種是「釋卦名、釋卦辭、論卦義三部份，層次分明」，第二種則是「作者把他對卦名卦辭及卦義的意見綜合在一起來表達」，〔註21〕而文中第二種的例子即是舉〈乾·象〉爲例，

〔註19〕牟宗三：《周易哲學演講錄》（臺北：聯經出版事業公司，2003 年 7 月印本），頁 25～26。

〔註20〕同註 19，牟宗三：《周易哲學演講錄》，頁 27。

〔註21〕戴璉璋：《易傳之形成及其思想》（臺北：文津出版社，1997 年 2 月印本），頁 71。

這也可補充說明為什麼牟宗三先生稱〈乾・象〉為「具體的漫畫式的語言」，而唐君毅先生則稱這種語言為「啓發性的語言」。

3. 又，〈象〉傳中的「大亨以正」，果然就完全解釋了卦辭的「元亨利貞」嗎？試觀卦辭有「元亨利貞」的各卦，如乾、坤、屯、隨、臨、無妄、革七卦，只有臨、無妄、革三卦之〈象〉傳以「大亨以正」來詮釋卦辭「元亨利貞」，其餘四卦並不用「大亨以正」來詮釋卦辭「元亨利貞」；甚且，是否「大亨以正」即完全解釋了「元亨利貞」呢？〈臨・象〉曰：「大亨以正，天之道也。」〈無妄・象〉曰：「大亨以正，天之命也。」〈革・象〉曰：「大亨以正，革而當，其悔乃亡，天地革而四時成。湯武革命，順乎天而應乎人。」如此觀之，可知「大亨以正」不必然就完全解釋了「元亨利貞」，因臨、無妄、革之〈象〉在「大亨以正」之後緊接「天之道也」、「天之命也」、「順乎天而應乎人」，這是加強了來自天道、天命、以及順天的正當性，此即在強調：「以正」乃能「大亨」。否則，如果「大亨以正」就是解釋了「元亨利貞」，則「元」字勉強可解為「大」，但「利」之意何在？可見，〈象〉並沒有完全在「大亨以正」一辭中解釋了「元」與「利」的意思，而〈象〉也無意要將「元亨利貞」只解釋成「大亨以正」，設若〈象〉要以「大亨以正」解釋「元亨利貞」，應該說成「大亨利於正」不是比較充分和完整？由此觀〈象〉之意，非必是以「大亨以正」完全解釋了「元亨利貞」。

再看看其他有「元亨利貞」四字的卦，如屯、隨兩卦，則其〈象〉皆以「大亨貞」釋「元亨利貞」，並不同於臨、無妄、革三卦之以「大亨以正」解釋「元亨利貞」，這兩者不能概略的認為是一樣的解釋，否則一逕以「大亨以正」釋「元亨利貞」就好了，更容易讓人有所依循及瞭解，為何要另以「大亨貞」釋屯、隨之「元亨利貞」呢？私以為臨、無妄、革三卦之「貞」著重其天道、天命、以及順天的「貞正性」，而屯、隨兩卦之「貞」則側重於其卦之「貞固性」，於君子言則是「時窮節乃現」的「貞操」。

如〈屯・象〉曰：「剛柔始交而難生，動乎險中，大亨貞。」於「險中」動，處處皆「難」，此時非有堅韌不移的心志不能安然度過，而其初九曰「利居貞」，六二曰「女子貞不字」，九五曰「小貞吉，大貞凶」，三爻皆曰「貞」字，皆是取有為君子當於險中貞固心志，不能移、不能屈也。

〈隨・象〉曰：「隨，大亨貞無咎，而天下隨時，隨時之義大矣哉。」蓋隨卦雖有「己隨於人」、「臨事則所隨」之義，然亦有「君子之道，為眾所隨」

之理，〔註22〕是以君子必須心中有主，持守正固，乃能「為眾所隨」。其初九曰「貞吉」，六三曰「利居貞」，九四曰「貞凶」，亦同屯卦，三爻皆曰「貞」字，當是取有為君子於隨事隨人中，仍能心志貞固，有為有守，且能做他人跟隨景從之對象也。

乾、坤卦辭亦有「元亨利貞」，然其〈象〉非以「大亨以正」或「大亨貞」解釋之，尤其是〈乾‧象〉和〈坤‧象〉，其釋乾元與坤元，更非是單純的以一「大」字來詮釋而已，而是以啟發式的語言，注重其象徵意義，統整一貫的說明「元、亨、利、貞」四德，儒家亦在此建立其道德之形上學，關於其內容，待至第四章第二節再加以討論，於此不贅述。

此外，除了乾、坤、屯、隨、臨、無妄、革七卦外，尚有大有、蠱、升、鼎四卦卦辭有「元亨」，只有〈升‧象〉釋之為「大亨」，餘之〈象〉皆曰「元亨」，其中差別，待至第五、六章個別分析六十四卦卦德時，再詳加討論之。

二、「亨」

1. 坤‧象：「至哉坤元！萬物資生，乃順承天。坤厚載物，德合無疆。含弘光大，品物咸亨。牝馬地類，行地無疆，柔順利貞。君子攸行，先迷失道，後順得常。西南得朋，乃與類行；東北喪朋。乃終有慶。安貞之吉，應地無疆。」（坤卦辭：「坤：元，亨，利牝馬之貞。君子有攸往，先迷，後得主，利。西南得朋，東北喪朋。安貞，吉。」）

2. 屯‧象：「屯，剛柔始交而難生。動乎險中，大亨貞。雷雨之動滿盈，天造草昧，宜建侯而不寧。」（屯卦辭：「屯：元，亨，利，貞，勿用有攸往，利建侯。」）

3. 蒙‧象：「蒙，山下有險，險而止，蒙。蒙亨，以亨行時中也。……蒙以養正，聖功也。」（蒙卦辭：「蒙亨，匪我求童蒙，童蒙求我。初筮告，再三瀆，瀆則不告，利貞。」）

4. 需‧象：「需……需，有孚，光亨，貞吉。位乎天位，以正中也。利涉大川，往有功也。」（需卦辭：「需：有孚，光亨，貞吉，利涉大川。」）

5. 小畜‧象：「小畜……健而巽，剛中而志行，乃亨。……」（小畜卦辭：「小畜亨。密雲不雨，自我西郊。」）

〔註22〕同註10，黃忠天：《周易程傳註評》，頁203。

6. 履‧彖：「履，柔履剛也。說而應乎乾，是以履虎尾，不咥人，亨。……」（履卦辭：「履虎尾，不咥人，亨。」）

7. 泰‧彖：「泰，小往大來，吉亨。則是天地交而萬物通也，上下交而其志同也。……」（泰卦辭：「泰：小往大來，吉亨。」）

8. 否六二‧小象：「大人否亨，不亂群也。」（否六二：「包承，小人吉；大人否，亨。」）

9. 同人‧彖：「同人……同人于野，亨。利涉大川，乾行也。文明以健，中正而應。君子正也，唯君子爲能通天下之志。」（同人卦辭：「同人于野，亨。利涉大川，利君子貞。」）

10. 大有‧彖：「大有……其德剛健而文明，應乎天而時行，是以元亨。」（大有卦辭：「大有：元亨。」）

11. 大有九三‧小象：「公用亨于天子，小人害也。」（大有九三：「公用亨于天子，小人弗克。」）

12. 謙‧彖：「謙亨，天道下濟而光明，地道卑而上行。……謙尊而光，卑而不可踰，君子之終也。」（謙卦辭：「謙亨，君子有終。」）

13. 隨‧彖：「隨，剛來而下柔，動而說，隨。大亨貞無咎，而天下隨時，隨時之義大矣哉！」（隨卦辭：「隨：元，亨，利，貞，無咎。」）

14. 蠱‧彖：「蠱，剛上而柔下，巽而止，蠱。蠱元亨，而天下治也。利涉大川，往有事也。先甲三日，後甲三日，終則有始，天行也。」（蠱卦辭：「蠱：元亨，利涉大川。先甲三日，後甲三日。」）

15. 臨‧彖：「臨，剛浸而長，說而順。剛中而應，大亨以正，天之道也。至於八月有凶，消不久也。」（臨卦辭：「臨：元，亨，利，貞，至於八月有凶。」）

16. 噬嗑‧彖：「頤中有物，曰噬嗑。噬嗑而亨，剛柔分，動而明，雷電合而章。柔得中而上行，雖不當位，利用獄也。」（噬嗑卦辭：「噬嗑亨，利用獄。」）

17. 賁‧彖：「賁亨，柔來而文剛，故亨。分剛上而文柔，故小利有攸往，天文也。……」（賁卦辭：「賁亨，小利有攸往。」）

18. 復‧彖：「復亨，剛反，動而以順行。是以出入無疾，朋來無咎。反復其道，七日來復，利有攸往，天行也。利有攸往，剛長也。復其見天地之心乎！」（復卦辭：「復亨，出入無疾，朋來無咎。反復其道，七

日來復，利有攸往。」)

19. 無妄・彖：「無妄……大亨以正，天之命也。其匪正有眚，不利有攸往。
無妄之往，何之矣。……」(無妄卦辭：「無妄：元，亨，利，貞，其
匪正有眚，不利有攸往。」)

20. 大過・彖：「大過……剛過而中，巽而說行，利有攸往，乃亨。……」
(大過卦辭：「大過：棟橈，利有攸往，亨。」)

21. 坎・彖：「習坎，重險也。水流而不盈，行險而不失其信。維心亨，乃
以剛中也。……」(坎卦辭：「習坎：有孚，維心亨，行有尚。」)

22. 離・彖：「離……柔麗乎中正，故亨，是以畜牝牛吉也。」(離卦辭：「離：
利貞，亨。畜牝牛吉。」)

23. 咸・彖：「咸，感也。柔上而剛下，二氣感應以相與。止而說，男下女，
是以亨，利貞，取女吉也。……」(咸卦辭：「咸亨，利貞，取女吉。」)

24. 恆・彖：「恆……恆亨，無咎，利貞，久於其道也。天地之道，恆久而
不已也。利有攸往，終則有始也。……」(恆卦辭：「恆亨，無咎，利
貞。利有攸往。」)

25. 遯・彖：「遯亨，遯而亨也。剛當位而應，與時行也。小利貞，浸而長
也。……」(遯卦辭：「遯亨，小利貞。」)

26. 萃・彖：「萃亨……王假有廟，致孝享也。利見大人，亨，聚以正也，
用大牲吉。利有攸往，順天命也。……」(萃卦辭：「萃亨，王假有廟，
利見大人，亨，利貞，用大牲吉。利有攸往。」)

27. 升・彖：「柔以時升，巽而順。剛中而應，是以大亨。……」(升卦辭：
「升，元亨。用見大人，勿恤，南征吉。」)

28. 升六四・小象：「王用亨于岐山，順事也。」(升六四：「王用亨于岐山，
吉，無咎。」)

29. 困・彖：「困，剛揜也。險以說，困而不失其所亨，其唯君子乎！貞，
大人吉，以剛中也。……」(困卦辭：「困亨，貞，大人吉，無咎，有
言不信。」)

30. 革・彖：「革……革而信之，文明以說，大亨以正。……」(革卦辭：「革：
己日乃孚，元，亨，利，貞，悔亡。」)

31. 鼎・彖：「鼎，象也。以木巽火，亨飪也。聖人亨以享上帝，而大亨以
養聖賢。巽而耳目聰明，柔進而上行，得中而應乎剛，是以元亨。」(鼎

卦辭：「鼎：元吉，亨。」）

32. 震・象：「震亨，震來虩虩，恐致福也；笑言啞啞，後有則也。震驚百里，驚遠而懼邇也；出，可以守宗廟社稷，以爲祭主也。」（震卦辭：「震亨，震來虩虩，笑言啞啞，震驚百里，不喪匕鬯。」）

33. 旅・象：「旅，小亨，柔得中乎外而順乎剛，止而麗乎明，是以小亨，旅貞吉也。……」（旅卦辭：「旅：小亨，旅貞吉。」）

34. 巽・象：「重巽以申命，剛巽乎中正而志行，柔皆順乎剛，是以小亨，利有攸往，利見大人。」（巽卦辭：「巽：小亨，利有攸往，利見大人。」）

35. 渙・象：「渙亨，剛來而不窮，柔得位乎外而上同。……利涉大川，乘木有功也。」（渙卦辭：「渙亨，王假有廟，利涉大川，利貞。」）

36. 節・象：「節亨，剛柔分而剛得中也。苦節不可貞，其道窮也。……」（節卦辭：「節亨，苦節不可貞。」）

37. 節六四・小象：「安節之亨，承上道也。」（節六四：「安節，亨。」）

38. 小過・象：「小過亨，小者過而亨也。過以利貞，與時行也。……」（小過卦辭：「小過亨，利貞。可小事，不可大事。飛鳥遺之音，不宜上，宜下，大吉。」

39. 既濟・象：「既濟亨，小者亨也。利貞，剛柔正而位當也。……」（既濟卦辭：「既濟：亨小，利貞。初吉終亂。」）

40. 未濟・象：「未濟亨，柔得中也。……」（未濟卦辭：「未濟亨，小狐汔濟，濡其尾，無攸利。」）

41. 「亨者，嘉之會也。……嘉惠足以合禮。……故曰乾：元，亨，利，貞。」（乾・文言）

42. 「乾元者，始而亨者也。」（乾・文言）

43. 「賁者，飾也，致飾然後亨，則盡矣。」（序卦傳）

《易傳》「亨」字小結

1. 有時〈象〉和〈小象〉文字中並不出現「亨」字，然而事實上卻是扣著卦爻辭當中的「亨」字來作解釋的，如：

　　大畜上九：「何天之衢，亨。」

　　大畜上九・小象：「何天之衢，道大行也。」

此以「道大行也」釋「亨」。

　　賁卦辭：「賁：亨。」

　　彖曰：「賁，亨，柔來而文剛，故亨。分剛上而文柔，故小利有攸往。」
此以「柔來而文剛」釋所以「亨」之因。

　　　大過卦辭：「大過：棟橈。利有攸往，亨。」

　　　彖曰：「剛過而中，巽而說行，利有攸往，乃亨。」
此以「剛過而中，巽而說行，利有攸往」釋所以「亨」之因。

　　　節卦辭：「節亨，苦節不可貞。」

　　　彖曰：「節亨，剛柔分而剛得中也。……中正以通。」
此以「剛柔分而剛得中也。……中正以通」釋所以「亨」之因。

　　　未濟卦辭：「未濟：亨。」

　　　彖曰：「未濟亨，柔得中也。」
此以「柔得中也」釋所以「亨」之因。

　　上述之例句雖並未涵蓋所有六十四卦三百八十四爻，然已可概略的看
出：〈彖〉在解釋卦辭之「亨」字時，多是解釋其所以「亨」之因，而解釋的
角度則由卦體陰陽爻之分布，及其乘承比應的關係切入，此點在第三章第五
節中還會再深入探討，於此不贅言。

　　2.「亨」字作「通」之解，則無疑義。是以〈彖〉全不解釋「亨」之字
義，而專務於解釋其所以「亨」之因。

三、「利」

1. 乾‧彖：「大哉乾元！萬物資始，乃統天。雲行雨施，品物流形。大明
   終始，六位時成，時乘六龍以御天。乾道變化，各正性命。保合太和，
   乃利貞。首出庶物，萬國咸寧。」（乾卦辭：「乾：元，亨，利，貞。」）

2. 坤‧彖：「至哉坤元！萬物資生，乃順承天。坤厚載物，德合無疆。含
   弘光大，品物咸亨。牝馬地類，行地無疆，柔順利貞。君子攸行，先
   迷失道，後順得常。西南得朋，東北喪朋，乃終有慶。安貞之吉，應
   地無疆。」（坤卦辭：「坤：元，亨，利牝馬之貞。君子有攸往，先迷，
   後得主，利。西南得朋，東北喪朋。安貞，吉。」）

3. 坤六二‧小象：「六二之動，直以方也；不習無不利，地道光也。」（坤
   六二：「直方大，不習無不利。」）

4. 蒙初六‧小象：「利用刑人，以正法也。」（蒙初六：「發蒙，利用刑人，
   用說桎梏，以往吝。」）

5. 蒙上九‧小象：「利用禦寇，上下順也。」（蒙上九：「擊蒙，不利爲寇，利禦寇。」）

6. 需‧彖：「需……需，有孚，光亨，貞吉。位乎天位，以正中也。利涉大川，往有功也。」（需卦辭：「需：有孚，光亨，貞吉，利涉大川。」）

7. 需初九‧小象：「需于郊，不犯難行也；利用恆無咎，未失常也。」（需初九：「需于郊，利用恆，無咎。」）

8. 訟‧彖：「訟……利見大人，尚中正也。不利涉大川，入于淵也。」（訟卦辭：「訟：有孚窒惕，中吉終凶。利見大人，不利涉大川。」）

9. 否‧彖：「否之匪人，不利君子貞。大往小來……內小人而外君子。小人道長，君子道消也。」（否卦辭：「否之匪人，不利君子貞。大往小來。」）

10. 同人‧彖：「同人……同人于野，亨。利涉大川，乾行也。文明以健，中正而應，君子正也。唯君子爲能通天下之志。」（同人卦辭：「同人于野，亨。利涉大川，利君子貞。」）

11. 謙六四‧小象：「無不利撝謙，不違則也。」（謙六四：「無不利，撝謙。」）

12. 謙六五‧小象：「利用侵伐，征不服也。」（謙六五：「不富以其鄰，利用侵伐，無不利。」）

13. 蠱‧彖：「蠱，剛上而柔下，巽而止，蠱。蠱元亨，而天下治也。利涉大川，往有事也；先甲三日，後甲三日，終則有始，天行也。」（蠱卦辭：「蠱：元亨，利涉大川。先甲三日，後甲三日。」）

14. 臨九二‧小象：「咸臨吉無不利，未順命也。」（臨九二：「咸臨，吉，無不利。」）

15. 噬嗑‧彖：「頤中有物，曰噬嗑。噬嗑而亨，剛柔分，動而明。雷電合而章，柔得中而上行。雖不當位，利用獄也。」（噬嗑卦辭：「噬嗑亨，利用獄。」）

16. 噬嗑九四‧小象：「利艱貞，吉，未光也。」（噬嗑九四：「噬乾胏，得金矢；利艱貞，吉。」）

17. 賁‧彖：「賁亨，柔來而文剛，故亨。分剛上而文柔，故小利有攸往，天文也。……」（賁卦辭：「賁亨，小利有攸往。」）

18. 剝‧彖：「剝，剝也，柔變剛也。不利有攸往，小人長也。……」（剝卦辭：「剝：不利有攸往。」）

19. 復‧彖:「復亨,剛反。動而以順行,是以出入無疾,朋來無咎。反復
    其道,七日來復,利有攸往,天行也。利有攸往,剛長也;復其見天
    地之心乎!」(復卦辭:「復亨,出入無疾,朋來無咎。反復其道,七
    日來復,利有攸往。」)

20. 無妄‧彖:「無妄……大亨以正,天之命也。其匪正有眚,不利有攸往。
    無妄之往,何之矣。……」(無妄卦辭:「無妄:元,亨,利,貞,其
    匪正有眚,不利有攸往。」)

21. 大畜‧彖:「大畜,剛健篤實輝光。日新其德,剛上而尚賢。能止健,
    大正也。不家食,吉,養賢也。利涉大川,應乎天也。」(大畜卦辭:
    「大畜:利貞。不家食,吉。利涉大川。」)

22. 大畜初九‧小象:「有厲,利已;不犯災也。」(大畜初九:「有厲,利
    已。」)

23. 大畜九三‧小象:「利有攸往,上合志也。」(大畜九三:「良馬逐,利
    艱貞:日閑輿衛,利有攸往。」)

24. 大過‧彖:「大過……剛過而中,巽而說行。利有攸往,乃亨。……」
    (大過卦辭:「大過,棟橈。利有攸往,亨。」)

25. 咸‧彖:「咸,感也。柔上而剛下,二氣感應以相與。止而說,男下女,
    是以亨,利貞,取女吉也。……」(咸卦辭:「咸亨,利貞,取女吉。」)

26. 恆‧彖:「恆……恆亨,無咎,利貞,久於其道也。天地之道,恆久而
    不已也。利有攸往,終則有始也。……」(恆卦辭:「恆亨,無咎,利
    貞,利有攸往。」)

27. 遯‧彖:「遯亨,遯而亨也。剛當位而應,與時行也。小利貞,浸而長
    也。……」(遯卦辭:「遯亨,小利貞。」)

28. 遯上九‧小象:「肥遯無不利,無所疑也。」(遯上九:「肥遯,無不利。」)

29. 大壯‧彖:「大壯……大壯利貞。大者正也,正大而天地之情可見矣!」
    (大壯卦辭:「大壯:利貞。」)

30. 明夷‧彖:「明入地中,明夷。……利艱貞,晦其明也。內難而能正其
    志,箕子以之。」(明夷卦辭:「明夷:利艱貞。」)

31. 蹇‧彖:「蹇……蹇利西南,往得中也;不利東北,其道窮也。利見大
    人,往有功也。當位貞吉,以正邦也。……」(蹇卦辭:「蹇:利西南,
    不利東北。利見大人,貞吉。」)

32. 蹇上六・小象：「往蹇來碩，志在內也；利見大人，以從貴也。」（蹇上六：「往蹇，來碩，吉。利見大人。」）

33. 解・彖：「解……解利西南，往得眾也；其來復吉，乃得中也。有攸往夙吉，往有功也。……」（解卦辭：「解：利西南，無所往。其來復吉，有攸往，夙吉。」）

34. 損・彖：「損，損下益上，其道上行。損而有孚，元吉，無咎，可貞，利有攸往。曷之用？二簋可用享。……」（損卦辭：「損：有孚，元吉，無咎，可貞，利有攸往。曷之用？二簋可用享。」）

35. 損九二・小象：「九二利貞，中以爲志也。」（損九二：「利貞，征凶。弗損益之。」）

36. 益・彖：「益……利有攸往，中正有慶。利涉大川，木道乃行。……」（益卦辭：「益：利有攸往，利涉大川。」）

37. 夬・彖：「夬……告自邑，不利即戎，所尚乃窮也。利有攸往，剛長乃終也。」（夬卦辭：「夬：揚于王庭，孚號有厲。告自邑，不利即戎，利有攸往。」）

38. 萃・彖：「萃亨。……王假有廟，致孝享也。利見大人，亨，聚以正也。用大牲吉，利有攸往，順天命也。……」（萃卦辭：「萃亨，王假有廟，利見大人，亨，利貞。用大牲吉，利有攸往。」）

39. 困九五・小象：「劓刖，志未得也。……利用祭祀，受福也。」（困九五：「劓刖，困于赤紱，乃徐有說，利用祭祀。」）

40. 鼎初六・小象：「利出否，以從貴也。」（鼎初六：「鼎顛趾，利出否；得妾以其子，無咎。」）

41. 漸九三・小象：「夫征不復，離群醜也。……利用禦寇，順相保也。」（漸九三：「鴻漸于陸，夫征不復，婦孕不育，凶，利禦寇。」）

42. 歸妹・彖：「歸妹……無攸利，柔乘剛也。」（歸妹卦辭：「歸妹，征凶，無攸利。」）

43. 歸妹九二・小象：「利幽人之貞，未變常也。」（歸妹九二：「眇能視，利幽人之貞。」）

44. 巽・彖：「重巽以申命，剛巽乎中正而志行。柔皆順乎剛，是以小亨，利有攸往，利見大人。」（巽卦辭：「巽：小亨。利有攸往，利見大人。」）

45. 巽初六・小象：「進退，志疑也；利武人之貞，志治也。」（巽初六：「進

退，利武人之貞。」）

46. 兌·彖：「兌，說也。剛中而柔外，說以利貞。……」（兌卦辭：「兌亨，利貞。」）

47. 渙·彖：「渙亨，剛來而不窮，柔得位乎外而上同。……利涉大川，乘木有功也。」（渙卦辭：「渙亨，王假有廟。利涉大川，利貞。」）

48. 中孚·彖：「中孚……利涉大川，乘木舟虛也。中孚以利貞，應乎天也。」（中孚卦辭：「中孚：豚魚吉。利涉大川，利貞。」）

49. 小過·彖：「小過亨，小者過而亨也。過以利貞，與時行也。……」（小過卦辭：「小過亨，利貞。可小事，不可大事。飛鳥遺之音，不宜上，宜下，大吉。」

50. 既濟·彖：「既濟亨，小者亨也。利貞，剛柔正而位當也。……」（既濟卦辭：「既濟：亨小，利貞。初吉終亂。」）

51. 未濟·彖：「未濟亨，柔得中也。……濡其尾無攸利，不續終也。……」（未濟卦辭：「未濟亨，小狐汔濟，濡其尾，無攸利。」）

52. 「自天祐之，吉無不利。」（繫辭上·第二章）

53. 「二人同心，其利斷金。」（繫辭上·第八章）

54. 「利用出入，民咸用之謂之神。」（繫辭上·第十一章）

55. 「備物致用，立成器以爲天下利，莫大乎聖人。」（繫辭上·第十一章）

56. 「易曰：自天祐之，吉無不利。」（繫辭上·第十二章）

57. 「是以自天祐之，吉無不利也。」（繫辭上·第十二章）

58. 「子曰：聖人立象以盡意，設卦以盡情偽，繫辭焉以盡其言，變而通之以盡利，鼓之舞之以盡神。」（繫辭上·第十二章）

59. 「神農氏作，斲木爲耜，揉木爲耒，耒耨之利，以教天下，蓋取諸益。」（繫辭下·第二章）

60. 「易窮則變，變則通，通則久，是以自天祐之，吉無不利。」（繫辭下·第二章）

61. 「刳木爲舟，剡木爲楫，舟楫之利，以濟不通，致遠以利天下，蓋取諸渙。」（繫辭下·第二章）

62. 「服牛乘馬，引重致遠，以利天下，蓋取諸隨。」（繫辭下·第二章）

63. 「斷木爲杵，掘地爲臼，杵臼之利，萬民以濟，蓋取諸小過。」（繫辭下·第二章）

64. 「弦木爲弧，剡木爲矢，弧矢之利，以威天下。」（繫辭下‧第二章）

65. 「往者屈也，來者信也，屈信相感而利生焉。」（繫辭下‧第五章）

66. 「精義入神，以致用也。利用安身，以崇德也。」（繫辭下‧第五章）

67. 「易曰：公用射隼于高墉之上，獲之無不利。子曰：……君子藏器於身，待時而動，何不利之有。」（繫辭下‧第五章）

68. 「子曰：小人不恥不仁，不畏不義，不見利不勸，不威不懲，小懲而大誡，此小人之福也。」（繫辭下‧第五章）

69. 「損以遠害，益以興利。」（繫辭下‧第七章）

70. 「柔之爲道，不利遠者，其要無咎，其用柔中也。」（繫辭下‧第九章）

71. 「變動以利言，吉凶以情遷。是故愛惡相攻而吉凶生，遠近相取而悔吝生，情僞相感而利害生。」（繫辭下‧第十二章）

72. 「利者，義之和也。……利物足以和義。……故曰乾：元，亨，利，貞。」（乾‧文言）

73. 「九二曰：見龍在田，利見大人，何謂也？……見龍在田，利見大人，君德也。」（乾‧文言）

74. 「九五曰：飛龍在天，利見大人，何謂也？……」（乾‧文言）

75. 「乾元者，始而亨者也。利貞者，性情也。乾始能以美利利天下，不言所利，大矣哉！」（乾‧文言）

76. 「易曰：見龍在田，利見大人，君德也。」（乾‧文言）

77. 「直方大，不習無不利，則不疑其所行也。」（坤‧文言）

78. 「巽爲木，……爲近利市三倍，其究爲躁卦。」（說卦傳）

《易傳》「利」字小結

「利」爲「利益」之意，此無疑義，但〈乾‧文言〉所言「利，義之和也」及「利貞者，性情也。乾始能以美利利天下，不言所利，大矣哉」，以及〈乾‧象〉「保合太和，乃利貞」，又該如何解？

牟宗三先生對「利，義之和也」曾有以下的解說：

> 「利者，義之和也。」這不是「利」的原義，這是說的利益之利，是生活上的發揮，不是乾卦卦辭言「利」的本義。照儒家的義理講，利是利，義是義。利是形而下的，當然不好，但是，拿「義」這個原則調節它，就是好的。義也不能離開利，那是另一種發揮。利本來是形而下的，是現實的，講道德不能講利，但是，生活不能離開

現實的一面，也就是不能離開利。只能把利統屬到義上去，拿義這
個客觀的超越的道德原則來調節它，達至諧和，不要衝突。〔註23〕

牟先生認爲講「元、亨、利、貞」不能照〈乾・文言〉所說，〈乾・文言〉只
是「生活上的發揮」；的確，如此推演，將會拿「仁、禮、義、智」來套「元、
亨、利、貞」四德，如此則「仁、義、禮、智、信」不但順序不對，而且沒
有「信」的位置和與之相對的德，明顯有方枘圓鑿之弊也，此點待至第四章
第一節再深入探討之。

牟先生認爲講「元、亨、利、貞」四德要照著〈乾・彖〉來講，他說：

「各正性命」接下去就說「保合太和，乃利貞。」「各正性命」通過
保合太和達至「利貞」。「各正性命」是成其萬物，每一個東西都得
其成，所成萬物一定要保持相互之間的合作，這就是「保合」，不要
衝突。然後提高一層才能達至「太和」。太，大也，至也。和，和諧
也。乃，至於，達到。到「保合太和」這個層次上講「利貞」這兩
個字。「乾道變化」前面那一段屬於「元亨」的階段，「保合太和」
屬於「利貞」的階段，「元、亨、利、貞」四個階段，大分兩個階段，
這是儒家道德形上學所嚮往的最高境界。〔註24〕

就是因爲「保合太和，乃利貞」，才能「首出庶物，萬國咸寧」，在此則與〈乾・
文言〉所說「利貞者，性情也」，與「乾以美利利天下，不言所利，大矣哉」
相互接壤；然而，牟先生雖以「保合太和」言「利貞」之德，但仍是未明確
的說明「利」字在卦爻辭中的的確確多數是作爲「利益」來解的，所以，要
建立一「儒家道德形上學」，則〈乾・文言〉解釋「利」爲「義之和也」，仍
是有必要的，爲了達成「儒家道德形上學所嚮往的最高境界」，則「只能把利
統屬到義上去，拿義這個客觀的超越的道德原則來調節它，達至諧和，不要
衝突」，這也是《易經》儒學化和義理化的必然結果。牟先生根據〈乾・彖〉
對「元、亨、利、貞」四德有更進一步的發揮：

亨，通也。亨這個通往上走，故曰「元亨」。利，利刃之利，一下子
通出去。利往下走，也就是往貞走，故曰「利貞」。所以，「元亨」是
一個階段，「利貞」是一個階段。亨這個通是生命之内潤之通，不是
往外通。自己生命内部不滯不塞，内部諧和，所以這個「亨」屬於元，

〔註23〕同註19，牟宗三：《周易哲學演講錄》，頁44～45。
〔註24〕同註29，牟宗三：《周易哲學演講錄》，頁33。

往上通，這個通是生命之不滯。作爲天命不已（按：語出《詩經》）的乾元，宇宙的大生命，當然不擠塞，不呆滯。擠塞呆滯怎麼能創生天地萬物呢？生命不滯才能發光。「利」如一個箭頭，這個箭頭的方向到什麼地方成它的目的呢？箭頭表示一個徵向，徵向落在什麼地方呢，向什麼地方停止呢？落在「貞」，這個貞表示成，終成。〔註25〕

由此文可知牟先生之「元、亨、利、貞」四德不但有順序性，亦且有方向性：「亨這個通往上走，故曰『元亨』」，「利往下走，也就是往貞走，故曰『利貞』」，是故「『元亨』是一個階段，『利貞』是一個階段」；此亦上接宋儒王宗傳《童溪易傳》中分「元、亨、利、貞」四德爲二階段的概念：即「元、亨」爲「陽德」，「利、貞」爲「陰德」，但此非本節之重點，容待至第四章第一節再討論之。

所以，「利」雖是「利益」，但需以〈乾・文言〉「義之和也」爲準繩，如此「利」之內容與性質，才能獲致〈乾・文言〉所言「利貞者，性情也」，與「乾以美利利天下，不言所利，大矣哉」，以及〈乾・象〉之「乾道變化，各正性命，保合太和，乃利貞」的結果。

四、「貞」

1. 乾・象：「大哉乾元！萬物資始，乃統天。雲行雨施，品物流形。大明終始，六位時成，時乘六龍以御天。乾道變化，各正性命。保合太和，乃利貞。首出庶物，萬國咸寧。」（乾卦辭：「乾：元，亨，利，貞。」）

2. 坤・象：「至哉坤元！萬物資生，乃順承天。坤厚載物，德合無疆。含弘光大，品物咸亨。牝馬地類，行地無疆，柔順利貞。君子攸行，先迷失道，後順得常。西南得朋，東北喪朋，乃終有慶。安貞之吉，應地無疆。」（坤卦辭：「坤：元，亨，利牝馬之貞。君子有攸往，先迷，後得主，利。西南得朋，東北喪朋。安貞，吉。」）

3. 坤六三・小象：「含章可貞，以時發也；或從王事，知光大也。」（坤六三：「含章可貞，或從王事，無成有終。」）

4. 坤用六・小象：「用六永貞，以大終也。」（坤用六：「利永貞。」）

5. 屯・象：「屯，剛柔始交而難生。動乎險中，大亨貞。雷雨之動滿盈，天造草昧，宜建侯而不寧。」（屯卦辭：「屯：元，亨，利，貞，勿用

〔註25〕同註29，牟宗三：《周易哲學演講錄》，頁23。

有攸往,利建侯。」)

6. 需‧彖:「需……需,有孚,光亨,貞吉。位乎天位,以正中也。利涉大川,往有功也。」(需卦辭:「需:有孚,光亨,貞吉,利涉大川。」)

7. 需九五‧小象:「酒食貞吉,以中正也。」(需九五:「需于酒食,貞吉。」)

8. 訟九四‧小象:「復即命,渝;安貞,不失也。」(訟九四:「不克訟;復即命,渝,安貞,吉。」)

9. 師‧彖:「師,眾也;貞,正也。……」(師卦辭:「師:貞,丈人吉,無咎。」)

10. 比‧彖:「比……原筮,元,永貞,無咎,以剛中也。……」(比卦辭:「比:吉,原筮,元,永貞,無咎。不寧方來,後夫凶。」)

11. 履九二‧小象:「幽人貞吉,中不自亂也。」(履九二:「履道坦坦,幽人貞吉。」)

12. 履九五‧小象:「夬履貞厲,位正當也。」(履九五:「夬履,貞厲。」)

13. 否‧彖:「否之匪人,不利君子貞。大往小來,……內小人而外君子。小人道長,君子道消也。」(否卦辭:「否之匪人,不利君子貞。大往小來。」)

14. 否初六‧小象:「拔茅貞吉,志在君也。」(否初六:「拔茅茹以其彙,貞吉,亨。」)

15. 謙六二‧小象:「鳴謙貞吉,中心得也。」(謙六二:「鳴謙,貞吉。」)

16. 豫六二‧小象:「不終日貞吉,以中正也。」(豫六二:「介于石,不終日。貞吉。」)

17. 豫六五‧小象:「六五貞,疾,乘剛也;恆不死,中未亡也。」(豫六五:「貞,疾,恆不死。」)

18. 隨‧彖:「隨,剛來而下柔,動而說,隨。大亨貞無咎,而天下隨時,隨時之義大矣哉!」(隨卦辭:「隨:元,亨,利,貞,無咎。」)

19. 臨初九‧小象:「咸臨貞吉,志行正也」(臨初九:「咸臨,貞吉。」)

20. 觀六二‧小象:「闚觀女貞,亦可醜也。」(觀六二:「闚觀,利女貞。」)

21. 噬嗑九四‧小象:「利艱貞,吉,未光也。」(噬嗑九四:「噬乾胏,得金矢;利艱貞,吉。」)

22. 噬嗑六五‧小象:「貞厲,無咎,得當也。」(噬嗑六五:「噬乾肉,得黃金;貞厲,無咎。」)

23. 賁九三・小象：「永貞之吉，終莫之陵也。」（賁九三：「賁如濡如，永貞吉。」）

24. 無妄九四・小象：「可貞無咎，固有之也。」（無妄九四：「可貞，無咎。」）

25. 頤・彖：「頤，貞吉，養正則吉也。……」（頤卦辭：「頤：貞吉。觀頤，自求口實。」）

26. 頤六五・小象：「居貞之吉，順以從上也。」（頤六五：「拂經，居貞，吉；不可涉大川。」）

27. 咸・彖：「咸，感也，柔上而剛下。二氣感應以相與，止而說。男下女，是以亨，利貞，取女吉也。……」（咸卦辭：「咸亨，利貞，取女吉。」）

28. 咸九四・小象：「貞吉悔亡，未感害也；憧憧往來，未光大也。」（咸九四：「貞吉，悔亡；憧憧往來，朋從爾思。」）

29. 恆・彖：「恆……恆亨，無咎，利貞，久於其道也。天地之道，恆久而不已也。利有攸往，終則有始也。……」（恆卦辭：「恆亨，無咎，利貞，利有攸往。」）

30. 恆六五・小象：「婦人貞吉，從一而終也；夫子制義，從婦凶也。」（恆六五：「恆其德，貞；婦人吉，夫子凶。」）

31. 遯・彖：「遯亨，遯而亨也。剛當位而應，與時行也。小利貞，浸而長也。……」（遯卦辭：「遯亨，小利貞。」）

32. 遯九五・小象：「嘉遯貞吉，以正志也。」（遯九五：「嘉遯，貞吉。」）

33. 大壯・彖：「大壯……大壯利貞。大者正也，正大而天地之情可見矣！」（大壯卦辭：「大壯：利貞。」）

34. 大壯九二・小象：「九二貞吉，以中也。」（大壯九二：「貞吉。」）

35. 晉九四・小象：「鼫鼠貞厲，位不當也。」（晉九四：「晉如鼫鼠，貞厲。」）

36. 明夷・彖：「明入地中，明夷。……利艱貞，晦其明也。內難而能正其志，箕子以之。」（明夷卦辭：「明夷，利艱貞。」）

37. 明夷六五・小象：「箕子之貞，明不可息也。」（明夷六五：「箕子之明夷，利貞。」）

38. 蹇・彖：「蹇……蹇利西南，往得中也。不利東北，其道窮也。利見大人，往有功也。當位貞吉，以正邦也。……」（蹇卦辭：「蹇，利西南，不利東北。利見大人，貞吉。」）

39. 解九二・小象：「九二貞吉，得中道也。」（解九二：「田獲三狐，得黃

矢，貞吉。」）

40. 損・彖：「損，損下益上，其道上行。損而有孚，元吉，無咎，可貞，利有攸往。曷之用？二簋可用享。……」（損卦辭：「損，有孚，元吉，無咎，可貞，利有攸往。曷之用？二簋可用享。」）

41. 損九二・小象：「九二利貞，中以爲志也。」（損九二：「利貞，征凶。弗損益之。」）

42. 升六五・小象：「貞吉升階，大得志也。」（升六五：「貞吉，升階。」）

43. 困・彖：「困，剛揜也。險以說，困而不失其所亨，其唯君子乎！貞，大人吉，以剛中也。……」（困卦辭：「困亨，貞，大人吉，無咎，有言不信。」）

44. 歸妹九二・小象：「利幽人之貞，未變常也。」（歸妹九二：「眇能視，利幽人之貞。」）

45. 旅・彖：「旅，小亨。柔得中乎外而順乎剛，止而麗乎明，是以小亨，旅貞吉也。……」（旅卦辭：「旅：小亨，旅貞吉。」）

46. 旅六二・小象：「得童僕，貞，終無尤也。」（旅六二：「旅即次，懷其資，得童僕，貞。」）

47. 巽初六・小象：「進退，志疑也；利武人之貞，志治也。」（巽初六：「進退，利武人之貞。」）

48. 兌・彖：「兌，說也。剛中而柔外，說以利貞。……」（兌卦辭：「兌亨，利貞。」）

49. 節・彖：「節亨，剛柔分而剛得中也。苦節不可貞，其道窮也。……」（節卦辭：「節亨，苦節不可貞。」）

50. 節上六・小象：「苦節貞凶，其道窮也。」（節上六：「苦節，貞凶，悔亡。」）

51. 中孚・彖：「中孚……利涉大川，乘木舟虛也；中孚以利貞，乃應乎天也。」（中孚卦辭：「中孚：豚魚吉。利涉大川，利貞。」）

52. 小過・彖：「小過亨，小者過而亨也。過以利貞，與時行也。……」（小過卦辭：「小過亨，利貞。可小事，不可大事。飛鳥遺之音，不宜上，宜下，大吉。」

53. 既濟・彖：「既濟亨，小者亨也。利貞，剛柔正而位當也。……」（既濟卦辭：「既濟：亨小，利貞。初吉終亂。」）

54. 未濟九二‧小象：「九二貞吉，中以行正也。」（未濟九二：「曳其輪，貞吉。」）

55. 未濟九四‧小象：「貞吉悔亡，志行也。」（未濟九四：「貞吉，悔亡。震用伐鬼方，三年有賞于大國。」）

56. 「吉凶者，貞勝者也。天地之道，貞觀者也。日月之道，貞明者也。天下之動，貞夫一者也。」（繫辭下‧第一章）

57. 「易曰：介于石，不終日，貞吉。介如石焉，寧用終日，斷可識矣。」（繫辭下‧第五章）

58. 「貞者，事之幹也。……貞固足以幹事。……故曰乾：元，亨，利，貞。」（乾‧文言）

59. 「乾元者，始而亨者也。利貞者，性情也。」（乾‧文言）

《易傳》「貞」字小結

1. 〈彖〉和〈小象〉幾乎不解釋「利貞」和「利某貞」，但是「利貞」和「利某貞」的例句卻是卦爻辭當中最多的。

2. 〈彖〉和〈小象〉文字中的「貞」字，多為「正」之意。除了〈師‧彖〉直接言明：「師，眾也；貞，正也。……」之外，還有許多其他間接的例子，如：

> 乾‧彖：「……各正性命。保合太和，乃利貞。首出庶物，萬國咸寧。」
>
> 大壯‧彖：「大壯……大壯利貞。大者正也，正大而天地之情可見矣！」
>
> 蹇‧彖：「……當位貞吉，以正邦也。……」
>
> 中孚‧彖：「中孚……利涉大川，乘木舟虛也。中孚以利貞，乃應乎天也。」
>
> 既濟‧彖：「既濟亨，小者亨也。利貞，剛柔正而位當也。……」
>
> 未濟九二‧小象：「九二貞吉，中以行正也。」
>
> ……

至於〈彖〉和〈小象〉為何以「正」解卦爻辭之「貞」字，待至第三章第五節，在瞭解《易傳》中濃厚之人文色彩及其義理之後，再詳加探討，於此不贅述。

3. 《易傳》中除了〈彖〉、〈小象〉外，其他篇章亦多有談到「正」的，如〈乾‧文言〉：

> 其唯聖人乎？知進退存亡而不失其正者，其唯聖人乎！

又如〈鼎‧大象〉：

> 鼎，君子以正位凝命。

李光地《周易觀象》注曰：

> 器之最正者鼎，故古人多取鼎字爲正字義。《漢書》天子春秋鼎盛、
> 匡鼎來、皆此義也。凝命，猶《春秋傳》所謂定命。鼎器至正，故
> 可以享帝。君子正位，則有以事天。〔註26〕

這是說君子應當效法鼎的凝重莊嚴之象，以貞固端正其君子之位，並鞏固其所受來自天道的性命。凡此皆爲《易傳》強調「正」（即正道、正性、正命、正定）之例句，要能做到行止言語、一動一靜皆合於道，乃至於「知進退存亡而不失其正」的，此即爲聖人。

第四節　「元、亨、利、貞」分立爲「四」之確定

由本章以上第二、三節的歸納整理，可知「元、亨、利、貞」的斷句乃爲一字一斷，四字可分立爲「四」，這是可以確定的，茲簡論其原因如下：

「元」：比卦辭、萃九五爻辭，皆言「元，永貞。」此處「元」爲四德之「元」，獨自可成一句讀，其考證過程已見於第二節，於此不贅述。

「亨」：「亨」字可單字獨立成義：不單是上述第二節「亨」字第五種例句中的九個例子如履卦辭：「履虎尾，不咥人，亨。」或大畜上九：「何天之衢，亨。」等例句如此，即連第三種例句中的十八個例句如謙卦辭：「謙亨，君子有終。」噬嗑卦辭：「噬嗑亨，利用獄。」這樣在卦名之後緊接著「亨」字的例句，其卦名與「亨」字之間的句讀也是可有可無，如加上句讀，變成「謙：亨，君子有終」、「噬嗑：亨，利用獄」，亦不妨害其原來意義，因此可知：「亨」字是可以單字獨立成義的。

「利」：「利」字最獨特的用法在坤卦卦辭中的一段文字：「先迷，後得主，利。西南得朋，東北喪朋」，很清楚的，在此例句中，「利」字可獨字爲句，其考證過程已見於第二節，於此不贅述。

「貞」：「貞」字可獨字爲句之例，共六例，見第二節「貞」之最後一種

〔註26〕（清）李光地：《周易通論、周易觀象》（臺北：廣文書局，1974 年 9 月印本），頁 365。

句型。

關於「元、亨、利、貞」四德，《乾・文言》已分別對此四字個別作解釋，且也多有前人採此四字分立的說法，如第四章將要提到的歷來治易者的四德說，其中將對「元、亨、利、貞」分別釋其義（詳見第四章第一節）。又，黃慶萱先生在其文：〈乾卦辭「元亨利貞」之諸義〉中提到一個例子，亦可作爲元、亨、利、貞四字可分立的佐證：

> 揚雄《法言・問明》篇：「或曰：『龍何如可以貞利而亨？』曰：『時未可而潛，不亦貞乎？時可而升，不亦利乎？潛升在己，用之在時，不亦亨乎？』」雖未及「元」，然以「亨，利，貞」爲三，分而釋之。殆亦以「元、亨、利、貞」爲等立之四德矣，故其次序可以倒之變之，曰貞、曰利、曰亨也。〔註27〕

由此亦可看出，最遲至西漢已將元、亨、利、貞四字分立了，尤其值得注意的是：揚雄還將四字之傳統順序前後顛倒，可見其已以「『元、亨、利、貞』爲等立之四德矣」！

〔註27〕同註3，黃慶萱：《周易縱橫談》，頁129。

第三章 「元、亨、利、貞」如何形成「四德」

第一節 《易經》作者、成書時代及其卜筮色彩

　　根據第二章對「元、亨、利、貞」四字在《易》經、傳中文字脈絡的爬梳與整理，所得之結論：「元、亨、利、貞」四字確可在卦爻辭中獨字爲句；再經過本章將前人對於《易》經、傳作者及成書時代的考據加以整理，則「元、亨、利、貞」四字背後有了一個廣大的時代背景作基礎，而此四字再經《易》經、傳不同的時代、不同的作者加以詮釋與應用，必然會呈現與最初寫在龜甲之上、作爲占卜之辭的「元、亨、利、貞」等字，有著不同的風貌與意義，其中相通與相異之處，正是本章的重點。

　　有關《易》經、傳作者及成書時代的問題，歷來學者討論甚多，至今仍無共同結論，本文整理前人所歸納的結果，並條列如下：

　　一是傳統的說法：認爲《易經》是伏羲畫八卦，周文王演爲六十四卦，並作卦辭、爻辭（東漢馬融另主張周公作爻辭），而孔子則作《易傳》（十翼）以解《經》，依此說法，則《易經》成書年代在西周時期，而《易傳》成書年代則在春秋之時。

　　譬如東漢鄭玄引《易緯通》，說伏羲畫八卦，文王演爲六十四卦，並作卦辭、爻辭，而孔子作《十翼》，此即所謂「易歷三聖」之說；馬融、陸績、鄭眾、賈逵則主張卦辭爲文王所作、爻辭爲周公所作，其他伏羲畫八卦、孔子作《十翼》，則與鄭玄同，此即所謂「易歷四聖」之說。

　　此外，黃沛榮先生在〈易經〉一文中考證卦爻辭作者，引孔穎達《周易正義‧序》中「論卦辭爻辭誰作」一節，而得到以下結論：「由於爻辭中記有文王以後的事，因此古人認爲爻辭不可能是文王所作，而歸之周公。此說雖未必眞實，但是根據王國維、顧頡剛、余永梁、馮友蘭、高亨等學者的意見，卦爻辭應著成於西周初年，而屈萬里師更經過詳細考證，指出卦爻辭是在西周武王的時代著成。」〔註1〕

　　二是修正或根本推翻傳統的說法：此間意見紛紜，其中對於《易經》一書的爭議較小，大多認爲卦爻辭是西周卜官所彙編而成的占筮之書，而對《十翼》各篇成書的時間，則莫衷一是。

　　持此種看法的學者有清之崔述，他說：

　　　　文王未嘗囚於羑里，則《易》何爲演也？曰，此亦《史記》言耳。《易傳》但言其作於文王時，不言文王所自作也。……《史記》因《傳》此文，遂以文王羑里之事當之，非果有所據也。〔註2〕

崔述又說到：

　　　　明夷之五稱「箕子之明夷」，升之四稱「王用亨于岐山」，皆文王以後事，文王不應預知而預言之。《史》《漢》之說不復可通，於是馬融陸績之徒不得已，乃割爻辭爲周公所作以曲全之。……夫以卦爲羲農所重，雖無確據，而理固或有之；若周公之繫《易》，則傳記從未有言及之者。〔註3〕

崔述最後則言：「不敢據漢儒展轉猜度之說，遂直斷何者爲何人所作。」〔註4〕

　　本田成之先生則推論：「予以《易》之成立年代，最早推定爲孟子以後，荀子以前。」〔註5〕並推論《左傳》與《易》的關係，說到：

　　　　《左氏傳》與《周易》有很親密的關係。……古昔巫史或大史所掌的紀錄，卜筮的遺法，在《周官》之方歸於廢滅的，到了戰國時代，民間另外發生了陰陽家、五行家，卜筮遂在此方發達起來，後爲儒

〔註1〕 黃沛榮：〈易經〉，見《國學導讀》（二）（臺北：三民書局，2002 年 6 月印本），頁 222。

〔註2〕 （清）崔述：《考信錄‧豐鎬考信錄》（臺北：世界書局，1960 年 11 月印本），卷 2，頁 11。

〔註3〕 同註2，崔述：《考信錄‧豐鎬考信錄》，頁 22～23。

〔註4〕 同註2，崔述：《考信錄‧豐鎬考信錄》，頁 24。

〔註5〕 本田成之：《中國經學史》（臺北：學海出版社，1986 年印本），頁 90。

家之徒所採用，就成了現今的《易》。在紀錄方面早為儒家所注目的，為《尚書》《詩》，其後為《春秋》。而《易》底發生時恰與《春秋左氏傳》底發生時略同。〔註6〕

李鏡池先生，則於其〈周易筮辭考〉一文中指出《易經》的成書過程：

> ……這些筮辭值得採用；所以卜史便把它編成一種有系統的卜筮之書。他所用的是長時間積聚的複雜的材料，除了游牧時代的筮辭之外；還有商末周初的故事，比興式的詩歌；這些都足證明《周易》成書的年代，與其經由編纂而成的痕跡。〔註7〕

對於《易經》「卦爻辭為西周卜官所彙編而成」這一點，大致為學界所肯定，而《易經》之成書時代因此也被定為西周時期，此點無疑義（唯《易經》之編訂成書，應出自一人之手，此點有黃沛榮先生之論著為之提供確證，詳見下文）。至於為何早在西周時代，已有如此完整的卜筮之書，此源於世界各種不同種族的原始社會中，幾乎皆有祭祀及卜筮的活動，這是先民對於未知的恐懼、或對於天意的敬畏、或對於天命窺視的渴求心理，而自然引起的活動，李輯先生對此提到：

> 原始時代，由於生產力水平低下，人們還沒有力量支配自然界的物質去征服自然，因而不可能不受自然的支配。當人們對自然界的許多領域還處於未知，而又不能超出自己的實際經驗求得解釋時，便產生和構造出一連串的不正確虛幻觀念，形成強烈的崇拜心理。這種心理主要表現在：自然崇拜、圖騰崇拜、祖先崇拜、敬畏鬼魂和迷信占卜等。〔註8〕

曾昭旭師亦對此有所說明，而於其《良心教與人文教》一書中提及：

> 在先民素樸的天人關係觀亦即宗教觀中，無疑都是以天來貞定人的。亦即：生命與價值的根源在天（天命、天理、上帝、神等等），而人生苦難的抒解、危疑的安頓則須藉助於對天的信仰、順服而獲致。這當然是一種以天為本的觀念，人的位階則決然比天低一級。〔註9〕

〔註6〕 同註5，本田成之：《中國經學史》，頁98。

〔註7〕 顧頡剛編：《古史辨》（臺北：明倫出版社，1970年3月印本），第3冊，頁207。

〔註8〕 李輯：《中國遠古暨三代思想史》（北京：北京人民出版社，1994年4月印本），頁20。

〔註9〕 曾昭旭：《良心教與人文教——論儒學的宗教面相》（臺北：臺灣商務印書館，

但是，人類又為何有確定其「生命與價值的根源」之需要呢？曾師對此也提出說明：

> 在人的生活中為什麼會出現這種「藉對天的信仰來貞定人生危疑」的需求呢？從人性學的角度，應是因為人朦朧地感知到人生命中有限性與無限性的存在。此之謂天（無限性）地（有限性）判分，與天地未分前的渾然一體、渾噩無知的狀態自是截然不同。依此，人生命中的有限性與無限性互相對揚，因無限性的萌芽而察知人的有限且因而產生對有限（如能力有限、生命有限）的憂懼，因有限性而產生對無限的嚮往追求，宗教生活遂在這憂懼與蘄嚮的心境中產生。我們簡直可以說，宗教生活的出現，就是人由動物進化為人的標誌。〔註10〕

據有文字記載的信史開始，早在殷人的社會裡，遇有疑難或不能決斷的事情，往往都要訴諸龜甲，以火熏之，觀其裂紋，察其徵兆，藉此以窺觀上帝或祖先的意思。從大量出土的甲骨文當中，可發現殷人對於卜筮的依賴，甚至到了「無事不占」的地步，司馬遷即記載著：

> 自古聖王，將建國受命，興動事業，何嘗不寶卜筮以助善。〔註11〕

對此李輯先生也提到：

> 殷人幾乎事無巨細都要通過占卜，乞求天命啟示。大至於發動戰爭之類的國家大事，小至於起居行止之類的生活瑣事，皆秉諸占卜而後行。〔註12〕

至於占卜的內容雖然是「幾乎事無巨細」，但其中仍有比較常見的主題，如朱天順先生就提到了殷人占卜的內容，以何種類為最多：

> 命辭中佔最大量的是卜問有關祭祀的事項。……命辭中數量佔第二位的是有關氣象的占卜，其中卜問最多的是風調雨順和晴陽變化。這說明，農業在殷代社會生產中佔著重要的地位。數量上佔第三位的命辭是卜問有關農業年成的豐歉和農事活動的問題，……卜問戰爭問題的命辭，在數量上佔第四位。〔註13〕

2003 年 8 月印本，《儒學三書》之 1），頁 24～25。

〔註10〕 同註9，曾昭旭：《良心教與人文教——論儒學的宗教面相》，頁 24～25。

〔註11〕 （漢）司馬遷：《史記‧龜策列傳》（臺北：鼎文書局，1987 年 11 月印本，《中國學術類編：新校本史記三家注并附編二種：四》），卷 128，頁 3223。

〔註12〕 同註8，李輯：《中國遠古暨三代思想史》，頁 92。

〔註13〕 朱天順：《中國古代宗教初探》，（上海：上海人民出版社，1982 年 7 月印本），

依其排名來看，依次爲：祭祀、氣象、年終豐歉和農事活動、戰爭……等，
所占卜的主題皆是有關人民切身的問題。

　　至周代，人文精神興起，周前期沿襲殷之傳統，以龜卜爲主，繼而又以
著筮爲輔，從而兩者並用，到最後龜卜式微而逐漸被淘汰，繼之以著筮爲主，
對於此種轉變的緣由，王夫之曾有所比較與論述，他對〈繫辭・下〉「人謀鬼
謀，百姓與能」的解釋爲：

> 大衍五十而用四十有九，分二卦一，歸奇，過揲審七八九六之變，
> 以求肖乎理，人謀也，分而爲二，多寡成於無心，不測之神，鬼謀
> 也。……若龜之見兆，但有鬼謀，而無人謀。〔註14〕

他認爲筮法是按照一定的法則求出卦象，這種法則是「人謀」的部分，任意
分而爲二，是無心爲之，是屬於「鬼謀」的部分；而龜卜但憑其裂痕斷出吉
凶，只有「鬼謀」，而無「人謀」，也因此龜卜被認爲是較爲迷信的決疑方式，
而在人文思想逐漸興起的周朝，就被人們慢慢的捨棄不用，而改爲占筮了。

　　對龜卜與著筮的差別，朱伯崑先生亦有所說明：

> 從殷人的龜卜到周人的占筮，是一個發展的過程……，兩者相比，
> 有兩點不同。其一，鑽龜取象，其裂痕是自然成文，而卦象是手
> 數著草之數，按規定的變易法則推衍而成。前者出於自然，後者
> 靠人爲的推算。其二，龜象形成後，便不可改易，卜者即其紋，
> 便可斷其吉凶。但卦象形成後，要經過對卦象的種種分析，甚至
> 邏輯上的推衍，方能引出吉凶的判斷，同觀察龜兆相比，又具有
> 較大的靈活性和更多的思想性。這兩點都表明，占筮這一形式和
> 發展意味著人們的抽象思維能力提高了，卜問吉凶的人爲因素增
> 加了。〔註15〕

朱伯崑先生認爲著筮是「手數著草之數，按規定的變易法則推衍而成」，且「卦
象形成後，要經過對卦象的種種分析，甚至邏輯上的推衍，方能引出吉凶的
判斷」，由此可知，龜卜與著筮，二者是很不相同的。

　　除了朱伯崑先生外，劉瑛先生也提到：

> 占卜逐漸式微，占筮卻延續下來，除了作爲占筮用的龜骨難以得到

　　　　頁168。
〔註14〕王夫之：《船山易學》（臺北：廣文書局，1981年印本），頁573。
〔註15〕朱伯崑主編：《易學基礎教程》（廣州：廣州出版社，1993年12月印本），頁30。

的原因外，更重要的是這兩種占問活動具有不同的特性決定了它們的命運。占筮這種形式是靠筮者推演成卦，對卦象、卦爻辭進行分析，並根據所占問的事情作出最後的吉凶判斷，有著明顯的人為意志及解釋的靈活性。而龜卜的結果只能由既成兆文來解釋，靠的是經驗積累而成的固定解答程式，其不可靈活操作的特性決定了它在理性思維興起的時代逐漸式微的結局。〔註16〕

則劉瑛先生同樣認為：蓍筮「有著明顯的人為意志及解釋的靈活性」，而取代了龜卜，因為龜卜「其不可靈活操作的特性決定了它在理性思維興起的時代逐漸式微的結局」。

　　對於《易經》的研究，也因上述此種捨龜卜不用而取占筮的方法來決疑的態勢，繼而演化為愈來愈避免迷信色彩，而專講易之義理的潮流，因而特重《易傳》，而忽視《易經》之卦爻辭的研究，近人戴君仁先生即云：

　　　　在我看來，廢去〈十翼〉，與菲棄整個的《易》無異，因《易》之可貴，正在〈十翼〉。雖卦爻辭也有極有道理的話，可是賦《易》以哲學價值者，卻在〈十翼〉。有了〈十翼〉之後，《易》才不是卜筮之書，而為儒家哲學的總匯。〔註17〕

近儒馬一浮先生亦言：「不有〈十翼〉，《易》其終為卜筮之書乎！」〔註18〕其實，諸如此種將「卜筮之易」與「義理之易」截然劃分的看法未免太過武斷，即如屬於「義理之易」的《易傳》之一，〈繫辭・上〉第十章亦言：

　　　　易有聖人之道四焉：以言者尚其辭，以動者尚其變，以制器者尚其象，以卜筮者尚其占。

　　〈繫辭・上〉第十章言：

　　　　聖人設卦觀象，繫辭焉而明吉凶……是故君子居則觀其象而玩其辭，動則觀其變而玩其占。

可見易有辭、變、象、占四個方向，實不必偏廢任何一方，也不需截然劃分，因其中自有歷史的進程及脈絡相連。

〔註16〕劉瑛：〈從左傳筮例看周易義理化傾向〉，收入《北京大學古文獻研究所集刊》（1）（北京：北京燕山出版社，1999 年 12 月），頁 57～58。

〔註17〕戴君仁：〈卜筮之易與義理之易〉，《書目季刊》第 6 卷第 2 期（1971 年冬季號），頁 3。

〔註18〕馬一浮：《復性書院講錄》（臺北：廣文書局，1964 年 1 月印本）下，卷 6：〈觀象厄言〉序說，頁 1。

朱熹即曾提出「易本卜筮之書」的看法，主張區分《易經》、《易傳》，而強調還《易經》一書的「本來面貌」，其文云：

> 今人讀《易》，當分爲三等：……讀伏羲之易，如未有許多〈彖〉〈象〉〈文言〉說話，方見得易之本意，只是要作卜筮用。……及文王周公分爲六十四卦，添入「乾，元亨利貞」，「坤，元亨，利牝馬之貞」，……已是文王周公自說他一般道理了。然猶是就人占處說，如卜得乾卦，則大亨而利於正耳。及孔子繫〈易〉，作〈彖〉〈象〉〈文言〉，則以「元亨利貞」爲乾之四德。〔註19〕

然《易經》、《易傳》二者的關係，其中相互滲透、涵攝甚深，不可能不互爲表裡、互相沾漑。

王夫之即提出「占學一理」，主張「占筮」與「學易」皆《易經》所推崇，二者不可偏廢，但他也強調：占筮不能脫離學易的基礎，而將「占」納入「學」的領域之中，所謂「即占以示學」，〔註20〕其意爲：觀象玩辭，領會卦爻象和卦爻辭的義理，是學易之事；觀變玩占，觀察卦爻象之變化而決移，則爲占易之事。但，占易必須依據卦爻辭之義理，方能爲之。換言之，只有先紮實的學易，提高自己的視界，才有條件占問和決疑。王夫之曰：

> 占易、學易，聖人之用易，二道並行不可偏廢也。……居則玩其辭者其常也。以問焉而如嚮則待有疑焉而始問，未有疑焉，無所用易也。且君子之有疑，必謀之心，謀之臣、民、師友，而道之中正以通，未有易合焉者，則其所疑者亦寡矣。學則終始典焉，而不可須臾離者也。故曰：易之爲書也不可遠。徒以占而已矣，則無疑焉，而固可遠也。故篇內占學並詳，而尤以學爲重。〔註21〕

可見古之巫者，或君子之占筮，皆不得已時方爲之占，也因此，平日占之機會實不多，然占筮仍有助於君子斷事決疑，故有其存在的價值；至於學易，則是君子立身處事必須「終始典焉，而不可須臾離者也」，是故，王夫之所謂君子之占，非爲一己之私慾而患得患失，乃是藉著占易輔助其進德修業也。

此外，若是進一步深究《易經》作者之身分，當著成於西周初年卜官之

〔註19〕《朱子語類》（臺北：文津出版社，1986 年 12 月印本，《朱子語類》第四冊）卷 66：〈易二〉：綱領上之下，頁 1629。

〔註20〕王夫之：《周易內傳·發例》，見《船山全書》第 1 冊（長沙：嶽麓書社，1998 年 11 月印本），頁 653。

〔註21〕同註 20，王夫之：《周易內傳·發例》，頁 655。

手，但在周代，祝、史、卜、巫等官，其所掌管之事務，有非常多重疊的部分，陳夢家先生即說到：「史、卿史、禦史似皆主祭祀之事。」〔註22〕陳來先生也認為：「史官最早是神職性職官，後來在王朝一級分化為祝、宗、卜、史，但在諸侯國，史往往承擔多種神職。」〔註23〕陳夢家先生又說：

> 祝既是巫，故「祝史」、「巫史」皆是巫也，而史亦巫也。……
>
> 卜辭卜、史、祝三者權分尚混合，而卜史預卜風雨休咎，又為王占夢，其事皆巫事而皆掌之於卜史。〔註24〕

吳文璋先生在其《巫師傳統和儒家的深層結構》一書中也說到：

> 史的地位十分重要。……協助周王處理日常政務事項的有兩個機構，即「卿事寮」和「太史寮」，……其中太史寮主要是由太史及其僚屬組成，太史為史官之長，同時也包括大祝、大卜等職。此外「宰」的下屬也有史，諸侯亦有史。而且太史之太史寮的名稱已見於殷墟卜辭，而西周的太史是兼管神職和人事的職官，也就是說一方面掌管國家的典章文書，一方面管理祭祀、天象、曆法。〔註25〕

同時他又於書中舉出許多祝、史、卜、巫，這些官職功能相近的例子，如：

> 其祝史陳信於鬼神無愧辭。（《左傳·襄公二十七年·晉》）
>
> 大宰命祝史以名遍告於五祀、山川。（《禮記·曾子問》）
>
> 獻公卜伐驪戎，史蘇占之。（《國語·卷七·晉語一》）
>
> 神居莘六月，虢公使祝應、宗區、史嚚享焉，神賜之土田。（《左傳·莊公三十二年》）〔註26〕

這些都是祝、史、卜、巫，他們的執掌與功能相近的例子。吳文璋先生並作成結論，說：「祝史，史巫之職能本就相通」，〔註27〕且認為「後代儒者必傳六經，無論如何理性化之儒者必習易經，則巫史三代相承之精神，儒者無所

〔註22〕陳夢家：《殷墟卜辭綜述》，《考古學專刊》甲種第 2 號（北京：中華書局，1992年 7 月印本），頁 520。

〔註23〕陳來：《古代宗教與倫理——儒家思想的根源》（北京：三聯書店，1996 年印本），頁 50。

〔註24〕陳夢家：〈商代的神話與巫術〉，《燕京學報》第 20 期（1936 年 12 月），頁 534。

〔註25〕吳文璋：《巫師傳統和儒家的深層結構》（高雄：復文圖書出版社，2001 年 6月），頁 47。

〔註26〕同註 25，吳文璋：《巫師傳統和儒家的深層結構》，頁 47～49。

〔註27〕同註 25，吳文璋：《巫師傳統和儒家的深層結構》，頁 50。

逃於天地之間，必然要背負之，這就是儒家的巫師傳統。」〔註28〕

　　金春峰先生在其〈《周易》編纂者的兩重屬性〉中說：

> 《周易》的這種兩重性：在占卜者手中，是占卜的工具，是信仰與
> 神秘的啟示錄，是與巫術相聯繫的；作為精心編纂而成的著作，又
> 蘊涵《周易》編纂者對世界之複雜關係的認識與看法，從而使《周
> 易》成為智慧與人生經驗的某種總結，成為理性發展的工具，成為
> 訓練與啟迪智慧的一種「源頭」，並能在以後朝完全義理與哲學的方
> 向進行詮釋，而終於成為一哲理與義理的「文本」。……追究原因，
> 這應與《周易》編纂者的兩重屬性有密切關係。〔註29〕

另一方面，金先生並由此推論：「《周易》的編纂出於西周巫史集團專職人員
之手，主要是太史這批人。太史的職責，從《周禮》與《左傳》的有關記載
來看，是記載君王的言論，保管與整理歷史、政治檔案，兼管天文地理、氣
候星象，國家有大事時，則參與占卜；因此它的專業範圍是雙重的：一方面
是神學的方面，另一方面是學術的知識性的工作。」〔註30〕

　　金春峰先生文中並舉周文公諫宣王籍田之事件為例，說太史在典禮中贊
佐與引導王實行祭祀，「其政治地位是很高的，與後世司馬遷所講：『文史星
曆，介乎卜祝之間』的情況，完全不同。」〔註31〕又舉幽王二年，佰陽父論
地震為例，說到：

> 其析論的特點，亦表現出兩重性格，即：一方面是理性的、專業的、
> 學術的，指出地震的原因是陰陽失序；另一方面，又認為這是周之
> 二代失德所招致的天譴，有濃烈的神學迷信觀念。〔註32〕

金先生並說：「從《左傳》、《國語》所留下的占卜記事來看，太史一類人員對
卦爻辭之吉凶的判讀，表現出很高的學識水平與推理分析能力。許多時候，
他們對事物吉凶的判斷，形式是神學的、占筮的，實際內容則是他們藉自己
的知識與經驗所作的理性的推斷。」〔註33〕

〔註28〕同註25，吳文璋：《巫師傳統和儒家的深層結構》，頁51。
〔註29〕金春峰：《《周易》經傳梳理與郭店楚簡思想新釋》（臺北：臺灣古籍出版公司，
　　　　2003年4月），頁28～29。
〔註30〕同註29，金春峰：《《周易》經傳梳理與郭店楚簡思想新釋》，頁29。
〔註31〕同註29，金春峰：《《周易》經傳梳理與郭店楚簡思想新釋》，頁29。
〔註32〕同註29，金春峰：《《周易》經傳梳理與郭店楚簡思想新釋》，頁29。
〔註33〕同註29，金春峰：《《周易》經傳梳理與郭店楚簡思想新釋》，頁29。

　　黃忠天先生也說：「論占卜者，最早可溯自原始社會的巫，……巫師爲全族中最具智慧，而可與神鬼交通的人，並擔任祭祀儀式中的舞者、歌者、祝者、醫者、卜者等等工作」，〔註34〕的確，這種情形至今仍能在許多有關少數民族的人類學研究報告中可看到，足證上古時代之卜筮者並非一般人可以擔任的。

　　從另一個角度，我們試著來看《易經》作者著書時的心理狀態，張振春先生則提出「卜筮是一種超常的思維形式」，其言謂：

> 卜筮是「人……神」對話的媒介，這裡的「人」指認識主體，「神」指認識客體，「人」代表已知世界，「神」代表未知世界，在卜筮過程中，卜筮者（認識主體）進入高度入靜狀態，大腦皮層達到高度放鬆狀態，全身心投入卜筮過程使主觀直接體認客觀，主觀與客觀高度統一，認識主體與認識客體融爲一體，卜筮者的全部經驗和知識最充分地調動出來，大腦以最佳狀態把已知世界與未知世界相照應，靈感思維就這樣產生了，古人通過這種方式融及了認識過程的本質，摸清了認識規律，實現了對客觀物質世界的認識。〔註35〕

可知卜筮並非全然的迷信，並且卜筮還是當時的知識分子認識未知世界的重要方式之一，而在卜筮過程當中，卜筮者所進行的是「一種超常的思維形式」，並非如今之乩童，完全不思不想，徹底的將自己的身體與靈智完全放棄，而讓神明佔據（俗稱「降乩」），這是兩種全然不同的人、神溝通型態，乩童在降乩之後，對方才所發生的事完全不能有反應或能做出解釋，但卜筮的經過及結果是可以累積、沉澱、綜合、以及應用，甚至形成人文智慧的，張振春先生說：

> 通過卜筮過程使人腦進入最佳功能態（精神的超脫：思維活動超脫了一般思維模式的局限性，徹底放鬆，大腦皮層神經元群實現了最優化組合），使人的已有知識、信息全部運用起來，實現了最充分的分析綜合，把無數次的這種過程的結果綜合起來，運用「卦」這種形象思維和抽象思維相結合的思維模式進行系統化，規範化，從而完成了《易經》。〔註36〕

〔註34〕黃忠天：〈試論先秦卜筮之官地位的轉變〉，《中華道教學院南台分院學報》第2期（2001年10月），頁40。

〔註35〕張振春：〈試論卜筮之本質及其對於《易經》的意義〉，《中華易學》月刊第176期（1994年10月），頁12。

〔註36〕同註35，張振春：〈試論卜筮之本質及其對於《易經》的意義〉，頁13。

這種「徹底放鬆，大腦皮層神經元群實現了最優化組合」，其實就像時下所流行的「靜坐」、「冥想」所造成的結果，這種「靜坐」、「冥想」曾是藝術家尋求靈感的方式之一，但現今則流行於社經及知識地位較高的上層階級，多用來鬆弛身心，或藉著放鬆來獲得在日常生活中不容易獲得的內在心靈信息，從而體會與調整生活態度，及提昇其智慧。

由以上對於《易經》作者身分之推論，以及推溯其著書過程中的心理狀態，可知：《易經》之作為一本卜筮之書，其書並非全是徹底全然的神秘色彩，因其作者即是當時王朝的行政官員，為一批知識份子中的精英，這使得《易經》至少在編輯成書的過程中，即充滿著人文色彩，以下則進入《易經》一書編定過程的探討，看看從編定過程中，是否能凸顯其人文精神。

姑不論《易經》的成書時間為何時，最少有一點是可以確定的，即：《易經》卦爻辭應是一人之手所編成，黃沛榮先生認為「卦爻辭雖或採用若干前代之材料，但是由於體例的貫串，應該是由一人所編成的。」〔註37〕其所持理由如下：

1. 爻辭多繫以卦名

……在六十四卦三百八十四爻中，有二百三十九爻都嵌有卦名在內，……更重要的是：在許多不必使用該卦卦名的爻辭中，往往假借卦名作為其他文字來使用，究其用意，就是要扣住卦名。……

2. 卦爻之修辭方式往往一致

……相對偶的兩卦，卦辭的修辭方式亦往往有關，如：

〈泰卦‧卦辭〉：「小往大來。」

〈否卦‧卦辭〉：「大往小來。」

〈需卦‧卦辭〉：「利涉大川。」

〈訟卦‧卦辭〉：「不利涉大川。」

……至於卦爻辭的修辭方式，以下列六種為最多：（△表示卦名，○表示其他文字）

「○△」——如〈蒙卦〉、〈謙卦〉、〈豫卦〉、〈臨卦〉、〈復卦〉、〈頤卦〉、〈遯卦〉、〈兌卦〉。

「△于○」——如〈需卦〉、〈同人卦〉、〈困卦〉、〈漸卦〉等。

〔註37〕同註1，黃沛榮：〈易經〉，見《國學導讀》（二），頁224。

「△其○」——如〈咸卦〉、〈艮卦〉、〈豐卦〉。

「○之△」——如〈蠱卦〉。

「△○」——如〈比卦〉、〈觀卦〉、〈剝卦〉、〈鼎卦〉、〈震卦〉。

「○△○」——如〈蹇卦〉。

上述的情況，都不可能是由雜纂所造成的。因此對於多數的卦來說，六爻爻辭作者應是一人。

3. 通卦諸爻每自下而上取象

……〈漸卦初六〉：「鴻漸于干。」六二：「鴻漸于磐。」九三：「鴻漸于陸。」六四：「鴻漸于木。」九五：「鴻漸于陵。」上九：「鴻漸于陸（當作阿）。」六爻取象由下而上，顯然是出自一人之手。

4. 爻辭用字多與爻位相應

在不同的卦中，相同的爻位，用字往往相類似。以初爻來說，習用「趾」、「拇」、「足」、「履」、「屨」、「尾」……等字，都以部位低下或邊遠的事物作爲象徵。以上爻來說，習用「高」、「尙」、「上」、「天」、「首」、「頂」……等字，都用居於高位的人、事、物來作象徵。

5. 占辭吉凶每與爻位有關

……總括來說，二、五爻吉辭最多。佔全部吉辭的百分之四七點○八，凶辭則只佔百分之十三點九四；三、上爻的凶辭最多，佔百分之四四點五四，初、三爻中，凶中求吉類的吉辭最多。如果爻辭是雜纂而成，必不會如此分布。〔註38〕

觀其理由與引證皆充分精詳，而證諸《易經》之卦爻辭，亦皆如其所言，因此對於卦爻辭是出於一人之手所編成，這一點應該是無疑義的。卦爻辭之最初原貌可能是一條一條零散的卜辭，然而經過編輯整理之後，繫在卦之下或爻之下的文辭，已非初始卜辭之原貌，而是經過刻意的編纂甚至有意的創作，乃成其爲今日所看到的卦爻辭，〔註39〕如果最初卜辭是隨機繫在卦爻之下，而沒有後來的編纂與整理，則絕對不可能在卦爻辭中出現上述黃沛榮先生所提到的情形，那都是明顯經過人爲編纂的痕跡，這樣人爲編纂的結果，

〔註38〕同註1，黃沛榮：〈易經〉，見《國學導讀》（二），頁224～227。

〔註39〕有關卦爻辭與卜辭的關係，可參看屈萬里：〈易卦源於龜卜考〉，見《書傭論學集》（臺北：聯經出版事業公司，1984年7月印本，《屈萬里全集》第2輯），頁48～69。

使得《易經》不只是卜辭的集合體，而能成爲體例完整的書籍，人爲編纂的痕跡如：藉著編纂者有意的刪字或加字、或刻意的依某種順序來排列卦名，或依一定的修辭來提醒讀者前後呼應的關係，或依一定的象徵來說明爻與爻之間的關係或進程，……這些在在都顯示了：《易經》之最後編纂成書，當出於一人之手。

也因此李鏡池先生在〈周易筮辭考〉一文中說：「卜史便把它編成一種有系統的卜筮之書。」〔註40〕但有沒有可能「有系統的卜筮之書」其實是進一步經過刻意編纂安排、並表達出編纂者思想的書？觀之卦爻辭除了文辭統一之外，其間更蘊含一定的理路，譬如「時」、「位」的強調，以及憂患意識的濃厚，避免過高過亢的道理，或者是極其明顯的辯證思想〔註41〕等等，這些義理都不必經由《易傳》的強調，即能在卦爻辭中被彰顯出來。

有關《易經》卦爻辭中的思想，可進一步參考林政華〈卦爻辭中所涵儒家之開明思想〉：其中舉乾卦六爻說明「窮則獨善其身，達則兼善天下」之理。而以坤初六：「履霜，堅冰至。」履九四：「履虎尾，愬愬，終吉。」泰九三：「無平不陂，無往不復；艱貞，無咎。」否九五：「休否，大人吉。其亡，其亡，繫于苞桑。」來說明「知幾，其神乎！」和積漸防微的道理。蒙卦辭：「蒙：亨，匪我求童蒙，童蒙求我。初筮告，再三瀆，瀆則不告。」則犛出「師嚴而後道尊」之義。謙卦全卦六爻皆表明「謙受益，滿招損」。家人卦辭：「利女貞。」則標舉「男女居室，人之大倫也」。觀卦卦辭：「盥而不薦，有孚顒若。」損卦卦辭：「曷之用？二簋可用享。」與中孚卦辭：「中孚：豚魚吉。利涉大川，利貞。」則表示「喪，與其易也，寧戚」之義。〔註42〕

「卦爻辭應該是由一人所編成的」此說成立，再加諸卦爻辭中實已蘊含義理，則「卦辭中含有四德」的說法也間接獲得了支持的證據，觀黃沛榮先生所舉之例證，很容易就能體會編纂卦爻辭之人的苦心孤詣，及其中呼之欲出的義理，只是他藉由對卦爻辭的安排，如呼應、對稱、修辭法之統一、取象的層次安排，甚至主觀的對爻位安上有吉辭或凶辭的卜辭，而成爲爻辭，來彰顯其義理，「因此一卦之卦義與爻義，可以來自字面的義理，也可來自卦

〔註40〕同註7，顧頡剛編：《古史辨》第3冊，頁207。

〔註41〕詳見曾昭旭：〈《易》所蘊涵的理論結構模型之分析〉，文載《在說與不說之間——中國義理學的理論與實踐》（臺北：漢光文化事業公司，1992年2月），頁55～58。

〔註42〕林政華《易學新探》（臺北：文津出版社，1987年5月），頁81～92。

象、卦德、爻位、爻德、爻象等，往往一句話要從多方面來作詮釋」，〔註43〕
而《易傳》除〈彖〉、〈象〉以外的作者，則是以專文來發明義理；然究其實，
則卦爻辭中實早已隱含有義理，否則《易傳》之文將以何爲依憑？

因此，若說《易經》純然是一部卜筮之書，這說法是不確實的，正確的
說，應是西周卜官們將零散的卜辭蒐羅整理，將之繫於卦、爻之下，最後再
由一人編纂排列而成的，由其編排方式，可以看出：其中實已蘊含豐富的儒
家義理了。

第二節　《易經》中的卜筮色彩對「元、亨、利、貞」　　　　闡釋之影響

《易經》中濃厚的卜筮色彩，直接影響了歷來學者對「元、亨、利、貞」
的闡釋，例如李鏡池先生，在其〈周易筮辭考〉一文中說：

> 「元亨利貞」四字是應該分兩讀念的，應該是：「元亨，利貞。」
> 而不是「元，亨，利，貞」。「利貞」二字，可以獨立成爲一種占
> 詞，如蒙大壯等卦辭是。「利貞」並不是什麼「德」。「利」字不能
> 獨立；「貞」字亦要與他詞連結而成文；就是「元」字也不過是個
> 副詞，只能說「元亨」，不能說「元，亨。」只有「利貞」連文，
> 沒有「利」、「貞」分立；分開則不能獨立成一種意義。……「貞」
> 字更沒有單用的，它也要連結他詞而成義。「貞」字在卦、爻辭中
> 是動詞，不是形容詞。……「元亨利貞」四字中，只有「亨」字
> 是獨立成義的。「亨」是表示「好」的一種占詞，跟「吉」是同類。……
> 「元」既與「亨」相連而成文，「利貞」又不能分立而成義，那裡
> 去找「四德」？……「貞」的本義，我們可以斷定是「問」的意
> 思。〔註44〕

「元、亨、利、貞」四字皆可各自獨立爲義、爲句，其歸納與整理詳見第二
章，在此不贅言。李鏡池先生此文其意「雖在力求恢復周易卦爻辭之原義，
然經此批評，實有導人貶抑乾文言之影響」，〔註45〕此「唯求周易經文之本義

〔註43〕同註1，黃沛榮：〈易經〉，見《國學導讀》（二），頁254。
〔註44〕同註7，顧頡剛編：《古史辨》第3冊，頁201～202。
〔註45〕方中士：《周易元亨利貞四德說研究》（高雄：高雄師範學院國文研究所碩士
　　　　論文，1987年5月），頁47。

而漠視易傳新創義理之失」，〔註46〕實是狹隘了《易經》研究的視野。

繼李鏡池先生之後，有高亨先生撰〈元亨利貞解〉一文，謂：

> 元以仁爲本，亨以禮爲宗，利以義爲幹，貞以固爲質。然執此說以
> 讀周易，往往扞格而不通。姑舉一例！坤卦辭曰：「元亨利牝馬之貞。」
> 如謂元、亨、利、貞爲四德，此果何等語？豈牝馬亦有所謂「貞操」
> 乎？余故謂文言、左傳所云，決非元、亨、利、貞之初義；元、亨、
> 利、貞之初義爲何？曰：「元，大也；亨，即享祀之享；利，即利益
> 之利；貞，即貞卜之貞也。」〔註47〕

> 「利牝馬之貞」者，以有關牝馬之事問之於筮，遇此卦則利也。睽
> 初九云：「喪馬勿逐，自復。」中孚六四云：「月幾望，馬匹亡，無
> 咎。」可證古人失馬則筮而求之，所謂有關牝馬之事者，求所失之
> 牝馬，即其一端矣。〔註48〕

於是高亨先生有了以下的結論：

> 由此觀之，乾、隨之「元亨利貞」，猶言大享利占耳。文言、左傳
> 四德之說，既無當於乾、隨二卦之旨，亦大有背於周易全經之義。
> 〔註49〕……

> 文言、左傳妄以四德釋之，千載學者爲其所蔽，致周易古經之初旨
> 晦翳不明，甚可慨也。〔註50〕

「元、亨、利、貞」四字皆可各自獨立爲句爲義，其歸納整理，以及證據之
徵引，詳見第二章，在此不贅言。高亨先生謂「元以仁爲本，亨以禮爲宗，
利以義爲幹，貞以固爲質」，基本上這不是在訓字之原義，而爲其衍伸之義理，
當然無法直接套入卦爻辭中去疏通文句，且不知此語出自何處，文中並說明；
「豈牝馬亦有所謂『貞操』乎？」則直以「貞」之德訓爲「貞操」，並以之爲
非，然以「貞操」訓「貞」，又是取自何處？此種解釋似乎並不多見。「貞」
不作「貞操」解，「利牝馬之貞」意爲：「能取法母馬之柔順與堅貞之韌性則
爲有利」，其意甚明，實不至於誤解爲「豈牝馬亦有所謂『貞操』」也。

〔註46〕同註45，方中士：《周易元亨利貞四德說研究》，頁48。

〔註47〕高亨：《周易古經通說》（臺北：華正書局，1967年印本），頁87。

〔註48〕同註47，高亨：《周易古經通說》，頁95。

〔註49〕同註47，高亨：《周易古經通說》，頁89。

〔註50〕同註47，高亨：《周易古經通說》，頁99。

　　其文謂「元亨利貞」，猶言大享利占耳，而對其他與元、亨、利、貞等字相關的解釋，如對於「利於……之貞」、「元永貞」、「不可貞」、「利貞亨」……的解釋，則付之闕如，如此即驟下「文言、左傳妄以四德釋之，千載學者爲其所蔽」的結論，似乎過爲武斷了。不只筆者有此疑問，李周龍先生在其〈高亨的「元亨利貞解」商榷〉一文中也提出他的質疑：

　　　　對於他的這一番話，我們實在很難同意。貞雖以固爲質，但卻未必
　　　　就解釋作「貞操」的，如果硬要把「利牝馬之貞」解釋成「有利於
　　　　母馬的貞操」，那就未免鑽到牛角尖去了。可是，馬雖然不懂什麼是
　　　　「貞操」，但卻有守常不變的堅韌毅力，因此纔能爲我們載重行遠。
　　　　坤卦的這句卦辭，只是要我們效法牠這種美好的德行而已。〔註51〕

李周龍先生又評高亨先生文中所提：「睽初九云：『喪馬勿逐，自復。』中孚六四云：『月幾望，馬匹亡，無咎。』可證古人失馬則筮而求之，所謂有關牝馬之事者，求所失之牝馬，即其一端矣」的說法，其文說到：

　　　　這樣的説解，眞是大有疑問。睽卦初九與中孚六四的爻辭，並不見
　　　　「利貞」的字眼，它們的含義與坤卦的卦辭不同，怎麼可以拿來作
　　　　例證呢？所謂「古人失馬則筮而求之」，這句話眞令人忍俊不禁，古
　　　　人的占筮範圍是那樣狹隘的嗎？難道只有求所失的牝馬纔問占，失
　　　　牡馬、牝牛、牡牛、牝羊、牡羊等等就不占了嗎？因此，所謂「有
　　　　關牝馬之事者，求所失之牝馬」，只是高亨先生個人一廂情願的想法
　　　　而已，其說甚是牽強，我們是很難苟同的。〔註52〕

李周龍先生的文字，可謂明白的駁斥了高亨先生的觀點。

　　在李鏡池、高亨二位先生之後，另有蒙傳銘先生撰〈周易「元亨利貞」析論〉一文，其結論爲：

　　　　一爲關於「元亨利貞」之訓詁者，即訓元爲大，訓亨爲通，訓利爲
　　　　利益之利，訓貞爲守其素常而不變。二爲關於「元亨利貞」之讀法
　　　　者，即此四字原爲二詞，應讀爲「元亨，利貞。」所謂「元亨」，即
　　　　「大亨」也；所謂「利貞」，即「守其素常而不變乃利也」。由此，
　　　　可知昔賢謂「元亨利貞」爲乾卦之「四德」者，其誤殊不必辯也。

<hr>

〔註51〕李周龍：〈高亨的「元亨利貞解」商榷〉，《中華易學》第60期（1985年2月，
　　　　第5卷第12期），頁10～11。
〔註52〕同註51，李周龍：〈高亨的「元亨利貞解」商榷〉，頁11。

〔註53〕

蒙先生把古今學者對「元亨利貞」的解說作一歸納分析，並將《易經》中此四字之詞性、意義及用法作一分類比較，其研究方法與本文接近，然結論卻有所不同，其結論爲：「昔賢謂『元亨利貞』爲乾卦之『四德』者，其誤殊不必辯也」，仍是否定「四德說」的存在。

觀諸李鏡池、高亨與蒙傳銘三位先生對於「元亨利貞」的解說，大概皆不脫「《易經》爲一卜筮之書」如此觀念的籠罩與影響，「《易經》爲一卜筮之書」此語雖眞，然前文已提及：當時寫定《易經》卦爻辭的西周卜官，其本身即具有濃厚的人文精神，即連《易經》未寫定之前，在欲刻下卜辭的當時，也需要經過其用字用詞的斟酌與選擇，才能定下占辭或卜辭，然後才刻在龜甲與牛骨之上，此番斟酌考慮的過程，亦不可能不染上些許的人文氣息。

此外，遍尋所有的卜辭，也未見有「元亨利貞」這樣一條卜辭，有可能是在《易經》編輯寫定的過程當中，編訂者刻意在眾多的卦爻辭裡，分別拈出最重要的這四個字──「元、亨、利、貞」──來作爲首卦乾卦之卦辭，當然，這只是推斷，目前尚未找到充分的證據能支持這樣的說法。

今且回到「元亨利貞」四字本身：「元」字在西周時期是否只能作「大」字解？「亨」字是否全作「享」字解？「貞」字在西周時期是否只能作「占」字解？是以乾之卦辭開宗明義的「元亨利貞」是否只能是「大享利於占」的意思？這是本文以下要討論的重點。

對於「元」字可獨立爲句，已於第二章第二節之第一小節中予以肯定的答案，既如此，則「大」字不會是解「元」字之唯一可能，《左傳·襄公九年》穆姜解釋「元」即爲「體之長也」，並不作「大」字解，《左傳》一書去《易經》的時代未遠，且其斷代（爲戰國時之作）較《易傳》更爲可信，穆姜解釋「元、亨、利、貞」這段話「可能是在當時頗流行的。……話不見得眞出穆姜之口，而只是一種傳說。」〔註54〕穆姜解釋「元、亨、利、貞」的話，很可能的確是流傳於當時的俗諺或俗話，因爲這麼一長串的義理之言，有本有源，條理不亂，能出自當時的女子之口，似乎只能解釋爲此段話已於當時

〔註53〕蒙傳銘：〈周易「元亨利貞」析論〉，《中國學術年刊》第 2 期（1978 年 6 月），頁 1。其文訓「貞」爲「守其素常而不變」，乃採屈萬里之說，見屈萬里《書傭論學集》（同註 39），頁 29～32。
〔註54〕同註 17，戴君仁：〈卜筮之易與義理之易〉，頁 6。

廣爲流傳，否則以一戰國時女子，脫口說出這樣一番大道理，可能性實不大；有關穆姜釋「元、亨、利、貞」之語，下一小節還會再討論，在此先打住。

有關「元」字，在甲骨文中作 ⸗、万、元、元，李孝定說：

> 元字當云從⺈、二，會意字也。……人之上爲元，元者，首也，僖三十三年《左傳》『狄人歸其元』，《孟子・滕文公下》『勇士不忘喪其元』是也。……卜辭有『元臣』之辭，彼元臣之名，經傳無考，卜辭又有『小臣』，則『元臣』當爲『大臣』，亦殷之官制也。《詩・采芑》：『方叔元老』，毛傳：『元，大也。』《國語・魯語》：『元侯作師』，韋注：『元侯，大國之君也。』皆訓大，故知『元臣』即『大臣』矣。……『元』之本誼爲『首』，故引申之誼爲『始』，……卜辭習見『元示』，即它辭所謂『大示』，『元示』、『大示』即後世所謂『太宗』也。〔註55〕

可見「元」字，在甲骨文中已有「首」、與「大」之義，作「首」之義，亦可引申爲「第一」、「開始」、「首次」之意，如「元卜」（首次占卜）「元示」（指第一位先王），作「大」之義如「元臣」。

「元」字在金文中亦有多義，如作「首」解：「狄人歸其元」、「勇士不忘喪其元」，由之引申而有「始」之義，如「元年」、「元日」，又作「大」解：如「元鳴孔皇」、「元子」、「元德」，尤其在金文的「元」字，「元作ゟ、亐、万。ゟ爲象形，特重頭部的刻畫。亐爲會意，從二從人，人體之上者首也。万爲指事，指事符號一特指人首之所在。元爲人體之首，故引申有始義」，〔註56〕其造字之初特重「首」之義，由此可明顯看出其原義爲「首」、爲「始」，而「大」之義爲歧出義也。

至於「亨」字，則列於李孝定先生之《甲骨文字集釋：存疑》中，基於謹愼小心的學術素養，李先生對於該冊中之甲骨文字，並未多加解釋，只略爲說明該字爲何存疑之因。

而依《甲骨文字典》「亯」條下所言：

> 亯、亯、亯……象穴居之形，□爲所居之穴，月爲穴旁台階以

〔註55〕李孝定編述：《甲骨文字集釋》（臺北：中央研究院歷史語言研究所，1965年6月印本），頁9～11。

〔註56〕戴家祥主編：《金文大字典》上冊（上海：學林出版社，1995年1月印本），頁683。

便出入，其上並有覆蓋以免雨水下注。居室既爲止息之處，又爲烹製食物饗食之所，引伸之而有饗獻之義。《說文》曰：「亯，獻也。從高省，曰象進孰物形。《孝經》曰：『祭則鬼亯之。』」獻爲引伸義，《說文》說形不確。〔註57〕

《新編甲骨文字典》則說：

象宗廟形，直釋作亯，即後世之享。古文享、亨、烹通用。〔註58〕

「亨」字在甲骨文中雖多當作「祭享」之義解，「但是我們必須要瞭解，甲骨文裡的『亨』字，並不就等於周易裡的『亨』字，卜辭裡的『貞』字也並非就等於易經裡的『貞』字，……因爲中國文字可以一詞數義，有本義，有引申義，有假借義，而且詞性也不固定」。〔註59〕高懷民先生則說：

亨字甲骨文作 â，與享爲一字，本義爲獻。然本義後來爲享字所專，亨則行引申義，爲通。〔註60〕

舉行祭享的目的，即在上通鬼神，《說文解字》釋「亯」曰：

亯，獻也，從高省，ᗡ象孰物形。（京部）

段玉裁注曰：

亯之義訓薦神，誠意可通於神。

因此，以「通」爲「亨」之義（也許是承「祭享」而衍伸的引申義）可能在當時已司空見慣而普遍使用了。再者，若「亨」字只作「祭享」之義解，則「吉亨」、「光亨」如何解？「祭享」難道還分吉祥或不吉祥、光明或不光明的嗎？因此高懷民先生以「亨則行引申義，爲通」作結論，是正確的。

至於「利」字之解，似乎作「利益」解絕無疑問，但如果照〈乾・文言〉曰：「利者，義之和也。……利物足以和義。」則「利」字似又不只有「利益」之解，對此羅振玉先生說：

說文解字，利從刀從和省，古文作 彫，此或與許書古文合，或與篆文合，又或從秉，與從禾同。意許君云：「從和省」，殆不然矣！〔註61〕

屈萬里先生說：

〔註57〕 徐中舒主編：《甲骨文字典》（成都：辭書出版社，1993年9月印本），頁601。

〔註58〕 劉興隆：《新編甲骨文字典》（臺北：文史哲出版社，1997年印本），頁318。

〔註59〕 同註51，李周龍：〈高亨的「元亨利貞解」商榷〉，頁11。

〔註60〕 高懷民：《先秦易學史》（臺北：中國學術著作獎助委員會，1975年6月印本），頁158。

〔註61〕 同註55，李孝定編述：《甲骨文字集釋》，頁1515。

卜辭有⿰字、⿰字等字，羅振玉釋利，其說甚諦。本辭作⿰，當亦利字。
按利當是犁之初文，從禾從刀，其小點當象犁之出土⿰也。〔註62〕

李孝定先生說：

> 說文：「利，銛也，從刀，和然後利，從和省。易曰：『利者，義之
> 和也。』⿰，古文利。」契文利從⿰，實不從刀，屈氏謂：當是犁
> 之初文，其說是也。許說訓銛，乃由犁之利，引申爲兵器之利也。

〔註63〕

高懷民先生則說：

> 利：利字甲骨文作⿰，從秉、從刀、從土。此字可作兩方面解釋，
> 就從秉方面言，禾熟而刈，是有所得，其義即論語「見義思利」之
> 利。就從刀方面言，刈禾而分，又有分而得宜之義，引申爲裁制事
> 物各得其宜，得其宜則和，故〈乾・文言〉曰：「利者，義之和也。」
> 利字見於卦爻辭中甚多，作「宜」解爲是。〔註64〕

此說刊落一切有關《易經》與《易傳》中「利」字所歧出的糾葛，不必再陷
於「利、義，魚與熊掌兩者不可得兼」這樣的思維制約，有關「利」與「義」
之關聯，在本章第五節中將會再討論，在此先點到爲止。

關於「貞」字之解，《說文解字》曰：

> 貞，卜問也，從卜貝，貝以爲贄。一曰鼎省聲，京房所說。（卜部第
> 四十九）

王國維說：

> 說文解字鼎部：「古文以貞爲鼎，籀文以鼎爲貞」，案殷墟卜辭貞或
> 作⿰、作⿰、作⿰，其文皆云「卜鼎」，即「卜貞」，此以鼎爲貞者
> 也。古金文鼎字多有上從卜，如貞字者。《書・洛誥》：「我二人共貞」，
> 馬融注：「貞，當也。」貞無當訓，馬融知貞即鼎字，故訓爲當，此
> 以貞爲鼎者也。蓋貞、鼎二字，形既相似，聲又全同，故自古通用。
> 許君見壁中書有貞無鼎，史篇有鼎無貞，故爲此說。實則自殷周以
> 來，已然不限古文籀文也。〔註65〕

〔註62〕 同註55，李孝定編述：《甲骨文字集釋》，頁1518。
〔註63〕 同註55，李孝定編述：《甲骨文字集釋》，頁1518。
〔註64〕 同註60，高懷民：《先秦易學史》，頁158。
〔註65〕 同註55，李孝定編述：《甲骨文字集釋》，頁2333。

李孝定先生《甲骨文字集釋第三》「貞」字條下說：

> 栔文貞字習見，大抵以作⬚形者爲多，何所取象，殊難窺知，所幸尚有作⬚、⬚諸形者，猶儼然鼎字，從可知許書「鼎」下說解云「籀文以鼎爲貞」一語之非嚮壁虛構也。蓋貞問一義，既無形可象，於文復難以會意出之，故叚聲近之鼎以當之，而⬚、⬚諸形栔刻較難，而貞字幾於每辭必有，故略趨約易，則爲⬚矣！……金文作⬚、⬚、⬚，從卜鼎聲，小篆則爲從卜鼎省聲，卜辭則逕叚鼎字爲之也。
> 郭某（按：即郭沫若）曰：「古乃叚鼎爲貞，後蓋以卜而成鼎（貞）字，以鼎爲聲，金文復多假鼎爲鼎。許說『古文以貞爲鼎，籀文以鼎爲貞』者，可改云：『金文以鼎爲鼎，卜辭以鼎爲鼎』，鼎、貝形近，故鼎乃譌變爲貞也。」〔註66〕

李孝定先生又於《甲骨文字集釋第七》「鼎」字條下說：

> 卜辭貞、鼎同文，王氏之說是也。貞、鼎音同，故叚鼎爲貞。金文作⬚、⬚、⬚、⬚、⬚、⬚餘尚多見，大抵象形，或從卜，仍是鼎字。栔文亦有此形，蓋假鼎爲貞者既多，又增之「卜」，以爲從卜，鼎聲，爲貞卜專字，而叚鼎爲貞者，仍並行不廢，及後，乃更有叚鼎（貞）爲鼎者，郭氏之說是也。〔註67〕

學者一般就此以爲「貞」字之解只有「卜問」一義，但在《易傳》中，往往釋「貞」爲「正」或「固」，如〈師・象〉曰：「貞，正也。」而學者往往以爲這是《易傳》作者爲了加入儒家義理所作的附會，如戴君仁先生說：

> 從一方面說，可以認爲是曲解的；而在另一方面，這是借了古來相傳的術數，來發揮作者哲理上的見解，比較有意義、有價值。作者的時代，無論如何不出先秦，不會不曉得貞字本來是卜問的意思，卻要說成貞正，可能是故意要把術數的字眼，說成道德的字眼，……充滿了道德的意味。

但他又接著說：

> 用哲理的觀念，代替神權的觀念，這應該說是一個大進步。〔註68〕

有沒有可能「貞」字在一開始即不是只有「卜問」這唯一的解釋呢？「貞」

〔註66〕同註55，李孝定編述：《甲骨文字集釋》，頁1106～1107。
〔註67〕同註55，李孝定編述：《甲骨文字集釋》，頁2334～2335。
〔註68〕戴君仁：《談易》（臺北：臺灣開明書店，1961年11月印本），頁20。

之本意，除「卜問」之外，其實「貞」字在一開始即另外有歧義：「正」、「固」，而此所謂「歧義」其實亦爲其本意，試原「貞」字之解，《說文解字》曰：「貞，卜問也，從卜，貝以爲贄。一曰鼎省聲，京房所說。」但貞字金文作 𣂞（散盤）、𣂞（湯鼎）、𣂞（牢鼎）、𣂞（伯遲父鼎），而甲骨文作 𣂞，其形與鼎相近，但不從卜，高亨先生疑其字「古直借鼎爲貞，後增卜作鼑，又後變鼎爲貝作貞。是貞本卜問之義，故其字從卜。用龜以卜而問事，既謂之貞，則用著以筮而問事，自可謂之貞，故周易貞可訓爲筮問，以常用之詞釋之，即占問也。」〔註69〕

高亨先生關於「貞」字之解固然是對的，但我以爲亦不能因此而忽略了《說文解字》「貞」字之另一來源：「一曰鼎省聲，京房所說。」此因貞之本義爲卜問，本從鼎而不從貝，蓋因卜問時必須恭敬戒愼，使身心有若鼎之穩固端正，於是貞又有「固」及「正」的意象，且「貞」與「正」之間，音近義似，因此「貞，正也」，爲一音訓也。京房時代略早於撰寫《說文解字》的許愼，且《易經》又爲其畢生鑽研，故其釋「貞」之義，許愼不能不爲其另存一說，以待來者釐清。如此，「貞」字以其「卜問」之本義，又兼具有「貞固」、「正固」等等意象，蔓衍成種種相關歧義，似已不可能再以單純固定的字義來解釋了。

再者，高亨說「用龜以卜而問事，既謂之貞，則用著以筮而問事，自可謂之貞，故周易貞可訓爲筮問」，似乎也推論得太直接了，因爲「卜」字取象自龜甲上之裂文，是以殷人的龜卜方式所造成的；而「用著以筮而問事」，是周人以手數著草之數，按照固定的法則推演而成，與「卜」字之來源不同，雖說都是決疑的活動，但如果要細膩的分別，則「卜」與「筮」還是很不相同的，甚至有學者根據「卜」與「筮」的過程之不同，以之作爲人文精神覺醒的重要里程碑（詳見第三章第四節），職是之故，是否能逕以「貞」字爲「用著以筮而問事」之義，可能尚有討論的空間。

成書甚早的《左傳》，其距《易經》卦爻辭成書的時間不算遠，其中有穆姜占筮的例子，穆姜即曰：「貞，事之幹也。……貞固，足以幹事。」以「事之幹」、「固」來解釋「貞」，並沒有一點「占卜」的意義，乃至後來的〈乾·文言〉曰：「貞者，事之幹也。……貞固，足以幹事。」其釋「貞」之文句大體沿自《左傳》，〔註70〕這都不是偶然的，皆因「貞」字在一開始即有歧義，

〔註69〕高亨：《周易古經通說》（臺北：洪氏出版社，1977年9月），頁89。
〔註70〕同註45，方中士：《周易元亨利貞四德說研究》第二章第二節：「由筮法論穆

乃有以致之。高懷民先生亦說：「說文貞字：『鼎，省聲。』之說可信。鼎體立正，故義爲正。師卦象傳：『貞，正也。』又鼎體堅固，故又爲固義，乾文言：『貞者，事之幹也。……貞固足以幹事。』」〔註71〕可見得高懷民先生亦認爲「貞」字之初始義即爲「正」也。

從另一方面而言：如果「貞」字皆解爲「占問」，則似乎《易經》每一卦爻辭都應有一「貞」字才符合實際狀況，因卦爻辭即卜官所紀錄之辭，則每一次問卜的紀錄當皆有「貞」字才對，然而整部《易經》中「貞」字雖多，卻並非每一卦爻辭都有之；以反面來思考，若「貞」字只有「占問」此一義，則實在也不必寫進卦爻辭了，寫進去只是徒然成爲贅字而已，但這對於字句精練的卦爻辭風格，又似乎有所扞格，因此，有「貞」字或無「貞」字的卦爻辭，其意義必不相同，如此才符合《易經》卦爻辭字句精練的風格：即字字有意義也。

從另一個角度來看，若以「貞」作「占問」之義，則卦爻辭又多有無法解得通之例，如萃九五之「元永貞」，和比卦辭「原筮，元，永貞」之「貞」究應作何解釋？「永貞」總不能解成「永遠的卜問」吧？因此，不能不另外想想，「貞」字的其他意義了。是以「貞」字是應該能夠有、也必須有多種解釋的。

由以上推論可知：「貞」字實難以單一意義貫串《易經》所有卦爻辭，但是前人仍作過這樣的努力，例如其中的代表人物高亨先生，其著作《周易古經通說》，將「貞」字皆作「卜問」解，然而如此在疏通句義時，則容易發生困擾，如「利於不息之貞」、「永貞」、「利牝馬之貞」……該如何解？於是後來的學者屈萬里先生就將「貞」釋爲「守常不變」之義，其文曰：

> 今歸納全《易》「貞」字，詳審其意，實皆可以「守其素常而不變」
> 一義解之也。……〔註72〕

接著屈萬里先生就開始解釋，何以可將「貞」釋爲「守常不變」之義，其文曰：

> 蓋以操守言，則貞字爲「守一不移」之義；〈文言傳〉所謂「貞固足
> 以幹事」，〈繫辭傳〉所謂「貞夫一」是也。以一時之營謀言，則貞
> 字爲守其素常而不變之義；《尚書‧洪範》所謂「用靜吉，用作凶」
> 是也。驟視之，「守其素常」與「靜而不動」一若有殊，實則皆不改

姜引文當先於乾文言」，頁 16～20，及第四節：「乾文言四德說與穆姜引文之傳承關係」，頁 31～42。
〔註71〕 同註 60，高懷民：《先秦易學史》，頁 158。
〔註72〕 同註 39，屈萬里：〈說易散稿〉，見《書傭論學集》，頁 30。

故態之謂；亦即所謂「常」也。

　　茲就《易》辭覘之：曰「貞」者，謂守其素常而不變也。《易》卦爻辭中此義凡六見。師卦辭之「貞，丈人吉。」困卦辭之「貞，大人吉。」謂守其素常則丈人吉、大人吉也。豫六五之「貞，疾恆不死。」謂守其素常則雖病恆不至於死也。屯六二之「女子貞不字」，謂女子守其素常（不移其志）遂不嫁人也。明夷九三云：「明夷於南狩，得其大首，不可疾，貞」者，言南狩可以得志，惟不宜急速；而守其常操（此謂南狩之人應忠貞不移）也。旅六二云：「得童僕，貞」者，謂所得之童僕，能固守常操也。〔註73〕

以下則析論有「貞」字的卦爻辭，如「貞吉」、「貞凶」、「貞厲」、「貞吝」、「利貞」等，各應該如何解釋：

　　曰「貞吉」者，謂守其素常而不變乃吉也。《易》中凡三十一見……。言「貞凶」者十……；言「貞厲」者八……；言「貞吝」者四……。凡此則謂守其素常則凶、則厲、則吝也。「利貞」者，利於守常不移也；《易》中凡二十三見……。「利牝馬之貞」者，謂如牝馬之常態乃利也（牝馬性柔順，與牡馬殊）。……「利君子貞」……「利女貞」……「利幽人之貞」……「利武人之貞」，謂如君子、女子、幽人、武人等之常態乃利也。……「利艱貞」謂利於遇艱苦之事而能守其常也。……「利居貞」……「居貞吉」者，居與「有攸往」適反，此謂居家不出行而能守其素常則利則吉也。……「利永貞」者，謂利於永守其常態也。……「永貞吉」者，謂永守其素常乃吉也。……「元永貞無咎」……「元永貞悔亡」者，元蓋如屯九五「大貞凶」之大，此字當截句，謂遇大事而永守其常則無咎、則悔亡也。……「利於不息之貞」，亦即利永貞矣。有謂可以守其常者，……「可貞」是也。有守其常而未宜者，……「不可貞」是也。有不利於君子之常者……「不利君子貞」是也。有不宜永守其常者，……「勿用永貞」是也。〔註74〕

以此觀之，則「貞」字作「守常不變」之義，似乎可通行於《易》卦爻辭所有有「貞」字的字句，然而，「貞」字原意中含有「正」、「固」的意象，在此

────────────────

〔註73〕 同註39，屈萬里：〈說易散稿〉，見《書傭論學集》，頁30～31。
〔註74〕 同註39，屈萬里：〈說易散稿〉，見《書傭論學集》，頁31～32。

「守常不變」之義中，似又隱而不彰了。屈先生的結論如下：

> 雖「守常不變」之義，或指操守言，或指一時之營謀言；而其爲不
> 改常態則一也。蓋人將有所動作（即是否變其常態）而不知動靜之
> 吉凶，乃求之於卜筮；於是《易》辭乃以貞吉、貞凶、貞屬、貞吝、
> 利貞、利永貞……等辭告之。言貞（守其素常而不變動）之吉凶，
> 則動（變其素常）之吉凶，不言可知。〔註75〕

其說釋「永貞吉」爲「謂永守其素常乃吉也」，似乎說得不夠全面而圓融：因
爲，《易經》不管是作爲卜筮之書或是義理之書，都是主張不斷生生變化的（卜
筮的心理基礎當然主張變化，否則又何須占問那變化萬方而不可知的未來
呢？），如何能教人「永守其素常乃吉也」？又或者其「素常」即是非正道正
軌之素常，則此「素常」又如何能守呢？

又，屈先生謂：「言貞（守其素常而不變動）之吉凶，則動（變其素常）
之吉凶，不言可知」，若言「貞吉」，是「守其素常而不變動，則吉」，則若言
「貞凶」，應爲「守其素常而不變動，則凶」之意，此卜問的結果似乎要人不
能守其素常而不變動，但是，變動的方式、方向、內容、程度、以及時機……
等等，變因實在太多，怎能擔保因爲占問的結果爲：「守其素常而不變動，則
凶」，則採取行動，就「吉」呢？

根據以上理由，「貞」字若只作「守常不變」（意即不要有新的作爲與變動）
解，恐怕還是不夠周洽的，而仍應解爲「正」、「固」、「定」的意思，才能普遍
應用於各卦爻辭之中。譬如「貞凶」之意，若解爲「守其素常而不變動，則凶」，
如此則將產生上述變動的方式、方向、內容、程度、以及時機等等問題，因此
「貞凶」恐怕不能解成是「守其素常而不變動，則凶」之意，歷來解《易》者
對「貞凶」有二種解釋方向：其一爲「因守正而防凶」，其二爲「因守正而凶，
然亦堅守正道也」，這兩種解釋，方向雖不同，然皆是以「貞」爲「正」也。

對於「貞凶」的第二種解釋：「因守正而凶，然亦堅守正道也」，歷來易
學家對此多有發揮，例如張載曰：「易爲君子謀，不爲小人謀」（《正蒙·大易》），
〔註76〕王夫之則說君子「占義不占志」（《周易內傳·發例》）〔註77〕君子正其

〔註75〕 同註39，屈萬里：〈說易散稿〉，見《書備論學集》，頁31～32。

〔註76〕 張載：《正蒙·大易篇第十四》，見《張載集》（臺北：漢京文化事業公司，2004
　　　　年3月印本），頁48。

〔註77〕 同註20，王夫之：《周易內傳·發例》引《禮》曰：「筮人之問筮者曰，義與？
　　　　志與？義則筮，志則否。」見《船山全書》第1冊，頁653。

誼不謀其利，明其道不計其功，因守正而遭求全之毀的時候，亦所在多有，故因「貞」而「貞凶」、「貞厲」、「貞吝」，是很平常的事情，所以《易》之卦爻辭多有此種警語，提醒君子：正因為守正持固，而將面臨的種種危難，以此惕勵君子，秉其陽剛健行之志，努力維持、勉力前行，此亦乾九三「君子終日乾乾，夕惕若，厲無咎」之意。

至於為何君子守正持固，仍招致種種如「貞凶」、「貞厲」、「貞吝」的危難或限制，則將在第五、六章，六十四卦各卦之四德闡析中，再加以說明，於此不贅述。

而以「貞」字為多義的學者，則因「貞」字一開始在《說文》中即有歧義，歷來字義之衍變更多有分歧，至清之吳汝綸就認為貞有九種意思：

> 師象云：「貞，正也。」……《説文》：「貞，卜問也。」大貞、小貞、可貞、不可貞、貞大人、貞婦人等，宜從卜問之訓，猶占也。牝馬之貞、幽人武人之貞、君子貞、女子貞，皆謂占也。〈洛誥〉：「我二人共貞。」馬融注：「貞，當也。」貞凶、貞吝，有與〈洛誥〉共貞之貞義同者，言當此占則凶吝也。貞又為定，《周禮‧太祝》所云「求永貞」，謂永定也。《釋名》：「貞，定也。」凡《易》言永貞、居貞、安貞，皆宜從定訓，故與征對文，如利貞、征凶、貞吉、……居貞吉之類是也。又《太玄‧交》：「家云齊，不以其貞。」范望注：「貞，精誠也。」艱貞之訓宜從之。引申為心，《國語》：「不更厥貞，大命其傾。」旅卦之「得童僕貞」、「喪童僕貞」，皆謂心也。據《左傳》、〈文言〉「貞固幹事」之語，足明貞有固訓。《戴記‧曲禮》：「求無固。」鄭注：「固猶常也。」貞既訓固，亦可訓常，「女子貞不字」、「貞疾恆不死」，當從其訓。《謚法解》：「大慮克就曰貞。」貞有成就之義，「不可疾貞」，當從其訓。此諸貞字，皆不得釋之為正，……唯剝之「蔑貞」，當訓為正耳。〔註78〕

觀其將有關「貞」之句義皆解釋得似乎暢順無礙，但是否「貞」字需要那麼多意義呢？（有占、當、定、精誠、心、固、常、成就、正之義）若果如其謂：「大貞、小貞、可貞、不可貞、貞大人、貞婦人等，宜從卜問之訓，猶占也。牝馬之貞、幽人武人之貞、君子貞、女子貞，皆訓占也。」則「大貞」、「小貞」究

〔註78〕吳汝綸：《桐城吳先生全書‧易説》（臺北：藝文印書館，1964 年 9 月印本）卷 1：〈經説〉一之一，頁 4～5。

竟爲何義？「可貞」若解爲「可占」，是否多此一舉？本來占問者即是心有疑惑才來占卜，結果得到「可貞（占）」的卦辭或爻辭，這樣的結果似乎變得徒然而多餘了；同樣的，「不可貞」也將產生類似的尷尬問題；至於「牝馬之貞」若解釋爲「占問有關牝馬之事」，則怎麼不見卦爻辭中有占問牡馬、牡羊、牝羊等其他牲畜的呢？至於「貞」爲「當」之義，似又不必，因爲「貞凶」、「貞吝」之「貞」其實也可解爲「占」；反倒是「貞」之原始義中即有由「從鼎省聲」而來的「正」及「固」的意思，但吳汝綸並未多加以發揮，只有訓「女子貞不字」、「貞疾恆不死」之貞爲「固」，而訓「蓏貞」之貞爲「正」這三例，然旁枝歧出之衍申義，卻有用得過於牽強附會之嫌。如果只取「貞」字初始即有的「正」及「固」的意象與字義，是否即能疏通所有的卦爻辭呢？

　　學界對「貞」字之解可謂各持立場，無折衷之意見，但我以爲高懷民先生所說：

　　　　貞：貞字甲骨文作 ☖、☒、☖ 等象，均鼎形，由此可見說文貞字：「鼎，省聲。」之說可信。鼎體立正，故義爲正。

　　　　師卦象傳：「貞，正也。」又鼎體堅固，故又爲固義，乾文言：「貞者，事之幹也。……貞固足以幹事。」〔註79〕

此說可以調和各方對於「貞」字在《易經》與《易傳》之解的分歧，亦使其句意更爲清楚明白，實爲不刊之論。「貞」字有「卜問」、「正」與「固」的意思，三者並行而不悖，其實在卦爻辭中，「貞」字作「正」或「固」解，較「卜問」更能使文意清順通暢，若「貞」字全作「卜問」來解，則「貞」字之上最常與「利」字連用或隔用，而形成「利貞」或「利……之貞」的句型（見第二章《易經》「貞」字之整理），若「貞」字果作「占」字講，「利貞」或可解爲「有利於來占卜之人」，然如此，對於坤卦之「利於牝馬之貞」就無法解得通，牝馬如何會來占卜呢？實在無法解得通。

　　於此再次引用高懷民先生對「貞」字之解，以與「元」、「亨」、「利」字相互參照，可知此四字一開始即無固定之本義，此殆肇因於中國文字乃圖畫式象形文字，初始造字時所造屬於同一字的圖畫字即有多個，後來縱使數目減少了，而只選用其中通行的少數或單一一個圖畫字來使用，儘管如此，也仍有解釋字義上的問題：因爲各人原先所見重點不同，所畫的初始的圖畫式

〔註79〕同註60，高懷民：《先秦易學史》，頁158。

文字也不完全相同，而造成其解釋的方向就不盡相同，如此容易衍生多重解釋。但或許這並不當眞構成困擾：因爲一個中國字負載多層意義，反而往往能風生水起，波湧浪興，更能豐富字詞之意涵，而造成中國文學之美，或引起中國哲學之多方向深層思考，其成果粲然可睹！

第三節　從《易經》到《易傳》：春秋時解卦爻辭的新法則

《左傳》襄公九年（564B.C.）記載穆姜被貶東宮的事件：穆姜是魯宣公之妻，成公之母，先前與叔孫僑如私通，並合謀廢成公，兼併孟孫氏與季孫氏，欲立叔孫僑如爲君，後陰謀敗露，僑如逃走，而穆姜被貶到東宮；這時穆姜占了一卦，占筮者說這是艮之隨。並說「隨」就是隨人出走，教她趕快隨情夫逃走。穆姜卻回答了一番義正辭嚴的道理，其言曰：

> 亡！是於《周易》曰：「隨，元、亨、利、貞，無咎。」元，體之長也。亨，嘉之會也。利，義之和也。貞，事之幹也。體仁足以長人，嘉德足以合禮，利物足以和義，貞固足以幹事。然故不可誣也，是以雖隨無咎。今我婦人，而與於亂，固在下位，而有不仁，不可謂元；不靖國家，不可謂亨；作而害身，不可謂利；棄位而姣，不可謂貞。有四德者，隨而無咎。我皆無之，豈隨也哉？我則取惡，能無咎乎？必死於此，弗得出矣。〔註80〕

穆姜對卦辭的解釋，賦予其倫理道德的色彩，而認爲吉凶是與人的道德品質聯繫在一起的：道德感低落的人，就算所占之卦爻辭爲吉，也不能轉危爲安。於此，所占得的所謂「神意」已非常微弱，而由人的自覺性以及道德感覺決定人的行止。至此，筮術之權威轉弱，代之以德之有無來決定人事之吉凶，此可謂新易學之形成。〔註81〕穆姜「四德說」可說是人文精神抬頭的最佳例證，誠如宋儒葉水心之言：

> 穆姜所稱四德，古人說《易》有此論。其義狹，不足以當乾，孔子推明其義，乃乾德也。〔註82〕

〔註80〕《春秋左傳正義・襄公》（臺北：臺灣古籍出版公司，2001年10月印本，《十三經注疏整理本》第32冊），頁998～999。

〔註81〕同註60，高懷民：〈筮術易的衰微〉，見《先秦易學史》，頁201～214。

〔註82〕黃宗羲：〈水心學案〉，見《宋元學案》（臺北：廣文書局，1971年6月印本）

戴君仁先生則說：

> 穆姜原說「元體之長也」，是用元的原來意義（元本是人頭），沒有什麼哲理的意味，文言作者改體爲善，便和古代人性論發生了關係，有了哲學的價值。〔註83〕

又說：

> 乾文言裏講四德，用了穆姜的話，而把體之長，改爲善之長，便充滿了道德的意味。……要用天人合一之道，來改造這部從西周傳下來的卜筮之書，用哲理的觀念，來代替神權的觀念，這應該說是一個大進步。〔註84〕

高懷民先生進一步說：

> 文言傳不言「體之長」而言「善之長」，「善」字在易學中乃指陰陽化生之德，繫辭傳所謂：「一陰一陽之謂道，繼之者善也。」故易「體」字爲「善」字，乃將乾卦之由普通之「爲六十四卦之首」的含義，轉變成「爲六十四卦化生之始」的含義；也就是說，「體之長」之「元」，不具「生」之義，而「善之長」之「元」，則特明「生」之含義。〔註85〕

除穆姜以占卜者之道德解釋占筮的結果例子之外，同樣在《左傳》當中也有類似的另一則例子，是昭公十二年（561B.C.）之筮例：

> 南蒯之將叛也，其鄉人或知之，過之而嘆，且言曰：「恤恤乎，湫乎，攸乎。深思而淺謀，邇身而遠志，家臣而君圖，有人矣哉！」南蒯枚筮之，遇坤之比。曰：「黃裳，元吉。」以爲大吉也。示子服惠伯曰：「即欲有事，何如？」惠伯曰：「吾嘗學此矣！忠信之事則可，不然必敗。外彊內溫，忠也。和以率貞，信也。故曰『黃裳，元吉』。黃，中之色也。裳，下之飾也。元，善之長也。中不忠，不得其色。下不共，不得其飾。事不善，不得其極。外內倡和爲忠，率事以信爲共，供養三德爲善，非此三者弗當。且夫《易》，不可以占險，將何事也，且可飾乎？中美能黃，上美爲元，下美則裳，參可成筮。

卷54，頁849。
〔註83〕同註68，戴君仁：《談易》，頁16。
〔註84〕同註68，戴君仁：《談易》，頁20。
〔註85〕同註60，高懷民：《先秦易學史》，頁257。

猶有闕也，筮雖吉，未也。」〔註86〕

不同於穆姜以「體之長」解釋「元」，子服惠伯逕以「善之長」來釋「元」了，此「元，善之長也」之句與〈乾‧文言〉相同，但不若〈乾‧文言〉之文句那樣一氣呵成、對仗工整，《左傳》此文應是先於〈乾‧文言〉無疑；〔註87〕且南蒯以「元吉」爲「大吉」，但顯然子服惠伯並不這樣解釋：他不但以「善之長」來釋「元」，又以「上美爲元」來稱許元，可見當時「元」之通行意雖有「大」之意，但也可以根據原意作義理上更富於人文精神的發揮，如「善之長」、「上美」等，合此二句來看，則子服惠伯是以「善之長」爲「上美」（最美）的，而此「上美」即爲「元」，可謂對「元」推崇備致。高懷民先生即根據此則筮例而謂：「孔子在《文言傳》中對『元』字的解釋，是經過一番選擇的，他捨棄了穆姜的『體之長』，而選取了子服惠伯的『善之長』。」〔註88〕姑不論《文言》之作者是否爲孔子，但可以肯定的是：《文言》作者在「體之長」與「善之長」之間，的確是經過一番有意識的、而且帶有深刻意味的選擇上之考量。

穆姜與子服惠伯此二筮例有精神相通之處：即他們同樣都不以唯一的神意爲依皈，而皆以德行來決定吉凶禍福，此精神自西周初年已曙光初露，及至春秋，已成時代精神的表徵。而就《易經》一書言，其書之完備也經歷了如此長時間先民之集體創作而成，故其精神亦隨時代之演進，而由神道思想轉爲人文思想。

像這樣當時人對占筮之態度的轉換，在《尚書‧洪範》中也有記載：

汝則有大疑，謀及乃心，謀及卿士，謀及庶人，謀及卜筮。〔註89〕

高懷民先生對此文字有所說明：

這裏面決疑的條件有五，卜與筮只佔後二，前三個是：乃心、卿士與庶人。「乃心」是自己內心的思考決定，「卿士」是大臣們的意見，「庶人」是人民的意見，這三項是理智的抉擇，顯然神道的權力在衰退，人智的力量興起。〔註90〕

〔註86〕 同註80，《春秋左傳正義》，頁 1496～1499。

〔註87〕 同註45，方中士：《周易元亨利貞四德說研究》，頁 38。

〔註88〕 高懷民：〈儒家性善說的理論根據〉，《文藝復興月刊》第 78 期（1976 年 12 月），頁 16。

〔註89〕 《尚書正義‧周書》（臺北：臺灣古籍出版公司，2001 年 9 月印本，《十三經註疏整理本》第 4 冊），頁 372。

〔註90〕 同註60，高懷民：《先秦易學史》，頁 227。

黃沛榮先生進一步提出：「《左傳》中更有純以《易》辭說理，而全與占筮無關的言論，如〈宣公六年〉伯廖借〈豐〉之〈離〉（豐卦上六爻辭）辭義，以推斷鄭公子曼滿必將滅亡，〈宣公十二年〉知莊子以〈師〉之〈臨〉（師卦初九爻辭）論虒子的危殆，都是憑空發論而不是基於占筮的結果，可見當時《易經》的義理已經開始發揮，而《易經》也漸由卜筮性趨向於義理性。」〔註91〕

鄭萬耕先生也說：

> 從《左傳》、《國語》提供的情況看，《周易》本來是用於占筮的迷信之書，可是後來隨著對它的解釋，隨著各哲學流派的出現和百家爭鳴的開展，終於打破了迷信的領域，占筮書成了哲學書。這種擺脫宗教巫術的束縛而向哲學發展的進程，早在春秋時期就開始了。……子服惠伯提出「易不可以占險」，孔子提出學易「不占而已矣」，就是一種創新的思想。它說明，當時一些人已經開始擺脫宗教巫術的束縛，從理性的角度對《周易》這部占筮書進行批判和改造了。〔註92〕

以上為本小節從「春秋時解卦爻辭的新法則」，循其脈絡，來追溯《易經》是如何演變到《易傳》的——即「卜筮之易」如何演變為「義理之易」。以下則進入《易傳》中，探看其中的人文精神。

第四節 《易傳》作者、成書時代及其人文色彩

對於《易傳》七種：即〈彖上〉、〈彖下〉、〈象上〉、〈象下〉、〈文言〉、〈繫辭上〉、〈繫辭下〉、〈說卦〉、〈序卦〉和〈雜卦〉，共計有十篇，又名為《十翼》，歷來多認為並非一人之作，寫成時代也有先後，但其中對時代之議題爭議性更大，各學者的意見約略又可分為三類：〔註93〕（一）認為《易傳》七種文獻在戰國末年皆已成書；〔註94〕（二）認為〈彖〉、〈象〉兩傳成書最早，〈文言〉、〈繫辭〉其次，此四傳在先秦即已寫成，作者大概是戰國後期的學者，

〔註91〕同註1，黃沛榮：〈易經〉，見《國學導讀》（二），頁224。
〔註92〕鄭萬耕：《易學源流》（臺北：大展出版社，2002年4月印本），頁59。
〔註93〕此處之分類乃依黃沛榮〈易經〉一文所作之分類，同註1，黃沛榮：〈易經〉，見《國學導讀》（二），頁228。
〔註94〕如高亨〈周易大傳通說〉，見黃沛榮編《易學論著選集》（臺北：長安出版社，1985年10月印本），頁307～341；張立文《周易思想研究》（武漢：湖北人民出版社，1980年印本）等。

而〈說卦〉、〈序卦〉、〈雜卦〉則較晚，約在西漢初期完成；〔註95〕（三）認為《易傳》七種皆是在秦火以後所成書；〔註96〕但因沒有非常確切而充分的證據，故學者對此仍有不同意見，尚未有一致的定論。

但若根據新出土的西漢馬王堆資料顯示：尚有〈二三子問〉、〈易之義〉、〈要〉、〈繆和〉、〈昭力〉等文，亦是注解《易經》的文章，故其篇章也應躋身於廣義的《易傳》之林；所以，昔時所慣稱的「《易傳》七種」，其實並不只有七種，戰國以降，迄漢初之間，應當還有馬王堆資料以外的《易傳》篇章，只是至今不傳，或是尚未出土，但據此亦可推測：所謂的《易傳》文字，實皆非出自孔子之手。

其實，有關《易》經、傳作者的問題，一直以來，都未有確切結論，但這並不影響後世學者對它作義理方面的探討，對此，本田成之先生就曾說過：「其作者是誰，與其價值實無關係的。」〔註97〕

而徐復觀先生則說到：

> 十翼不僅非孔子所作；而且十翼成立的時代先後，既不相同，即在一篇之中，其材料亦有時間先後之別。但十翼中所引的「子曰」，我都認為是孔門易學系統的人，所傳承的孔子的話。〔註98〕

與此相類似的意見還有龔鵬程先生，他認為：

> 研究《易經》是誰作的、其本意如何，可說並無太大的意義，或只有歷史考古的意義。因為《易經》之所以值得重視，全是孔子贊《易》的結果，「《易》自孔子闡發義文之旨，而後《易》不僅為占筮之用」，故後人所讀之《易》，本非原初占筮之《易》，而是孔子參贊之《易》。皮錫瑞即是在這個意義上說：「《易》為孔子所作，義尤顯著。」〔註99〕

〔註95〕如屈萬里：《先秦文史資料考辨》（臺北：聯經出版事業公司，1983 年 2 月印本），頁 314～315；戴璉璋：《易傳之形成及其思想》（臺北：文津出版社，1989 年 6 月印本），頁 1～14 等。

〔註96〕如李鏡池〈易傳探源〉，見《古史辨》第 3 冊（臺北：明倫出版社，1970 年 3 月印本），同註 7；嚴靈峰《易學新論》（臺北：正中書局，1979 年印本）；黃沛榮〈易經〉，同註 1，頁 228～231 等。

〔註97〕同註 5，本田成之：《中國經學史》，頁 101。

〔註98〕徐復觀：《中國人性論史：先秦篇》（臺北：臺灣商務印書館，1982 年印本），頁 203。

〔註99〕龔鵬程：《文化符號學》（臺北：學生書局，1992 年印本），頁 39。

楊儒賓先生則認為：

> 作者身份不定，作品真偽摻雜，乃先秦古籍之通例，不僅《易傳》
> 為然。其間細節當如何處理，固需視一一個案而定。但大體説來，
> 如各章節的理論傾向一致的話，我們未嘗不可將它們視為在同一思
> 想體系上所展現出來的不同形貌，《墨子》《莊子》如是，《易傳》也
> 大可作如是觀。〔註100〕

這些都是支持《易傳》有其一貫思想體系的學者所提出的觀點，故《易傳》
雖非出於一時、一人之手，但並不妨害其成為一儒家闡發天道觀念的重要典
籍，學界雖然也有個別討論《十翼》的單篇論文，但更多的還是以《易傳》
十篇為一整體之「文本」，且視其中所蘊含之思想義理為大致相同、有貫通之
處的。

　　至於「易經與孔子」的議題，歷來亦是學界常討論的重點，黃慶萱先生
對此有專文探討，其中並作了幾點結論：（一）孔子讀過《周易》。（二）孔子
常常引用《易經》中的句子或道理來啓發學生。（三）孔子於《易經》述而不
作。他說：

> 《周易》卦爻辭是西周初葉的作品，〈十翼〉作於春秋戰國以至西漢，
> 都不是孔子所著。但是〈十翼〉之中的〈文言傳〉跟〈繫辭傳〉有
> 許多「子曰」，卻多是孔子弟子或弟子的弟子們所記孔子的話。〈彖〉
> 〈象〉兩傳，也有許多與《論語》主旨相合之處，可能也是孔子對
> 《易》卦爻辭的闡釋，弟子紀錄而成。這些都直接或間接表明孔子
> 於《周易》述而不作。〔註101〕

黃沛榮先生在〈孔子與周易經傳之關係〉中則進一步的認為：

> 今自《易》傳七種驗之，其内容雖與儒家思想淵源甚深，然究其内
> 容、修辭、句法等方面，頗有戰國以來著作之特色，故絕非孔子所
> 手著。蓋自孔子傳《易》於門人弟子，其初僅口耳相傳，後乃陸續
> 寫定，故《易》傳七篇之内容與孔子思想有極深厚之關連性。此種
> 現象，與一般先秦典籍流傳、寫定之過程相近。……要之，孔子與
> 《周易》經傳之關係，乃在於其研讀《易經》，吸收並闡揚《易經》

〔註100〕楊儒賓：〈從氣之感通到貞一之道〉，見楊儒賓、黃俊傑編《中國古代思維方
　　　　式探索》（臺北：正中書局，1996年11月印本），頁136。
〔註101〕黃慶萱：《周易縱橫談》（臺北：東大圖書公司，1995年3月印本），頁156。

義理，而傳於門人後學也。〔註102〕

黃慶萱與黃沛榮二位先生之研究結果，確為不刊之論，亦為學界有關「易經與孔子」此議題之大致結論。由此結論可知：雖然《易傳》七種不出自孔子之手，卻都「與孔子思想有極深厚之關連性」，甚至其文字「多是孔子弟子或弟子的弟子們所記孔子的話」，所以在深探《易傳》之義理時，不可能不關涉到孔子的思想。關於孔子與《易經》、《易傳》思想的關係，稍後還會再討論，於此先探討《易傳》之思想淵源。

《易傳》中除了儒家的天道觀，尚有其他思想淵源，如道家和陰陽五行的色彩，關於《易傳》中人文思想之展現，戴璉璋先生曾於其著作《易傳之形成及其思想》中探討了《易傳》之思想來源，實則揉匯了當時與《易傳》先後同時的作品，其結論中說到：「《易傳》作者，置身於戰國後期及西漢初葉這一時代，不可避免的，要受時代思潮的影響。他們特別關注於當時學術界的共同話題：天道與陰陽。他們利用卦爻象位成功地把這兩組觀念結合在一起，表現出獨到的見解。」〔註103〕戴先生又說到《易傳》在同時期同類作品中的地位：

> 關於天道，與《易傳》先後同時的作品如《禮記》裏的《中庸》、《禮運》、《樂記》、《大戴禮記》的《本命》、以及道家的《老子》、《莊子》都有所論述。……在先秦儒家典籍中，能這樣體用兼顧而又道器通貫地論述天道的，只有《易傳》。〔註104〕

> 《易傳》中的陰陽，與各家所論有顯著的不同。……多數是被用以象徵具有對偶感應關係的兩種因素，……他們把陽從氣的意義上提升，而成為概括性極高的功能觀念，並且與天道相結合，成為《易傳》本體宇宙論的特殊標誌，標誌著易道妙運萬物的大用。〔註105〕

余敦康先生則對《易傳》中的卦象說與春秋時期的卦象說作了一番比較，他說：「拿春秋時期的卦象說和《易傳》中的卦象說來比較，雖然二者所象徵的事物大體相同，但是性質上卻有根本的區別。這是宗教巫術和哲學的區別。……《易傳》對卦象作了哲學的解釋。」〔註106〕余先生並指出《易傳》

〔註102〕黃沛榮：《易學乾坤》(臺北：大安出版社，1998 年 8 月印本)，頁 209～210。
〔註103〕戴璉璋：《易傳之形成及其思想》(臺北：文津出版社，1997 年 2 月印本)，頁 231。
〔註104〕同註 103，戴璉璋：《易傳之形成及其思想》，頁 231～232。
〔註105〕同註 103，戴璉璋：《易傳之形成及其思想》，頁 233。
〔註106〕余敦康：〈從易經到易傳〉，見黃沛榮編：《易學論著選集》(臺北：長安出版

對卦象的解釋不同於春秋時期的幾個要點：

第一，從目的來看，《易傳》的卦象說是爲了「以通神明之德」，「以類萬物之情」，「以體天地之撰」，就是說爲了探討關於萬物的本原和世界運動的一般規律。春秋時期的卦象說則是適應占卜的需要發展起來的，目的在於預測個別事件的吉凶禍福。

第二，從內容來看，《易傳》以八卦的卦象爲槓桿，提出了一個對世界的總的看法。它把天地、山澤、雷風、水火看作是兩兩相對，交互作用，又把陰陽看作是決定事物變化的根本原因。這完全是哲學世界觀的內容。春秋時期的卦象說則只把卦象看作是神靈啓示的工具，預測吉凶的依據，它對世界的總的看法是宗教世界觀。

第三，從方法來看，《易傳》對卦象的解釋採用分析說理的方法，它用邏輯論證來建立卦象之間的聯結，訴之於人們的理性思維。春秋時期的卦象說則訴之於人們對宗教巫術的迷信，爲了使人們相信占卜的靈驗，它用的是牽強附會、胡亂類比的方法。〔註107〕

由其文可知：雖然「卦象說」並存於春秋當時的占卜界與《易傳》某些篇章，但這兩者對「卦象說」的運用與解釋卻有截然不同的態度，其起點態度之不同，甚至導致「卦象說」成爲「神靈啓示的工具」和「哲學世界觀的內容」如此完全殊途的結果。余敦康先生可謂由《易經》和《易傳》關係之盤根錯節處，尋其腠理，施其斧斤，而能在茫然紛如之處見其條理脈絡，使人可清楚擘析《易傳》和春秋當時的占卜界相異之處的關鍵點。余先生並由以上引文作成了結論，他說：

這是哲學思想和宗教巫術的一種奇妙的結合。由於這種結合，所以《易傳》和《易經》一方面在內容上有差別而另一方面又在形式上存在著聯繫。宗教巫術的內容是被揚棄了，宗教巫術的形式卻被全封不動地保留下來。〔註108〕

鄭萬耕先生於其所著《易學源流》中也說到：

《易傳》……其主要部分是對《周易》經文即卦象和卦爻辭的解釋

社，1985年10月印本），頁245。

〔註107〕同註106，余敦康：〈從易經到易傳〉，見黃沛榮編：《易學論著選集》，頁245～246。

〔註108〕同註106，余敦康：〈從易經到易傳〉，見黃沛榮編：《易學論著選集》，頁256。

和對筮的論述，但這種解釋不是《易傳》作者憑空的臆想，而是戰國以來社會政治、文化思想發展的產物。其顯著特點，是企圖從哲學的高度加以概括，將古代的卜筮之書哲理化。儒家的倫理觀念，道家和陰陽五行家的天道觀，成了《易傳》解易的指導思想。《易傳》實際上是哲學著作，有自己的理論體系，成為戰國時期一大哲學思潮，奠定了古代易學及其哲學的理論基礎。〔註109〕

由其文字可知：《易傳》與《易經》其中並非一斷裂之鴻溝，由《易經》到《易傳》，其中還是能看到傳承的軌跡，因為《易傳》「企圖從哲學的高度加以概括，將古代的卜筮之書哲理化」，如果不是《易傳》作者們從《易經》當中看出了能將之哲理化的因素，則他們如何能夠從先秦到西漢，歷時數百年之久，前仆後繼的為《易經》作成《易傳》，而不是在起始就另闢蹊徑，自己獨立寫成儒家的義理書，而與《易經》完全無關呢？

至孔子說《易》，認為學易不能只停留在占問吉凶禍福、使人轉危為安的層次而已，而更應提高道德境界、使人保有更清明的思想，在《論語》中，從以下數則記載裡可以清楚的看見孔子亟欲將原來那種因為對未來不可知的恐懼，而想要預知未來，藉此趨吉避凶的僥倖或迷信的心理，轉化為反求諸己的道德實踐力量，從而能夠超脫出來，由不可懷疑的神學色彩，轉向為人文精神抬頭的哲學思想，此可以《論語·子路》所載之「不占而已矣」一則為代表，其原文如下：

> 子曰：「南人有言曰：人而無恆，不可以作巫醫。善夫！『不恆其德，
> 或承之羞』。」子曰：「不占而已矣！」

「不恆其德，或承之羞」為恆九三之爻辭，意為：不能恆常的堅守道德原則，便會承受到羞辱。而孔子在此說「不占」，意為：一個人如果能恆常的堅守道德原則，那他就不需要占卜了；相反的，一個人如果不能恆常的堅守道德原則，而只想用占卜來趨吉避凶，那他即使去占卜，也是沒有什麼用的，這和「天作孽，猶可違；自作孽，不可活」的心理態度是一樣的。孔子為了強調易之義理的研讀及貫通，甚至還說「假我數年，五十以學易，可以無大過矣！」（《論語·述而》）可見得《易經》之義理在孔子心目中是需要長時間去鑽研並且實踐印證的，絕非僅是玩玩占卜而已。同樣在《論語·述而》篇中還有一例：

> 子疾病，子路請禱，子曰：「有諸？」子路對曰：「有之，誄曰：『禱

〔註109〕同註92，鄭萬耕：《易學源流》，頁63～64。

爾於上下神祇』。」子曰：「丘之禱久矣。」

朱熹注解此段文字爲：「聖人未嘗有過，無善可遷，其素行固已合於神明，故曰：丘之禱久矣！」〔註110〕這是說：孔子隨時隨地與神明、天道相契合，所以雖然在病中，也不必特別的去祈禱，因爲平時「素行固已合於神明」，此即爲儒家式的、富於宗教精神的祈禱，因說「丘之禱久矣」！

　　在此，孔子是要以自己每一個當下的行爲舉止都合乎道德理想之要求，來取代偶一爲之的卜筮、祈禱、及祭祀等宗教儀式。此可謂「儒家的宗教精神」，唐君毅先生對此有如下的詮釋：

> 孔孟之未嘗明白反對中國古代宗教，而否定天帝，正見中古代之宗教精神，直接爲孔孟所承。孔孟思想，進於古代宗教者，不在其不信天，而唯在其知人之仁心、仁性，即天心、天道之直接之顯示，由是重在立人道，蓋立人道即所以見天道。〔註111〕

關於此「儒家的宗教精神」之探索，學界有許多著作與發明，例如杜維明在其《儒教》一書中說：

> 雖然徹底的超然存在，例如概念化「上帝」爲「全然的他者」，就儒家的象徵體系而言是匱乏的，但是「上天」作爲道德創造的根源，以及生活意義和終極的自我轉變的根源，卻突出地貫穿於整個儒學傳統之中。在這個意義上，所有的重要儒學大師都深具宗教性。……他們對生命的敬畏，對工作的承諾，以及對終極自我轉變的獻身，乃立基於上天的召喚，其情感之深厚，目的之嚴肅，足以與世界上任何一種大宗教相比擬。〔註112〕

「對生命的敬畏，對工作的承諾，以及對終極自我轉變的獻身」，其實都是落實於每日、乃至於每時每刻生活的庸言之謹、庸行之敬，儒家正是於此似乎瑣碎繁雜的現實當中，以「下學上達」、「踐仁知天」的實踐功夫，呈顯其宗教式的情懷。正如杜先生所言：

> 如果我們恰當地培養我們的人道，我們就不會離開天道。的確，當我們學會了領略一般日常存在的豐富涵意，我們也就懂得生命的偉

〔註110〕朱熹：《四書集註》（上）（臺北：中國子學名著集成編印基金會，1978 年印本），頁 238。

〔註111〕唐君毅：《中國文化之精神價值》（臺北：臺灣學生書局，1953 年印本），頁 448。

〔註112〕杜維明著、陳靜譯《儒教》（臺北：麥田出版公司，2002 年 12 月印本），頁 36。

大神奇本來就存在於我們生活的一般經驗之中。就像天道的密碼是根植在人道之中一樣。〔註113〕

「所有的重要儒學大師都深具宗教性」，的確，自孔子以後，儒家以宋明爲中興，直至近代之新儒學，其中大師不論是宗於理學或宗於心學，皆深具宗教性，但這種「宗教性」卻不是表現於外在形式的教規與儀軌當中，而是「本來就存在於我們生活的一般經驗之中」，表現爲對事事物物皆賦予道德意義與價值意涵，和對生活內容及對家園世界，皆以道德創造的觀點生發之、運行之，乃至或經世濟民，或著書立說，或甚至在天下無道、時運不濟時，更能凸顯其安身立命、清明在躬的生活態度與宗教情操。

楊儒賓先生更進一步說：「程顥思想最大的特色，乃是徹底的一本論，……根據一本論的說法，所有的現象都是道體不容自已的外顯，……所以連『天人合一』這樣的表達方式都不恰當，因爲天人本來就同一，何『合』之有！」〔註114〕他在其他文章中也表示類似的意見：「在『天道性命』的問題上，理學家提出了嚴密的工夫論，也提出了與之相應的心性——形上理論，這樣的工夫使得……個體——群體——自然——天道這條線路徹底打通。內在——超越不是對立的兩極，而是隱——顯的一體之兩面，這是一種更具創發性的『存有之連續性』」。〔註115〕

對此一「存有之連續性」的發揮，曾昭旭師於其《儒學三書》之序文〈「道」既在遠方也就在當下〉中說到：

我愈來愈眞切體驗到立志做一個人（而非專家）就是人生最大的理想與事業；也愈來愈領略到做一個人的眞實與悅樂。這種生活全基於自我的醒覺而不假外求，所以也極端平凡，無絲毫外在聲光可以攀援或者可賴以爲標識。……人是否眞做成一個人其實只有自己知道，像這樣一切環繞著做一個人而展開的義理就是我最服膺的義理，而這就是儒家義理。我以此甘於、樂於爲儒家之徒，甚至不想去論證這就是最好最圓熟的人生義理。我就只是這麼過就是了。〔註116〕

〔註113〕同註112，杜維明著、陳靜譯《儒教》，頁37。

〔註114〕楊儒賓：〈變化氣質、養氣與觀聖賢氣象〉，《漢學研究》第19卷第1期（總第38期）（2001年6月），頁118～119。

〔註115〕同註112，楊儒賓：〈橫跨宗教與哲學邊界上的儒教〉，見杜維明著、陳靜譯《儒教》序文，頁15～16。

〔註116〕同註9，曾昭旭：《儒學三書・序》，頁1。

曾師於課堂中也表示過如以上引文的意思，當他說到：「立志做一個人就是人生最大的理想」時，我見其情摯肫肫、曖曖內含光，完全不是精爽飛颺的英雄氣，乍一聽好像說無甚事，深細地聽，其實具力萬鈞，足以豁我之無明，其真誠悃惻的情懷，直如祁克果期許自己「做一個真的基督徒」〔註117〕那樣，是一樣的「宗教」情操。

　　孔子之後，荀子繼其「不占而已矣」的精神說「善爲《易》者不占」（《荀子‧大略》），〔註118〕宋儒張載更進一步地說：「易爲君子謀，不爲小人謀」，〔註119〕王夫之闡發其意，曰：

> 易爲君子謀，不爲小人謀。君子之謀於易，非欲知吉凶而已，所以知憂，知懼，而知所擇執也。故曰：無有師保，如臨其母。〔註120〕

循此而下，清儒焦循則直言《易經》爲「聖人教人改過之書也」，而將人文精神更加的標舉出來，其文曰：

> 易之一書，聖人教人改過之書也。窮可以通，死可以生，亂可以治，絕可以續；故曰爲衰世而作。達則本以治世，不得諉於時運之無可爲；窮則本以治身，不得謝以氣質之不能化。孔子曰：「假我數年，五十以學易，可以無大過矣。」此聖人括易之全而言之。又舉恆九三「不恆其德，或承之羞」，斷之云：「不占而已矣！」占者變也，恆者久也，羞者過也。能變通則可久，可久則無大過；不可久則至大過。所以不可久而至於大過，由於不能變通；變通者，改過之謂也。此韋編三絕之後，默契乎羲文之意，以示天下後世之學易者，舍此而言易，詎知易哉？〔註121〕

由此明顯可見：焦循言《易經》爲「聖人教人改過之書」的觀點，亦是直承孔子「不占而已矣」的態度而來。他又解釋「聖人神道設教」的真諦，文曰：

> 聖人作《易》，非爲卜筮而設也。……惟是「百姓日用而不知」，未

〔註117〕祁克果說：「基督教就是：往前朝向成爲一個基督徒，以及不斷藉著這個方式，向前成爲這樣的基督徒。」見陳俊輝編譯：《祁克果語錄四──宗教》（臺北：揚智文化事業公司，1993年6月印本），頁44。

〔註118〕（清）王先謙撰：《荀子集解》（臺北：藝文印書館，1994年1月印本），卷19，頁798。

〔註119〕同註76，張載：《正蒙‧大易篇第十四》，見《張載集》，頁48。

〔註120〕同註20，王夫之：《周易內傳》，見《船山全書》第1冊，頁671。

〔註121〕焦循：《易圖略》（臺北：廣文書局，1970年10月印本，《易學三書》上）時行圖附文，頁75～76。

可以道喻也：……其所欲者吉與利，其所忌者凶與災。欲與忌交錮
於胸而不能無疑；「聖人神道設教」，即以所作之《易》，用為卜筮，
因其疑而開之，即其欲而導之，緣其忌以震驚之，以趨吉避凶之心，
化而為遷善改過之心。〔註122〕

焦循謂《易》乃聖人教人改過之書，實屢言之，而其「改過」之法，則在於
「變通」：「變通者，改過之謂也」，「能變通則可久，可久則無大過；不可久
則至大過」，無大過並不容易，孔子都不敢侈言自己無大過，而只說「假我數
年，五十以學易，可以無大過矣」，可見孔子認為學易的目的之一，在「無大
過」。而焦循則將「無大過」歸功於懂得易之「變通」，觀〈繫辭·下〉第八
章所云：「易之為書也不可遠，為道也屢遷，變動不居，周流六虛，上下無常，
剛柔相易，不可為典要，為變所適。」以及〈繫辭·上〉第五章所云「生生
之謂易……通變之謂事」，則「變通」、「通變」的確是《易經》與《易傳》中
的重要精神，例如結構太僵化的卦體如否卦、或格局太完美的卦體如既濟卦，
這樣的卦皆有其蹇吝之處，其卦辭亦多有警語，暗示君子要警覺目前閉塞、
不容易變通的處境，並做出適當的應對之道。

此「改過」觀念的成形，應是奠基於《易經》與《易傳》中的「憂患意
識」，關於其中憂患意識之由來，〈繫辭·下〉第七章說：「易之興也，其於
中古乎？作易者，其有憂患乎？」〈繫辭·下〉第十一章也說到：「易之興也，
其當殷之末世，周之盛德邪？當文王與紂之事邪？是故其辭危。危者使平，
易者使傾，其道甚大，百物不廢。懼以終始，其要無咎。此之謂易之道也。」

我們在《尚書》中也可以看到與《易經》成書前後之時，許多有關憂患
意識的史料，如《尚書·召誥》說：

夫知保抱攜持厥婦子，以哀籲天，徂厥亡出執。嗚呼！天亦哀于四
方民，其眷命用懋。王其疾敬德！〔註123〕

吳文璋先生解釋此段文字為：「強調上天因為『哀于四方民』才去選擇『眷命
用懋』，王必須『疾敬德』，才合乎上帝的旨意。所以天意取決於民意，而民
意取決於王是否敬德。也就是說：天命→革命→德」，接著引申：「夏、殷之
王在革命之後，不自覺的以為『天命』在自己的身上，不會失去，但是周人
得到天命之後，卻強烈的自覺到不可完全相信天命、依賴天命，否則會像紂

〔註122〕同註121，焦循：〈原筮第八〉，見《易圖略》，頁158～159。
〔註123〕同註89，《尚書正義》，頁466～467。

王一樣的下場，這時人文精神極度的覺醒，人的自我努力才是關鍵，才是上天選擇降下『天命』的標準，於是周人就向巫師傳統分化，走向『敬德』的路，這就是周公的反『巫師傳統』的肇始，慢慢走向一條人文化、理性化的大道。」〔註124〕〈召誥〉又說：

> 我不可不監于有夏，亦不可不監于有殷，我不敢知曰，有夏服天命，惟有歷年。我不敢知曰，不其延，惟不敬厥德，乃早墜厥命。我不敢知曰，有殷受天命，惟有歷年。我不敢知曰，不其延，惟不敬厥德，乃早墜厥命。〔註125〕

這可說是經由人類歷史朝代的更迭之後，所得到的最深刻的敬畏了！《論語‧季氏》所說的「君子有三畏」，其一為「畏天命」，可能即是肇端於此。然而此「畏」並非因為盲目無知而引起的恐懼怖慄、乃至不知何所措其手足，而是導因於一種臨深履薄、念茲在茲的憂患意識，這樣的意識或心理狀態正是人文精神的萌發狀態。《尚書‧君奭》更進一步說：

> 惟人在我後嗣子孫，大弗克恭上下，遏佚前人光，在家不知。天命不易，天難諶，乃其墜命，弗克經歷。嗣前人，恭明德。……天不可信，我道惟寧王德延，天不庸釋于文王受命。〔註126〕

吳文璋先生闡釋其意說：「此處『天不可信』、『天命不易』、『天難諶』，把天命不可信賴，天命不易保有的態度，直接明顯的表達出來，也是對從夏商以來，那種對『天命』深信不疑的『巫師傳統』，正面的否定，這就是周公的『反巫師傳統』，……紂王說：『我不有命在天！』……周公的『天命不可信』，打破了這個迷思（myth），震撼了整個周朝，也震撼了幾千年的中國文化，使中國的文化向前大大的邁進一步。從絕對相信天命、依賴天命，以天命為無限上綱的『巫師傳統』，跨出來了，看到人類自身的『德』。〔註127〕於此，人文之「德」（或說儒家義理之根源：「仁」），已於焉確立。

　　林載爵先生對「憂患意識」也有類似的意見：

> 憂患意識下的戒慎之心正是人文思想發展的一個基礎。這種憂患意識與戒慎心理並非對神發生恐懼，與西方基督教傳統的原罪觀念大不相

〔註124〕同註25，吳文璋：《巫師傳統和儒家的深層結構》，頁108。

〔註125〕同註89，《尚書正義》，頁471。

〔註126〕同註89，《尚書正義》，頁519～520。

〔註127〕同註25，吳文璋：《巫師傳統和儒家的深層結構》，頁115～116。

同，引發出來的是畏天修德。卦爻辭中所說的「亢龍有悔」，「履霜堅冰至」，「無平不陂，無往不復」，「勞謙君子，有終吉」，「有孚改命吉」，「不恆其德，或承之羞」等等，都是在卜筮之外更注入了深刻的人文精神。至易傳〈十翼〉，原有的憂患心理更加發揚，⋯⋯已經很明顯指出人的行爲決定吉凶禍福，戒慎之心就是要養成「臨事而懼」的行事態度。⋯⋯《易經》原在「彌綸天地之道」，至易傳，所論重心全在人道，正代表著中國人文思想的發展，也深合「知生事人」之義。
〔註128〕

「知生事人」即作者之前所提「未知生，焉知死？」及「未能事人，焉能事鬼？」（《論語・先進》）的合併句，林載爵先生並以此爲中國人文思想精萃之所在，他又據此達致以下之結論：「易傳〈十翼〉的作者以「德」義來發揮《易》的眞諦，建立《易》的道德體系。」〔註129〕此種觀點亦是循憂患意識之前提而承繼之，繼而建立起儒家的道德形上學。

　　最後，有關《易經》與《易傳》的關聯性及其內容偏重之不同，我們究應如何看待之？我認爲：就時代言，《易經》與《易傳》分而爲二；就作者言，《易經》出自西周卜官，然其最後編訂當成於一人之手，《易傳》則爲孔門弟子所寫，然《易經》與《易傳》之作者都是當時知識份子中的精英，也都是極富人文精神的一批人；就卜筮與義理之內容言，《易經》以占筮爲起源，然亦寓有深厚義理，至《易傳》則只剩下少許的卜筮色彩，而專以義理創論。質言之：《易傳》之所以能立基於《易經》，而發揚其探賾鉤深之義理，除卦象此一重要而顯明的橋樑之外，筆者認爲「元、亨、利、貞」亦爲其中重要的環節，畢竟此四字在《易經》與《易傳》當中隨處可見，《易傳》對此四字也有重大的發揮，以藉其建立儒學之義理系統，此待下一節再將此四字分別說明之。

第五節　《易傳》中人文精神之展現對「元、亨、利、貞」闡釋之影響

　　「元、亨、利、貞」出現於《易傳》中的〈彖〉、〈小象〉、〈文言〉、〈繫

〔註128〕林載爵：〈人的自覺——人文思想的興起〉，見《中國文化新論・根源篇：永恆的巨流》（臺北：聯經出版事業公司，1981 年 9 月印本），頁 413～414。
〔註129〕同註 128，林載爵：〈人的自覺——人文思想的興起〉，見《中國文化新論・根源篇：永恆的巨流》，頁 414。

辭〉及〈序卦〉等篇，但〈序卦〉僅見一例，即「賁者，飾也，致飾然後亨則盡矣，故受之以剝。」餘皆見於〈彖〉、〈小象〉、〈文言〉、〈繫辭〉這四篇，尤其〈彖〉及〈小象〉是分別繫於卦辭和爻辭之下，直接注解卦爻辭的，是以在本文當中益顯其重要性；而如果再將〈彖〉及〈小象〉互相比較，則因「元、亨、利、貞」出現於卦辭之頻率遠較出現於爻辭之頻率爲大，故〈彖〉中對於「元、亨、利、貞」的解釋比起〈小象〉來，將顯得更爲重要了。

以下就將《易傳》各篇出現「元、亨、利、貞」的例句，加以歸納並統整其意義。

一、元

1. 乾卦辭：「乾：元，亨，利，貞。」乾‧彖：「大哉乾元！萬物資始，乃統天。雲行雨施，品物流形。大明終始，六位時成，時乘六龍以御天。乾道變化，各正性命。保合太和，乃利貞。首出庶物，萬國咸寧。」

2. 坤卦辭：「坤：元，亨，利牝馬之貞。君子有攸往，先迷，後得主，利。西南得朋，東北喪朋。安貞，吉。」坤‧彖：「至哉坤元！萬物資生，乃順承天。坤厚載物，德合無疆。含弘光大，品物咸亨。牝馬地類，行地無疆，柔順利貞。君子攸行，先迷失道，後順得常。西南得朋，東北喪朋，乃終有慶。安貞之吉，應地無疆。」

3. 坤六五：「黃裳，元吉。」坤六五‧小象：「黃裳元吉，文在中也。」

「元吉」爲「大吉」，此爻得中。

4. 訟九五：「訟，元吉。」訟九五‧小象：「訟元吉，以中正也。」

「元吉」爲「大吉」，此爻亦得中也。

5. 比卦辭：「比：吉，原筮，元，永貞，無咎。不寧方來，後夫凶。」比‧彖：「比……原筮，元，永貞，無咎，以剛中也。……」

〈彖〉沒有解釋「原筮，元，永貞」，但仍強調「剛中」，即陽爻居九五得中也，因此能「原筮，元，永貞，無咎」。

6. 履上九：「視履考祥，其旋元吉。」履上九‧小象：「元吉在上，大有慶也。」

「元吉」爲「大吉」，此爻雖不得中，〈小象〉特爲說明元吉「在上」也，黃沛榮先生說：「蓋旋，反也。……由於物極必反，吉卦之上爻反不吉，凶卦

之上爻反而多吉。」〔註130〕觀履卦全卦以「履虎尾」爲譬，過程極爲凶險，到了上爻，終於可以稍微鬆一口氣，則與其所謂「凶卦之上爻反而多吉」之說相合，其吉甚至是「元吉」。

7. 泰六五：「帝乙歸妹，以祉元吉。」泰六五·小象：「以祉元吉，中以行願也。」

「元吉」爲「大吉」，此爻亦得中。

8. 大有卦辭：「大有：元亨。」大有·彖：「大有……其德剛健而文明，應乎天而時行，是以元亨。」

〈彖〉不釋「元亨」爲「大亨」，而仍引原文曰「是以元亨」，是此「元亨」，應解爲〈乾·文言〉：「乾元者，始而亨者也」之義。

9. 蠱卦辭：「蠱：元亨，利涉大川。先甲三日，後甲三日。」蠱·彖：「蠱，剛上而柔下，巽而止，蠱。蠱元亨，而天下治也。利涉大川，往有事也。先甲三日，後甲三日，終則有始，天行也。」

〈彖〉不釋「元亨」爲「大亨」，而仍引原文曰「是以元亨」，此「元亨」，應爲「乾元者，始而亨者也」之義，即一說元，即包亨也。此例與〈大有·彖〉相同，在大有、蠱二卦之〈彖〉中，將「元亨」直接釋爲「元亨」，並不另文解釋，可見得〈彖〉隱隱然也含有同意「四德說」的意思，因爲它並不將「元」只單純的釋爲「大」，而在〈彖〉中保留了「元」的獨立性和重要性。只是〈彖〉沒有後來才寫成的〈文言〉〔註131〕那麼確定的揭櫫此一「四德說」。

10. 大畜六四：「童牛之牿，元吉。」大畜六四·小象：「六四元吉，有喜也。」

「元吉」爲「大吉」，此與履上九爲《易經》爻辭中唯二不得中之例，〔註132〕孔穎達疏：「『童牛之牿』者，處艮之始，履得其位，能抑止剛健之初。……『元吉』者，柔以止剛，剛不敢犯，以息彊爭，所以大吉而有喜也。」〔註133〕

〔註130〕黃沛榮：〈《易經》形式結構中所蘊涵之義理〉，《漢學研究》第 38 期（2001年 6 月，第 19 卷第 1 期），頁 3。

〔註131〕《易傳》各篇寫定的時間可參考戴璉璋：《易傳之形成及其思想》（同註 103）第一章〈作者的考察〉，其結論有言：「〈彖〉、〈象〉兩傳早於〈文言〉。」頁 13。

〔註132〕可參考黃沛榮：〈《易經》形式結構中所蘊涵之義理〉（同註 130）之三、「《易經》占辭之分布及其義理」，頁 13～21。

〔註133〕王弼、韓康伯注，孔穎達疏《周易正義》10 卷（臺北：藝文印書館，1993年 9 月印本，《重刻宋本十三經注疏附校勘記》第 1 冊），卷 3，頁 68 下。

11. 離六二：「黃離，元吉。」離六二・小象：「黃離元吉，得中道也。」「元吉」為「大吉」，此得中。

12. 損卦辭：「損：有孚，元吉，無咎，可貞，利有攸往。曷之用？二簋可用享。」損・彖：「損，損下益上，其道上行。損而有孚，元吉，無咎，可貞，利有攸往。曷之用？二簋可用享。……」

13. 損六五：「或益之十朋之龜，弗克違。元吉。」損六五・小象：「六五元吉，自上祐也。」

「元吉」為「大吉」，此得中。

14. 益初九：「利用為大作，元吉無咎。」益初九・小象：「元吉無咎，下不厚事也。」

15. 萃九五：「萃有位，無咎，匪孚。元，永貞，悔亡。」萃九五・小象：「萃有位，志未光也。」

16. 井上六：「井收勿幕，有孚元吉。」井上六・小象：「元吉在上，大成也。」

17. 鼎卦辭：「鼎：元吉，亨。」鼎・彖：「鼎，象也，以木巽火，亨飪也。聖人亨以享上帝，而大亨以養聖賢。巽而耳目聰明，柔進而上行，得中而應乎剛，是以元亨。」

大有、蠱、鼎之卦辭皆有「元亨」或「元吉」，然〈彖〉並不將之解為「大亨」、「大吉」，應是將「元」字看得很重要，才有以致此，尤其是鼎卦，卦辭之「元吉，亨」，到了〈彖〉，便將之釋為「元亨」，可見「元」字與「亨」字才是重點，能「元亨」自然伴隨著「吉」。

18. 渙六四：「渙其群，元吉；渙有丘，匪夷所思。」渙六四・小象：「渙其群元吉，光大也。」

19. 〈繫辭・下〉第五章：「易曰：不遠復，無祗悔，元吉。」

此引復卦初九爻辭。此「元」應為「首」之原意，引申為「初」之義，因其居於初位。

20. 〈乾・文言〉：「元者，善之長也。……君子體仁足以長人。……君子行此四德者，故曰乾：元，亨，利，貞。」

此為「元」為「四德」之直接文獻資料。

21. 〈乾・文言〉：「乾元用九，天下治也。」

22. 〈乾・文言〉：「乾元用九，乃見天則。」

23.〈乾‧文言〉:「乾元者,始而亨者也。利貞者,性情也。」

歸納以上《易傳》中出現「元」字或釋卦爻辭之「元」字的例句,可知「元」字在爻辭中可作「大」或「初」解,且爻辭中之「元」字皆以「元吉」的樣態出現,解釋成「大吉」是可以的,但設若解爲:「從初始就吉」、「本來就吉」,也未嘗不可,可見,「元」之德,在爻辭裡似乎是可以獨立存在的,就以萃九五爻辭有「元,永貞」之例言:此處的「元」就是明顯指「元德」的意思,此已於第二章中論及之。

由以上爻辭中「元」字的解釋整理得知:「元」字在爻辭仍可成其爲「四德」之首的「元德」,即以「元」爲「善之長」的引申義解。

「元」字在卦辭中出現的例句則是「元,亨,利,貞」(乾、屯、隨、臨、無妄、革)「元亨」(坤、大有、蠱、升)「原筮,元,永貞」(比)「元吉」(損)「元吉,亨」(鼎),而自來治易者皆認爲〈彖〉以「大亨以正」解「元亨利貞」,實際上則不然,事實上,只有臨、無妄、革之〈彖〉以「大亨以正」解「元亨利貞」,而〈升‧彖〉則以「大亨」釋「元亨」,屯、隨二卦則以「大亨貞」解「元亨利貞」,至於乾、坤二卦,其〈彖〉則是以「大哉乾元」、「至哉坤元」起文,釋乾、坤兩卦之作用,之後是綜合敘述式的解釋卦辭,尤其是〈乾‧彖〉,卦辭只有「元,亨,利,貞」四字,〈乾‧彖〉將此四字之解一氣呵成的灌注於釋文中,其文淋漓酣暢,實難區分出釋「元」、「亨」、「利」、「貞」個別意思之文字段落。

而大有、蠱、損、鼎四卦之〈彖〉皆保留原有卦辭之「元」字,並不將「元亨」釋爲「大亨」,或將「元吉」釋爲「大吉」。

比卦卦辭之「原筮,元,永貞」,其〈彖〉唯引用而不加以詮解,「元,永貞」與萃九五爻辭相同,觀萃九五爻辭爲:「萃有位,無咎,匪孚。元,永貞,悔亡。」萃卦卦體下坤上兌,萃九五無疑爲萃卦之主爻,是以爻辭曰「萃有位」,至於「元,永貞,悔亡」,王弼、韓康伯注曰:「脩仁守正,久必悔消」,〔註134〕孔穎達則曰:「若能修夫大德,久行其正,則其悔可消」,〔註135〕是王、韓以「仁」釋「元」,孔穎達則以「大德」釋「元」。王、韓以「仁」釋「元」,四德之義已顯明,孔則以「大德」釋卦辭之「元」,既釋「元」,又承王、韓之以「仁」釋「元」,而將「仁」釋爲「德」,如此似無不可,然究竟顯示出

〔註134〕同註133,王弼、韓康伯注,孔穎達疏《周易正義》卷5,頁107上。
〔註135〕同註133,王弼、韓康伯注,孔穎達疏《周易正義》卷5,頁107上。

孔穎達之掣肘處：他既沒有忘記「元」之爲「大」的原意，又不願違反王、韓的注解，是以折衷將「元」變成了「大德」了，究其實，「元」雖有「大」之意，然亦有「初始」、「發端」之意（爲「首」之意的引申），則將「元」釋爲「善之長」、善之發端的「仁」，亦無不可。

萃卦卦體下坤上兌，〈萃‧象〉曰：「順以說，剛中而應，故聚也」，孔穎達曰：「此就二體及九五之爻釋所以能聚也」，〔註136〕則九五無疑爲萃之主爻，乃因「剛中」也，是以在爻辭中出現了卦辭中才有的「元德」，至於爲何不在卦辭中出現元德？可能是因九五「萃有位，無咎，匪孚」，爻辭說「無咎」通常表示原有「有咎」之虞，「有咎」之虞乃因「四專而據，己德化不行，信不孚物，自守而已」，〔註137〕是以九五之德尚未充足飽滿，未能眞正做主，也未能形成一卦之卦德，是以卦辭中不出現「元」德；但《易》之編訂者亦以此九五之「元」德（爻德），勉勵在君位（「萃有位」）的君王，更須收攝以及提振其精神，以元德之道德創造力，時時「脩仁守正」，如此方能「悔亡」，九五爻辭「萃有位，無咎」，有勉勵九五安居其位的語氣，此「無咎」實因原有「有咎」之虞，而此有咎之虞，即來自「匪孚」，言九五君德未能廣孚於眾，故須以元德來剛正自守，才能免咎，是以曰：「元，永貞，悔亡」，即「有德君王脩元德、善德而守正，方能悔亡」也。

反觀比卦下坤上坎，所有的爻除第四爻外，皆與萃卦同，然比卦第四爻爲陰爻，不再「專而據」，所以九五更可以「剛中」，而眾陰順從之，孔穎達釋「原筮，元，永貞，無咎」曰：「元，大也；永，長也。爲己有大長貞正，乃能原筮相親比之情，得久長而無咎，謂彼此相親比也。」〔註138〕因此比卦有元德，而萃卦無，萃卦只能於其九五爻出現「元」德（然未能成其爲卦德，而只能成爲時空條件限制較卦德爲短暫、且範圍較小的爻德），並且，《易經》的編訂者以萃九五爻辭，與比卦卦辭同出現「元，永貞」之語，似亦蘊涵有欲人知其差異及相關性，並由此可知「元」德之珍貴難得、不輕易出現的特性。有關比、萃二卦之四德更進一步的闡析，詳見第五、六章。

以上是「元」字在比卦卦辭與萃九五爻辭中出現時，其卦體之情境比較，從中可知：「元」字在卦辭出現，是所謂「卦德」，因卦辭乃論一卦之卦性、

〔註136〕同註133，王弼、韓康伯注，孔穎達疏《周易正義》卷5，頁106上。
〔註137〕同註133，王弼、韓康伯注，孔穎達疏《周易正義》卷5，頁107上。
〔註138〕同註133，王弼、韓康伯注，孔穎達疏《周易正義》卷2，頁37上。

卦義；在爻辭中出現則爲「爻德」，因爲六爻，乃是指六個不同時、位的卦之表現。「亨」、「利」、「貞」當同此例。

有關「元」、「亨」、「利」、「貞」在卦辭或爻辭中出現之歸納，還有一個現象值得注意：即「元，亨，利，貞」四字串連，只在乾、屯、隨、臨、無妄、革等六卦出現，在爻辭中則未見，因此，此四字串連，於卦辭中出現，當有特別的意義，不會只是「大享，利於卜問」（大享利於占）這樣貌似卜辭意義的解釋而已，如果是「大享，利於卜問」之意，何以在三百八十四爻中全未見？我認爲這是最後的編纂者於現成三百八十四爻爻辭中，拈出「元」、「亨」、「利」、「貞」這四個最有意義的字，繫於首卦乾卦之下，頗有以此爲全《易》綱領之意味，因爲卦辭對於一卦的理解，其重要性遠大於爻辭，否則何來〈象〉傳，特爲釋卦辭、卦名、卦體、卦理、卦義而產生，並於東漢鄭玄開始就將之分隸於六十四卦之下，將經與〈象〉傳編排在一起，而沿襲至今，成爲現有之通行本體例，可知卦辭的地位是相當重要的，其重要的程度，可在〈象〉必須隨之在後，以便相互檢閱的這種編排法中體會出來。故首卦乾之卦辭：「元，亨，利，貞」，其卦辭之四字自有其極爲重要的地位。

二、亨

1. 乾卦辭：「元，亨，利，貞。」象曰：「雲行雨施，品物流形。……乾道變化，各正性命。」

   〈乾·文言〉：「乾元者，始而亨者也。」「大哉乾乎，剛健中正，純粹精也。六爻發揮，旁通情也。……雲行雨施，天下平也。」「亨者，嘉之會也。……嘉惠足以合禮。……故曰乾：元，亨，利，貞。」

「雲行雨施，品物流形」是形容乾元資始、統天之後，乾元之動力通發出去的大概狀況：「『雲行雨施』是具體的描述天地的氣象，這種自然氣象很美，很具體。……『品物流形』意謂種種物在雲行雨施這種氣象下，這種自然環境下流行。」；〔註139〕〈乾·文言〉之言「六爻發揮，旁通情也」亦是詮解乾元亨通，落實在六爻之中的狀況，並且其中也有「雲行雨施」的形容語：雲行於清空之中，通暢無阻，雨施於普天之下，亦暢快淋漓，雨水落地，蒸

〔註139〕牟宗三主講、盧雪崑錄音整理：《周易哲學演講錄》（臺北：聯經出版事業公司，2003 年 7 月印本），頁 21。

發後又上升成為雲氣，等待著下一次時機成熟，再下下來的通暢時刻，這其中水氣的上升下降，不斷通暢的交換與轉化，即是表達「亨」之通暢性質的最具象化文字。「嘉之會也。……嘉惠足以合禮」亦為亨之義也，「嘉之會」，好的質素因緣聚足，湊泊在一起，即能亨通；合禮即合理，按照道理合於禮制而行，自然能亨通。

2. 坤卦辭：「元，亨，利牝馬之貞。」象曰：「含弘光大，品物咸亨。」〈坤‧文言〉：「直方大，不習無不利，則不疑其所行也。……君子黃中通理，正位居體，美在其中，而暢於四肢，發於事業，美之至也。」

〈坤‧象〉之「品物咸亨」與〈乾‧象〉之「品物流形」意義相類，惟〈乾‧象〉之「品物流形」強調乾元之動力通出去之後，而落實於萬物之具體成為形類這方面，而〈坤‧象〉之「品物咸亨」則在萬物各自成為其形類之後，其性質與性能仍能亨通無阻。〈坤‧文言〉之「直方大」，極言亨之通向為無邊無際之廣大範圍，且其中無曲折阻礙，是直接通暢的；「君子黃中通理，正位居體，美在其中」即言君子之元（即是「善之長」、即是仁），其通達的表現就是「暢於四肢，發於事業，美之至也」（〈坤‧文言〉）。

3. 蒙卦辭：「蒙：亨。」象曰：「蒙亨，以亨行時中也。匪我求童蒙，童蒙求我，志應也。」

蒙因行「時中」乃得亨，「時中」則指九二、六五相應也，蒙卦六五須主動下求於九二之師，即「匪我求童蒙，童蒙求我」之意，如此達致「不憤不啟，不悱不發」之受教最佳狀態（此亦為「志應」），此時才加以訓誨，則為「時中」，也因「時中」才能亨也。

4. 小畜卦辭：「小畜：亨。」象曰：「柔得位而上下應之曰小畜。健而巽，剛中而志行，乃亨。」

「上下應之」、「剛中」因而「志行」，是以亨也，是亨以相應相通為條件，或以「志行」為其結果也。

5. 履卦辭：「履虎尾，不咥人，亨。」象曰：「履，柔履剛也，說而應乎乾，是以履虎尾，不咥人，亨。」

此亦提出「說而應乎乾」之條件，因此相應之條件，乃得亨通也。

6. 泰卦辭：「泰：小往大來，吉亨。」象曰：「泰，小往大來，吉亨。則

是天地交而萬物通也，上下交而其志同也。」

「小往大來」即陰往陽來，陰陽往來互通，「則是天地交而萬物通也，上下交而其志同也」，是以吉祥而亨通。

7. 同人卦辭：「同人于野，亨。」象曰：「柔得位而應乎乾，曰同人。……同人于野，亨。……中正而應，君子正也，唯君子爲能通天下之志。」

此亦以九五、六二相應爲亨之要件，且同人本以與人相通爲卦旨，因此不但能「同人于野」，亦且「能通天下之志」也。

8. 大有卦辭：「大有：元亨。」象曰：「柔得尊位大中而上下應之，曰大有。……是以元亨。」

「大中而上下應之」，以是亨也。

9. 謙卦辭：「謙：亨。」象曰：「謙亨，天道下濟而光明，地道卑而上行。天道虧盈而益謙，地道變盈而流謙，鬼神害盈而福謙，人道惡盈而好謙。」

10. 謙‧大象曰：「地中有山，謙。君子以裒多益寡，稱物平施。」

不但「天道下濟」、「地道上行」因此有所交流而亨通，且「虧盈而益謙」、「變盈而流謙」、「害盈而福謙」、「惡盈而好謙」，亦是一種「裒多益寡，稱物平施」的方式，多寡上下之間皆能因謙而交流亨通也。

11. 蠱卦辭：「蠱：元亨。」象曰：「蠱元亨，而天下治也。……終則有始，天行也。」

朱熹注云：「治蠱至於元亨，則亂而復治之象也。亂之終，治之始，天運然也。」，〔註140〕終則有始，天理循環，亦是乾元之動力總是能向外亨通之因也。

12. 賁卦辭：「賁：亨，小利有攸往。」象曰：「賁，亨。柔來而文剛，故亨。分剛上而文柔，故小利有攸往。」序卦傳：「賁者，飾也，致飾然後亨則盡矣。」

賁爲三陰三陽卦之母體泰卦演變而來，泰卦本因天地之交流亨通，「大往小來」而得「吉亨」，則由之演變而來之賁卦亦亨，泰之上六來下卦之中（柔來）而文飾內卦之陽剛（文剛），因之交流而亨；而泰之九二往上（分剛上）居外卦上爻而文飾外卦之陰柔（文柔），故小利有攸往。其實卦辭曰「小利有

〔註140〕朱熹：《周易本義》（臺北：老古文化事業公司，2000 年 3 月印本），頁 132～133。

攸往」，是指在長遠的未來將有亨通之象也，但這必須是經過長久的努力之後，才能得致。〈序卦〉則警告著：過於文飾，則有文過其實之虞，實際內容不存，將導致名存實亡，則亨盡矣。

13. 復卦辭：「復：亨。出入無疾，朋來無咎。反復其道，七日來復，利有攸往。」象曰：「復，亨，剛反，動而以順行，是以出入無疾，朋來無咎。反復其道。七日來復，天行也。利有攸往，剛長也。」

　　復卦一陽來復，陽剛浸長，局勢一片大好，下卦震動而上卦坤順以行之，是以「出入無疾，朋來無咎」，陽剛浸長，暢通無阻，因其合於「反復」之天道，陽長陰消，剝盡成坤，一陽復又始生，無論就復之剛長之勢言，或就復之合於反復循環之天道言，皆亨通也。「利有攸往」，於未來亦亨通也。

14. 無妄卦辭：「無妄：元，亨，利，貞。」象曰：「剛中而應，大亨以正，天之命也。」

　　九五剛中下應六二，相應以是亨通。

15. 大畜上九：「何天之衢，亨。」小象曰：「何天之衢，道大行也。」

　　在此〈小象〉直接以「道大行也」言「亨」，是亨乃暢行大通之義也，而道即相當於乾元，乾元之亨，乃能大亨。

16. 大過卦辭：「大過：棟橈。利有攸往，亨。」象曰：「剛過而中，巽而說行，利有攸往，乃亨。」

　　雖剛太過然能得中，且巽而「說行」，因此利有攸往，有攸往則終必能亨。

17. 坎卦辭：「習坎：有孚，維心亨。」象曰：「習坎，重險也。水流而不盈，行險而不失其信。維心亨，乃以剛中也。……」

　　坎卦強調「重險」，亦強調「維心亨」，至於「維心亨」，象辭根本不解釋，只說其因「乃以剛中也」，「剛中」可指九二、九五，然亦可指衷心陽剛，維此心剛健輝光，乃得亨通。此卦之〈象〉完全沒有提到相應相通之條件，直說「維心亨」，又說「利有攸往」，對於以身涉險者，是最大的鼓舞與推動的力量。

18. 離卦辭：「離：利貞，亨。」象：「柔麗乎中正，故亨。」

　　程頤曰：「五二皆處中正，麗乎正也。君臣上下皆有明德而處中正，可以化天下成文明之俗也。二五以柔順麗於中正，所以能亨。」〔註141〕二、五柔順，被陽爻呵護於卦之中爻，此亦為一種相應之形式，故得亨通。

〔註141〕程頤：《易程傳》（臺北：文津出版社，1990年10月印本），頁265。

19. 咸卦辭:「咸亨。」象:「咸,感也。柔上而剛下,二氣感應以相與,止而說,男下女,是以亨。」〈繫辭‧上〉第十章:「易,無思也,無爲也,寂然不動,感而遂通天下之故。」

「咸」即「感」,感乃因「二氣感應以相與」,此爲亨通之最佳條件,〈象〉並以「男下女」之譬來生動的刻畫這種感應,這種流動無礙的情狀乃是亨之最飽滿的詮釋。〈繫辭〉亦強調:「感」,雖寂然不動,卻能「通天下之故」,此通故的功效,意爲「亨」之效應。

20. 恆卦辭:「恆亨,……利有攸往。」)象曰:「剛上而下柔,雷風相與,巽而動,剛柔皆應,恆。恆亨,……利有攸往,終則有始也。」

剛上下柔,雷風相與,初與四、二與五、三與上,皆兩兩剛柔相應,故亨,且利有攸往,週而復始,亨通不已。

21. 遯卦辭:「遯亨。」象:「遯亨,遯而亨也。剛當位而應,與時行也。……浸而長也,遯之時義大矣哉!」

遯亨,因遯而亨也,九五當位,下應六二,是以亨。然初與二之陰,勢力浸長,君子當與時偕行,偕行即有欲求亨通之意味,隨勢遯退,能掌握遯之時機,乃是人生重大的事情。

22. 萃卦辭:「萃亨,……利見大人,亨,利貞。用大牲吉,利有攸往。」)象:「萃亨,順以說,剛中而應,故聚也。……利見大人,亨,聚以正也。用大牲吉,利有攸往。順天命也。」

萃卦內順外說,九五下應六二,是以亨。「利見大人」可指下卦群陰或六二往上求見於九五,此亦相應相感,故亨。且利有攸往,長遠來看,亦有亨通的態勢。

23. 升卦辭:「升:元亨。……南征吉。」象:「巽而順,剛中而應,是以大亨。……南征吉,志行也。」

巽入而順行,九二與六五相應,是以大亨。既大亨,則利於征行(有所行動),因而得以「志行」。

24. 升六四:「王用亨于岐山。」小象:「王用亨于岐山,順事也。」

此「亨」爲「享」之借。

25. 困卦辭:「困亨。」象:「困,剛揜也。險以說,困而不失其所亨,其唯君子乎!」

困卦與坎卦之〈象〉皆未說明何爻與何爻相應,卻都口氣篤定的說一定

能亨通，這都是極力的勉勵人冒險犯難、積極前行的卦，困卦「困而不失其所亨，其唯君子乎」，坎卦「有孚，維心亨」，皆是君子處逆境時的最大激勵，此時無所依傍，可靠的只有腔子裡的這顆心，從「心」生出原動力來，堅定信念（元、仁），則無入而不自得，無入而不亨通，乃可「險以說」（〈困·象〉），甚且可以「險且枕」（困六三爻辭）。

26. 革卦辭：「革：巳日乃孚，元，亨，利，貞，悔亡。」象：「革，水火相息，二女同居，其志不相得，曰革。……革而信之，文明以說。大亨以正，革而當，其悔乃亡，……順乎天而應乎人，革之時大矣哉！」

〈象〉前半部說明因何而革：「水火相息，二女同居，其志不相得」，此亦是不通已極之象，故須革。革能順天應人，則是「革而當，其悔乃亡」，因之元、亨、利、貞四德俱全。

27. 鼎卦辭：「鼎：元吉，亨。」象：「鼎，象也，以木巽火，亨飪也。聖人亨以享上帝，而大亨以養聖賢。巽而耳目聰明，柔進而上行。得中而應乎剛，是以元亨。」

鼎卦「以木巽火」，風火相生，亨之象也，小亨如「亨飪」，可用以熟食養人，大亨則可養聖賢，聖人亨以享上帝，如此則是一路有層次的推衍上去，亦有亨通之象。六五「得中而應乎剛」，是以元亨。可注意的是：〈象〉此處將「元吉，亨」省為「元亨」，而非一般解釋卦辭「元亨」時所說的「大亨」，是否其意認為：「元」和「亨」應當並列為兩個因素，「元」並非形容詞「大」之意，是以以「元亨」解「元吉，亨」也。

28. 震卦辭：「震亨，震來虩虩，笑言啞啞。震驚百里，不喪匕鬯。」象：「震亨，震來虩虩，恐致福也；笑言啞啞，後有則也。震驚百里，驚遠而懼邇也。出可以守宗廟社稷，以為祭主也。」

孔穎達《周易正義》曰：「此象雷之卦，天之威動，故以『震』為名。震既威動，莫不驚懼。驚懼以威，則物皆整齊，由懼而獲通，所以震有亨德，故曰『震亨』也。」〔註142〕

29. 旅卦辭：「旅：小亨，旅貞吉。」象：「旅，小亨。柔得中乎外而順乎剛，止而麗乎明，是以小亨，旅貞吉也。……」

〈象〉曰「柔得中乎外而順乎剛」，亦有應承之理，故有亨之道也。孔穎達《周易正義》曰：「既為羈旅，苟求僅存，雖得自通，非甚光大，故旅之為

〔註142〕同註133，王弼、韓康伯注，孔穎達疏《周易正義》卷5，頁114上。

義，小亨而已。」〔註143〕此釋旅之亨爲小亨之義。

30. 巽卦辭：「巽：小亨。利有攸往，利見大人。」彖：「重巽以申命，剛
　　巽乎中正而志行，柔皆順乎剛，是以小亨，利有攸往，利見大人。」

「柔皆順乎剛，是以小亨」，是亦有柔承剛之義，故能亨，至於「小亨」
之義，孔穎達《周易正義》曰：「雖上下皆巽，命令可行，然全用卑巽，則所
通非大，故曰小亨。」〔註144〕

31. 兌卦辭：「兌亨，利貞。」彖：「兌，說也，剛中而柔外，說以利貞，
　　是以順乎天而應乎人。」

孔穎達《周易正義》曰：「外雖柔說，而內德剛正，則不畏邪諂。內雖剛
正，而外迹柔說，則不憂侵暴。只爲剛中而柔外，中外相濟，故得說亨而利
貞也。」〔註145〕是亦有相濟相通之理，也才能「順乎天而應乎人」。

32. 渙卦辭：「渙亨，王假有廟。利涉大川，利貞。」彖：「渙亨，剛來而
　　不窮，柔得位乎外而上同。……利涉大川，乘木有功也。」

孔穎達《周易正義》曰：「二以剛來居內，而不窮於險。四以柔得位乎外，
而與上同。內剛而無險困之難，外順而無違逆之乖，是以亨。」〔註146〕

33. 節卦辭：「節亨，苦節不可貞。」彖：「節亨，剛柔分而剛得中也。……
　　中正以通。」

孔穎達《周易正義》曰：「坎剛居上，兌柔處下，是剛柔分也。……二、
五以剛居中，爲制之主，所以得節，節不違中，所以得亨。」〔註147〕上、下
兩體有剛柔之應，而二、五爻得中，是以有亨道。

34. 節六四：「安節，亨。」小象：「安節之亨，承上道也。」

「承上道」即承九五之道，是相應相通也，故能安而亨。

35. 小過卦辭：「小過亨。」彖：「小過亨，小者過而亨也。」

孔穎達《周易正義》曰：「過行小事謂之小過，順時矯俗，雖過而通，故
曰小者過而亨也。」〔註148〕是小過有順時之義，乃能亨也、通也。

36. 既濟卦辭：「既濟：亨小。」彖：「既濟亨，小者亨也。」

〔註143〕同註133，王弼、韓康伯注，孔穎達疏《周易正義》卷6，頁127下。
〔註144〕同註133，王弼、韓康伯注，孔穎達疏《周易正義》卷6，頁128下。
〔註145〕同註133，王弼、韓康伯注，孔穎達疏《周易正義》卷6，頁130上。
〔註146〕同註133，王弼、韓康伯注，孔穎達疏《周易正義》卷6，頁131上。
〔註147〕同註133，王弼、韓康伯注，孔穎達疏《周易正義》卷6，頁132上。
〔註148〕同註133，王弼、韓康伯注，孔穎達疏《周易正義》卷6，頁134下。

　　既濟一與四爻、二與五爻、三與上爻，皆當位相應，故亨。孔穎達《周易正義》曰：「既濟之亨，必小者皆亨也。」〔註149〕

　　37. 未濟卦辭：「未濟亨。」象：「未濟亨，柔得中也。」

　　孔穎達《周易正義》曰：「此就六五以柔居中，下應九二，釋未濟所以得亨。」〔註150〕是二、五相應也，故亨。

三、利

　　卦爻辭以及釋卦爻辭之〈彖〉、〈象〉，其所言之「利」，皆為「利益」之利，見於第二章第三節之三、「利」中羅列之例句，在此不一一列舉，惟〈乾・文言〉曰：「利者，義之和也。……利物足以和義。」「利貞者，性情也。」其意義似與「利益」不相同，如何才能將兩者結合呢？高懷民先生於其《先秦易學史》中有言：「利……有分而得宜之義，引申為裁制事物各得其宜，得其宜則和，故〈乾・文言〉曰：『利者，義之和也。』利字見於卦爻辭中甚多，作『宜』解為是。」〔註151〕

　　《周易集解》亦引何妥曰：「利者，裁成也，君子體此利以利物，足以合於五常之義。」〔註152〕則此說之意實同於高懷民先生，人文世界許多的「利益」即是由有德君子「裁成」叢雜紛呈的事事物物以得之，而此利益乃是合於「義」的，惟其合於「義」之「利」，乃能彼此相合相容，進至於「合和」也。是「利」之原意即有「利益」、「裁成」與「合宜」（義）的意思，彼此相容不悖。

　　高懷民先生其文惜未舉卦爻辭例說明之，今舉〈屯・象〉為例，可證以「宜」解「利」是合宜的：

　　　　屯卦辭：「屯：元，亨，利，貞。勿用有攸往，利建侯。」屯・象：
　　　　「屯，剛柔始交而難生。動乎險中，大亨貞。雷雨之動滿盈，天造
　　　　草昧，宜建侯而不寧。」

屯卦辭之「利建侯」，〈屯・象〉即解為「宜建侯而不寧」也，「宜」之意即為「義」也，如此則「利」字可作「利益」解，亦可作「宜」、「義」解，且「義」有分判是非之意，因此「利」亦隱涵有「正」之意，是以牟宗三先生以「利」

〔註149〕同註133，王弼、韓康伯注，孔穎達疏《周易正義》卷6，頁136上。
〔註150〕同註133，王弼、韓康伯注，孔穎達疏《周易正義》卷6，頁137上。
〔註151〕同註60，高懷民：《先秦易學史》，頁158。
〔註152〕孫星衍編著：《周易集解》（臺南：大孚書局，1994年10月印本），頁16。

為通向「貞」之徵向：

> 利，利刃之利，一下子通出去。利往下走，也就是往貞走，故曰「利
> 貞」。所以，「元亨」是一個階段，「利貞」是一個階段。……「利」
> 如一個箭頭，這個箭頭的方向到什麼地方成它的目的呢？箭頭表示
> 一個徵向，徵向落在什麼地方呢，向什麼地方停止呢？落在「貞」，
> 這個貞表示成，終成。〔註153〕

舉上述屯卦之例而言，〈屯·彖〉曰：「屯，……動乎險中，大亨貞。……天
造草昧，宜建侯而不寧。」〈屯·彖〉未解「利」字，孔穎達曰：「不言『利』
者，利屬於貞，故直言『大亨貞』。」則其「利屬於貞」，似有牟宗三先生之
「利」為「徵向」義的意思。

　　或者即因為「利」之原始意與「宜」、「義」有關聯，所以由「利」而「貞」
是自然而然的，故曰「利貞」，但「利貞」二德落在卦德中來看，卻有兩種解
釋：第一種是「由利而貞」，這比較近於牟宗三先生所謂「『利』如一個箭頭」，
而這個箭頭的方向「落在『貞』」，但也可以說「利物足以和義」之後，而自
然而然的導向「貞」；第二種是「因貞正而得利」，強調君子守正不阿、擇善
固執，乃為有利。而此種差異必須在各卦之中分別闡明之，才能釐清其脈絡，
詳見第五、六章六十四卦卦德分析，於此不贅述。

　　牟宗三先生曾言「利」與「義」之相異相通處，說到：

> 「利者，義之和也。」這不是「利」的原義，這是說的利益之利，
> 是生活上的發揮，不是乾卦卦辭言「利」的本義。照儒家的義理講，
> 利是利，義是義。利是形而下的，當然不好，但是，拿「義」這個
> 原則調節它，就是好的。義也不能離開利，那是另一種發揮。利本
> 來是形而下的，是現實的，講道德不能講利，但是，生活不能離開
> 現實的一面，也就是不能離開利。只能把利統屬到義上去，拿義這
> 個客觀的超越的道德原則來調節它，達至諧和，不要衝突。〔註154〕

可見〈乾·文言〉欲將「義」冠諸「利」之上，「拿『義』這個原則調節它」，
這種意圖是很明顯的，並且它也並不想掩飾這樣的意圖，及連〈乾·象〉曰
「乾道變化，各正性命，保合太和，乃利貞」，也並非著眼於「利益」的觀點
言「利」字，對此，牟先生說到：

〔註153〕同註139，牟宗三主講、盧雪崑錄音整理：《周易哲學演講錄》，頁23。
〔註154〕同註139，牟宗三主講、盧雪崑錄音整理：《周易哲學演講錄》，頁44～45。

「各正性命」通過保合太和達至「利貞」。「各正性命」是成其萬物，每一個東西都得其成，所成萬物一定要保持相互之間的合作，這就是「保合」，不要衝突。然後提高一層才能達至「太和」。太，大也，至也。和，和諧也。乃，至於，達到。到「保合太和」這個層次上講「利貞」這兩個字。「乾道變化」前面那一段屬於「元亨」的階段，「保合太和」屬於「利貞」的階段，「元、亨、利、貞」四個階段，大分兩個階段，這是儒家道德形上學所嚮往的最高境界。〔註155〕

由以上整理《易傳》及牟宗三、高懷民二位先生對「利」字的探討，可知：「利」字原意本有「利益」、「裁成」與「合宜」（義）的意思。而「利」字在卦爻辭中有兩種解釋：第一種是「由利而貞」，即牟宗三先生所謂「『利』如一個箭頭」，而這個箭頭的方向「落在『貞』」；第二種是「因貞正而得利」，強調君子守正不阿、擇善固執，乃為有利。

四、貞

　　《易傳》以「正」、「固」釋「貞」，如〈師・彖〉：「師，眾也；貞，正也。能以眾正，可以王矣。」〈乾・文言〉謂「貞」乃「事之幹也」，君子「貞固足以幹事」，故朱子《周易本義》卷一云：「貞固者，知正之所在而固守之，所謂知而弗去者也，故足以為事之幹。」〔註156〕其實除〈師・彖〉與〈乾・文言〉之外，〈彖〉與〈小象〉中還有許多其他例子，也可說明以「正」訓「貞」之例，如：

1. 乾卦辭：「乾：元，亨，利，貞。」乾・彖：「大哉乾元！萬物資始，乃統天。雲行雨施，品物流形。大明終始，六位時成，時乘六龍以御天。乾道變化，各正性命。保合太和，乃利貞。首出庶物，萬國咸寧。」

〈乾・彖〉以「乾道變化，各正性命。保合太和」來講「利貞」，牟宗三先生說：「『乾道變化，各正性命』就是終成原則，就是『利貞』二字所表示。正、定、成，就從『貞』字這個地方表示出來。貞，正也，定也，成也。在貞這個地方停止了，就是有所成。……每個東西能在乾道變化中正其性，正其命，它就可以站得住，它就能成其為個體。」〔註157〕其他有關「貞」字意

〔註155〕同註139，牟宗三主講、盧雪崑錄音整理：《周易哲學演講錄》，頁33。
〔註156〕同註140，朱熹：《周易本義》，頁63。
〔註157〕同註139，牟宗三主講、盧雪崑錄音整理：《周易哲學演講錄》，頁22～23。

義之詮解，詳見第四章第一節有關「四德說」之源流探討。

2. 坤卦辭：「坤：元，亨，利牝馬之貞。君子有攸往，先迷，後得主，利。西南得朋，東北喪朋。安貞，吉。」坤‧彖：「至哉坤元！萬物資生，乃順承天。坤厚載物，德合無疆。含弘光大，品物咸亨。牝馬地類，行地無疆，柔順利貞。君子攸行，先迷失道，後順得常。西南得朋，東北喪朋，乃終有慶。安貞之吉，應地無疆。」

依據牟先生的說法，「儒家道德形上學的義理規模都在〈乾‧彖〉裡面表現出來，就是兩個原則，創造性原則是綱領原則，創造性原則在『元、亨、利、貞』的過程中就藏有另一個原則，那個原則就是保聚原則，也叫做終成原則。」「乾元是綱領性原則，就是說它可以容納另一個原則進來，另一個原則就在『各正性命』那個『各正』的地方進來，也就是在『利貞』那個地方進來。哪一個原則進來了呢？就是坤卦代表的哪一個原則。就在『各正性命』的地方，在這個層次上把坤卦的原則容納進來了。因為萬物各正性命，落在萬物上講，不只是道。……所以，坤卦的保聚原則就藏在『各正性命』裡面。」〔註158〕

根據其言，整個坤卦其實是從〈乾‧彖〉之「各正性命」之「各正」而來，因此，坤卦「貞正」之德相對於其元、亨、利而言，是更為重要的卦德，卦辭就提了兩次貞字：「利牝馬之貞」以及「安貞，吉」。乾、坤二卦是整部《易經》的總綱領，〈乾‧彖〉和〈坤‧彖〉尤其是儒家道德形上學所據以建立的基礎，詳見第四章第一節，於此不贅述。

3. 坤六三：「含章可貞，或從王事，無成有終。」象曰：「含章可貞，以時發也；或從王事，知光大也。」

內含章美之道，而能待命而發，不強出頭，是得坤道之正也，「可貞」可釋為「能固守坤順之正道也」。

4. 屯卦辭：「屯：元，亨，利，貞。勿用有攸往，利建侯。」屯‧彖：「屯，剛柔始交而難生。動乎險中，大亨貞。雷雨之動滿盈，天造草昧，宜建侯而不寧。」

〈屯‧彖〉未解「貞」字。然王弼注曰：「始於險難，至於大亨，而後全正。」〔註159〕亦以「正」解「貞」也。

〔註158〕同註139，牟宗三主講、盧雪崑錄音整理：《周易哲學演講錄》，頁27。
〔註159〕同註133，王弼、韓康伯注，孔穎達疏《周易正義》卷1，頁21下。

5. 屯初九：「磐桓，利居貞，利見侯。」象曰：「雖磐桓，志行正也。」

6. 蒙卦辭：「蒙：亨。……利貞。」象曰：「蒙以養正，聖功也。」

7. 需卦辭：「需：有孚，光亨，貞吉，利涉大川。」象曰：「貞吉，位乎天位，以正中也。」

8. 需九五：「需于酒食，貞吉。」象曰：「酒食貞吉，以中正也。」

黃沛榮先生於其《周易彖象傳義理探微》中，指出「凡陽爻居於初、三、五之位，陰爻居於二、四、上之位，〈小象傳〉稱爲『正』，亦曰『正位』、『當位』、『位當』、『位正當』、『未失常』、『志未變』、『固志』、『志行正』；反之，謂之『不當位』、『不當』、『位不當』〔註160〕、『未得位』、『非其位』。」〔註161〕此亦爲〈小象〉詮釋爻辭之重要依據，可資參佐。需九五正位居中，因此貞吉也。

9. 師卦辭：「師：貞，丈人吉，無咎。」象曰：「師，眾也；貞，正也。能以眾正，可以王矣。」

10. 比卦辭：「原筮，元，永貞，無咎。」象曰：「原筮，元，永貞，無咎，以剛中也。」

孔穎達疏曰：「欲相親比，必能原窮其情，筮決其意，唯有元大永長貞正，乃得無咎。」〔註162〕是亦以「正」解「貞」也。

11. 比六二：「比之自內，貞吉。」象曰：「比之自內，不自失也。」
《周易本義》：「得正，則不自失矣。」〔註163〕

12. 履九二：「履道坦坦，幽人貞吉。」象曰：「幽人貞吉，中不自亂也。」
「中不自亂」即因守正而固也。

13. 同人卦辭：「利君子貞。」象曰：「中正而應，君子正也。」

14. 豫六二：「介于石，不終日，貞吉。」象曰：「不終日貞吉，以中正也。」

「中正」二字以爻位解，爲六二居中得位之義；然亦可以之爲「貞」字之解：即「貞」爲「中心正」也。

〔註160〕原文作「當不位」，應爲「位不當」之誤，因觀其所舉之爻例，歸納爲「位不當」的例子有十六例之多，而並未有「當不位」的例子，因此「當不位」，應作「位不當」，在此特爲註明。見黃沛榮：《周易彖象傳義理探微》（臺北：萬卷樓圖書公司，2001年4月印本），頁154。

〔註161〕同註160，黃沛榮：《周易彖象傳義理探微》，頁154～156。

〔註162〕同註133，王弼、韓康伯注，孔穎達疏《周易正義》卷2，頁37上。

〔註163〕同註140，朱熹：《周易本義》，頁100～101。

15. 臨卦辭：「元，亨，利，貞。」象曰：「大亨以正，天之道也。」

16. 噬嗑六五：「貞厲，無咎。」象曰：「貞厲無咎，得當也。」

則〈象〉似以「得當」釋「貞」也，孔穎達曰：「『貞厲無咎』者，己雖不正，刑戮得當，故雖貞正自危而無咎害。位雖不當，而用刑得當，故象云『得當』也。」〔註164〕

17. 無妄卦辭：「元，亨，利，貞。」象曰：「大亨以正，天之命也。」

18. 大畜卦辭：「利貞。」象曰：「大正也。」

19. 頤卦辭：「貞吉。」象曰：「頤，貞吉，養正則吉也。」

20. 離卦辭：「利貞，亨。」象曰：「重明以麗乎正，乃化成天下，柔麗乎中正，故亨。」

21. 恆卦辭：「恆亨，無咎，利貞，利有攸往。」象曰：「恆亨，無咎，利貞，久於其道也。天地之道，恆久而不已也。……日月得天而能久照，四時變化而能久成，聖人久於其道而天下化成。」

〈象〉之言「久於其道」、「恆久而不已」、「久照」、「久成」，雖是詮解「恆」之卦性，然亦可視為因「貞」之「正」而「固」，乃能恆久也，是以卦辭有「利貞」之語。

22. 恆六五：「恆其德，貞，婦人吉。」象曰：「婦人貞吉，從一而終也。」

此小象明確的以「從一而終」來說明婦人之固守貞德，乃能得吉也。

23. 大壯卦辭：「利貞。」象曰：「大壯利貞，大者正也，正大而天地之情可見矣！」

此訓「貞」為「正」，〈恆·象〉曰：「觀其所恆，而天地萬物之情可見矣！」則恆而「正」，乃能見天地萬物之情也，是故恆與大壯卦辭皆有「利貞」之語。此外，亦可參照〈乾·文言〉：「乾元者，始而亨者也；利貞者，性情也。」利貞即乾元之性情也，能利貞，乃能盡乾元之性情，而天地萬物之情乃可見矣。

24. 大壯九二：「貞吉。」象曰：「九二貞吉，以中也。」

「中」指九二為下卦之中爻，則〈小象〉似不止以「正位」釋「貞」，亦有以爻位得「中」來釋「貞」（或釋「貞吉」）的（按：參看需九五爻辭之小象說明：「酒食貞吉，以中正也」）。

25. 明夷卦辭：「利艱貞。」象曰：「利艱貞，晦其明也。內難而能正其志，箕子以之。」

〔註164〕同註133，王弼、韓康伯注，孔穎達疏《周易正義》卷3，頁62上。

　　「艱」乃因「內難」，然於此明夷之世，縱雖內難，也更要「正其志」，即固守正道、凸顯貞德也。

26. 家人卦辭：「利女貞。」象曰：「女正位乎內，男正位乎外，男女正，
　　天地之大義也。……父父，子子，兄兄，弟弟，夫夫，婦婦，而家道
　　正，正家而天下定矣。」

　　此卦以五見之「正」字釋卦辭之「貞」也，治家首重在正，否則「一室之不治，何以天下國家為？」〈象〉並細膩的指出如何以正道來治理一個家。

27. 損九二：「利貞。」象曰：「九二利貞，中以為志也。」

　　以「中」為「貞」，與需九五、大壯九二同。

28. 姤九五：「以杞包瓜，含章，有隕自天。」象曰：「九五含章，中正也。
　　有隕自天，志不舍命也。」

　　「含章」一詞同見於坤六三「含章可貞」，二者應互看：姤九五以其「中正」，是以「含章」，乃至必須「以杞包瓜」，而所含之「章」，乃是「有隕自天」，也因此必須「志不舍命」，此「命」即〈乾・象〉「各正性命」之「命」也。孔穎達亦曰：「『有隕自天』，蓋言惟天能隕之耳。」〔註165〕

29. 革卦辭：「元，亨，利，貞。」象曰：「大亨以正，革而當，……順乎
　　天而應乎人。」

　　除以「正」釋「貞」外，更指出革之正當性在「順乎天而應乎人」。

30. 漸卦辭：「女歸吉，利貞。」象曰：「漸之進也，女歸吉也。……進以
　　正，可以正邦也。」

　　漸卦以「女歸」為譬，女歸以漸進為宜，且須「進以正」，能得女歸之正，亦「可以正邦也」；此可與〈家人・象〉「正家而天下定矣」互相參照。

31. 巽初六：「進退，利武人之貞。」象曰：「利武人之貞，志治也。」

　　程頤云：「利用武人之剛貞，以立其志，則其志治也。治，謂修立也。」
〔註166〕此以貞用於志治，志治即治志，治志以貞，乃有固志、正志之意。

32. 巽九五：「貞吉。」象曰：「九五之吉，位正中也。」

33. 巽上九：「喪其資斧，貞凶。」象曰：「喪其資斧，正乎凶也。」

　　孔穎達曰：「上九處巽之極，巽之過甚，……巽過則不能行威命。命之不行，是喪其所用之斧，故曰『喪其資斧』也。『貞凶』者，失其威斷，是正之

〔註165〕同註133，王弼、韓康伯注，孔穎達疏《周易正義》卷5，頁105下。

〔註166〕同註141，程頤：《易程傳》，頁513。

凶，故曰『貞凶』也。」〔註167〕

34. 兌卦辭：「亨，利貞。」象曰：「剛中而柔外，說以利貞。」

　　若參需九五、大壯九二和損九二之例，則此〈兌‧象〉亦有可能以九二、九五之「剛中」釋「貞」，只是不知〈象〉與〈彖〉之作者是否同為一人？

35. 節卦辭：「苦節不可貞。」彖曰：「苦節不可貞，其道窮也。說以行險，
　　　當位以節，中正以通，天地節而四時成。」

　　「貞」亦有「不可貞」之時，乃因「其道窮也」，故不能固於苦節，甚至以此為正。而「當位以節，中正以通」雖指九五中正得位，然亦指出節之可貞之道也：必須當位且中正。

36. 節上六：「苦節，貞凶。」象曰：「苦節貞凶，其道窮也。」

　　此可與〈節‧彖〉相互參酌：由「苦節不可貞，其道窮也」與「苦節貞凶，其道窮也」，可知「不可貞」即是「貞凶」，在「不可貞」（即不當位、不中正）之時而貞，將因貞而凶也。

37. 既濟卦辭：「利貞。」彖曰：「利貞，剛柔正而位當也。」

　　「剛柔正而位當也」指既濟六爻皆陰居陰位、陽居陽位，此亦正位得貞也。

38. 未濟九二：「貞吉。」象曰：「九二貞吉，中以行正也。」

　　〈小象〉之「中」，多指爻位居上卦或下卦之中，即「二、五爻為『中』」，〔註168〕九二居中但不得位，然仍得「貞吉」，乃因「貞」（正）得吉也，因此〈小象〉以「中以行正也」說明「九二貞吉」的理由。

39. 未濟九四：「貞吉，悔亡。」象曰：「貞吉悔亡，志行也。」

　　孔穎達曰：「以其正志得行，而終吉故也。」〔註169〕又此爻符合黃沛榮先生所歸納〈象〉之分析爻位爻義之語法：「陽居陰上，則謂之『志行』」，〔註170〕九四以陽居六三陰之上，可俯就潤化之，是可謂依陽之「正志」而行，終能「貞吉悔亡」，如此則孔穎達與黃沛榮先生之說可結合而無扞格也。

40. 未濟六五：「貞吉，無悔，君子之光，有孚，吉。」象曰：「君子之光，
　　　其暉吉也。」

〔註167〕同註133，王弼、韓康伯注，孔穎達疏《周易正義》卷6，頁130上。
〔註168〕同註160，黃沛榮：《周易彖象傳義理探微》，頁139。
〔註169〕同註133，王弼、韓康伯注，孔穎達疏《周易正義》卷6，頁138上。
〔註170〕同註160，黃沛榮：《周易彖象傳義理探微》，頁59。

此句其實在爻辭本身已言明「貞吉」之由，乃因「君子之光，有孚」也，君子之光明坦蕩，即因其貞正也，於此，〈小象〉也認爲爻辭清楚明白而無疑義，所以只是加上「其暉吉也」，作爲「君子之光」的強調。

41. 〈繫辭・下〉第一章：「吉凶者，貞勝者也。天地之道，貞觀者也。日月之道，貞明者也。天下之動，貞夫一者也。」

「吉凶者，貞勝者也」，《來氏易注》：「貞者正也。……聖人一部《易經》，皆利於正。」〔註171〕義即：己身不正，雖占得吉辭亦凶，而以正道自持，則能逢凶化吉也。「天地之道，貞觀者也」，《周易集解》引陸績曰：「言天地正，可以瞻觀爲道也。」〔註172〕「日月之道，貞明者也」，《周易集解》引陸績曰：「言日月正，以明照爲道矣。」〔註173〕「天下之動，貞夫一者也」，孔穎達曰：「言天地日月之外，天下萬事之動，皆正乎純一也。若得於純一，則所動遂其性；若失於純一，則所動乖其理。是天下之動，得正在一也。」〔註174〕高懷民先生說：「『天下之動，指宇宙萬物的生滅變化；『一』……實即太極之『一』；……『貞』之義爲『正』，在此作動詞用，爲『取於正』，也就是『取法於』的意思。』〔註175〕則「貞」字在此又活用爲動詞。總結此段文字之四「貞」字，亦皆爲「正」之義也。

42. 〈繫辭・下〉第五章：「易曰：介于石，不終日，貞吉。介如石焉，寧用終日，斷可識矣。」

此引豫六二：「介于石，不終日，貞吉。」已見於上文，不贅述。

以上爲「元」、「亨」、「利」、「貞」各字在《易傳》中的例句，及其意義之整理歸納，由此番整理歸納，已可約略概見「四德」之雛形了。

第六節　小結：「四德」之確立

根據第二章之結論，「元亨利貞」在《易經》卦爻辭當中已確定可分列爲四：即「元、亨、利、貞」，再經過《易傳》（尤其是〈文言〉、〈象〉、〈象〉、

〔註171〕鍾泰德：《來註易經導讀》（臺北：玄同文化事業公司，2002 年 12 月印本），頁 518。

〔註172〕楊家駱主編：《周易集解之補正》（臺北：鼎文書局，1975 年 4 月印本），頁 309。

〔註173〕同註 172，楊家駱主編：《周易集解之補正》，頁 309。

〔註174〕同註 133，王弼、韓康伯注，孔穎達疏《周易正義》卷 8，頁 166 上。

〔註175〕高懷民：《大易哲學論》（臺北：高懷民自印本，1988 年 7 月印本），頁 127。

〈繫辭〉〉作者的詮釋，則「元、亨、利、貞」可確立其爲「元德」、「亨德」、「利德」、「貞德」，戴君仁先生說：

> 〈彖傳〉頭一句「大哉乾元」，已把元字獨立，……而成爲一個哲學的名詞，此一節〈彖傳〉，前面講天道，後面講聖人得天位，行天道，而致太平，乃是人道，合起來天人一貫。……我們從一方面說，可以認爲是曲解的；而在另一方面說，這是借了古來相傳的術數的玩意兒，來發揮作者哲理上的見解。比較有意義，比較有價值。作者……它不會不曉得貞字本是卜問的意思，而卻要說貞正也（師卦彖傳），可能是故意的，故意要把術數的字眼，說成道德的字眼。〈乾·文言〉裏講四德，用了穆姜的話，而把體之長，改爲善之長，便充滿了道德的意味。〈文言〉的作者和〈彖傳〉的作者，固不見得是同一個人，而這種作風，可能是孔門一致的。要用天人合一之道，來改造這部從西周傳下來的卜筮之書，用哲理的觀念，來代替神權的觀念，這應該說是一個大進步。〔註176〕

但戴君仁先生自己又提出了疑問，即：

> 我們如果要問爲什麼《易傳》作者，要依附卦爻辭來說自己所見到的道理呢？他們自己創作一部書，不乾脆些嗎？我想這不肯自創一書，恐怕和孔子述而不作的態度有關係。而且這種情形，並不奇怪，古今都有，如出一轍。……朱子說：「伊川解經，是據他一時所見道理恁地說，未必便是聖經本旨。要之，他那個說，亦是好說。」又云：「問張子貞勝之說，曰：此雖非經義，然其說自好，便只行得他底說，有甚不可。大凡看人解經，雖一時有與經義稍遠，然其說底，自是一說，自有用處，不可廢也。不特後人，古來已如此。」又云：「易所以難讀者，蓋易本是卜筮之書，今卻要就卜筮中推出講學之道，故成兩節功夫。」〔註177〕

實際上，除了這種「依文託義」的傳統之外，造成「《易傳》作者，要依附卦爻辭來說自己所見到的道理」的原因，最重要的，恐怕還是因爲《易經》卦爻辭中本已蘊含豐富之義理，尤其其中天人一貫的思想，本就深契儒家學說之底蘊，因此《易傳》作者不待外求，而依附《易經》來闡明孔門之義理，

〔註176〕同註68，戴君仁：《談易》，頁20。
〔註177〕同註68，戴君仁：《談易》，頁23。

此已於本章第一至第五節當中以不同之文獻考據及其所提供之角度反覆申明之，如在第一節中，本文從卜官占卜時之心理狀態為「一種超常的思維形式」之角度，提出占卜之辭並非全然迷信的觀點，從而徵引文獻，提出了「《易經》作者即是當時王朝的行政官員，為一批知識份子中的精英，這使得《易經》至少在編輯成書的過程中，即充滿著人文色彩」的論據，最後並引黃沛榮先生論文所作結論，以《易經》一書的編訂過程當出自西周卜官一人之手，從而認定《易經》其書充滿了人文義理。

在第二節中，本文分別上溯「元、亨、利、貞」個別之原始字義，則「元」為大、為首，引申為始；「亨」為祭享，引申為通；「利」為利益、裁成合宜，引申為義；「貞」為卜問之外，原始造字即寓有正、固之義；則此四字之原始字義已隱隱含有「德性」的意思，最初於占卜活動之後卜官寫定卜辭時，對此四字之用法也許或有、也許或無主觀之揀擇；但此四字再經過西周卜官之手，繫於卦爻之下而形成為卦爻辭；甚至更進一步，最後由一人之手將之編訂為《周易》一書，則於此時刻，將卦爻辭中「元、亨、利、貞」這四個富涵人文精神的字特別拈取出來，而繫於首卦乾卦之下，以之形成「四德」，這是不無可能的。

在第三節中，則呈顯出從《易經》的卜筮之易，到《易傳》的義理之易，是如何轉化的。

在第四節中，則專論《易傳》中的人文色彩，特別是天人合一的精神，並提出儒家欲借《易傳》以形成其道德形上學的基礎。

在第五節中，則取《易傳》之文釋《易經》卦爻辭之「元、亨、利、貞」，並舉出其中容或有些許主觀之解釋，如〈乾‧文言〉曰「利，義之和也」，或許離「利」之本意或卦爻辭之本意較遠，然站在後設詮釋學的角度，〔註178〕則如此之解，不但可被容許，且於建立一道德生活與世界的前提之下，亦屬極為必要。

《易經》再經過《易傳》作者的深化詮釋，則原本已可分立為四的「元、亨、利、貞」，至此，已完全可視之為「四德」了。

〔註178〕請參考第一章第二節陳蘭行與楊儒賓之引文中所採取之觀點。

第四章 「四德」說之源流與建立

第一節 重要易學家之「四德」說舉要

　　由本文第二章對「元、亨、利、貞」四字的爬梳整理，以及第三章的探討與論述得知：「元、亨、利、貞」為卦之「四德」，因之「四德說」是存在的，以下即列出歷來治易者有關「四德說」的內容，並比較其異同。

　　視「元、亨、利、貞」為「四德」，始於〈乾·文言〉：

> 元者，善之長也；亨者，嘉之會也；利者，義之和也；貞者，事之
> 幹也。君子體仁足以長人，嘉會足以合禮，利物足以和義，貞固足
> 以幹事，君子行此四德者，故曰乾：元，亨，利，貞。

歷來有許多易學家皆對此段文句有所發明與闡釋，可見得「四德說」在治易者的眼光中，是一重要議題，但也有基本上即否定有所謂「四德」者，其立論之基，即連〈乾·文言〉一文亦不為其所承認，此點已於第二章第二、三、四節有所說明及釐清，在此不為本節重點。以下舉出歷來較為重要的易學家對「四德說」的看法，以作為本章第二、三節的基礎背景。

一、東漢·鄭玄、魏·王弼

（一）鄭 玄

　　能長之以善，通其嘉禮，和之以義，幹之以正，則功成而有福，若無此四德，則有凶咎焉。[註1]（《周易集解》隨卦卦辭「元亨利貞」下引鄭玄語）

〔註1〕 楊家駱主編：《周易集解之補正》（臺北：鼎文書局，1975 年 4 月），頁 46。

這是目前所能找到除〈乾‧文言〉之外，論述「四德」的最早資料，觀其內容，仍是延續〈乾‧文言〉的說法。

（二）王　弼

王弼於〈乾‧象〉下注曰：

> 天也者，形之名也。健也者，用形者也。夫形也者，物之累也，有天之形而能永保無虧，爲物之首，統之者豈非至健哉！大明乎終始之道，故六位不失其時而成，升降無常，隨時而用，處則乘潛龍，出則乘飛龍，故曰「時乘六龍」也。乘變化而御大器，靜專動直，不失大和，豈非正性命之情者邪！〔註2〕

又王弼注〈乾‧文言〉之「乾元者，始而亨者也；利貞者，性情也」，其言曰：

> 不爲「乾元」，何能通物之始？不性其情，何能久行其正？是故「始而亨者」，必「乾元」也；利而正者，必「性情」也。〔註3〕

牟宗三先生評其注〈乾‧象〉之文爲：「能握住乾健之德。惟於『乾道變化，各正性命。保合太和，乃利貞』三語，則言之不諦。凡牽涉到個體生命之處，王、韓注皆不能切，是即喪失天道生化萬物、成就萬物之密義。……天道不能空言，不能不貫於個體之性命。性命不能無根，不能不通於形上之天道。」〔註4〕「元亨利貞根本就是乾道變化之終始歷程。不能至各正性命，不能見利貞。此表示乾道大用，不是一虛脫流，乃是一成物之過程。其創造非是空無之妄變，乃是實德成物之流行。」〔註5〕其評至爲允當。

撮其要，王弼之四德說，其弊就在以「無」釋「元」，如此是不能正視《易傳》之「元」乃一創生實體也。

二、唐：李鼎祚、孔穎達

（一）李鼎祚《周易集解》引〈子夏傳〉云：

> 元，始也；亨，通也；利，和也；貞，正也。言乾稟純陽之性，故

〔註2〕王弼、韓康伯注，孔穎達疏《周易正義》10卷（臺北：藝文印書館，1993年9月印本，《重刻宋本十三經注疏附校勘記》第1冊），卷1，頁10下。

〔註3〕同註2，王弼、韓康伯注，孔穎達疏《周易正義》卷1，頁16上。

〔註4〕牟宗三：《才性與玄理》（臺北：聯經出版事業公司，2003年4月印本，《牟宗三先生全集》2），頁121。

〔註5〕同註4，牟宗三：《才性與玄理》，頁124。

能首出庶物，各得元始、開通、和諧、貞固，不失其宜，是以君子
法乾，而行四德：故曰乾：元，亨，利，貞矣。〔註6〕（《周易集解》
卷第一引〈子夏傳〉）

由此資料可知：〈子夏傳〉中即以「元、亨、利、貞」四字個別釋其字義，並
以之爲乾的四種性質、德行。

（二）孔穎達《周易正義》則依〈子夏傳〉疏之云：

言此卦之德，有純陽之性，自然能以陽氣始生萬物而得元始亨通，
能使物性和諧，各有其利，又能使物堅固貞正得終。此卦自然令物
有此四種使得其所，故謂之四德。〔註7〕

此外，孔穎達又進一步言「四德」之細目曰：「『君子體仁足以長人』者，自此
已下，明人法天之行此『四德』，言君子之人，體包仁道，汎愛施生，足以尊長
於人也。仁則善也，謂行仁德，法天之『元』德也。『嘉會足以合禮』者，言君
子能使萬物嘉美集會，足以配合於禮，謂法天之『亨』也。『利物足以和義』者，
言君子利益萬物，使物各得其宜，足以和合於義，法天之『利』也。『貞固足以
幹事』者，言君子能堅固貞正，令物得成，使事皆幹濟，此法天之『貞』也。
施於王事言之，元則仁也，亨則禮也，利則義也，貞則信也。」〔註8〕

《周易正義》卷一又言：

乾卦象天，故以此「四德」皆爲天德。但陰陽合會，二象相成，皆
能有德，非獨乾之一卦。是以諸卦之中亦有「四德」，但餘卦「四德」
有劣於乾。故乾卦直云「四德」，更無所言，欲見乾之「四德」，無
所不包。其餘卦「四德」之下，則更有餘事，以「四德」狹劣，故
以餘事繫之，即坤卦之類是也。亦有「四德」之上，即論餘事，若
革卦云「巳日乃孚，元，亨，利，貞，悔亡」也。由「乃孚」之後
有「元，亨，利，貞」，乃得「悔亡」也。……亦有其卦非善，而有
「四德」者，以其卦凶，故有「四德」乃可也。故隨卦有「元，亨，
利，貞」，乃得「無咎」是也。「四德」具者，其卦未必善也。亦有
三德者，……有二德者，……亦有一德者，……。其有因事相連而
言德者，則不數之也。若需卦云：「需：有孚，光亨，貞吉。」雖有

〔註6〕同註1，楊家駱主編：《周易集解之補正》，頁5。
〔註7〕同註2，王弼、韓康伯注，孔穎達疏《周易正義》卷1，頁8上。
〔註8〕同註2，王弼、韓康伯注，孔穎達疏《周易正義》卷1，頁13上。

亨、貞二德，連事起文，故不數也。……亦有卦善而德少者，……
亦有全無德者，……。〔註9〕

孔穎達並疏坤六五「黃裳，元吉」曰：「元，大也，以其德能如此，故得大吉也。」〔註10〕是孔穎達以「元」爲「善」爲「仁」、亦以「元」爲「大」也。

孔穎達謂「其有因事相連而言德者，則不數之也」，則其將坤卦歸於四德俱全之類，即凸顯出自相矛盾處，因爲坤之「利牝馬之貞」，亦是「因事相連而言德者」，本應「不數」，但孔穎達卻將之歸納於「四德具者」。故本文認爲應當如此認定「四德」：即卦爻辭言該德之字即具有該德，如「利君子貞」、「利涉大川」等，當然該卦就具利、貞之德，或具利德；除非該德之字前冠有否定辭，如：「不利君子貞」、「不利涉大川」等等，當然該卦就不具利、貞之德，或不具利德。本文第五、六章六十四卦四德有無之闡析，即依照此判定方法，來進行論述。

三、北宋：張載、邵雍、程頤

（一）張載《張子全書》曰：

乾之四德，終始萬物，迎之不見其首，隨之不見其後，然後推本而言，當父母萬物。〔註11〕

（二）邵雍《皇極經世・觀物外篇》：

元者，春也，仁也。春者，時之始；仁者，德之長。時則未盛，而德足以長人：故言德而不言時。亨者，夏也，禮也。夏者，時之盛；禮者，德之文，盛則必衰，而文不足以救之：故言時而不言德，故曰大哉乾元，而上九有悔也。利者，秋也，義也。秋者，時之成；義者，德之方。萬物方成而獲利，義者不通於利：故言時而不言德也。貞者，冬也，智也。冬者，時之末；智者，德之衰。正則吉，不正則凶，故言德而不言時也。故曰利貞者、性情也。〔註12〕

邵雍此說，影響了後來朱熹以「元、亨、利、貞」比擬「春、夏、秋、冬」的說法。

〔註9〕 同註2，王弼、韓康伯注，孔穎達疏《周易正義》卷1，頁13上～下。

〔註10〕 同註2，王弼、韓康伯注，孔穎達疏《周易正義》卷1，頁20上。

〔註11〕 張載：《張載集・大易》（臺北：頂淵文化事業公司，2004年3月印本）第14，頁50。

〔註12〕 邵雍著、閆修篆輯說：《皇極經世・觀物外篇》上卷（臺北：老古文化事業公司，2004年6月印本），頁345。

（三）程頤曰：

> 元亨利貞謂之四德：元者，萬物之始；亨者，萬物之長；利者，萬
> 物之遂；貞者，萬物之成。惟乾坤有此四德，在他卦則隨事而變焉。
> 〔註13〕

> 體仁，體元也。〔註14〕

於坤卦卦辭下則云：

> 坤，乾之對也，四德同而貞體則異。乾之剛，固爲貞，坤則柔順而
> 貞，牝馬柔順而健行，故取其象，曰牝馬之貞。〔註15〕

程頤認爲「惟乾坤有此四德」，但並沒有解釋乾、坤以外的屯、隨、臨、無妄、革卦辭之「元亨利貞」何以不是四德，應是此四德「在他卦則隨事而變焉」，程頤之「隨事而變」其實就是孔穎達所指「因事相連而言德者」，故並非屯、隨、臨、無妄、革等五卦沒有四德，而是四德在此五卦已「隨事而變」、「因事相連」，因而已非乾、坤父母卦之四純德了，而是落於不同實際狀態中所呈現之四德，或說在某些條件的配合下，才能呈顯「元，亨，利，貞」四德。

如屯卦辭：「元，亨，利，貞，勿用有攸往，利建侯。」其利德特見於「建侯」此一方面，而屯卦雖具四德，然需在「勿用有攸往」的條件下方能四德具顯，此即孔穎達所言「屯之四德，劣於乾之四德，……乾之四德，無所不包。此即『勿用有攸往』，又別言『利建侯』，不如乾之無所不利。」〔註16〕此說以爲乾四德不受限定，屯卦之四德則有所限制，於義可通，其他則坤、隨、臨、無妄、革諸卦言四德者可藉此參考。

從此說當中並可看出程頤受到張載以「乾之四德」爲「終始萬物」、「父母萬物」此說法的影響。

四、南宋：朱熹、項安世、王宗傳

（一）朱子論四德曰：

> 文王周公分爲六十四卦，添入「乾元亨利貞」，「坤元亨利牝馬之貞」，
> 早不是伏羲之意，已是文王周公自說他一般道理了，然猶是就人占

〔註13〕程頤：《易程傳》（臺北：文津出版社，1990年10月印本），頁1。
〔註14〕同註13，程頤：《易程傳》，頁10。
〔註15〕同註13，程頤：《易程傳》，頁21。
〔註16〕同註2，王弼、韓康伯注，孔穎達疏《周易正義》卷1，頁21下。

處說，如卜得乾卦，則大亨而利於正耳。及孔子繫《易》，作〈彖〉、
〈象〉、〈文言〉，則以「元亨利貞」爲乾之四德，又非文王之《易》
矣。到得孔子，盡是說道理，然猶就卜筮上發出許多道理，欲人曉
得所以凶，所以吉。卦爻好則吉，卦爻不好則凶。若卦爻大好而己
德相當，則吉；卦爻雖吉，而己德不足以勝之，則雖吉亦凶；卦爻
雖凶，而己德足以勝之，則雖凶猶吉。反覆都就占筮上發明誨人底
道理。如云：「需於泥，致寇至」，此卦爻本自不好，而〈象〉卻曰：
「自我寇至，敬慎不敗也。」蓋卦爻雖不好，而占之者能敬慎畏防，
則不至於敗。蓋需者，待也。需有可待之時，故得以就需之時思患
預防，而不至於敗也。此則聖人就占處發明誨人之理也。〔註17〕

朱子此處頗能把握住《易傳》中最重要的人文精神：即卦爻辭雖言吉凶，然而
真正的結果卻是依人之修德與否，或修德之程度來決定的，此亦爲《論語》子
曰：「我欲仁，斯仁至矣！」之意，即修德與否，乃出於人之自由意志的選擇。

朱子另有〈元亨利貞說〉一篇：

元亨利貞，性也；生長收藏，情也；以元生，以亨長，以利收，以
貞藏者，心也。仁義禮智，性也；惻隱、羞惡、辭讓、是非，情也；
以仁愛，以義惡，以禮讓，以智知者，心也。性者，心之理也；情
者，心之用也；心者，性情之主也。程子曰：「其體則謂之易，其禮
則謂之道，其用則謂之神」，正謂此也。又曰：「言天之自然者，謂
之天道；言天之付與萬物者，謂之天命。」又曰：「天地以生物爲心」，
亦此謂也。〔註18〕

朱子以「元、亨、利、貞」爲「生、長、收、藏」之意，在其著作當中隨處
可見，例如《周易本義》卷一云：「蓋嘗統而論之：元者，物之始生；亨者，
物之暢茂；利則向於實也；貞則實之成也。實之既成，則其根蒂脫落，可復
種而生矣。此四德之所以循環而無端也。然而四者之間，生氣流行，初無間
斷，此元之所以包四德而統天也。」〔註19〕朱子又說：

〔註17〕 朱熹：《朱子語類》（臺北：文津出版社，1986 年 12 月印本，《朱子語類》第
　　　　 4 冊）卷 66，頁 1629～1630。

〔註18〕 《朱子文集》（臺北：德富文教基金會，2000 年 2 月印本，陳俊民校編《朱子
　　　　 文集》第 7 冊）卷 67：〈雜著〉，頁 3361。

〔註19〕 朱熹：《朱子語類》（臺北：文津出版社，1986 年 12 月印本，《朱子語類》第
　　　　 5 冊）卷 68，頁 1690。

元者，生物之始，天地之德，莫先於此，故於時爲春，於人則爲仁，而眾善之長也。亨者，生物之通，物至於成，莫不嘉美，故於時爲夏，於人則爲禮，而眾美之會也。利者，生物之遂，物各得其宜，不相妨害，故於時爲秋，於人則爲義，而得其分之和。貞者，生物之成，實禮具備，隨在各足，故於時爲冬，於人則爲智，而爲眾事之幹。幹，木之身而枝葉所依以立者也。〔註20〕

四德之元，即五常之仁。〔註21〕

「元」於天道而言，爲生物之起始；於人事而言，則爲眾善之長的「仁」德。「亨」於天道而言，爲生機暢達，有如桑麻之屬，粲然成行，眾美嘉會；於人事而言，則爲人類禮樂文明發達，呈現一片穆穆雍雍的氣象。「利」於天道而言，爲萬物各得其所，不相妨害；於人事而言，則爲「義」，萬事萬物皆有合宜的安排。「貞」於天道而言，爲生物已成，實禮具備，一切事理都包含於其中；於人事而言，則爲「智」，洞明眞假，堅守正道，則能幹事。……如此以「四德」配「四時」，又配上「仁、禮、義、智」，乍一看似順理成章，但二者實是各有歸嚮，各有節文，原不可互相凌雜的。

以下再舉朱子其他以「四德」配「四時」、或「五行」、「五常」的文句，便可窺知朱子實對「四德」之與它種事物配對，有著極爲濃厚的興趣。

朱子曰：

「元亨利貞」，理也；有這四段，氣也。有這四段，理便在氣中，兩箇不曾相離。若是說時，則有那未涉於氣底四德，要就氣上看也得。所以伊川說：「元者，物之始；亨者，物之遂；利者，物之實；貞者，物之成。」這雖是就氣上說，然理便在其中。伊川這話改不得，謂是有氣則理便具。所以伊川只恁地說，便可見得物裡面便有這理。若要親切，莫若只就自家身上看，惻隱須有惻隱底根子，羞惡須有羞惡底根子，這便是仁義。仁義禮智，便是元亨利貞。孟子所以只得恁地說，便無說處。仁義禮智，似一箇包子，裡面合下都具了。一理渾然，非有先後，元亨利貞便是如此，不是說道有元之時，有亨之時。〔註22〕

〔註20〕同註19，朱熹：《朱子語類》第5冊，卷68，頁1690。
〔註21〕同註19，朱熹：《朱子語類》第5冊，卷68，頁1690。
〔註22〕同註19，朱熹：《朱子語類》第5冊，卷68，頁1689。

前文朱子以「元、亨、利、貞」為「生、長、收、藏」之意，則「元、亨、利、貞」實有階段與順序性，然此文說「仁義禮智，似一箇包子，裡面合下都具了。一理渾然，非有先後，元亨利貞便是如此」，則又推翻了先前的說法。朱子又曰：

> 元者，乃天地生物之端。乾言：「大哉乾元！萬物資始。至哉坤元！萬物資生。」乃知元者，天地生物之端倪也。元者生意，在亨則生意之長，在利則生意之遂，在貞則生意之成。若言仁，便是這意思。仁本生意，乃惻隱之心也。苟傷著這生意，則惻隱之心便發。若羞惡，也是仁去那義上發；若辭遜，也是仁去那禮上發；若是非，也是仁去那智上發。若不仁之人，安得更有義禮智？〔註23〕

若依此文，則「仁、義、禮、智」就完全不能呈顯出「元、亨、利、貞」之階段性與順序性了。朱子又曾言：

> 梅蕊初生為元，開花為亨，結子為利，成熟為貞。物生為元，長為亨，成而未全為利，成熟為貞。〔註24〕

又曰：

> 元是未通底，亨、利是收未成底，貞是已成底。譬如春夏秋冬，冬夏便是陰陽極氣，其間春秋便是過接處。〔註25〕

又曰：

> 乾之四德：元，譬之則人之首也；手足之運動，則有亨底意思；利則配之胸臟；貞則元氣之所藏也。〔註26〕

又曰：

> 以五臟配之尤明白，且如肝屬木，木便是元；心屬火，火便是亨；肺屬金，金便是利；腎屬水，水便是貞。〔註27〕

又曰：

> 「元亨利貞」，譬諸穀可見，穀之生，萌芽是元，苗是亨，穟是利，成實是貞。穀之實又復能生，循環無窮。〔註28〕

〔註23〕同註19，朱熹：《朱子語類》第5冊，卷68，頁1691。
〔註24〕同註19，朱熹：《朱子語類》第5冊，卷68，頁1688。
〔註25〕同註19，朱熹：《朱子語類》第5冊，卷68，頁1688。
〔註26〕同註19，朱熹：《朱子語類》第5冊，卷68，頁1689。
〔註27〕同註19，朱熹：《朱子語類》第5冊，卷68，頁1689。
〔註28〕同註19，朱熹：《朱子語類》第5冊，卷68，頁1689。

又曰：

> 以天道言之，爲「元亨利貞」；以四時言之，爲春夏秋冬；以人道言
> 之，爲仁義禮智；以氣候言之，爲溫涼燥濕；以四方言之，爲東西
> 南北。〔註29〕

諸如此類的文字，使「四德」似乎被解說得離其原義愈來愈遠。朱子可視爲
歷來治易者以氣化宇宙論解釋四德說的代表性人物，朱子以元、亨、利、貞
配春、夏、秋、冬，自言是受了程頤解四德爲：「元者，萬物之始；亨者，萬
物之長；利者，萬物之遂；貞者，萬物之成」〔註30〕的影響，程頤以乾元生
化萬物之始、長、遂、成言四德，此已有附會之嫌，因爲「始、長、遂、成」，
只可說是萬物生長的階段，而與元、亨、利、貞這四種德性，並不完全等同，
「元、亨、利、貞」雖然也有階段性的意味，但在乾卦之後，這四德即在其
餘的六十三卦或隱或顯，而代表著「始」的「元」德，在各卦當中最爲難得
一見，然其餘「亨、利、貞」三德則經常出現，若照「始、長、遂、成」的
順序，則無「元」德之卦，何來「亨、利、貞」三德？

　　自程頤以迄朱子，四德被附會得更爲廣泛而支離，朱子不但以四德配四
季，甚至還以四德配上五行、五常，順此繼續推演下去，則不免有圓鑿方枘
之感，而覺穿鑿過度了。因此本文不循此思路，來論述有關四德的內容。

　　朱子另有〈仁說〉一文，其實是一篇探討四德說的重要文字，茲引於此：

> 天地以生物爲心者也，而人物之生，又得夫天地之心以爲心者也。
> 故語心之德，雖其總攝貫通，無所不備，然一言以蔽之，則曰仁而
> 已矣。請試詳之：蓋天地之心，其德有四，曰元、亨、利、貞，而
> 元無所不統；其運行焉，則爲春、夏、秋、冬之序，而春生之氣，
> 無所不通。故人之爲心，其德亦有四，曰仁、義、禮、智，而仁無
> 不包；其發用焉，則爲愛恭宜別之情，而惻隱之心無所不貫。故論
> 天地之心者，則曰「乾元」、「坤元」，則四德之體用，不待悉數而足；
> 論人心之妙者，則曰「仁，人心也」，則四德之體用，亦不待遍舉而
> 該。蓋仁之爲道，乃天地生物之心，即物而在。情之未發，而此體
> 已具；情之既發，而其用不窮。誠能體而存之，則眾善之源，百行
> 之本，莫不在是。此孔門之教所以必使學者汲汲於求仁也。其言有

〔註29〕同註19，朱熹：《朱子語類》第 5 冊，卷 68，頁 1690。
〔註30〕黃忠天：《周易程傳註評》（高雄：復文圖書出版社，2000 年 9 月），頁 1。

曰：「克己復禮爲仁」，言能克去己私，復乎天理，則此心之體無不在，而此心之用無不行也。又曰：「居處恭，執事敬，與人忠」，則亦所以存此心也。又曰：「事親孝，事兄弟，及物恕」，則亦所以行此心也。又曰「求仁得仁」，則以讓國而逃，諫伐而餓，爲能不失乎此心也。又曰「殺身成仁」，則以欲甚於生，惡甚於死，爲能不害乎此心也。此心何心也？在天地，則塊然生物之心；在人，則溫然愛人利物之心，包「四德」而貫「四端」者也。〔註31〕

方中士先生評朱子之〈仁說〉：「是能就乾元之生化萬物言四德。謂『元』包四德，亦是能區分形上之元與此元發用後所呈現之四德爲二層。」〔註32〕但「朱子之思想視人之仁心由客觀天道下貫而成，而未能明《易傳》『以仁定元』之天道性命相貫通義下，人之仁心與『於穆不已』、『純亦不已』之天命流行是就有眞實創造性之德上言合一，而天地之心實即出自人之仁心，出自能感通遍潤萬物之『溫然愛人利物之心』，……是則朱子之『仁說』，雖言『元』與『仁』皆以生物爲心，卻以自然宇宙之生生現象說乾元四德，而不能知四德實出於人之仁心觀照賦予方有。」〔註33〕其說甚是。

觀朱子《周易本義》，於乾、坤之〈象〉、〈文言〉之下言四德，然於其他五卦（屯、隨、臨、無妄、革）卦辭中之「元亨利貞」，卻訓爲「大亨而利於正」，由此可見其對「四德說」的矛盾態度：既不願否定四德說的價值，又時時刻刻想到「易本爲占筮作」，因此在注釋《易經》時，就出現這種掣肘、猶疑的態度，而表現出對於「元、亨、利、貞」不能統貫詮釋的情形；且其以「元、亨、利、貞」配四時、五行、五常，設若順此繼續推衍四德，恐難見四德之精神矣！

朱子論「貞下起元」曰：

「元亨利貞」無斷處，貞了又元。今日子時前，便是昨日亥時。物有夏秋冬生底，是到這裡方感得生氣，他自有箇小小元亨利貞。〔註34〕

又曰：

氣無始無終，且從元處說起，元之前又是貞了。如子時是今日，子

〔註31〕同註18，《朱子文集》第7冊，卷67：〈雜著〉，頁3391～3392。
〔註32〕方中士：《周易元亨利貞四德說研究》（高雄：高雄師範學院國文研究所碩士論文，1987年5月），頁205～206。
〔註33〕同註32，方中士：《周易元亨利貞四德說研究》，頁206。
〔註34〕同註19，朱熹：《朱子語類》第5冊，卷68，頁1689。

之前又是昨日之亥，無空闕時。然天地間有箇局定底，如四方是也；
有箇推行底，如四時是也。理都如此。元亨利貞，只就物上看亦分
明。所以有此物，便是有此氣；所以有此氣，便是有此理。〔註35〕

朱子認為：任何事物的變化都會經過元、亨、利、貞這四個階段，不但一年
的變化如此，一日一時的變化過程也是如此。整個宇宙時空就是這樣：陰陽
二氣相互流轉、連續不斷運作的過程。現今這個宇宙天地之前，自是有一番
天地，以後這個宇宙天地毀滅了，自有另一個宇宙天地又生起運作，如此生
生不已，無窮無盡，則此觀點實符合《易》之「生生」大要也。

以上為朱子易學論「元、亨、利、貞」四德之大要。

（二）項安世

《周易玩辭》卷一〈乾·文言〉「元、亨、利、貞」條下曰：

善也，嘉也，義也，皆善之異名也。在事之初為善，善之眾盛為
嘉，眾得其宜為義，義所成立為事，此一理而四名也。故分而為
四，則曰：「元者，善之長也；亨者，嘉之會也；利者，義之和也；
貞者，事之幹也。」比而為二，則曰：「乾元者，始而亨者也；利
貞者，性情也。」混而為一，則曰：「乾始能以美利利天下，不言
所利，大矣哉！」義之和，和謂能順之也；事之幹，幹謂能立之
也。〔註36〕

由此說可知：項安世以「元、亨、利、貞」可「分而為四」，又可「比而為二」，
甚至還能「混而為一」，此實亦為〈乾·文言〉作者之本意也，而「元、亨、
利、貞」之所以能如此「為四」、「為二」、又「為一」，皆因「此一理而四名
也」，此言的是。

項安世《周易玩辭》卷一〈乾·象〉「大哉乾元，萬物資始，乃統天」條
下曰：

易之全體，具於乾卦；觀易者，觀於乾足矣！乾者，純陽之名；元
者，陽德發生之始，在易象則奇爻一畫之始也。凡物以一該眾曰統，
萬化皆始於元，故元之一字，足以統天之全德，萬變皆起於奇，故
奇之一畫，足以統易之全象。此元之所以為大也，所謂「善之長，

〔註35〕同註19，朱熹：《朱子語類》第5冊，卷68，頁1689～1690。
〔註36〕項安世：《周易玩辭》16卷（臺北：新文豐出版公司，1987年印本，《叢書集
成續編》第26冊），頁469。

仁之體」者如此。此以天道釋元字也。〔註37〕

卷一〈乾卦〉「乾元乾道，大明大和」條下曰：

> 推其本統言之，則曰乾元。極其變化言之，則曰乾道。闢而生萬，則曰大明。合而歸一，則曰大和。皆元之異名也。始乎乾元，中乎大和；萬物出於元，入於元，此元之所以為大也。〔註38〕

卷一〈乾卦〉「乾元、乾始」條下曰：

> 物之所難者，始而已。物既始則必亨，既亨則必利，利之極，必復於元。貞者，元之復也。故四德總以一言曰：「乾元」，又曰：「乾始」，而四德在其中矣！〔註39〕

卷一〈乾卦〉「首出庶物，萬國咸寧」條下曰：

> 首者，形之極也，天為萬物之極，貞乎一而萬物定；人君為萬國之極，貞乎一而萬國寧，不貞不足以為天下極。貞者，乾道之極，萬物之終也，人之心知，專靜不搖，則萬事定矣，所謂事之楨幹者如此。此以人事釋貞也。古語謂：牆中之幹木為楨，今謂之永久木。
>
> 〔註40〕

「物之所難者，始而已。物既始則必亨，既亨則必利，利之極，必復於元。貞者，元之復也。」而貞者，又為乾道之終極也，故四德總以一言曰：「乾元」，又曰：「乾始」，而「四德在其中矣！」項安世闡釋四德，反覆琢磨、再三推敲，頗有心得。於〈乾・文言〉下所列之各條說明，亦對四德多有剖析，能循序揣摩，而終有所得。

《周易玩辭》卷一〈乾卦〉「彖」條下則曰：

> 「大哉乾元，萬物資始，乃統天」，以天道釋元字；「雲行雨施，品物流形」，言自元而亨也；「大明終始，六位時成」，以易象釋亨字也；「時乘六龍以御天」，言自亨而利也；「乾道變化，各正性命」，以天道釋利字也；「保合太和，乃利貞」，言自利而貞也；「首出庶物，萬國咸寧」，以人事釋貞也。凡彖皆以易象與天道雜言者，見易之所象皆天道也，以人事終之者，見易以天道言人事也。六十四卦之例皆

〔註37〕 同註36，項安世：《周易玩辭》，頁467。
〔註38〕 同註36，項安世：《周易玩辭》，頁468。
〔註39〕 同註36，項安世：《周易玩辭》，頁472。
〔註40〕 同註36，項安世：《周易玩辭》，頁468。

　　然。〔註41〕

賴貴三先生評此段文字:「本條綜釋『元、亨、利、貞』之名義。項氏復引據
〈象傳〉之文,分條釋元、自元而亨、亨、自亨而利、利、自利而貞、貞字
諸義,而以天道、人事、易象三者合而言之,首尾呼應,甚富節奏,不禁拍
案稱絕!」〔註42〕

　　此項氏易學論「元、亨、利、貞」四德之大要。

(三)王宗傳

　　《童溪易傳・卷一》云:

> 夫萬物以陽熙,以陰凝:元與亨,其德陽也;利與貞,其德陰也。
> 絪縕以始之,草昧而已,此元也;至亨,以極其高大,則草斯文、
> 昧斯明,陽德之成也。肅殺以終之,摯斂而已,此利也;至貞,以
> 正其性命,則摯斯息、斂斯藏,陰德之成也。元而亨,出之序也;
> 亨而利,利而貞,入之序也。出而入,入而出,循環不窮,迭爲四
> 序,此乾所以爲天下至健也。〔註43〕

此說亦以客觀自然之生生現象言四德,是受朱子影響所致。但王宗傳提出了
「夫萬物以陽熙,以陰凝:元與亨,其德陽也;利與貞,其德陰也」的看法,
可謂頗有見地。牟宗三先生亦認爲:「元,亨,利,貞」可分爲兩個階段:「元
亨」是一個階段,「利貞」是一個階段,與王宗傳所提出的概念有重疊之處,
詳見本章節之七:牟宗三之四德說舉要。

五、明:王夫之

　　《周易內傳》卷一釋「乾:元,亨,利,貞」:

> 元、亨、利、貞者,乾故有之德,而功即於此遂者也。
> 「元」,首也;取象於人首,爲六陽之會也。天下之有,其始未有也,
> 而從無肇有,興起舒暢之氣,爲其初幾。形未成,化未著,神志先
> 舒以起運,而健莫不勝,形化皆其所昭徹,統群而無遺,故又曰「大」

〔註41〕同註36,項安世:《周易玩辭》,頁467。

〔註42〕賴貴三:《項安世周易玩辭研究》(臺北:臺灣師範大學國文研究所碩士論文,
　　　　1990年5月),頁236。

〔註43〕王宗傳:《童溪易傳》30卷(臺北:世界書局,1986年印本,《景印摛藻堂四
　　　　庫全書薈要》經部第5冊:易類),頁507。

也。成性以後，於人而爲「仁」；溫和之化，惻怛之幾，清剛之體，萬善之始也，以函育民物，而功亦莫其大矣。〔註44〕

此釋「元」之德爲「始」、爲「大」，於人爲「仁」之因。實能起「元」之繁興大用也。

「亨」，古與烹、享通。烹飪之事，氣徹而成熟；薦享之禮，情達而交合；故以爲「通」義焉。乾以純陽至和至剛之德，徹群陰而訢合之，無往不遂，陰不能爲之礙也。

「利」者，功之遂、事之益也。乾純用其舒氣，遍萬物而無所吝者，無所不宜，物皆於此取益焉。物莫不益於所自始，乾利之也。

「貞」，正也。天下唯不正則不能自守；正斯固矣，故又曰正而固也。純陽之德，變化萬有而無所偏私，因物以成物，因事以成事，無詭隨，亦無屈撓，正而固矣。〔註45〕

王夫之並總其言曰：「乾本有此四德，而功即於此效焉。以其資萬物之始，則物之性情接受其條理，而無不可通；唯元故亨，而亨者大矣。以其美利利天下，而要與以分之所宜，故其利者皆其正；而唯其正萬物之性命，正萬事之紀綱，則抑以正而利也。」〔註46〕

此以〈乾·文言〉「乾元者，始而亨者也」、「乾始能以美利利天下，不言所利，大矣哉」二句釋乾卦辭，是以「唯元故亨，而亨者大矣」，而「以其美利利天下，而要與以分之所宜，故其利者皆其正」也。而其結論──「以正而利」──亦爲王夫之重要創見。

王夫之繼以四德之功闡釋四德：

就德而言之爲四：就功而言之，亨唯其元，而貞斯利，理無異也。此卦即在人事，亦莫非天德，不可言利於正。天道之純，聖德之成，自利而自正，無不正而不利之防。若夫人之所爲，利於正而不利於不正，則不待筮而固然，未有不正而可許之以利者也。〔註47〕

「亨唯其元，而貞斯利」，則乾元之全幅意蘊，充分朗現，「天道之純，聖德之

〔註44〕王夫之：《周易內傳》（長沙：嶽麓書社，1998 年 11 月印本，《船山全書》第 1 冊），頁 43～44。

〔註45〕同註44，王夫之：《周易內傳》，頁 44。

〔註46〕同註44，王夫之：《周易內傳》，頁 44。

〔註47〕同註44，王夫之：《周易內傳》，頁 44～45。

成，自利而自正，無不正而不利之防」，此可謂「德、福同原而不爽」〔註48〕
也，實闡明了元、亨、利、貞四德之瞻義偉旨。船山釋〈乾・文言〉「乾始能以
美利利天下，不言所利，大矣哉」曰：「乾之始萬物者，各以其應得之正，動靜
生殺，咸惻隱初興、達情通志之一幾所函之條理，隨物而益之，使物各安其本
然之性情以自利；非待既始之餘，求通求利，而唯恐不正，以有所擇而後利。
此其所以爲大也。」〔註49〕其釋「貞」與「利」之關係，亦同於釋乾之卦辭，
乃以「貞斯利」爲基始點也。

《周易內傳・卷一》釋〈乾・文言〉「乾元者，始而亨者也；利貞者，性
情也」曰：

> 唯乾之元，統萬化而資以始，則物類雖繁，人事雖賾，無非以清剛
> 不息之動幾貫乎群動，則其始之者即所以行乎萬變而通者也。利者，
> 健行不容已之情，即以達萬物之情；貞者，健行無所倚之性，即以
> 定萬物之性；所以變化咸宜而各正性命，物之性情無非乾之性情也。
>
> 〔註50〕

釋〈乾・文言〉「乾始能以美利利天下，不言所利，大矣哉」曰：

> 此言四德之統於元也。「美利」，利之正也。「利天下」，無不通也。「不
> 言所利」，無所不利之辭，異於坤之「利在牝馬」，屯之「利在建侯」。
> 當其始，倚於一端，而不能統萬物始終之理，則利出於偏私，而利
> 於此者不利於彼，雖有利焉而小矣。〔註51〕

據此，則可解釋：爲何由乾元所生之其他六十三卦，或四德俱全、或四德不
俱全之因，且必須配合某種條件，才能具有某一德；而此德之純度與充分度，
亦不若乾之四德也，皆因各卦「倚於一端，而不能統萬物始終之理」也。

六、清：焦循、朱駿聲

（一）焦循《易通釋》卷一

釋元：

> 易之言元者二十四卦。傳之釋元也，一則曰：「大哉乾元，萬物資始，

〔註48〕 同註44，王夫之：《周易內傳》，頁44。
〔註49〕 同註44，王夫之：《周易內傳》，頁69。
〔註50〕 同註44，王夫之：《周易內傳》，頁68～69。
〔註51〕 同註44，王夫之：《周易內傳》，頁69。

乃統天」；一則曰：「至哉坤元，萬物資生，乃順承天。」……六十
四卦生於八卦，其行也，以元亨利貞，而括其要，不過元而已。反
復探求，覺易道如此，易之元如此。蓋合全易而條貫之，而後知易
之稱元者如此也。〔註52〕

釋亨：

彖稱亨者四十卦。爻稱亨者三卦。文言傳云：「元者，善之長也；亨
者，嘉之會也。」「君子體仁足以長人，嘉會足以合禮。」繫辭傳云：
「聖人有以見天下之動，而觀其會通，以行其典禮。繫辭焉以斷其
吉凶，是故謂之爻。」

乾彖傳云：……「雲行雨施，品物流形（按：「形」字，原文誤作「行」）。
大明終始，六位時成。」此贊亨也。〔註53〕

釋利：

元亨貞之間，必合利以成四德。彖傳以「萬物資始」為元，「品物流
形」為亨，「乾道變化」為利，「各正性命」為貞。……繫辭傳贊利
字最詳，既云：「變而通之以盡利」，又云：「變動以利言。」既云：
「往者屈也，來者信也，屈信相感而利生焉」；又云：「情偽相感而
利害生。」〔註54〕

釋貞：

貞者，正也。乃有「貞吉」矣，又有「貞凶」、「貞吝」、「貞厲」。有
「可貞」矣，又有「不可貞」。〔註55〕

賴貴三先生總括焦循之易學：「里堂由〈乾〉二之〈坤〉五為元，……而以為
一切卦象皆是旁通（當位失道）相錯（比例）時行（變通）之錯綜流行；由
義例之錯綜流行而元亨利貞復歸於元，皆健行改過而生生不息之《易》道旨
趣也。故里堂由《易學》而生發、體現之道德哲學，由『元』中之通與動二
義而始，可謂一貫之論矣！」〔註56〕

〔註52〕 焦循：《易通釋》（臺北：新文豐出版公司，1983年10月印本，趙韞如編《大
易類聚初集》第20冊），頁174～177。

〔註53〕 同註52，焦循：《易通釋》，頁177。

〔註54〕 同註52，焦循：《易通釋》，頁179～180。

〔註55〕 同註52，焦循：《易通釋》，頁182。

〔註56〕 賴貴三：《焦循雕菰樓易學研究》（臺北：里仁書局，1994年7月印本），頁
439～440。

「故亨者，由元之美而流行會通之也；蓋初四、三上會通二五而流行，即為亨，而『禮』之概念由此出，而『時行』之變通條例亦由此而顯也。」〔註57〕

牟宗三先生則評焦循易學曰：「元亨利貞乃四個道德理想底標準範疇。這是終極目的，能元亨利貞即能旁通，時行，而相錯，也即是保合太和而情通。是謂自我之實現，亦即社會之實現，亦即『成己成物』，『各正性命』之謂。」〔註58〕

焦循之易學，「元亨貞之間，必合以利，以成四德之全體大用，〈乾·象傳〉與〈文言傳〉言之已詳；而〈繫辭傳〉尤贊之再三，蓋以『利』為『變通』之謂。故由卦爻所之之『變通以盡利』，轉而成為倫理之意涵，則利即是成己成物而各正性命，亦即是旁通情之生生條理也。」〔註59〕

賴貴三先生推其意而擴之：「惟如此，利乃可以由元亨而趨於貞，復由貞而趨於元亨也。故元亨利貞四德之互為因果，各顯體用，皆有卦爻變通時行之形式意義，與涵蘊成己成物、仁智對揚之性命價值也。此《易》於君子孚於小人為利，而君子能孚於小人，小人乃化為君子，蓋所謂義之和也，以美利利天下也。」〔註60〕

賴先生又說焦循：「貞之吉、凶、吝、厲，皆從變通之當位時行而引出，里堂以歸納所得以為『經之言貞，必連於利』；故利而貞者，成己以及成物也。」〔註61〕是則焦循謂「經之言貞，必連於利」與王夫之「貞斯利」，二者觀點實相通也。

賴貴三先生綜論焦循之四德說，而總結為：「里堂生成哲學之基礎，奠定在卦爻交易變通之『旁通、相錯、時行』《易》例之中，其理想之道德倫理哲學因此而昭明彰顯，『元亨利貞』四德，可謂其萃聚之精也。」〔註62〕

（二）朱駿聲《六十四卦經解》：

上人為元，上從一，始也。春木，仁也。亨享同字，百嘉會聚而通也。夏火，禮也。利，和也；如刀刈禾，順而使之也。秋金，義也。貞，正也，冬水，智也。孔子曰：「智者樂水。」（貞又楨幹也，又

〔註57〕同註56，賴貴三：《焦循雕菰樓易學研究》，頁441。
〔註58〕同註56，賴貴三：《焦循雕菰樓易學研究》，頁446。
〔註59〕同註56，賴貴三：《焦循雕菰樓易學研究》，頁442～443。
〔註60〕同註56，賴貴三：《焦循雕菰樓易學研究》，頁443～444。
〔註61〕同註56，賴貴三：《焦循雕菰樓易學研究》，頁444。
〔註62〕同註56，賴貴三：《焦循雕菰樓易學研究》，頁446。

于文從卜貝，以貝卜問也。又貞古鼎字，重固而正也。）始萬物爲

元；遂萬物爲亨；益萬物爲利；不私萬物爲貞。〔註63〕

觀其言，可知其釋元、亨、利、貞四德，仍不脫朱子之籠罩。

七、民國：熊十力、牟宗三

（一）熊十力

熊十力《讀經示要》言：「元亨利貞者，乾之四德。德者得也。言乾之所以得成其爲乾也。乾無形，而舉其四德以顯之。」〔註64〕熊先生繼之釋「元」德曰：

元，始也。言其爲萬物所資始也。始萬物者仁也。……故《文言》曰：「……元者善之長也。」夫生生之謂仁。生生者備萬理。……眾善自此出。……故是善之長。……又曰「君子體仁，足以長人。」……前言元者善之長，是尅就仁體言。此言君子體仁，則尅就吾人分上而言。夫仁體者萬物所資始。而以其在人言之，則曰性。以其主乎吾身言之，則曰心。……體者，保任之也。唯君子能保任其固有之仁體，而會萬物唯一己。（……即，《孟子》萬物皆備於我之意。蓋見仁體，則無物我可分也。）故有長人之義也。……詳孔子以乾具元德，直釋爲仁體。證之《論語》弟子多問仁。可見孔子學術之本源確在《易》。〔註65〕

則熊十力將「元」等同於「仁」，其意顯矣。由此段文字可知孔子思想確與《易》經、傳有密切相關浹洽之處，而其「踐仁知天」之價值體系，其實質內容與當今生涯規劃中的「自我實現」是相通的，由此更可看出孔子學說的現代意義與價值。

熊十力先生言「亨」德曰：

亨，通也。亨德，即元德之發現也。非離元而別有亨也。利貞準此。

元德謂仁體也。〔註66〕

有「元」德乃能有「亨」德，「非離元而別有亨也」，熊十力先生並特別描寫

〔註63〕 朱駿聲：《六十四卦經解》（臺北：漢京文化事業公司，1984 年 7 月印本），頁 2。

〔註64〕 熊十力：《讀經示要》（臺北：明文書局，1984 年 7 月印本），頁 629。

〔註65〕 同註 64，熊十力：《讀經示要》，頁 629～631。

〔註66〕 同註 64，熊十力：《讀經示要》，頁 631。

此亨德充分發展的狀況爲：「萬物同此仁體，故物莫不互相交徧。交徧者，謂
物各同處互徧，而不相礙。譬如張千燈於一室之內，千燈之光，各各徧滿於
一室，而互不相障。宇宙間一切物事各各徧滿於全宇宙，互不障礙。良由萬
物同此仁體，故其通暢有如此者。」〔註67〕其語義顯豁，能點出亨德的特性。

熊先生又說：「〈文言〉以禮屬亨，蓋禮亦只是性分上有此通暢之德，非
從外面矯揉造作也。性分，謂仁體。吾人得此生生不息之仁以有生。即此仁
體之在吾人，名爲性分。」〔註68〕

熊十力先生言「利」德曰：

> 利，和也。和之爲德，亦元德之發現。陰陽以相反而成化。反者若
> 故爲之所以成其和也。萬物同此仁體。本無不相和諧者。而惑者以
> 私智測天化，但知化道之不能無其相反，而不知相反所以成其冲和。
> 則將以大宇爲鬥爭之府。人生墮衝突之場。易不可見，而乾坤熄，
> 此之謂矣。〔註69〕

熊先生並更進一步闡釋「利」與「義」的關係，說：「〈文言〉以義屬利。義
則無私也，無私即和。然有時嚴義利之分者，則私利之利，爭而違和，非眞
利也。非眞利故，不可謂之義也。」〔註70〕

熊十力先言「貞」德：

> 貞，正而固也。正固之德，亦元德之發現。仁體湛寂，無有倒妄，
> 說爲正固。……〈文言〉云「貞者事之幹」，迷妄則不可以幹事。故
> 貞固幹事，即謂智也。〔註71〕

熊十力綜論「四德」曰：「四德以元爲首。元謂仁體。〈象〉云『大哉乾元』
是也。亨、利、貞，皆元也。乾元即仁體。亨利貞，皆仁體之發現。故曰皆
元也。若將四德截作四片說去。便是剖析物質之見。只緣不識仁體故耳。仁
之爲德，生生不已，備萬理，含萬善，即太極也。以其爲萬物之本體，故名
仁體。亨利貞，乃至萬德，只因仁體發現之不一形，而多爲之名耳。（須知，
言四德，即備萬德。）」〔註72〕

〔註67〕同註64，熊十力：《讀經示要》，頁631。
〔註68〕同註64，熊十力：《讀經示要》，頁631～632。
〔註69〕同註64，熊十力：《讀經示要》，頁632。
〔註70〕同註64，熊十力：《讀經示要》，頁632。
〔註71〕同註64，熊十力：《讀經示要》，頁632。
〔註72〕同註64，熊十力：《讀經示要》，頁633。

除《讀經示要》之釋四德外，熊先生於其《新唯識論》中亦云：

> 大易之書，其言天德，曰健。……亦名爲元。（易之乾卦篇。乾即健
> 義，即以健德，顯示性體。乾易名元，非於健德之外別有元德可說
> 也。……）元者，仁也，爲萬德之首。（易云眾善之長。）萬德皆不
> 離乎仁也。性地肇始萬化。（地者，依持義。假說性體爲萬化所依持。
> 故云性地。）暢達無虧，是名亨德。仁之通也。性地肇始萬化，含
> 藏眾宜。（眾宜者，不拘一端，不守一定之宜故。）是名利德。仁之
> 制也。（制者，裁制得宜。）性地肇始萬化，永正而固。（正者，離
> 迷闇故，不顛倒故。固者，離動搖故。毋改移故。）是名貞德。仁
> 之恆也。（恆無惑障故）易之言天或性，則以元亨利貞四德顯示之，
> 四德，唯元居首。亨利貞，乃至眾德，皆依元德發現，成差別故。
> 〔註73〕

《讀經示要》並解釋「四德」在多數卦之中或隱或顯之因：

> 乾坤二卦，皆舉四德。在他卦，則有具舉或否者何耶？《易》以乾
> 爲君。……坤元，亦乾元也。（坤者，乾之所爲。故坤之元，即乾元。）
> 乾之六爻，皆乾元也。即四德備矣。坤之六爻，其體即乾元，四德
> 備可知。六十二卦，皆本乾坤。凡坤又皆本乾。則六十二卦，莫非
> 乾元所爲。即無不備四德。而有具舉或否者，則從修爲方面而言。
> 故有具舉與不具舉。其具舉者，如屯卦等。屯卦具舉乾之四德。此
> 四德，在物爲性。屯者，萬物資乾元而始生。物生，而資陰已成形。
> 則形有障性之可能。故曰屯難也。然物皆具四德以生。則皆可以努
> 力進修，以顯其性，而不爲形縛。故屯卦具舉元亨利貞也。不具舉
> 者，如蒙卦等。蒙卦，明陰盛，而陽猶未離陰之錮，即性未遽顯也。
> 蒙不言元，而非無元，但隱而不顯耳。乾元者，物之本體，豈可云
> 無？……蒙卦不具舉四德，非謂其無乾之四德也。但從修爲而言，
> 則始於求通，而終以利貞。此其所以舉三德而不言元也。〔註74〕

但熊先生亦強調：雖然各卦卦辭對四德「或具舉，或不具舉」，其中仍需注意
到：實則「無有一卦一爻而或缺此四德者」，此因萬物皆生於「乾元」也，其

〔註73〕 熊十力：《新唯識論》（臺北：明文書局，2000 年 1 月印本）卷中，第 5 章：〈功
  能上〉，頁 186。
〔註74〕 同註 64，熊十力：《讀經示要》，頁 633～635。

言曰：

> 乾之四德，自乾卦而外，或具舉，或不具舉，各有深意。須分別求
> 之。大抵乾卦舉四德，係直顯本體。（元者，謂本體只是箇生生不息
> 的仁體。而通暢、諧和、正固諸德、皆仁體之發現。）乃統六十三
> 卦而言。即萬化或萬物，無不具乾之四德。無有一卦一爻而或缺此
> 四德者。〔註75〕
>
> 坤卦以下，其或具舉四德或不具舉。則皆就修爲方面而言。如坤雖
> 具四德而於貞，曰牝馬之貞。牝馬性順。貞正也。則明坤以順陽爲
> 正。形不可以役心。欲不可以勝理。物質不可以之礙其精神。是皆
> 坤道以順陽爲正之義。故坤卦以下，於乾四德，具舉或否。要皆就
> 修爲方面言。學者即各卦，而深求其旨。則之所以修德矣。如蒙之
> 亨利貞。則以蒙之自修，求通爲先而利貞從之。故只舉三德也。又
> 如比卦，云元永貞。比，助也。萬物莫不互相比助而生。但比之道，
> 非可徒以利害相結也。必互敦乎仁。而同出於正。故舉元及貞也。
> 貞者，正固。元，仁也。不本於仁，不出於正，而可相比助者，未
> 之有也。故比卦以修元德、貞德爲至要。……隨舉蒙及比二卦。餘
> 皆可類知。〔註76〕

但就本體而言，則是：「即萬物而言其本體，則無有一物不具乾之四德者。故
乾卦舉四德，實統六十四卦，三百八十四爻，而無所不冒。」〔註77〕這也是
熊先生一再強調的。

　　若就修爲而言，熊先生則闡析四德之所以不全之因：

> 若尅就修爲而言。則吾人隨其時位不齊，而修吾所性之德。（所性云
> 者，謂乾之四德，即吾性故。）功在對治。如坤利牝馬之貞，則以
> 對治陰闇，利在正固也。蒙之亨，則以求通，而對治蒙昧也。比之
> 元與貞，則以不仁與狡詐，成乎人相食之禍，唯互敦仁德，守正固，
> 可以對治之也。它卦，皆可準知。總之，大化不齊，吾人以形氣之
> 累，而遭不齊之化。常至中不自持，而陷於凶德。故非修其所性之
> 德，則未能對治凶德，以全其性，而保元吉也。吉，非避禍得福之

〔註75〕同註64，熊十力：《讀經示要》，頁635。
〔註76〕同註64，熊十力：《讀經示要》，頁635～636。
〔註77〕同註64，熊十力：《讀經示要》，頁636。

謂。全性爲吉。故或全修四德，充其性量。或偏有扼重，（如坤利牝
馬之貞。蒙之亨。比之元永貞。）及其至也，則四德充周，而性分
無虧矣。六十三卦，於乾四德，雖有具舉，不具舉。苟得其旨，又
何偏全之可分乎？〔註78〕

熊先生以「六十二卦皆本乾坤」，此上接張載「乾之四德……當父母萬物」、
程伊川「惟乾坤有此四德，在他卦則隨事而變焉」，與王夫之「乾坤並建」的
說法，是故「萬化或萬物，無不具乾之四德」，乃至「乾之四德，自乾卦而外，
或具舉，或不具舉，各有深意，需分別求之」，「學者即各卦而深求其旨，則
知所以修德矣」，此亦爲本文欲著力之處。

綜上所述，熊十力先生之「四德說」內容可歸納如下：

1. 四德以元爲首。元謂仁體。〈彖〉云「大哉乾元」是也。亨、利、貞，
   皆元也。乾元即仁體。亨利貞，皆仁體之發現。故曰皆元也。

2. 元者，仁也，爲萬德之首。亨德。仁之通也。利德。仁之制也。貞德。
   仁之恆也。元者，謂本體只是箇生生不息的仁體。而通暢、諧和、正
   固諸德、皆仁體之發現。

3. 六十二卦，皆本乾坤。凡坤又皆本乾。則六十三卦，莫非乾元所爲。
   即無不備四德。而有具舉或否者，則從修爲方面而言。

4. 萬化或萬物，無不具乾之四德。無有一卦一爻或缺此四德。即萬物而
   言其本體，則無有一物不具乾之四德。故乾卦舉四德，實統六十四卦，
   三百八十四爻，而無所不冒。

5. 若尅就修爲言：則吾人隨其時位不齊，而修吾所性之德（所性云者，
   謂乾之四德，即吾性故），功在對治。

6. 非修其所性之德，則未能對治凶德，以全其性，而保元吉也。吉，非
   避禍得福之謂。全性爲吉。故或全修四德，充其性量。或偏有扼重（如
   坤利牝馬之貞。蒙之亨。比之元永貞），及其至也，則四德充周，而
   性分無虧矣。

此爲熊十力先生「四德說」之大要，亦爲本論文第五、六章，闡析《易
經》六十四卦分別具有四德中的哪幾個德，剖析該卦何以具該德、或該卦何
以不具其他德性之立論基礎。但熊十力先生之「四德說」並沒有主張個別的
卦應與相關的其他卦相互旁通參看，以期儘可能獲致四德俱全的最佳狀態，

〔註78〕同註64，熊十力：《讀經示要》，頁636～637。

此則爲本論文補充其「四德說」之處。

　　熊十力先生並以「四德說」之首的「元」德，或說「乾元」之德，用來判教，譬如：「佛家說萬物緣起，無明爲導首。……佛氏不識乾元性海。妄計有惑亂法，爲物所資始。毀生人之性。趣寂滅之鄉，豈不惜哉！」〔註79〕又說：「哲學家如印度數論，以爲萬物之生，亦由迷闇。西洋叔本華等，有所謂盲目追求的意志。皆不識乾元。」〔註80〕觀此言，則熊氏實以「乾元」爲儒家本體論的核心，以此判儒、佛二教，實能收蕩滌廓清之效。

（二）牟宗三

　　《心體與性體》中說到：

> 乾道之元亨利貞即表示乾道之變化，實則乾道自身並無變化，乃假氣（即帶著氣化）以顯耳。乾道剛健中正，生物不測，即是一創生實體，亦即一「於穆不已」之實體。然此實體雖是一創生的實體，雖是不已地起作用，而其自身實無所謂「變化」。「變化」者是帶著氣化以行，故假氣化以顯耳。變化之實在氣，不在此實體自身也。假氣化以顯，故元亨利貞附在氣化上遂亦成四階段，因而遂儼若成爲乾道之變化過程矣。然而亨利貞附在氣化上遂亦成四階段，亦可收攝回來附在乾道之體上說爲四德也。〔註81〕

牟先生繼之又分別闡釋「四德」，其文曰：「乾道即是元，故曰『乾元』。亨者通也，此是內通，爲物不貳，生物不測，於穆不已地起作用，即是內通之亨，言誠體之不滯也。利者向也，言外通也。利而至於個體之成處，即是其『貞』相，故於個體之成處見『利貞』也，否則，乾道之於穆不已只成一虛無流，已不成其爲創生實體矣。」〔註82〕

　　牟先生認爲講「元、亨、利、貞」四德要照著〈乾・彖〉來講，他說：

> 〈乾・彖〉曰：「大哉乾元，萬物資始。」……乾是個元，。故曰「乾元」。……「大哉乾元，萬物資始」，這就是從萬物資始表示乾元是一個創生原則，乾元使萬物存在。萬物憑賴乾元才有其存在，才有

〔註79〕同註64，熊十力：《讀經示要》，頁661～662。
〔註80〕同註64，熊十力：《讀經示要》，頁659。
〔註81〕牟宗三：《心體與性體（一）》（臺北：聯經出版事業公司，2003年4月印本，《牟宗三先生全集》5），頁33～34。
〔註82〕同註81，牟宗三：《心體與性體（一）》，頁33～34。

其存在就是創生。乾元這個觀念從哪裡來呢？依《易傳》，乾元這個
觀念是順著乾的健行之德而來的；依《詩經》，這個智慧從「維天之
命，於穆不已」（《周頌‧維天之命》）而來。〔註83〕

牟先生以《易經》之「乾元」觀念，等同於《詩經》「維天之命，於穆不已」的
觀念，此為牟先生眼光獨到之處：蓋因二者成書時代重疊甚多，故當時先哲對
天道的觀念也有類同之處，所以將此二書之觀念相互比附，毋寧是合宜的。牟
先生又說：「『於穆』者深遠貌，就是深奧的意思。『不已』意謂不停止地起作
用。……《中庸》引用這詩句，云：『詩云：「維天之命，於穆不已」，蓋曰天之
所以為天也。』《中庸》加『蓋曰天之所以為天』一句，意謂『維天之命，於穆
不已』就是天的本質，就是天之德，天德就是健。」〔註84〕則早在《中庸》的
時代，先哲即將此二觀念加以統合，而形成儒家道德形上學的根本。

牟先生接著說：

「大哉乾元，萬物資始，乃統天。」表示元、亨二字。接下去說「雲
行雨施，品物流形，大明終始，六位時成，時乘六龍以御天。」這
是落在六爻上講。……進一步說「乾道變化，各正性命。」……乾
道變化不是說乾道本身在變化，是道在陰陽的生長過程這個變化之
中顯現成「乾道變化」，……在乾道變化的過程裡面各正性命，萬物
每一個東西同在乾道變化中正其性命，正其性命就是定其性命，正
者定也，定其性命就是成其性命。〔註85〕

牟先生並總其言曰：「從『大哉乾元，萬物資始』講，也就是從『元亨』講是
創生原則；到『乾道變化，各正性命』就是終成原則，就是『利貞』二字所
表示。」〔註86〕

關於牟先生講論乾、坤二卦的關係，本章下一節還會說明，於此只是略
為提點。牟先生接著解釋〈乾‧彖〉之「保合太和，乃利貞」：

「各正性命」通過保合太和達至「利貞」。「各正性命」是成其萬物，
每一個東西都得其成，所成萬物一定要保持相互之間的合作，這就
是「保合」，不要衝突。然後提高一層才能達至「太和」。太，大也，

〔註83〕牟宗三主講、盧雪崑錄音整理：《周易哲學演講錄》（臺北：聯經出版事業公
　　　　司，2003年7月印本），頁20。
〔註84〕同註83，牟宗三主講、盧雪崑錄音整理：《周易哲學演講錄》，頁20。
〔註85〕同註83，牟宗三主講、盧雪崑錄音整理：《周易哲學演講錄》，頁21～22。
〔註86〕同註83，牟宗三主講、盧雪崑錄音整理：《周易哲學演講錄》，頁22。

> 至也。和，和諧也。乃，至於，達到。到「保合太和」這個層次上
> 講「利貞」這兩個字。「乾道變化」前面那一段屬於「元亨」的階段，
> 「保合太和」屬於「利貞」的階段，「元、亨、利、貞」四個階段，
> 大分兩個階段，這是儒家道德形上學所嚮往的最高境界。〔註87〕

就是因爲「保合太和，乃利貞」，才能「首出庶物，萬國咸寧」，在此則與〈乾・文言〉所說「利貞者，性情也」，與「乾以美利利天下，不言所利，大矣哉」相互接壤；然而，牟先生雖以「保合太和」言「利貞」之德，但仍是未明確的說明「利」字在卦爻辭的的確確多是作爲「利益」來解，所以，要建立一「儒家道德形上學」，則〈乾・文言〉解釋「利」爲「義之和也」，仍是有必要的，爲了達成「儒家道德形上學所嚮往的最高境界」，則必須把利統屬到義上去，拿義這個客觀的超越的道德原則來調節它，才能達至諧和，而沒有衝突，這也是《易經》儒學化和義理化的必然結果。

牟先生根據〈乾・象〉對「元、亨、利、貞」四德還有更進一步的發揮，他說：

> 亨，通也。亨這個通往上走，故曰「元亨」。利，利刃之利，一下子
> 通出去。利往下走，也就是往貞走，故曰「利貞」。所以，「元亨」
> 是一個階段，「利貞」是一個階段。亨這個通是生命之內潤之通，不
> 是往外通。自己生命內部不滯不塞，內部諧和，所以這個「亨」屬
> 於元，往上通，這個通是生命之不滯。作爲天命不已的乾元，宇宙
> 的大生命，當然不擠塞，不呆滯。擠塞呆滯怎麼能創生天地萬物呢？
> 生命不滯才能發光。「利」如一個箭頭，這個箭頭的方向到什麼地方
> 成它的目的呢？箭頭表示一個徵向，徵向落在什麼地方呢，向什麼
> 地方停止呢？落在「貞」，這個貞表示成，終成。〔註88〕

由此可知牟先生之「元、亨、利、貞」四德不但有順序性，亦且有方向性：「亨這個通往上走，故曰『元亨』」，「利往下走，也就是往貞走，故曰『利貞』」，是故『元亨』是一個階段，『利貞』是一個階段」，此上接宋儒王宗傳《童溪易傳》云：「夫萬物以陽熙，以陰凝：元與亨，其德陽也；利與貞，其德陰也」之意（見本章節之四：南宋王宗傳四德說舉要），即將「元、亨」視爲陽德，而將「利、貞」視爲陰德也。

〔註87〕同註83，牟宗三主講、盧雪崑錄音整理：《周易哲學演講錄》，頁33。
〔註88〕同註83，牟宗三主講、盧雪崑錄音整理：《周易哲學演講錄》，頁232。

牟宗三先生對「利，義之和也」曾有以下的解說：

> 「利者，義之和也。」這不是「利」的原義，這是說的利益之利，
> 是生活上的發揮，不是乾卦卦辭言「利」的本義。照儒家的義理講，
> 利是利，義是義。利是形而下的，當然不好，但是，拿「義」這個
> 原則調節它，就是好的。義也不能離開利，那是另一種發揮。利本
> 來是形而下的，是現實的，講道德不能講利，但是，生活不能離開
> 現實的一面，也就是不能離開利。只能把利統屬到義上去，拿義這
> 個客觀的超越的道德原則來調節它，達至諧和，不要衝突。
>
> 「貞者，事之幹也。」這也不是「貞」的原初本義。
>
> 「君子體仁足以長人，嘉會足以合禮，利物足以和義，貞固足以幹
> 事。」〈文言傳〉這是拿「仁、義、禮、智」配「元、亨、利、貞」，
> 不是〈象傳〉的本義，是另一種發揮，這完全是落到社會生活中，
> 是實踐上的講法。這是好句子。〔註89〕

牟先生認為講「元、亨、利、貞」不能照〈乾‧文言〉所說，〈乾‧文言〉只
是「生活上的發揮」；的確，如此推演，將會拿「仁、禮、義、智」來套「元、
亨、利、貞」四德，如此則「仁、義、禮、智、信」不但順序不對，並且也
沒有「信」的位置和與之相對的（第五）德，明顯的有方柄圓鑿之弊也，此
點是牟先生與朱子氣化論「四德說」主張之不同處。

所以，「利」雖是「利益」，但需以〈乾‧文言〉「義之和也」為準繩，如
此「利」之內容與性質，才能獲致〈乾‧文言〉所言「利貞者，性情也」，與
「乾以美利利天下，不言所利，大矣哉」，以及〈乾‧象〉之「乾道變化，各
正性命，保合太和，乃利貞」的結果。

牟先生並以乾卦之「大哉乾元，萬物資始」生生不息的特性為「創生原
則」，而「保合太和，乃利貞」之「利貞」為坤卦特性，稱為「終成原則」：

> 乾健所代表的原則是「創生原則」，創生原則也就是創造性原則。……
> 坤順所代表的基本原則是「保聚原則」，也叫做「終成原則」。〔註90〕
>
> 乾元是綱領原則，就是說它可以容納另一個原則進來，另一個原則
> 就在「各正性命」那個「各正」的地方進來，也就是在「利貞」那

〔註89〕同註83，牟宗三主講、盧雪崑錄音整理：《周易哲學演講錄》，頁44～45。
〔註90〕同註83，牟宗三主講、盧雪崑錄音整理：《周易哲學演講錄》，頁19。

個地方進來。哪一個原則進來了呢？就是坤卦代表的那一個原則。
〔註91〕

總括以上兩段文字的意思，可知牟先生乃是以乾卦爲「綱領原則」、「創生原則」，包括有「元、亨、利、貞」四德，而坤卦是乾卦此綱領原則之下的另一原則：即「附屬原則」、和「終成原則」，坤卦是在乾卦卦辭「元亨利貞」的「利貞」二字中被容納進乾卦這個綱領性原則之中，也因此坤卦特重利、貞二德，並在卦辭中特別言明：「利牝馬之貞」，即「利於如母馬之柔順，能隨順於乾，並以之爲正道」也。牟先生並以乾、坤個別所代表的創生原則、終成原則，來與佛教作一判別：

> 《易經》講生成，終始，講創生，不是盲目亂闖，不是虛無流。所以《易經》重視終成。「至哉坤元」就藏在利貞這個地方，從元亨見「大哉乾元」；從利貞見「至哉坤元」，《易經》從這兩個原則講一終始過程。這是儒家的義理，既不是道家的，也不是佛教的。……佛教講緣起性空，如幻如化。儒家根本反對「緣起性空」，……照儒家講，天地萬物都是「乾道變化，各正性命」。這是儒家的靈魂。〔註92〕

> 從「大哉乾元，萬物資始」講，也就是從「元亨」講是創生原則；到「乾道變化，各正性命」就是終成原則，就是「利貞」二字所表示。正、定、成，就從「貞」字這個地方表示出來。貞，正也，定也，成也。在貞這個地方停止了，就是有所成。……每個東西能在乾道變化中正其性，正其命，它就可以站得住，它就能成其爲個體。〔註93〕

於此，牟先生等於是以乾、坤二卦的「創生原則」（特重元、亨二德），及「終成原則」（特重利、貞二德），建立了儒家道德形上學的基礎。

第二節　元德之展開——六十二卦生於乾、坤

〈繫辭·上〉第十一章曰：「易有太極，是生兩儀，兩儀生四象，四象生八卦，八卦定吉凶，吉凶生大業。」王夫之釋「太極」曰：「太極者，無有不極也，無有一極也。唯無有一極，則無所不極。故周子又從而贊之曰：『無極

〔註91〕同註83，牟宗三主講、盧雪崑錄音整理：《周易哲學演講錄》，頁27。
〔註92〕同註83，牟宗三主講、盧雪崑錄音整理：《周易哲學演講錄》，頁23。
〔註93〕同註83，牟宗三主講、盧雪崑錄音整理：《周易哲學演講錄》，頁22～23。

而太極』。」〔註94〕

〈繫辭·上〉第一章云：

> 天尊地卑，乾坤定矣。卑高以陳，貴賤位矣。動靜有常，剛柔斷矣。

孔穎達注曰：

> 天以剛陽而尊，地以柔陰而卑，則乾坤之體安定矣。〔註95〕

吳怡先生闡明其乾、坤之義：「由於天高地低，相對成立後，乾坤的性能功用，也就自有其規定了。這個『定』字，虞翻解作『成列』，也就是說相對立。在這裏我們要注意的是天地是實象，乾坤是純陽純陰的兩卦，是聖人由天地之象而得到的功能。」〔註96〕由此可知，天地是宇宙間有形的實象，而乾、坤是聖人由之而得的功能方面的表現。

王夫之《讀四書大全說》卷十：

> 唯本有此一實之體，自然成理，以元以亨以利以貞，固一推一挽，動而愈出者皆妙。實則未嘗動時，理故在氣之中，停凝渾合得住。那一重合理之氣，便是萬物資始，各正性命，保合太和底物事。〔註97〕

曾昭旭師在《王船山哲學》一書中對此段敘述有加以推擴之詳解：

> 此一段文字甚美善，足以顯發氣體之究竟義。當然，體必發用而有氣化而生萬象，於是一實之體，顯爲乾坤之兩體，陰陽之二用，「乾」與「陽」即就氣體之活動義或創造原則立名，「坤」與「陰」即就氣體之存有義或凝成原則、表現原則而立名，實皆氣體之用也，而用即是還用其體，於是二者相函，即實成氣體之神化，或神化不息之氣體，亦即唐君毅先生所謂「存在的流行或流行的存在」也。〔註98〕

王夫之並由之完成著名的「乾坤並建」說，其言曰：

> 周易並建乾坤爲諸卦之統宗，不孤立也。然陽有獨運之神，陰有自立之體，天入地中，地函天化，而抑各效其功能。故伏羲氏於二儀交合以成能之中，摘出其陽之成象者，以爲六畫之乾；而文王因繫

〔註94〕同註44，王夫之：《周易內傳》，頁561。
〔註95〕同註2，王弼、韓康伯注，孔穎達疏《周易正義》卷7，頁143下。
〔註96〕吳怡：《易經繫辭傳解義》（臺北：三民書局，1991年5月印本），頁27。
〔註97〕王夫之：《讀四書大全說》（長沙：嶽麓書社，1991年12月印本，《船山全書》第6冊）卷10，頁1055。
〔註98〕曾昭旭：《王船山哲學》（臺北：遠景出版事業公司，1996年5月印本），頁340。

之辭，謂道之「元亨利貞」者，皆此純陽之撰也。摘出其陰之成形
者，以爲六畫之坤，而文王因繫之辭，謂道有「元亨利牝馬之貞」
者，惟此純陰之撰也，爲各著其性情功效焉。〔註99〕

王夫之又說：「陰非陽無以始，而陽藉陰之材以生萬物。形質成而性即麗焉，
相配而合，方始而即方生，坤之元所以與乾同也。」〔註100〕

　　王夫之以「乾坤並健」爲體，曾昭旭師亦對此「乾坤並建」說有所發明
闡析：

以上即說明一渾然之氣體以必發用故而暫顯爲兩體，實則坤元即是
乾元，存有性與創造性不二也。故六十二卦俱「取象於物理人事，
獨乾坤兩卦以德立名」（《周易内傳・卷一》），乃以其只是從渾然一
氣，流行於萬彙中，「摘出」其創生原則與凝成原則而名之曰乾與坤
耳。……故云：「獨乾尚不足以始，而必並建以立其大宗，知能同功，
而成德業。」「……知能廢則乾坤毁，故曰：乾坤毁則無以見易。……
故乾坤並建以統六子，以函五十六卦之大業，惟周易其至矣乎。」

（《周易外傳・卷五》）〔註101〕

曾昭旭師總其言，說到：

故乾坤並建，實乃在一體之用下，抽象地分解而言者，非二元論也。
其真實存在而流行者，仍是一實之氣體。故云：「如實言之，則太極
者，乾坤之合撰，健則極健，順則極順，無不極而無專極者也。」

〔註102〕

對於乾、坤之關係，其他學者如楊儒賓先生也說到：「何以天地之象最爲重要？
此處的天地，就如同普見於其他宗教的情況一樣，都不可視作塊然物質的結
合而已。相反地，它乃是道體的強烈展現，而且此種展現，還是最爲根源的，
是在世界尚未分判成形以前，……象徵水火山澤雷風的坎離艮兌震巽諸卦，
雖然其重要性不如乾坤兩卦，而且就存有的秩序而言，還可說是從此兩卦導
出的。」〔註103〕

〔註99〕　同註44，王夫之：《周易内傳》，頁74。

〔註100〕　同註44，王夫之：《周易内傳》，頁76。

〔註101〕　同註98，曾昭旭：《王船山哲學》，頁341。

〔註102〕　同註98，曾昭旭：《王船山哲學》，頁341。

〔註103〕　楊儒賓、黃俊傑編：《中國古代思維方式探索》（臺北：正中書局，1996年11
月印本），頁153〜154。

　　牟宗三先生則以〈乾‧彖〉總括乾、坤二卦之綱領，他說：

> 儒家道德形上學的義理規模都在〈乾‧彖〉裡面表現出來，這就是
> 兩個原則，創造性原則是綱領原則，創造性原則在「元、亨、利、
> 貞」的過程中就藏有另一個原則，那個原則就是保聚原則，也叫做
> 終成原則。〈乾‧彖〉就是了解乾卦這個本性，兩個原則都藏在裡面。
> 把終成原則特別提出來專講就是坤卦，坤卦代表終成原則。乾卦代
> 表創造性原則，是綱領，在這個綱領下，終成原則就在這裡面完成
> 萬物之為萬物。〔註104〕

由此可知，牟先生認為〈乾‧彖〉中即包含有「乾」、「坤」兩個原則，又稱
「創造性原則」與「終成原則」，而後者又可被統攝於前者之中。再者，「乾、
坤」與「元、亨、利、貞」四德之關係為：

> 「元、亨、利、貞」整個過程就藏有兩個原則，「創生原則」從「元
> 亨」二字看出來，「終成原則」從「利貞」二字看出來。元亨裡面就
> 藏有創生原則，利貞裡面就藏有終成原則。〔註105〕

則牟先生又以乾偏重元、亨二德，而坤則偏重利、貞二德，然雖乾坤各有偏
重，但基本上，乾、坤皆具元、亨、利、貞四德也。

　　至於乾元是如何包坤元的？牟宗三先生解釋道：「乾卦是一個綱領原則
（leading principle），表示這個綱領涵蓋得住，涵蓋得住表示這個綱領還有些隸
屬的原則。必須有附屬的原則，那個綱領原則才能涵蓋天地萬物，天地萬物都
可以說在內，都可以用這個綱領原則去解釋。」〔註106〕牟先生繼續申論之：

> 乾元是綱領性原則，就是說它可以容納另一個原則進來，另一個原
> 則就在「各正性命」那個「各正」的地方進來，也就是在「利貞」
> 那個地方進來。哪一個原則進來了呢？就是坤卦代表的那一個原
> 則。就在「各正性命」的地方，在這個層次上把坤卦的原則容納進
> 來了。因為萬物各正性命，落在萬物上講，不只是道。……所以，
> 坤卦的保聚原則就藏在「各正性命」裡面。〔註107〕

范良光先生進一步說明：「此意即：於乾道變化之利貞處，坤元之終成（凝聚）

〔註104〕同註83，牟宗三主講、盧雪崑錄音整理：《周易哲學演講錄》，頁37～38。

〔註105〕同註83，牟宗三主講、盧雪崑錄音整理：《周易哲學演講錄》，頁20。

〔註106〕同註83，牟宗三主講、盧雪崑錄音整理：《周易哲學演講錄》，頁26。

〔註107〕同註83，牟宗三主講、盧雪崑錄音整理：《周易哲學演講錄》，頁27。

即含攝其中，於物之成處，即見性命之正。是則由乾元展示的本體宇宙論之縱貫創生義，與由坤元展示的道德創造的存有論之順成義，而規定生成、終始，其內容的意義無殊，此即是『本體宇宙論的直貫順成義』。〔註108〕他並以〈乾‧文言〉之文字來加強〈乾‧彖〉中「坤元包含於乾元」的說法：

> 「乾道變化，各正性命」（〈乾‧彖〉）和「乾元亨者，始而亨者也；利貞者，性情也」（〈乾‧文言〉）二語中，雖只言乾元，實含攝坤元而爲言者也。只明乾元者，尊乾而法坤，乾元實爲宗主故。〔註109〕

牟先生更鞭辟入裡的，以儒家哲學之「乾坤並健」爲中國文化之動力，他說：

> 仰觀於天，取法於地，觀的最高結果是乾坤並健，立兩個原則：「大哉乾元」、「至哉坤元」。……這個就是中國文化的動力。中國人的文化動力就從這個地方發。……天德地德是中國人的文化型態。中國人特別重理性，合理、乾淨，沒有那些烏煙瘴氣，沒有印度那種巫氣。〔註110〕

牟先生於乾、坤二德之闡釋，與〈乾‧彖〉一文之發明推擴，可謂取精用宏，且又析入毫芒也。

「乾坤並健」實則採自王夫之「乾坤並建」學說，王夫之說：「太極者，乾坤之合撰，健則極健，順則極順，無不極而無專極者也。」〔註111〕曾昭旭師推其言曰：

> 在此，船山極力說明兩端之性是全具於每一真實存有之中（健則極健，順則極順），而每一真實存有亦全具充分之兩性（無不極而無專極）。所以在任一真實存有之中，兩性都是完全相融爲一的（淪浹於一物，而莫之間）。此之謂「大成」，此之謂「互相爲體」，即爲兩端相需、相成、相函、相即爲一體也。〔註112〕

王夫之並云：

> 周易之書，乾坤並建以爲首，易之體也。六十二卦錯綜乎三十四象

〔註108〕范良光：《易傳道德的形上學》（臺北：臺灣商務印書館，1982年5月印本），頁134。
〔註109〕同註108，范良光：《易傳道德的形上學》，頁134。
〔註110〕同註83，牟宗三主講、盧雪崑錄音整理：《周易哲學演講錄》，頁208。
〔註111〕王夫之：《周易外傳》（臺北：武陵出版公司，1991年5月印本）卷5，頁204。
〔註112〕曾昭旭：《在說與不說之間──中國義理學的理論與實踐》（臺北：漢光文化事業公司，1992年2月印本），頁60。

而交列焉，易之用也。純乾純坤未有易也。而相峙以並立則易之道在，而立乎至足者爲易之資，屯蒙以下或錯而幽明易其位，或綜而往復易其幾。互相易於六位之中，則天道之變化，人事之通塞盡焉。〔註113〕

由此可知，王夫之是以「乾坤並建」爲體，而以屯、蒙以下六十二卦錯綜於三十四象爲用，陰陽在六爻之位中相互往來，或以「錯」之法一幽而一明，或以「綜」之法一往而一復，如此由乾、坤二純卦，生出其他六十二卦，於是「天道之變化，人事之通塞盡焉」。可知乾、坤確爲父母卦，由之生出六十二卦，乃致可範圍天道之變化與人事之通塞也，故〈繫辭·上〉第四章曰：「易與天地準，故能彌綸天地之道。……與天地相似，故不違。知周乎萬物而道濟天下，故不過。……範圍天地之化而不過，曲成萬物而不遺。」信哉斯言也！

第三節　結論：「元、亨、利、貞」爲「乾元」之一體四面——即「乾元」之「四德」

根據上一節結論：《易》之六十二卦生於乾、坤二卦，今於本節中，則繼續推論：坤卦（坤元）生於乾卦（乾元）也，而乾元則無條件限制的包含元、亨、利、貞四德。

熊十力《讀經示要》言：「乾元即太極也。」〔註114〕又說：「萬物繁然，莫非元極。故元極者，乃爲一一物，皆見爲元極。非可離一切物，而別有造物主，謂之元極也。」〔註115〕且熊先生對乾元有以下的形容：

> 然則乾者果何物歟？曰：乾，不可以物求之也。乾，非物也。乾之爲言健也。其生生不已之勢能歟？（生生不已，即是健義。）其太易之所以爲歟！（此言大勢能，即太易之顯爲如此。譬如眾漚，即大海水之現作如是。）此其運行不息。神化難思。故象之以天，形容其健也。〔註116〕

總其言，即是：「乾之爲言健也。」至於亨、利、貞三德，皆是由元德而來：「亨，

〔註113〕同註44，王夫之：《周易內傳》，頁1。
〔註114〕同註64，熊十力：《讀經示要》，頁626。
〔註115〕同註64，熊十力：《讀經示要》，頁628。
〔註116〕同註64，熊十力：《讀經示要》，頁629。

通也。亨德，即元德之發現也。非離元而別有亨也。利貞準此。」〔註117〕熊先
生並進一步做以下的推衍：

> 四德以元爲首。元謂仁體。〈象〉云「大哉乾元」是也。亨、利、貞，
> 皆元也。乾元即仁體。亨利貞，皆仁體之發現。故曰皆元也。若將
> 四德截作四片説去。便是剖析物質之見。只緣不識仁體故耳。仁之
> 爲德，生生不已，備萬理，含萬善，即太極也。以其爲萬物之本體，
> 故名仁體。亨利貞，乃至萬德，只因仁體之發現不一形，而多爲之
> 名耳。（須知，言四德，即備萬德。）〔註118〕

則亨、利、貞三德皆生於元德，而「元」即爲「乾元」、「太極」，乾元（元）
則是元、亨、利、貞四德俱全也。

熊先生亦以坤元生於乾元，此觀點與牟宗三先生相同，他説到：

> 《易》以乾爲君。……坤元，亦乾元也。（坤者，乾之所爲。故坤之
> 元，即乾元。）乾之六爻，皆乾元也。即四德備矣。坤之六爻，其
> 體即乾元，四德備可知。六十二卦，皆本乾坤。凡坤又皆本乾。則
> 六十二卦，莫非乾元所爲。〔註119〕

順此推衍而下，因此有「是故即萬物而言其本體，則無有一物不具乾之四德
者。故乾卦舉四德，實統六十四卦，三百八十四爻，而無所不冒」〔註120〕的
結論。實則《易》之六十三卦，皆生於乾卦之乾元也：

> 大底乾卦舉四德，係直顯本體。（元者，謂本體只是箇生生不息的仁
> 體。而通暢、諧和、正固諸德，皆仁體之發現。）乃統六十三卦而
> 言。即萬化或萬物，無不具乾之四德。無有一卦一爻而或缺此四德
> 者。〔註121〕

牟宗三先生在《心體與性體》中亦説到：「乾道剛健中正，生物不測，即是一
創生實體，亦即一『於穆不已』之實體。然此實體雖是一創生的實體，雖是
不已地起作用……乾道即是元，故曰『乾元』。」〔註122〕又説：

> 乾元就是創造原則，「大哉乾元，萬物資始」的根據在《詩經》「維

〔註117〕同註64，熊十力：《讀經示要》，頁631。
〔註118〕同註64，熊十力：《讀經示要》，頁633。
〔註119〕同註64，熊十力：《讀經示要》，頁633。
〔註120〕同註64，熊十力：《讀經示要》，頁636。
〔註121〕同註64，熊十力：《讀經示要》，頁635。
〔註122〕同註83，牟宗三主講、盧雪崑錄音整理：《周易哲學演講錄》，頁33～34。

天之命，於穆不已。」《中庸》引以說「天之所以為天」，就是拿「於
穆不已」作為天的本質，⋯⋯天的本質就是天的本性，天的本性是
什麼？就是創造，創造萬物。創造就是它原來不存在，使它存在，「天
命不已」、「大哉乾元」擔負的責任就是使天地萬物存在。〔註123〕
范良光先生能緊扣住牟宗三先生的思想，並再加以闡釋：「因此，生成、終始
是就仁體之道德創造而說者，亦即是就天德而說者，⋯⋯因此，『性』之實際
內容（或內容意義），就是生德、生道，由之而能起道德創造的純亦不已，以
極成乾元生化之實。」〔註124〕

　　對「乾」字與「元」字之結合，高懷民先生有獨到的看法：

　　　本來一個「乾」字，只不過說出了含有生成宇宙萬物的生機的大作
　　　用，該作用尚未有動而生的意味，今在「乾」下著一「元」字，便
　　　覺乾的作用已開始起用，「元」字的含義是一個「→」，明確的將乾
　　　的作用指向生化萬物的方向。〔註125〕

而對乾、坤二卦重要性之比較，高懷民先生則根據〈乾·文言〉與〈坤·文
言〉做出以下結論：

　　　文言傳總共不及千字，〈乾·文言〉對卦辭解釋一次，對象傳解釋一
　　　次，對六爻之辭反復從不同方面作解釋四次。〈坤·文言〉則對卦爻
　　　辭之解釋僅一次。是知孔子於六十四卦中雖重視乾、坤二卦，然於
　　　乾卦尤特加重視，故反復陳述其義。〔註126〕

很顯明的，「孔子於六十四卦中雖重視乾、坤二卦，然於乾卦尤特加重視，故
反復陳述其義」。羅光先生也說：「仁就是『生物之心』。」〔註127〕徐復觀則說：
「『生生』乃為天之仁德的顯露，人之生命根源既是由此『生生』之仁德而來，
則人乃秉此仁德而成人之性，因此人性得以與天地結合在一起」。〔註128〕

　　牟宗三先生言：「乾道剛健中正，生物不測，即是一創生實體，亦即一『於

〔註123〕同註83，牟宗三主講、盧雪崑錄音整理：《周易哲學演講錄》，頁36～37。
〔註124〕同註108，范良光：《易傳道德的形上學》，頁134。
〔註125〕高懷民：《大易哲學論》（臺北：成文出版社，1978年印本），頁182。
〔註126〕高懷民：《先秦易學史》（臺北：中國學術著作獎助委員會，1975年6月印本），
　　　　頁257～258。
〔註127〕羅光：〈易經的生生〉，見《儒家哲學的體系》（臺北：臺灣學生書局，1990
　　　　年11月印本），頁193。
〔註128〕徐復觀：《中國人性論史──先秦篇》（臺北：臺灣商務印書館，1978年10
　　　　月印本），頁206。

穆不已』之實體。……乾道即是元，故曰『乾元』。〔註129〕又說：「乾是個元，
故曰『乾元』。……「大哉乾元，萬物資始」，這就是從萬物資始表示乾元是
一個創生原則，乾元使萬物存在。萬物憑賴乾元才有其存在，才有其存在就
是創生。」〔註130〕

牟先生又說到：

> 《易經》講生成，終始，講創生，不是盲目亂闖，不是虛無流，所
> 以《易經》重視終成。「至哉坤元」就藏在利貞這個地方，從元亨見
> 「大哉乾元」；從利貞見「至哉坤元」，《易經》從這兩個原則講一終
> 始過程。〔註131〕

> 「乾道變化」前面那一段屬於「元亨」的階段，「保合太和」屬於「利
> 貞」的階段，「元、亨、利、貞」四個階段，大分兩個階段，這是儒
> 家道德形上學所嚮往的最高境界。

> 《中庸》講誠，誠是宇宙間那個形上實體，這跟《易傳》講乾元的
> 意思一樣。因此，濂溪以「誠」合釋「乾元」說道體。「元、亨、利、
> 貞」四個階段，「元亨」屬於「誠之立」，「利貞」屬於「誠之復」。
> 〔註132〕

牟先生總其言曰：「『元、亨、利、貞』四字是〈乾卦〉卦辭，說明〈乾卦〉
的主要性格。〈乾・象〉是根據『元、亨、利、貞』這四個字再加以判斷，加
以解釋。象者，斷也。就是根據『元、亨、利、貞』這個卦辭來判斷〈乾卦〉
的特性。……儒家的根本洞見就在這個〈象傳〉裡，這個就是儒家的道德形
而上學。」〔註133〕

可見牟宗三先生是以乾卦包含「元、亨、利、貞」這四種性格，並完全
根據〈乾・象〉來解釋乾卦卦辭：「元、亨、利、貞」，且以之為儒家的道德
形上學。而對於乾、坤之先後關係，牟先生說：

> 坤元不能先於乾元，因為領導它的是乾元那個創造原則，要是它先
> 於創造原則，那它一定迷失路向。沒有方向理性作領導，沒有指導

〔註129〕同註81，牟宗三：《心體與性體（一）》，頁36。
〔註130〕同註83，牟宗三主講、盧雪崑錄音整理：《周易哲學演講錄》，頁20。
〔註131〕同註83，牟宗三主講、盧雪崑錄音整理：《周易哲學演講錄》，頁23。
〔註132〕同註83，牟宗三主講、盧雪崑錄音整理：《周易哲學演講錄》，頁33。
〔註133〕同註83，牟宗三主講、盧雪崑錄音整理：《周易哲學演講錄》，頁41。

原則作先在根據，只有技術性，這個社會一定迷失路向。〔註134〕因此，「乾知大始，……知，主也。乾元是創造原則。……乾元本身就是萬物所資以爲始者。……乾元就是始，就是天地萬物的開始。」〔註135〕

至於乾以外的六十三卦，既然皆生於乾元，爲何有的卦四德具足，有的則否？此乃因只有「人」才能具有「仁心」，也即是「眞實生命、仁心」，也因而具有「創造的眞幾」，即是具有元德，其餘物種不具仁心，亦無創造性或道德性的活動，是以不能道德實踐地呈現此四德。唯有人有可能具足的以道德實踐呈現此四德，亦即是淋漓盡致地發揮其所具有的元德（仁心）。職是之故，乾、坤之外的六十二卦卦名皆爲人生在世，所可能遇到的種種境況，並不就是「人」本身，此種種境況乃種種物事所構成，故屬「物」的範圍，是以不能具足地呈現四德，綜有乾、坤、屯、隨、臨、無妄、革七卦卦辭提到元，亨，利，貞四德，亦只是天時地利配合得恰到好處；反觀「人」的因素，則不管處於哪一卦哪一爻或者是任何處境態勢，他都有可能發揮道德的創造性，使元德生生不已的乾健之德隨時隨地發揮，且總是充沛飽滿、私毫無氣餒虧欠的。此即是下一章在分論六十四卦時的重點所在：如何在種種不同的態勢之下，仍能發揮乾健之德，以使四德皆能具足的呈顯。對此，牟宗三先生亦嘗言到：

> 儒家是自律道德，自律之所以爲自律靠什麼東西呢？靠 free will、moral will，照儒家的詞語講，就是靠本心、良知。眞正講主體，從主體這個地方挺立起來，頂天立地，只有儒家，其他諸教都不是從主體挺出來，都是繞出主體以外。這是核心的一點，你抓住這點，你就是儒家，你不抓住這點，你就不是儒家。這是最普通最突出的一點而又最難了解，因爲人總想追求往外看。〔註136〕

牟先生還有另一段文字也很能凸顯這種主體性，他說：

> 「盡其心者，知其性也。知其性，則知天矣。」（《孟子‧盡心上》）……性是內在的道德性，你能充分實現你的心，你就能知道你內在的道德性的性能。爲什麼知道這個性就能知天呢？這種性能是創造性能，……你能了解內在道德性這個性，你就能了解天，就可以通天，因爲天代表創造性。天不停止地起作用，你從哪個地方來證明呢？

〔註134〕同註83，牟宗三主講、盧雪崑錄音整理：《周易哲學演講錄》，頁51。
〔註135〕同註83，牟宗三主講、盧雪崑錄音整理：《周易哲學演講錄》，頁51。
〔註136〕同註83，牟宗三主講、盧雪崑錄音整理：《周易哲學演講錄》，頁61。

沒有科學根據呀！就從我自己這個 moral creativeness 證實，從我們
自己的道德的創造性來證實這個「天命不已」也是創造的，所以，
從知性就可以「知天」。〔註 137〕

另外一段與此有關的文字，則是牟先生在回答學生提問時所説的：

又問：良知與天心有何不同？

先生曰：良知即是天心，天心即是道心，即宇宙之心（cosmic mind），
從人來講，即是良知。從宇宙來講，即是天心。……陸象山説：「我
於踐履未能純一，然纔自警策，便與天地相似。」此就是上下與天
地同流，也就是「天門開，鴿子飛下來。」〔註 138〕

此外，牟先生又以「仁」德來體貼這個「天」德，他説：

「仁以感通爲性，以潤物爲用」。感通是生命（精神方面的）的層層
擴大，而且擴大的過程沒有止境，所以感通必以與宇宙萬物爲一體
爲終極，也就是説，以「與天地合德、與日月合明、與四時合序、
與鬼神合吉凶」爲極點。潤物是在感通的過程中予人以溫暖，並且
甚至能夠引發他人的生命。這樣的潤澤作用，正好比甘霖對於草木
的潤澤。……因此，孔子的「仁」，實爲天命、天道的一個「印證」
（verifiction）。〔註 139〕

所以，孔子所謂「踐仁知天」，其義爲：實踐仁道，可以上達天德；到孟子則
講盡心、知性、知天，通過心和性，來了解這個「仁」與「天」。可見「仁」
的內容在孟子分而爲心、性這樣的層次，而「盡其心者，知其性也。知其性，
則知天矣」與「踐仁知天」其實是相同的意思、不同的説法。

牟宗三先生説：

儒家講性善，每一個人皆有良知、良能這個善性。所以，每一個人
皆可以成堯舜。人皆可成堯舜，人皆可成聖人，孟子這樣説，荀子
也説：「塗之人可以爲禹。」……基督教不可以説人人皆可以做基督，
你只能做基督徒，你不能做基督，因爲基督是個神。假定你説人人
可以做耶穌，那是褻瀆。……孔夫子説：「吾非斯人之徒與而誰與？」

〔註 137〕同註 83，牟宗三主講、盧雪崑錄音整理：《周易哲學演講錄》，頁 101～102。
〔註 138〕牟宗三主講、蔡仁厚輯錄：《中國哲學的特質》（臺北：聯經出版事業公司，
2003 年 4 月印本，《牟宗三先生全集》第 28 集），頁 22。按：「天門開，鴿子
飛下來」，此爲耶穌受洗時所見的境界。
〔註 139〕同註 138，牟宗三主講、蔡仁厚輯錄：《中國哲學的特質》，頁 32～33。

－161－

（《論語・微子》）就是「與人爲徒」呀。〔註140〕

此亦爲子曰：「克己復禮爲仁。一日克己復禮，天下歸仁焉。爲仁由己，而由人乎哉？」（《論語・顏淵》）之意。孔子又說：「我欲仁，斯仁至矣！」（《論語・述而》）都在強調這種主體性。

唐君毅先生言：「人之爲物，能窮理盡性，以極其所感通之量，而仁至義盡，亦即與天地之陰陽乾坤之道合德，而達於其性命之原之天命者也。此即《易傳》《中庸》之『大人與天地合其德』，以人盡其性即人盡人性而贊天地之化育，以文王之德之純，比同於天之『於穆不已』之論所由出也。」〔註141〕此言之意，亦同於牟宗三先生的說法。

王俊彥先生說：「《中庸》云天命者，自宇宙之生化秩序言；而《易傳》云乾道者，則就其流行不已、生生之德言，質言之，實一也。」〔註142〕又說：「《中庸》、《易傳》之言天命性體，雖客觀地自本體宇宙論言，而孔子、孟子之仁德心性，則主觀地自道德實踐言，而究其極，心性實是一。」〔註143〕所以：

> 天地間盈盈者，莫非仁德之生生流行。人若能不受私欲限制，完全體現此生命本有之仁心，當可於有限形軀中展現無限之道德意義，而上達於天。即達於創生道德價值之仁心，與於穆不已之天道同流無間之境。故曰「仁也者，人之所以爲天也。」（《五峰集・與張敬夫書》）〔註144〕

此言確爲諦論。至於乾元之德，如何落實於這個舛駁紛雜的現實界呢？唐君毅先生說：

> 此當下生活之理性化，即盡性立命之事。……即吾人之生命存在與心靈，必須先面對此當下之境，而開朗，以依性生情，而見此境如對我有所命。此中性情所向在境，此境亦向在性情，以如有所命；而情境相召，性命相呼，以合爲一相應之和，整一之全，此即一原

〔註140〕同註83，牟宗三主講、盧雪崑錄音整理：《周易哲學演講錄》，頁134～135。

〔註141〕唐君毅《中國哲學原論：導論篇》（香港：新亞書院研究所，1974年7月印本），頁538～539。

〔註142〕王俊彥：《胡五峰思想之研究》（臺北：中國文化大學中國文學研究所博士論文，1989年6月印本），頁107～108。

〔註143〕王俊彥：〈胡五峰盡心成性之思想〉，《孔孟月刊》第27卷第6期（總第318期）（1989年2月），頁45。

〔註144〕同註143，王俊彥：〈胡五峰盡心成性之思想〉，頁43。

始之太和、太一。〔註145〕

唐先生於性情、性命之差別分界與微妙互動，實是持論精采、滴滴在心頭，〔註146〕使人起「乾乾夕惕」的敬慎之感。唐先生繼續說到：

> 境來為命，情往為性。知命而性承之，為坤道，立命而性以盡，為乾道。乾坤保合而為太極，則一一生活之事之生起，皆無極而太極，如一一生命之成，一一世界之開闢，皆無極而太極之事。其小大不同，義無分別，朱子所謂「一物一太極」是也。此所謂太極、太一、太和，名義亦略有別。……總之，此諸名皆指天道，亦指人道，必此吾人當下生活所在，當下之生命存在與心靈之人道所在，亦此乾坤太極、太一、太和之天道之所在；然後吾人之性命之德之流行，方可同時為天德流行。〔註147〕

是「則一一生活之事之生起，皆無極而太極，如一一生命之成」，且「其小大不同，義無分別」，如此則無處無時不能一一目擊道存，一一觸處逢春，存在生命與心靈境界相互涵攝，體物而味道，「然後吾人之性命之德之流行，方可同時為天德流行」也。

〈乾・彖〉以「乾元」為首，乾元是本體宇宙論的主體，也是存有論的超越性原則。《易傳》中凡有超越意義的實體，皆指乾元、天道而言，然有不同的名稱；因此，乾元、天道之內容若得以明確化，則坤元所代表的存有論，因為有了一超越性的主體，而能貞定之，並且進一步能使《易傳》中諸義理得以一一確定，而以此乾元、天道為中心點，一一環繞、附著之，終無扞格歧出之處。

徐復觀先生根據〈乾・彖〉說：「萬物得乾元以生，所以乾卦之元，實與天相合，亦即是天德的徵表。……『乾道變化』的變化，實即〈繫傳〉所謂『生生之謂易』的『生生』。……萬物既皆係乾道之分化，則乾元即具備於『萬物流形』之中；於是萬物所自來的命，及由命而來的性，亦與乾元是一而非二，而自無不正。此即所謂『各正性命』」。〔註148〕

〔註145〕唐君毅：《存在生命與心靈境界》（臺北：臺灣學生書局，1977年9月印本），頁958。
〔註146〕牟宗三稱許唐君毅：「關於道德宗教之體驗，並世唯唐君毅先生為精湛。」見牟宗三：〈人文主義與宗教〉，收入《生命的學問》（臺北：三民書局，1970年9月印本），頁72。
〔註147〕同註145，唐君毅：《存在生命與心靈境界》，頁958。
〔註148〕同註128，徐復觀：《中國人性論史──先秦篇》，頁205。

　　《易傳》之〈乾・象〉是一對於存有論之道德價值的決定，即爲：以道德本心對存有之道德的決定與貞定而建立其道德的形上學系統。因此，可以肯認的是：《易傳》在儒家系統中有其一脈相傳的正統地位，即它乃是承繼《論》、《孟》、《中庸》而來的進一步發展。

　　〈繫辭・下〉第一章曰：「天下之動，貞夫一者也」之「一」即指太極，乾坤交互作用，天地絪縕相感，皆由此「一」、此太極生成。此太極之「一」爲能生之泉源，即是萬物皆生自於太極，而萬物亦各具一太極，如此推衍，《易》六十四卦亦是太極之大化流行，《易》三百八十四爻，無爻非太極自身之化成。

　　這種情形，誠如熊十力先生所言：「乾元者，乾即是元。故曰乾元。元者仁也。仁體備萬理。含衆善。……萬物資始者，仁體生生不息。萬物所資之以始。（先儒云：『生天生地，生人生物，只是箇仁體。』）譬如衆漚，資始於大海水也。（大海水，喻仁體。衆漚，喻萬物。）」〔註149〕

　　〈乾・象〉云：「大哉乾元，萬物資始，乃統天」此講乾元生生之德；「雲行雨施，品物流形」，此講乾元亨通之德；「大明終始，六位時成」，此綜合概括乾元之利、貞德。「乾道變化」爲元、亨之德，「各正性命，乃利貞」爲利、貞之德，且坤卦（附屬原則）在此句被統攝至乾卦（綱領原則）當中，所以乾元包含元、亨、利、貞四德，而乾元又包含坤元，以是坤亦具元、亨、利、貞四德，然坤卦辭：「元、亨，利牝馬之貞」，乃知其利貞之德，須如牝馬：柔順、不強出頭，並緊隨著乾陽或行或止，方能利貞。

　　以下第五、六章，則將進入六十四卦各卦之中，探討該卦四德或有或無之因，誠如熊十力先生言：「乾之四德，自乾卦而外，或具舉，或不具舉，各有深意，須分別求之。」〔註150〕本文第五、六章中，並將點明君子處於該卦時，需特別修行之內容與方向，以期儘量達成四德俱全之圓滿狀態，即熊氏所言：「吾人隨其時位不齊，而修吾所性之德。（所性云者，謂乾之四德，即吾性故。）功在對治。」〔註151〕進而「全修四德，充其性量。……即其至也，則四德充周，而性分無虧矣！」〔註152〕

〔註149〕同註64，熊十力：《讀經示要》，頁657～658。
〔註150〕同註64，熊十力：《讀經示要》，頁635。
〔註151〕同註64，熊十力：《讀經示要》，頁636。
〔註152〕同註64，熊十力：《讀經示要》，頁637。

第五章 《易》上經各卦「元、亨、利、貞」四德有無之闡析

第一節 概說卦與卦之間的關係

　　易學潮流至西漢，以孟喜、京房爲代表，他們以象數解說《易經》，以卦氣說解說易理，被稱爲象數之學，孟喜、京房即爲象數派的創始者，但孟喜之《易章句》已失傳，實難詳徵。至京房解易，則提出「飛伏說」，「飛」即顯現，「伏」即隱藏，簡言之，就是在顯現出來的卦爻象背後，尚隱伏著與之對立的卦爻象，比如乾卦爲飛，則坤卦即爲伏，二卦互爲飛伏，飛伏說的提出，使得在本卦之外又增加了其他卦的卦爻象可供對照參考，除卦爻象相通之外，甚且在解釋卦理時，也可援用與之互爲飛伏卦之卦爻辭或卦理來增加理解的深度，從而也豐富了卦義的內容。

　　除「飛伏說」之外，京房還引用春秋占卦之法，而提出「互體說」，「互體」是指六十四卦任一卦的二、三、四爻，和三、四、五各自組成兩個三劃卦，再加上原有的內外兩卦，共包含有四個三劃卦，任選兩個不同的三劃卦組成一個六劃卦卦體，就可對占筮的結果作出種種不同的解釋。

　　至東漢，荀爽則提出「卦變說」，以六十四卦任一卦之任二爻陰陽互易而成爲另一卦象，尤以一卦之上、下兩卦體之中爻陰陽互易而形成新的卦體爲主，荀爽即以之解說易理，此爲「卦變說」。至東漢虞翻，特重荀爽易學，也以卦變說解釋易理，並認爲以乾、坤兩卦爲始，二卦相互推移，則形成十二消息卦，再繼續推移，則可變出乾、坤之外的六十二卦。除此之外，虞翻又

提出「旁通說」，此說是京房「飛伏說」的遺續，實則「旁通」即「飛伏」也。此外，虞翻又以「卦變說」與「旁通說」、「互體說」、「半象說」（即取三劃卦之上半部或下半部）、「取象說」配合，來解釋易理。

如此解易，有利有弊，其動機乃起源於欲對占筮結果作出靈活的解釋，但連帶的，卻使易理的解說向著極為繁瑣的方向走，卦象如此容易被改變，則占筮的結果似乎也沒有多大意義了。

但象數一派的易學家所提出的這種種「卦變說」、「旁通說」、「互體說」、「半象說」的理論，其背後卻透露著一種辯證式的思維：就是以對立面的思維來解說或融合各方觀點，從而豐富了卦爻辭的解釋。牟宗三先生對漢易之卦變，其所持態度為：

> 漢易之卦變，⋯⋯它沒有一個總原則為根據以貫通之，所以顯得無理可尋。它的卦變又不按一定的規則而變，所以顯得全是假變。在具體世界，變即是變；但在卦畫中，則似乎當有一定的合理規則為準。⋯⋯它是人造的符號，它的關係，由人之思想以規定之。有這樣幾個一定的規定原理或公理，而推演其他。⋯⋯反觀漢易諸家之卦變正缺乏這個認識。它們的卦變中的樣法，固然是些原則；但這些卦變之原則，是按照什麼規則或公理而變，他們沒有明白地合理地一貫地規定出來。〔註1〕

這種對漢易卦變的見解是合理而精闢的，準此，對於卦變的問題，我們需注意的是「他們是在注重世界之關係或聯絡的」，〔註2〕只是必須植基於「幾個一定的規定原理或公理」，乃能進而「推演其他」，顯然的，漢易卦變並沒有這樣的基準，因此，本文以下討論卦的內容，涉及卦與卦之間的聯絡時，並不採取漢易卦變的方式。

至明代中期的來知德，則對漢代以來的「取象說」有更為詳細的闡發，並以「取象說」為基礎，進而提出「取象說」、「錯綜說」、「爻變說」、「中爻說」四種體例：兩卦之六爻在相同的位置陰陽爻相反對的，稱為錯卦；六爻之次序上下相顛倒者，稱為綜卦；某卦之某爻由陰爻變陽爻，或由陽爻變陰爻，稱為爻變；某卦之二、三、四、五爻，其中二、三、四爻成一個三劃卦，

〔註1〕 牟宗三：《周易的自然哲學與道德函義》（臺北：文津出版社，1998年8月印本），頁96。

〔註2〕 同註1，牟宗三：《周易的自然哲學與道德函義》，頁96。

三、四、五爻成一個三劃卦，稱爲中爻。

　　至明末清初王夫之，提出「乾坤並建」說，並由此發展成「十二陰陽半隱半現」說，曾昭旭師評析其說之內容，說到：「船山之所云，……就是以全具的乾坤兩卦，即兩六陽爻六陰爻共十二爻來象徵宇宙之全體（其實這就是船山心目中眞實的道體），換言之，即宇宙是由完全的創造性原則與結構性原則構成的，……但一般可見的物或形象，雖是以道爲體，卻只能表現其部分，即於六陽六陰中錯取其或陽或陰之六爻以成一卦，而所取不同，遂構成形貌各異的雜多現象，即所謂萬物。」〔註3〕據王夫之所云，則六十四卦皆是相通相關的，而總根結於乾、坤兩卦。

　　至清代焦循，則提出「旁通」、「相錯」、「時行」三條原則，作爲解《易》之鎖鑰：這三條原則，又以「旁通」作爲基礎，所謂「旁通」，即是六爻在相同的位置皆兩兩相反的兩個卦，此二卦剛柔可相互配合，又可相互推移，但規定剛柔二爻互易，只能是不當位的二與五、初與四、三與上互易，從而使不當位的爻能各當其位；所謂「相錯」，即八卦兩兩重疊爲六畫卦；所謂「時行」，即剛柔之爻推移互易而不終止。

　　至於卦序的安排，也和卦與卦之間的親疏關係有相關聯性，但卦與卦之間是否有一定的連結順序，則各家有各家的說法，例如相傳的《連山易》是以艮卦爲首，而《歸藏易》則以坤卦爲首，《周易》則以乾卦爲首，然〈十翼〉當中特闢一篇講卦序的〈序卦傳〉，則就《周易》而言，很難不去正視它的卦序，對此孔穎達〈序卦傳正義〉提到：「六十四卦，二二相耦，非『覆』即『變』。覆者，表裡視之，遂成兩卦，屯、蒙、需、訟、師、比之類是也；變者，反覆唯成一卦，則變以對之，乾、坤、坎、離、大過、頤、中孚、小過之類是也。」〔註4〕黃沛榮先生在〈周易卦序探微〉中亦提出：「〈序卦傳〉作者以爲六十四卦之順序，代表宇宙事物發展之趨勢，其排列之次第，皆有其因果關係在焉。至於發展之軌跡，……或朝正面發展，如『需者飲食之道也，飲食必有訟，故受之以訟』；或則向反面發展，如『泰者通也，物不可以終通，故受之以否。』唯是無論如何發展，均不能靜止不變；而事物之變化，亦永無

〔註3〕　曾昭旭：《在說與不說之間——中國義理學的理論與實踐》（臺北：漢光文化事業公司，1992年2月印本），頁59～60。

〔註4〕　王弼、韓康伯注，孔穎達疏《周易正義》10卷（臺北：藝文印書館，1993年9月印本，《重刻宋本十三經注疏附校勘記》第1冊），卷9，頁186下～頁187上。

終止之時。……〈序卦傳〉作者深明斯理，故於篇末云：『物不可窮也，故受之以未濟終焉。』〔註 5〕可見得，若將六十四卦正反相次之義理作闡發，應能有助於經義之瞭解。

為總結以上易學各家對卦與卦之間關係的看法，在此可以牟宗三先生之言作一結語，他說《易經》之卦畫：「是人造的符號，它的關係，由人之思想以規定之。有這樣幾個一定的規定原理或公理，而推演其他。其中有邏輯性，數學性，是不得不然的。並不是隨便可以來變。因為它既由一定的思想造出來以為解析世界之方便工具，它便不得不按照那已定的思想原則而變。不然，它即是自毀其系統，或跳入另一系統；斷不會無所歸宿而胡亂變化。」〔註 6〕

故本文參酌以上歷代各易學家所論述之卦與卦間的關係，得出以下結論，即：在進行各卦「元、亨、利、貞」之四德有無闡析時，如遇卦與卦之間有卦理相通，或可互相援引參佐的情況時，其卦與卦之間的親疏密切程度，首重綜卦（即六爻之次序上下相顛倒者），次重錯卦（即兩卦之六爻在相同的位置陰陽爻相反對者），再其次為序卦（即卦序相連者），其餘如「互體說」、「卦變說」、「爻變說」、「半象說」皆不採用來解說卦與卦之間的關聯，否則將使得卦爻象的變化帶有太大的主觀性，因而喪失其客觀涵義，而容易使得各卦卦理變得迷離惝怳、難以把握。

本文以下章節在進行六十四卦之「元、亨、利、貞」四德有無闡析時，即採上述所得結論，以之作為標準，對各卦「元、亨、利、貞」四德之有無，及可與何卦相通，以使四德能彼此互通有無、互相涵攝，來進行闡析。

第二節　乾、坤、屯、蒙、需、訟

一　乾　　☰　乾上
　　　　　　　乾下

乾卦卦辭：

　　乾：元，亨，利，貞。

〔註 5〕黃沛榮：《易學乾坤》（臺北：大安出版社，1998 年 8 月），頁 18～19。
〔註 6〕同註 1，牟宗三：《周易的自然哲學與道德函義》，頁 96。

〈乾・彖〉曰：

> 大哉乾元！萬物資始，乃統天。雲行雨施，品物流形，大明終始，
> 六位時成，時乘六龍以御天。乾道變化，各正性命。保合太和，乃
> 利貞。首出庶物，萬國咸寧。

〈乾・彖〉從「大哉乾元」到「時乘六龍以御天」，講的是卦辭「元亨」的引申義，而「乾道變化」到「萬國咸寧」則是講「利貞」的引申義。〈乾・彖〉和〈坤・彖〉，是以「大哉乾元」、「至哉坤元」起文，釋乾、坤兩卦卦辭，之後是綜合敘述式的解釋卦辭文句，尤其是〈乾・彖〉，所釋之卦辭只有「元、亨、利、貞」四字，但〈乾・彖〉卻將之一氣呵成的灌注於彖文中，〈乾・彖〉一文淋漓酣暢，實難分出釋「元」、「亨」、「利」、「貞」個別意思的文字區隔。

牟宗三先生說：「從『大哉乾元，萬物資始』講，也就是從『元亨』講是創生原則；到『乾道變化，各正性命』就是終成原則，就是『利貞』二字所表示。」〔註7〕

〈乾・大象〉云：「天行健，君子以自強不息。」以宇宙天體亙古以來的運轉不息，來象徵君子應效法其剛健不息的精神，自立自強，永不鬆懈，一掃陰霾悲情，而建立人對道德理想永久的大信。

《易經》六十四卦以乾、坤二卦開宗明義，並由此啟動一切錯綜複雜的變化，〈序卦〉即稱：「有天地，然後萬物生，盈天地之間者為萬物。」〈繫辭・上〉第十二章則稱乾、坤為「易之蘊」，並說：「乾坤毀，則無以見易；易不可見，則乾坤或幾乎息矣！」

〈繫辭・上〉第一章說：「乾知大始，坤作成物。」與此配合的說法，有〈乾・彖〉：「大哉乾元！萬物資始，乃統天。」〈坤・彖〉：「至哉坤元！萬物資生，乃順承天。」乾元、坤元乃為「元」的一體兩面，而元即一切生生的本源，即「太極」也。

「元」之意為大、為始，代表一切創造與生生不息的本源。亨為通，陰陽通、天人通、心物通、動靜通、內外通……種種的通達與交流。利與義和，在義的基礎之上，有利益、有績效，並由此產生更多的利益和績效。貞為貞正、貞固、貞定之意，其「正」之義仍是從前面的利之「義」而來。乾為道德創造之生生本源，具有無中生有、開物成務的大化功能，所以具備有元、

〔註7〕牟宗三主講、盧雪崑錄音整理：《周易哲學演講錄》（臺北：聯經出版事業公司，2003 年 7 月印本），頁 22。

亨、利、貞四德，且是無條件的擁有四德，乾以外的坤、屯、隨、臨、無妄、
革六卦，其卦辭則除了「元、亨、利、貞」四德之外，還有其他附屬文字，
必須做到了這些附屬文字所描述的條件，才能元、亨、利、貞四德俱全。

二 坤 ䷁ 坤上
坤下

坤卦卦辭：

坤：元，亨，利牝馬之貞。君子有攸往，先迷，後得主，利。西南
得朋，東北喪朋。安貞，吉。

〈坤‧象〉曰：

至哉坤元！萬物資生，乃順承天。坤厚載物，德合無疆。含弘光大，
品物咸亨。牝馬地類，行地無疆，柔順利貞。君子攸行，先迷失道，
後順得常。西南得朋，乃與類行；東北喪朋，乃終有慶。安貞之吉，
應地無疆。

坤元生自於乾元，二者實為一體兩面，不可分的，一說乾即包含坤，〈乾‧
象〉稱「萬物資始」，為無形的勃勃生機，〈坤‧象〉稱「萬物資生」，則開始
有了萬物具體的造型；〈乾‧象〉曰「乃統天」，〈坤‧象〉曰「乃順承天」，
強調陽為主、陰為從的主次之理，陽施陰受，陰陽合德，〈乾‧象〉與〈坤‧
象〉前後呼應，呈現了一以貫之的易之道。

〈坤‧文言〉曰：「坤至柔而動也剛，至靜而德方，後得主而有常，含
萬物而化光，坤道其順乎，承天而時行。」坤元至柔至靜，但變動起來，因
是隨著乾元而動，故其動也剛；「德方」之意，《周易集解》釋為「布於四方」，
〔註8〕吳澄《易纂言》則釋為「普徧四周」，〔註9〕但〈坤‧文言〉緊接著說：
「直其正也，方其義也。君子敬以直內，義以方外。敬義立而德不孤，『直
方大，不習無不利』，則不疑其所行也」，因此，我認為「德方」之「方」與
這段文字有關，《周易蒙引》曰：「此正、義二字，皆以見成之德言。直不自
直，必由於敬；方不自方，必由於義。直，即『主忠信』；方，即『徙義』。」

〔註8〕 孫星衍：《周易集解》（臺北：新文豐出版公司，1984 年印本，《叢書集成新編》
第 16 冊）卷 1，頁 668 下。
〔註9〕 吳澄：《易纂言》（臺北：世界書局，1985 年印本，《景印摛藻堂四庫全書薈要》
經部第 9 冊：易類）卷 7，頁 10～513 上。

〔註10〕程頤曰:「君子主敬以直其內,守義以方其外。敬立而內直,義形而外方。」〔註11〕故「德方」之意,亦即是「方其義也」、「義以方外」,需先有「主忠信」在前,才有「徙義」緊跟在後;需先有「敬以直內」的根本態度在心中,才有「義以方外」的原則與法度於其外,綜言之,「至靜而德方」仍是強調其「後得主而有常」、「坤道其順乎,承天而時行」的柔順特性。

卦辭稱「利牝馬之貞」,《周易集解》曰:「行天者莫若龍,行地者莫若馬;故乾以龍繇,坤以馬象也。坤陰類,故稱『利牝馬之貞』矣。」〔註12〕即強調坤元具有牝馬般的柔順性格,此為坤陰之正,順此性格,則能「後得主」,而為有利也。〈坤·象〉曰:「至哉坤元!萬物資生,乃順承天。」孔穎達釋曰:「初稟其氣謂之始,成形謂之生。」〔註13〕「天」指的是天之乾陽之氣也。「乃順承天」就是說坤元總是順從著天的乾陽之氣而動。

〈坤·大象〉曰:「地勢坤,君子以厚德載物。」坤之德性包容含弘,能承載萬物,君子應取其博大包容的氣象,以涵養道德修養。乾坤理、勢之不同,有如宇宙之星羅棋布、萬象森然,運轉無礙;實際落於大地,才發現坎坷崎嶇,行動艱難。天理必須配合地勢,才能長流不息;地勢必須依循天理,才能可大可久。人間事也一樣:佔理失勢,萬般艱難;佔勢失理,雖一時得意,必不能久長。其實,整部《易經》都在教人要依理、順勢而為,此在乾、坤二卦中,也已說明了理、勢相依相成的道理。

乾有元、亨、利、貞四德,坤亦具有此四德,但除了乾之外,其餘有四德的卦,如坤、屯、隨、臨、無妄、革,其卦辭除了出現元、亨、利、貞四德之餘,皆有其相配合之條件,在坤就是「利牝馬之貞。君子有攸往,先迷,後得主,利。西南得朋,東北喪朋。安貞,吉」,其主要的精神就是在提醒:坤德需以順天為前提,若搶先則迷途,順後則得其主要精神之正,至於「西南得朋,東北喪朋」,王肅曰:「西南陰類,故得朋;東北陽類,故喪朋。」〔註14〕其說可採。至於「安貞,吉」,則是總說坤德以安順貞固為吉。

〔註10〕　(明)蔡清:《易經蒙引》(臺北:臺灣商務印書館,1983年6月,《景印文淵閣四庫全書》經部第23冊:易類),卷1下,頁29~86下。

〔註11〕　程頤:《易程傳》(臺北:文津出版社,1990年10月印本),頁32。

〔註12〕　同註8,孫星衍:《周易集解》,頁665上。

〔註13〕　同註4,王弼、韓康伯注,孔穎達疏《周易正義》卷1,頁18下。

〔註14〕　(魏)王肅:《易注》一卷(臺北:藝文印書館,1972年印本,《四部分類叢書集成》經部:易類,《四部分類叢書集成三編》影印清道光中甘泉黃氏勘1925年王鑒修補印本),頁2。

三 屯 ䷂ 坎上
震下

屯卦卦辭：

屯：元，亨，利，貞。勿用有攸往，利建侯。

〈屯・彖〉曰：

屯，剛柔始交而難生，動乎險中，大亨貞。雷雨之動滿盈，天造草
昧，宜建侯而不寧。

屯卦和乾卦卦辭開宗明義都是「元、亨、利、貞」，不同的是：乾卦自足
圓滿，具有乾陽乾健不已的創發性，無論往各方向去都是渾淪飽滿、四德兼
美的；而屯卦則著重其「創始」義，〈序卦〉云：「有天地，然後萬物生焉。
盈天地之間者爲萬物，故受之以屯。屯者，盈也。屯者，物之始生也。」

屯卦的生生不息，即是乾陽乾健不已的最具體表示，也是整本《易經》
所要昭示的最重要意旨，是以〈繫辭・上〉第五章云：「生生之謂易。」然而，
「生」實屬極困難之事，《老子》亦云：「一生二，二生三，三生萬物。」每
一步的「生」都是驚天動地的創舉，所要突破的困難也可說都是破天荒頭一
遭，所以是困難中的困難，因此「屯」有「迍」之意，迍邅爲艱窘難進之象，
處此卦時，所應沈著應對的是事物初形成時的種種困難，不可輕舉妄動，而
有他往之心，是以卦辭說：「勿用有攸往」。

屯卦卦辭云「利建侯」，「建侯」是王國始創之初，欲在各地建立諸侯國，
比喻此時宜於天下四方分布勢力，並廣資輔助。故屯卦雖元、亨、利、貞四德
俱足，然而在「利」的方面卻特別強調所利方向爲「建侯」，這樣就凸顯此卦強
調「創始的艱難」之特性，是以〈屯・彖〉云：「屯，剛柔始交而難生」也。

「剛柔始交而難生」即純陽的乾卦與純陰的坤卦開始交會而生出種種困
難的意思，此時每一舉一動皆充滿了危險，雖然如此，此卦乃背負著「生」
之大任，因此也就在險中行動和發展，此卦元、亨、利、貞四德俱足，所以
雖危難當前，大可勿憂勿懼，只需沈著專心去應對就是。此卦卦象雷動於雨
中，二者交融和衝擊的現象充滿空中，這正是天造草昧的非常時刻，雷霆萬
鈞，生動不已，王者見此卦，尤利於建立諸侯，撫恤萬方，勿只是想寧居於
室，而無絲毫建樹。

《周易正義》疏「屯：元，亨，利，貞。勿用有攸往，利建侯」言：

屯，難也。剛柔始交而難生，初相逢遇，故云屯，難也。以陰陽始

交而爲難，因難物始大通，故「元亨」也。萬物大亨，乃得利益而
貞正，故「利貞」也。但屯之四德，劣於乾之四德，故屯乃元亨，
亨乃利貞。乾之四德，無所不包。此即「勿用有攸往」，又別言「利
建侯」，不如乾之無所不利。〔註15〕

此文分判乾之四德，與屯之四德之不同，所言甚是。

　　君子觀此卦對其進德修業能夠有何啓發？〈屯·大象〉云：「雲雷，屯，
君子以經綸。」在烏雲雷電交加的時刻，有如天下處於杌陧不安、紛擾動亂
的時期，此時君子更應努力經略天下大事，如治絲一般引之、理之，才能視
天下事如若視己之指掌，對天下動勢也才能成竹在胸。朱子《周易本義》云：
「屯難之世，君子有爲之時也。」〔註16〕如諸葛孔明於天下紛亂之時，雖高
臥隆中，但並非就此無所作爲，天下大事他早已了然於胸，平居時無明主來
顧茅廬，則高聲吟誦：「大夢誰先覺，平生我自知」，然在《三國演義》第三
十八回〈定三分隆中決策〉裡，孔明一開口就預言天下將鼎足三分，這個洞
燭幾先之明，著實令人羨歎其才識之高；但此若非孔明於初時即確定志向且
積極準備，實無以致之。

　　又如國劇中彌衡「擊鼓罵曹」的劇文爲：「平生志氣運未通，似蛟龍困在
淺水中，有朝一日春雷動，定會騰雲上九重。」似此情狀，差可比擬屯卦這
種將要有所作爲而躊躇滿志的特性。

　　熊十力先生說：「屯卦具舉乾之四德。此四德，在物爲性。屯者，萬物資
乾元而始生。物生，而資陰已成形。則形有障性之可能，故曰屯難也。然物
皆具四德以生。則皆可以努力進修，以顯其性，而不爲形縛。故屯卦具舉元
亨利貞也。」〔註17〕屯卦爲乾、坤始交之卦，創造性原理開始攙入了結構性
原理，抽象的原理原則即將要開始生出及形成一些事物，爲萬物始生之現象，
是以此卦亦是元、亨、利、貞四德俱足，在事物創始之初，皆蘊含那原始、
亨通、有利、和貞固的特質。

　　至於屯九五言：「屯其膏。小，貞吉；大，貞凶」之意，則有必要在此解
釋辯明之：「貞」既爲「正」之意，則爲何既「貞」反「凶」呢？自來易學家

〔註15〕同註4，王弼、韓康伯注，孔穎達疏《周易正義》卷1，頁21下。
〔註16〕朱熹：《周易本義》（臺北：老古文化事業公司，2000年3月印本），頁82。
〔註17〕熊十力：《讀經示要》下冊（臺北：明文書局，1999年9月印本），頁633～
　　　　634。

多解「貞凶」、「貞厲」、「貞吝」爲「雖正而不免於凶（厲、吝）」荀子所謂「善爲《易》者不占」〔註18〕、張載《正蒙·大易》所謂：「易爲君子謀，不爲小人謀。」，〔註19〕「貞凶」之語正用來提醒觀《易》或欲藉占筮以決疑的君子：其處境有可能「因貞而凶」，然此亦一時之窘境也；即使處境亦有可能極爲凶厲陰殘，有爲有守之君子，仍須以堅守正道爲原則，貧賤不能移，富貴不能淫，威武不能屈，如此則不止因貞而得凶，必要時，甚至捨生取義也是有可能的。因此，因貞而得凶，是可能的狀況，甚至是人生之常態，君子之人，必須在一開始即做好這種心理準備，才有資格說到實踐其道德理想、貫徹其及物潤物的初衷。

以上是以積極、絕對的角度來看「貞凶」的意思，設若回歸「趨吉避凶」的占筮心理，來看「貞凶」的意思，則「貞凶」亦可解爲「守正以防凶」也，例如王夫之即釋屯九五爲：「『貞』，正物之謂。九五雖有陽剛中正之德，而爲上六所掩，陷於險中，無能利於所往，蓋雷動雲興，時雨不能降之象。於斯時也，委屏輔之任於初九，而因其可爲者，小試正物之功，則滿盈之經綸，徐收後效而吉矣。如一旦求大正於物，陰險爭衡而不解，必至於凶。」〔註20〕其義則戒君子勿急於「求大正於物」，只需守常固志，「則滿盈之經綸，徐收後效而吉矣」，否則太過於急進，將招致凶災。則王夫之解此「貞凶」的意思，正是解爲「守正以防凶」也。

四　蒙　☶☵　艮上
　　　　　　　　坎下

蒙卦卦辭：

　蒙：亨，匪我求童蒙，童蒙求我。初筮告，再三瀆，瀆則不告。利貞。

〈蒙·彖〉曰：

　蒙，山下有險，險而止，蒙。蒙，亨，以亨行時中也。匪我求童蒙，

〔註18〕王先謙撰：《荀子集解》（臺北：藝文印書館，1994 年 1 月印本），卷 19，頁 798。

〔註19〕張載：《正蒙·大易篇》第十四，見《張載集》（臺北：漢京文化事業公司，2004 年 3 月印本），頁 48。

〔註20〕王夫之：《周易內傳》（長沙：嶽麓書社，1998 年 11 月印本，《船山全書》第 1 冊），頁 97。

童蒙求我，志應也。初筮告，以剛中也；再三瀆，瀆則不告，瀆蒙也。

蒙以養正，聖功也。

〈序卦〉云：「物生必蒙，故受之以蒙。蒙者，蒙也，物之稚也。」新生命蒙昧無知，需要啓蒙，這就是蒙卦的主要涵義。〈雜卦〉云：「蒙，雜而著。」《東坡易傳》曰：「蒙以養正，蒙正未分，故曰『雜』；童蒙求我，求人以自明，故曰『著』。」〔註21〕由屯入蒙，乃一定數，一入世即立刻陷於雜亂陸離的情境，也容易受環境的習染，但是若能借著師友的啓蒙，就能衝破蒙昧，見到光明。

蒙卦開頭先提一亨德，提醒人雖處於此蒙昧困頓的情境之中，但本質上是可以亨通的：因爲生命的本質即在要求舒暢，人於童稚時懵懂似有所感，然不知所感爲何，此時即有所求通也，此憤悱之情，即是求通的動力及通路。

卦辭接著提醒「匪我求童蒙，童蒙求我」，即是「禮聞來學，不聞往教」之意，這並非施教者的高傲，而是唯有如此，才能收施教之效，也才能提升受教者的主體性、使其心靈有創造性的空間，《論語·述而》子曰：「不憤，不啓；不悱，不發。」《呂氏春秋·勸學》也說：「往教者不化。」都在強調受教者的主動性。

「初筮告，再三瀆，瀆則不告」是說學生來問道，老師告知其方向，設若是好學的學生，會有主動性，得到啓示的方向後會自己多想想；而不想用功的學生，才會接二連三的亂提問，有此冒瀆之心，便可以不再告知了。有了「匪我求童蒙，童蒙求我」及「初筮告，再三瀆，瀆則不告」的條件，就是正確的啓蒙之道，可以有利於守貞持正。〈蒙·象〉曰：「山下有險，險而止，蒙。」就是形容孩童陷於雜亂陸離的情境，遇險而止步、彷徨瞻顧，欲有所求通而不得的樣子，這就是蒙。

蒙之所以能亨，在於「以亨行時中也」，王弼注曰：「時之所願，惟願亨也；以亨行之，得時中也。」〔註22〕因爲啓蒙者時時有求通之心，所以能隨時隨地注意最好的教育資源，以達最高的教育效益。「匪我求童蒙，童蒙求我」乃因二、五兩爻心志相和，九二爲施教者，六五爲受教者，此響彼應，才有良好的教學效果。「初筮告，以剛中也」，九二陽剛居中，寬嚴有致，能啓發

〔註21〕蘇軾：《東坡易傳》（臺北：世界書局，1985年印本，《景印摛藻堂四庫全書薈要》經部第2冊：易類）卷9，頁3～184下。

〔註22〕同註4，王弼、韓康伯注，孔穎達疏《周易正義》卷1，頁23下。

蒙昧於初次提問；設若「再三瀆」，則不告，因爲此已褻瀆啓蒙之道了。「蒙
以養正，聖功也」釋卦辭「利貞」，程頤注曰：「以純一未發之蒙，而養其正，
乃作聖之功也。」〔註23〕成聖成賢之道無他，在孩童未受習染或受之未深時
即引之以聖道，此即作聖之功，啓蒙之義大矣哉！

〈蒙‧大象〉云：「山下出泉，蒙，君子以果行育德。」所謂「在山泉水
清，出山泉水濁」，君子須效法「山下出泉」的意象，果行不止，並堅毅修行、
培育道德，不要受習染而不自知。

熊十力先生說：「蒙卦，明陰盛，而陽猶未離陰之錮，即性未遽顯也。蒙
不言元，而非無元，但隱而不顯耳。乾元者，物之本體，豈可云無？蒙卦，
明物之性猶未得遽顯。……心爲形役，即陽被陰錮，蒙昧之象也。故必憤悱
求通，而後可資先知先覺之啓迪。以開其蒙，而復其性。此蒙之所以貴亨通，
而利貞也。蒙卦不具舉四德，非謂其無乾之四德也。但從修爲而言，則始於
求通，而終以利貞。此其所以舉三德而不言元也。」〔註24〕

熊先生謂蒙卦「不具舉四德，非謂其無乾之四德」，所舉之德，乃是「從
修爲而言」之，所以卦辭所舉之德，乃是點明在此卦所應著重的面向，而並
非「謂其無乾之四德」，這是研《易》者要特別注意的。以下各卦，亦由此觀
點加以闡釋之。

蒙卦卦辭首言亨德，示其必亨之本質，其後提到「利貞」之條件爲「匪
我求童蒙，童蒙求我；初筮告，再三瀆，瀆則不告」，末提利、貞二德，不見
元德，就是因爲元德不顯，才會蒙昧危險，自乾、坤、屯以迄蒙，才一涉世，
元德即失，可見元德保存之不易，及其珍貴難得的特性；然蒙卦若與其互綜
互序的屯卦彼此參佐，體屯卦「剛柔始交而難生」的艱辛，取其「動乎險中」
之戒愼恐懼的心態，則能欣霑元德也！

五 需 ䷄ 坎上
乾下

需卦卦辭：
需：有孚，光亨，貞吉。利涉大川。

〈需‧彖〉曰：

〔註23〕同註11，程頤：《易程傳》，頁46。
〔註24〕同註17，熊十力：《讀經示要》下冊，頁634～635。

需，需也，險在前也。剛健而不陷，其義不困窮矣！需，有孚，光

亨，貞吉，位乎天位，以正中也。利涉大川，往有功也。

需卦之需，即是供需之需，又爲須，有等待之意，需卦下乾上坎，下卦乾剛，健行遇險，需等待適切的時機才能進也，此爲知險而不妄進也，乃可以涉險卻不陷於險。

〈需・彖〉云：「險在前也。剛健而不陷，其義不困窮矣！」需之內卦爲乾陽，其德性爲健行往前，然外卦爲坎險，所謂「險在前也」，確實的知道危險在眼前，因而動員戒備其心態，並本其乾陽剛健之心，不退縮怯懦，「剛健而不陷」，則其危機當下即減輕了許多，憑此乾健而有遇險之心理準備，則反能「利涉大川」，通過許多艱險，都能全身而退。

〈序卦〉云：「物稚不可不養也，故受之以需。需者，飲食之道也。」又〈雜卦〉云：「需，不進也。」〈需・大象〉云：「雲上於天，需，君子以飲食宴樂。」水氣蒸騰，上達於天，但此時仍舊要等待一段時間，待到時機成熟，雨才能落下來，無法躁急；所謂臨事而懼，好謀以成，暴虎馮河，只是徒然招禍而已。而在等待的時候，則以平常心來度過，既然沒什麼可急的，那日常生活還是要安排得宜，吃吃喝喝，聚會玩樂，以聯絡情感，不要因爲長久的等待，就犧牲了當前的生活情趣，食衣住行育樂，還是要樣樣講求。《中庸》曰：「君子居易以俟命，小人行險以徼倖。」君子平居申申如、夭夭如，除了進德修業之外，再沒有什麼特別值得憂慮的事了。

需卦有亨、利、貞三德，於亨德王夫之曰：「『孚』者，同心相信之實也。……陰陽之自類相合曰『孚』。……九五與三陽合德，雖居險中，而誠以相待，秉志光明，而情固亨通，終不失正，吉道也。此以贊九五之德。」〔註25〕需之亨爲「光亨」，光明而亨通，象徵先前的危險陰霾都一掃而空了。

王夫之於利德則曰：「『利涉大川』，爲下三陽言也；雖爲四所阻，不能不有需遲，而性本健行，不畏險而自卻，且有九五以爲之主，非陰所能終阻，涉焉，斯合義而利矣。」〔註26〕下卦三陽爻一心向慕著九五，與九五相孚，有理想性作爲相互呼應的線索，同聲相應，同氣相求，雖前行遇險，但因爲皆有理想性作爲後盾，因此利於往前長久的奮鬥，做出一番大事業來。

王夫之於貞德曰：「九五位乎天位，足爲群陽之主，而得位秉正，不以在

〔註25〕同註20，王夫之：《周易內傳》，頁105～106。

〔註26〕同註20，王夫之：《周易內傳》，頁106。

二陰之中而生疑阻，則信著光明，亨通可俟也。」〔註27〕依其意，則認為需卦是因貞信而能得正也，合於正道即合於正義，乃能「斯合義而利矣」。

　　需、訟兩卦相綜相序，關係密切，有關需求利益的事情，一有分配不均的情況，即容易興訟，造成正面摩擦的局面，這正警惕著：凡有關供需之問題，必得要謹慎處理，以避免形成興訟的結果。

六　訟　☰☵　乾上坎下

訟卦卦辭：

　　訟：有孚，窒惕，中吉，終凶。利見大人，不利涉大川。

〈訟・彖〉曰：

　　訟，上剛下險，險而健，訟。訟，有孚，窒惕，中吉，剛來而得中也；
　　終凶，訟不可成也。利見大人，尚中正也；不利涉大川，入於淵也。

　　訟卦上卦陽剛躁進，下卦坎險難測，有如居上位者以淫威欺人，而在下者也居心叵測；此外，整卦的卦象也象徵一個人內懷險陷之心，表現於外的又是剛愎自用的態度，如此當然易起爭端。是以〈雜卦〉云：「訟，不親也。」

　　〈訟・大象〉云：「天與水違行，訟，君子以作事謀始。」訟之上卦健行而上，下卦則水流往下，二者方向相反，是以有爭訟之象。在作事謀始之時，就要考慮到這種發生爭端而興訟的事情，而趁早杜絕訟的危機；「天與水違行」，也可引申為任何兩端相反之事物，比如理與欲之對立、心與身之違背、理想與現實之落差……等等，而君子在一開始就必須想清楚這其間的差異，因為此兩端之間，會隨時發生扞格、摩擦，因此而成訟，所以必須在一開始就確定自己的大方向，以免涉世過深，受到的習染太多，因而忘記了自己所訂立的道德理想的初衷。

　　需、訟二卦相綜相序，為一體二面，卦辭首句皆言「有孚」，可見二者皆以誠信為本：需卦強調有孚，以此為「光亨，貞吉，利涉大川」的基礎；而訟卦也強調有孚，表示興訟的兩造必須同時都有誠意解決問題，才能化解紛爭。子曰：「聽訟，吾猶人也，必也使無訟乎！」人與人之間，若總能以誠相對，則在爭訟發生之前，就能多出一時半刻的設想：不但考慮自己的需求，也能設身處地的想到別人可能的需求，而彼此用同理心為對方設想，那麼紛爭當會減少許

〔註27〕同註20，王夫之：《周易內傳》，頁106。

多，當然也不會在摩擦之中耗損雙方的時間、資源、以及精力了。

訟只有一利德，且其利之方向限定於「見大人」，〈訟・彖〉曰：「利見大人，尚中正也。」王夫之曰：「『利見大人』者，五本中正，不以二之忤而終絕之，見之則疑忌消而志道仍合，所以利也。」〔註28〕爭訟的兩造必各有其盲點，因而不能綜覽觀察整個情勢，故需要找個公正的大人以爲裁奪，在此「大人」指九五，因其居上卦乾之主爻，中正得位也，當能秉公裁斷。

除了「利見大人」之利德外，訟卦辭也警惕了不利的面向：「不利涉大川」，〈訟・彖〉曰：「不利涉大川，入於淵也。」王夫之曰：「『不利涉大川』者，健於前行，不恤險之在後，未可坦然也。訟之凶，二任之；涉川之不利，則上九之亢而不知退也。」〔註29〕爭訟一旦發生，沒有儘量在短時間之內解決，時日一久，雙方都將陷入一場鏖戰之中，「亢而不知退也」，不但曠日耗時，所費不貲，也模糊了人生在世所應追求的道德理想目標，不可不慎也。

訟六三云：「食舊德，貞厲，終吉；或從王事，無成。」王夫之釋其「貞厲」云：「六三柔而上進，不從九二以訟，而上從於乾，災害不及，善於自保者也。以與二爲坎體，必爲二所不滿，則守正而亦危矣。」〔註30〕守正雖危，「然二既遘竄，五終正位，是以『終吉』。」〔註31〕

第三節　師、比、小畜、履、泰、否

七　師　䷆　坤上
　　　　　　坎下

師卦卦辭：

　師：貞，丈人吉。無咎。

〈師・彖〉曰：

　師，眾也；貞，正也。能以眾正，可以王矣！剛中而應，行險而順，

　以此毒天下而民從之，吉，又何咎矣？

師是用兵動眾，〈序卦〉云：「訟必有眾起，故受之以師；師者，眾也。」

〈雜卦〉云：「比樂師憂。」比為結盟互惠，雙方皆樂；動用兵眾，兇猛的拼鬥則令人憂心。師卦下卦坎險，上卦坤順，九二居下卦之主，上應六五之君，為大將獲人君授權、征戰在外之象。

師卦動刀動兵，然有貞德，對此王夫之曰：「『貞』謂六五得中而不競。唯九伐之法，道在正人之不正，則命將專征，非過剛而黷武也。」王夫之釋〈師‧象〉「師，眾也；貞，正也。能以眾正，可以王矣」曰：「人眾則桀傲貪殘者雜處不一。且兵強易驕以逞，唯柔靜居中、順理而無競者，能用眾而不詭於正，斯三王之所以王也。此明師必貞而後可無咎也。」〔註32〕師之眾，「桀傲貪殘」有之，君王如能「用眾而不詭於正」，則可以王矣。然則師乃行險之事，不得已而動刀兵，最多是「無咎」，所謂「大軍之後，必有凶年」，興兵動刀，不可不慎也。

師無元、亨、利三德，師是用兵動眾之事，只有貞之一德，且〈師‧象〉特別說：「貞，正也。」以此強調其正當性，所謂「師出有名」，才可「能以眾正，可以王矣」！甚至「以此毒天下而民從之，吉，又何咎矣」，對此王夫之曰：「以正興師，則民服其義；將得其人，則民無敗死之憂。二者之道備，民所樂從，雖毒民而又何咎乎？」〔註33〕是師卦特重貞正之德性也，若真是仁義之師，則何愁百姓不是「望王師如大旱之望雲霓」，致「簞食壺漿，以迎王師」呢。

師與比二卦互綜互序，師是用兵動眾，比是親比結盟，師是軍事，比是外交，師以九二居臣之位，為領軍出征的大將軍，比以九五之尊統率群陰。比卦有元德：「原筮，元，永貞」，在採取軍事行動的同時，如能與外交行動綜合運用，則有可能「不戰而屈人之兵」，但前提是外交結盟要以道義合，需有其正當性，如此親比則師或能得比之元德也。

師六五云：「田有禽，利執言，無咎。長子帥師，弟子輿師，貞凶。」王夫之釋「貞凶」之因曰：「五與群陰雜處，雖下應九二，而志柔不定，則方命長子帥師，而復遣弟子得以爭功躁進。……徼幸嘗試，必致敗績。事雖正，而輕用民於死，亦凶矣。」〔註34〕此爻亦與〈師‧象〉「行險而順，以此毒天下而民從之」有呼應的關係，然興師動刀兵，其事雖正，若「輕用民於死，亦凶矣」，是故不可不慎也！

〔註32〕同註20，王夫之：《周易內傳》，頁118。
〔註33〕同註20，王夫之：《周易內傳》，頁119。
〔註34〕同註20，王夫之：《周易內傳》，頁122。

八 比 ䷇ 坎上 坤下

比卦卦辭：

比：吉。原筮，元，永貞，無咎。不寧方來，後夫凶，其道窮也。

〈比·象〉曰：

比，吉也；比，輔也，下順從也。原筮，元，永貞，無咎，以剛中也。不寧方來，上下應也。後夫凶，其道窮也。

比、師二卦俱為一陽五陰卦，因此唯一的陽爻即成為該卦之主爻，而比卦一陽居於九五帝位，以九五之尊，統率群陰，因此能夠完成道德理想事業。

〈比·大象〉云：「水地比，先王以建萬國，親諸侯。」比下卦為坤地，上卦為坎水，水漫流於地面之上，先王觀此之象，而建立萬國，親近諸侯，以發展鞏固其政權。

子曰：「君子周而不比，小人比而不周。」（《論語·為政》）這說明了比有其不足之處，比卦是繼師卦的鬥爭鏖戰而來，殘留有霸氣，仍以派系之間的結盟為主，故其後接小畜卦，小畜即陰畜，密雲不雨，整卦籠罩著低氣壓，此即為比卦未能形成大氣候的明證。因此，在比卦的結盟之間，其實依然充滿著矛盾，這也點明了比卦的侷限和盲點：在親比結盟的時候，仍要注意到周圍客觀的大趨勢、大環境，才能「周而不比」。

比卦有元、貞二德，王夫之釋卦辭之「原筮，元，永貞，無咎」曰：「『原』，本也。『筮』，擇也。君子之交，以道合而無所暱，故曰『周而不比』。比，非能無咎者也。乃此卦群陰統於一陽，其本所擇而順從者，乃乾元之德，奠於正位而永固；則以德以位，皆所宜因而不失其親，雖比而無咎矣。」〔註35〕又釋〈比·象〉「原筮，元，永貞，無咎，以剛中也」曰：「陽資始而後陰能成化，德位永定，而無可違。九五剛中，有可親比之道，本所當筮擇為主者，故無咎。」〔註36〕「原筮，元，永貞」，原，本也；筮，擇也；「原筮，元」：本就應當選擇原動力充沛的「元」（在比卦即指九五之天道、道義），「永貞」，即使「元」的地位穩固，如此道德之動力方能源源不絕，「原筮，元，永貞」，即是直接從最原始的道德創生力得到永恆的穩固基石，以此為基礎的親比，方能不是朋黨之以利益合的攀附與糾纏，而是以道義合的君子團隊，如此乃能行教化潤物的事業。

〔註35〕同註20，王夫之：《周易內傳》，頁123～124。
〔註36〕同註20，王夫之：《周易內傳》，頁124。

譬如君臣、友朋、或夫婦，都需以義合，並彼此折衷於道。

　　比有元、貞二德，而無亨、利之德，卦辭「原筮，元，永貞，無咎」，元爲大、爲始，有開創性，格局會愈來愈開闊；永是指彼此結盟能不能持續得長久；貞爲正，結盟關係合於正道即正，以利益結合即不正。滿足了「元永貞」的條件，彼此結盟即無咎。因此比卦不強調以利益親比，以利益親比則不貞、不正。而亨爲交流、亨通，同樣的，在彼此親附的同盟之間是否能交流，能亨通，能夠走得久久長長，也端賴彼此之結合是否以正道、以道義合也。是以比卦雖有創造力豐沛之元德，卦辭卻直接將之指向貞正的方向，來杜絕以利益爲前提的種種弊端。

九　小畜　　　巽上
　　　　　　　　　乾下

　　小畜卦卦辭：

　　　小畜：亨。密雲不雨，自我西郊。

　　〈小畜・彖〉曰：

　　　小畜，柔得位而上下應之曰小畜。健而巽，剛中而志行，乃亨。密雲不雨，尚往也。自我西郊，施未行也。

　　小畜卦爲六四之一陰爻處五陽爻之間，陰小陽大，「小畜」即「以小畜大」之意。以小畜大，如能畜之以道，則可獲亨通，但其過程卻有如烏雲壓頂、久不降雨一般，低氣壓籠罩，使人窒悶難當，

　　〈序卦〉云：「比必有所畜，故受之以小畜。」比是互相結盟，時日久了必能畜積力量，但彼此之間也可能暗流洶湧、小動作不斷，這就是小畜的現象。所以〈雜卦〉云：「小畜，寡也；履，不處也。」以陰畜陽，以小畜大，所能畜積的力量，畢竟不可能太大；若要實踐更大的理想，還須直向前行，不能在原地踏步。

　　〈小畜・大象〉云：「風行天上，小畜，君子以懿文德。」「風行天上」表示膏澤未施、教化尚未普施於民，亦有「不雨」的意象，此時君子能做的只是美化威儀、豐富文采、建構理論……等外在形式，譬如設計禮樂文明制度，以顯揚道之美，因爲小畜之力量畜積不大，尚不能行大事業。

　　小畜具有亨德，王夫之曰：「『亨』，謂陰亨也。柔得位，而上有二陽之助而有力，乾承其下而受其止，故亨。漢光武以柔道治天下，卒能止天下之競

而養以安，用此道也。然其爲亨，能止陽而不使過，則抑未足以開物成務而化成天下，故又爲『密雲不雨，自我西郊』之象。」〔註37〕小畜六四陰居陰位，與五陽爻相呼應，即是「柔得位而上下應之」，下卦乾健，上卦巽順，內卦德性爲健行往前，而外卦則是以順勢而爲的態度慢慢向外發展，速度慢，過程久，且有「密雲不雨」的低氣壓現象，但九二、九五陽剛得中，志在於健行往前，最後仍可獲致亨通的局面。因其過程之不易，故〈小畜・象〉曰：「乃亨」，其「乃」字，有輾轉、迂迴、與艱難的意思。

　　小畜無元、利、貞三德，就連亨德，亦是要通過「密雲不雨」之艱苦歷程方能獲致，風行天上，有如天馬行空，不能潤物澤物，是無利德、貞德，小畜爲陰畜，由陰做主，是無元德。而與小畜互爲序、綜之履卦，亦只有亨德。

　　小畜上九云：「既雨既處，尙德載；婦貞厲，月幾望；君子征凶。」黃壽祺、張善文《周易譯註》釋「婦貞厲」曰：「婦，喻陰；貞厲，猶言『守正防危』；……這兩句戒陰不可滿盛，說明小畜之道宜密雲、不宜既雨，故取婦人守正防危、當如月將圓不過盈爲喻。」〔註38〕王夫之則釋爻辭曰：「上九雖陽而體巽，其位又陰，故爲『婦』、爲『月』。柔而積剛，婦貞而嚴厲者也。……巽之畜乾也，始於柔而終於剛。至於上九，挾陰德以高居，則爲之君子者，雖欲有所往，而受其制，則必凶矣。」〔註39〕二者之說皆可通。

十　履　　乾上　兌下

履卦卦辭：

　　履虎尾，不咥人。亨。

〈履・象〉曰：

　　履，柔履剛也，説而應乎乾，是以履虎尾不咥人，亨。剛中正，履帝位而不疚，光明也。

　　履卦兌下乾上，卦辭象徵踩著老虎尾巴，卻可以不被老虎咬，有如《老子》第五十章曰：「陸行不遇兕虎，入軍不被甲兵。兕無所投其角，虎無所措

〔註37〕同註20，王夫之：《周易內傳》，頁129。

〔註38〕黃壽祺、張善文：《周易譯註》（上海：上海古籍出版社，1990年2月印本），頁95。

〔註39〕同註20，王夫之：《周易內傳》，頁134。

其爪，兵無所容其刃。」六三爲躁進之位，又陰居陽位，因此總是蠢蠢欲動，一再的測試乾陽的耐性，所以是「履虎尾」的意象。履卦在卦辭一開始劈頭就以「履虎尾」爲譬，接著說「不咥人，亨。」整個卦以如何在虎尾行走而不被虎噬爲例，來講小心循禮而行的重要性。

〈雜卦〉云：「小畜，寡也；履，不處也。」以陰畜陽，所畜積的力量，不可能太大；要實踐更大的理想，就要繼續向前行，不能在原地踏步，正所謂「不怕慢，只怕站」，因此，履也有「實踐」、「踐履」的意思。

履卦有亨之德，王夫之曰：「爲卦六三以孤陰失位，躁進而上窺乎乾，欲躡九四，憑陵而進，乾德剛健，非所可躡，故有此象。」〔註40〕「『不咥人』者，以全卦言之。兌之德說，既非敢與乾競，而初、二二陽與乾合德，乾位尊高，其德剛正，不爲所惑，則亦不待咥之以立威，而自不能犯。陰可以其說應之，志上通而有亨道也。」〔註41〕履上卦乾爲父，下卦兌爲少女，父親雖有威嚴，然少女卻也總是能批其逆鱗、蹈其虎尾，而不被其所噬，此乃老子所謂：「天下之至柔，馳騁天下之至堅，無有入無間。」以柔克剛，以悅對健，方能履險如夷。

相對於六三之循禮而行，乾陽亦應採取主動性，主動俯就於六三，以化其疑慮，如此，陰得到了陽的教化，陰與陽之間於是就有了溝通與亨通之道了。〈履·象〉亦云九五：「剛中正，履帝位而不疚，光明也」，亦是形容九五有著充分自信，才能夠接受六三屢屢的測試，而不被激怒，中心亦不因被測試而有所慊餒，因此最後才能達至與陰充分交流和溝通的境地。

履有亨德，而無元、利、貞三德。全卦以六三一陰爲主，是無元德。即連亨德，得來亦非是陰的作爲，王夫之曰：「六三之柔，履乾剛而思干之，犯非其分，本無亨道。唯初、二兩陽本秉剛正，與乾道合，三不能獨試其險詖，姑以說應，爲求進之術，則小人欲效於君子，附貞士以向正，君子亦無深求之意，而不責其躁妄，刑戮不施，且錄用之，是以能亨。」〔註42〕小人之剛爲陰剛，由此而呈顯出陰鷙、陰刻、陰險的氣息，其剛純粹是色屬內荏，但設若其放下了陰剛的武裝，而策略性的擺出一副欲來攀附君子的姿態，則君子雖知其心不誠，仍以己之誠心充分接納之，如此反能因勢利導，將之導向正確的方向。

〔註40〕同註20，王夫之：《周易內傳》，頁135。
〔註41〕同註20，王夫之：《周易內傳》，頁135～136。
〔註42〕同註20，王夫之：《周易內傳》，頁136。

履卦全卦充滿了緊張、疑懼、驚恐、和不安的情緒，《尚書・君牙》曰：「心之憂危，若蹈虎尾，涉于春冰。」〔註43〕又《詩經・小雅》云：「戰戰兢兢，如臨深淵，如履薄冰。」差可比擬履卦的狀況，倉皇驚恐之中，實在無法有所建樹，是無有利德、貞德。且以六三陰爻爲主，是無元德。

履九五云：「夬履，貞厲。」小象云：「夬履貞厲，位正當也。」黃壽祺、張善文《周易譯註》釋曰：「九五陽剛中正，尊居君位，有剛斷果決、小心行走之象；但以剛居剛，若剛決過甚，必違正道，故爻辭又誡其『守正防危』。」〔註44〕

十一　泰　䷊　坤上
　　　　　　　　乾下

泰卦卦辭：

　泰：小往大來，吉，亨。

〈泰・彖〉曰：

　泰，小往大來，吉，亨。則是天地交而萬物通也，上下交而其志同也。內陽而外陰，內健而外順，內君子而外小人：君子道長，小人道消也。

泰卦卦辭只拈出「亨」一德，不見元、利、貞三德，〈序卦〉云：「履而泰然後安，故受之以泰。泰，通也。」根本指出了泰卦的卦德主要在其「亨通」。

由泰、否二卦卦辭來看，可知天居天位、地居地位，如此造成僵滯的局面反而不好，因爲天氣上升、地氣下降，二者背道而馳，沒有溝通交流的可能，不往來交通，亦無氣息通暢的管道，會導致死氣沈沈、毫無生機，而泰卦與〈繫辭・下〉第八章所言：「易之爲書也不可遠，爲道也屢遷，變動不居，周流六虛，上下無常，剛柔相易，不可爲典要，唯變所適」的精神相通，宇宙人生沒有所謂「靜態的完美」這回事，生命正因其無常，所以才能步步是活的，在不同的時位須有不同的對應，沒有一種對策可以行之萬年，人必須不斷的因時因地做出種種的調整，無論是微調、小調、中調、大調，總之要隨時隨地調整，因爲

〔註43〕孔安國傳、孔穎達正義《尚書正義・周書》〈君牙第二十七〉（臺北：藝文印書館，1993 年 9 月印本，《重刻宋本十三經注疏附校勘記》第 1 冊），卷 19，頁 293 上。

〔註44〕同註38，黃壽祺、張善文：《周易譯註》，頁 102。

我們面對的世界就是一個時時變動的世界，也因此泰卦講求的是一個「通」字，卦辭中特別拈出此一「亨」德來，《周易集解》引何妥曰：「此明天道泰也。夫泰之爲道，本以『通』生萬物。若天氣上騰，地氣下降，各自閉塞，不能相交，則萬物無由得生。明萬物生由天地交也。」〔註45〕王夫之《周易內傳》曰：「泰，大也，安也；……居之安爲『吉』，行之通爲『亨』，二氣交通，清寧不失，故吉；由是而施化於萬物則亨。」〔註46〕此言的是。

泰卦既以亨德爲主，則如何與他卦旁通，而能得以四德俱足呢？今觀泰卦之綜卦、錯卦、序卦，與內外卦相反的卦，都是否卦，可見泰、否兩卦關係之密切，這在整部《易經》中只有另一對既濟、未濟兩卦有如此密切的關係。今觀否卦卦辭：「否之匪人，不利君子貞。大往小來。」可看出此卦更是不利於君子之貞。

〈泰・大象〉曰：「天地交，泰，后以財成天地之道，輔相天地之宜，以左右民。」天地交合，象徵通泰，君王因以裁截成就天地之道，輔佐贊助天地之宜，以此來保佑天下百姓。

綜上所述，泰自身有亨德，而無元、利、貞之德，利、貞二德之不得，推其意應是泰卦卦德首重亨通，陰陽交通不已的結果，自然是難以貞固下來，也因而難以成就利德。至於泰卦無元德之因，〈泰・彖〉曰：「內陽而外陰，內健而外順，內君子而外小人：君子道長，小人道消也。」君子之勢力日漸隆盛，居於主流的地位，而將小人排拒在外，這難免有失了以陽輔陰，並潤澤、教化陰的初衷，是以無元德。

泰九三云：「無平不陂，無往不復；艱貞無咎，勿恤其孚，于食有福。」程頤釋其「艱貞無咎」曰：「方泰之時，不敢安逸，常艱危其思慮，正固其施爲，如是則可以無咎。」〔註47〕

泰上六云：「城復于隍；勿用師，自邑告命，貞吝。」黃壽祺、張善文《周易譯註》釋「貞吝」曰：「猶言守貞防吝也。此謂上六將臨否塞之世，實因時窮所致，故希冀其自守正固，或可避凶免吝；所謂『貞』者，即前文『勿用師，自邑告命』之旨。」〔註48〕

〔註45〕同註38，黃壽祺、張善文：《周易譯註》，頁105～106。

〔註46〕同註20，王夫之：《周易內傳》，頁141。

〔註47〕同註11，程頤：《易程傳》，頁109。

〔註48〕同註38，黃壽祺、張善文：《周易譯註》，頁112。

十二　否　　　乾上
　　　　　　　　坤下

否卦卦辭：

　　否之匪人，不利君子貞。大往小來。

〈否‧彖〉曰：

　　否之匪人，不利君子貞，大往小來。則是天地不交而萬物不通也，
　　上下不交而天下無邦也。內陰而外陽，內柔而外剛，內小人而外君
　　子。小人道長，君子道消也。

　　〈否‧彖〉之辭極為沉痛，「內陰而外陽，內柔而外剛」根本是小人色屬
內荏的形象，而「內小人而外君子。小人道長，君子道消」則基本上是把君
子排除在體制外了，有德君子之間，彼此絕難互相聞問，但也正因為形勢惡
劣若此，反更能嚴酷考驗著君子對道德理想的信心。

　　〈否‧大象〉云：「天地不交，否，君子以儉德避難，不可榮以祿。」否
卦環境對君子而言，可說是非常惡劣，所謂「黃鐘毀棄，瓦釜雷鳴」，這時就
是連自己的道德理想都不能太顯露，而做好事也要有所收斂才可以，至於以
在朝當官來獲得榮祿，當然更是不可以了。《老子》曰：「我有三寶，持而保
之：一曰慈，二曰儉，三曰不敢為天下先。」又，王夫之釋〈否‧大象〉曰：
「天下溺而不援，德且不欲其豐，而況祿乎！德見，而祿且及之矣。」〔註49〕
此時君子只能苟全性命於亂世，所能做之事唯「自貞」而已，維持自己對道
德理想終極的大信，而不須取信於天下人。天下無道，自行其道，自家大門
關緊了，仍是一個禮樂文明的小宇宙，生命不必受傷，也不須悲情，心靈的
保全是此時的重點，所以其生活仍是充實剛健的。

　　否卦看來是最壞的卦了，但九五爻辭仍有「休否，大人吉」之言，可見
事在人為也。孔子周遊列國，雖不能實踐其政治理想，但他選擇退身於政治
之外，而致力刪《詩》、《書》，作禮樂，所行之事，仍是秉其陽剛光明的道德
理想而為，因此可「無入而不自得」也，就算深陷於否的環境之中，依然可
安身立命。

　　〈序卦〉云：「泰者，通也。物不可以終通，故受之以否。」〈雜卦〉則
云：「否泰，反其類也。」否卦結構與泰卦相反，而二者之卦辭與〈象〉，也

〔註49〕同註20，王夫之：《周易內傳》，頁149。

呈現強烈的對照與呼應，否之上卦乾陽往上挺進，下卦坤陰則往下沉墜，二者完全沒有交集，雙方各行其是，與《易經》陰陽合德的理想最爲違背，因此是元、亨、利、貞，四德全無。王夫之曰：「不利於君子貞，非利於小人之不貞，亦非君子可不正而利。陰據要津，君子無所往而得利，貞且不利，況可不貞乎？然君子雖不利，而固保其貞也。此言『利』者，與害相對之辭。」〔註50〕韜光養晦、全身遠害，是處此卦的重點。

否、泰二卦互爲序、綜、錯，與內外卦相反之卦，關係極爲密切，是以有俗諺「否極泰來」之語，能收斂光芒、以儉約修養德行，至否之環境漸漸轉換，所謂「守得雲開見月明」，由否卦之窒塞不通，慢慢轉換爲泰卦，則有亨通之道；如果走到能通天下之志的同人卦，其卦辭曰：「同人于野，亨。利涉大川，利君子貞。」則有亨、利、貞三德。然則其間的路程是漫長似無盡頭的，有德君子只能「居易以俟天命」，以道自守，不求聞達也。

第四節　同人、大有、謙、豫、隨、蠱

十三　同人　䷌　乾上　離下

同人卦卦辭：

同人于野，亨。利涉大川，利君子貞。

〈同人・彖〉曰：

同人，柔得位得中而應乎乾，曰同人。同人曰：〔註51〕同人於野，亨，利涉大川，乾行也。文明以健，中正而應，君子正也。唯君子

〔註50〕同註20，王夫之：《周易內傳》，頁148。

〔註51〕王弼注：「所以乃能『同人于野，亨，利涉大川』，非二之所能也，是乾之所行，故特曰『同人曰』。」孔穎達疏曰：「釋『同人于野，亨，利涉大川』之義。所以能如此者，由乾之所行也。言乾能行此德，非六二之所能也，故特云『同人曰』，乃云『同人于野，亨』，與諸卦別也。」孔穎達又疏曰：「『故特曰同人曰』者，謂卦之彖辭，發首即疊卦名，以釋其義，則以例言之，此發首應云『同人于野，亨』，爲主，別云『同人曰』者，是其義有異。此同人卦名，以六二爲主，故同人卦名繫屬六二，故稱『同人曰』，猶言『同人卦曰』也，『同人于野，亨，利涉大川』，雖是同人卦下之辭，不關六二之義，故更疊『同人于野，亨』之文，乃是乾之所行也。」見同註4，王弼、韓康伯注，孔穎達疏《周易正義》卷2，頁44下。

爲能通天下之志。

同人即與人和同，王夫之云：「同人者，同於人而人樂與之同也。」，〔註52〕〈雜卦〉云：「同人，親也。」也點出同人卦的精神，在發展和諧的人際關係，這是一種向外求「通」的需求，是以〈序卦〉云：「物不可以終否，故受之以同人。與人同者，物必歸焉，故受之以大有。」否卦天上地下，天地不交，否塞窒礙，但不能終否，物極必反，而返於求通之可能，是以卦辭一開始即言「同人於野，亨」。古之「野」指城郊以外的地方，範圍無邊無界，程頤曰：「野，謂曠野，取遠與外之義。夫同人者，以天下大同之道，則聖賢大公之心也。常人之同者，以其私意所合，乃暱比之情耳，故必於野，謂不以暱近情之所私，而於郊野曠遠之地。既不係所私，乃至公大同之道，無遠不同也，其亨可知。」〔註53〕「同人於野」之意即與人和同之範圍無遠弗屆，而此種與人和同之心意，是建立在君子自發主動的愛人、親近人的意願上，如此才容易與人相應相通，「柔得位得中而應乎乾，曰同人」，同人唯一之陰爻當位居中，上應九五，或說與其他五爻相應，以是能亨，〈彖〉更進一步說：「唯君子爲能通天下之志」，所以此同非形跡、表面之同，乃在求道之共流共通之「大化」、「大同」也。〈繫辭・上〉第十一章亦云：「聖人以通天下之志，以定天下之業，以斷天下之疑。」以及第十章：「夫易，聖人之所以極深而研幾也。唯深也，故能通天下之志；唯幾也，故能成天下之務。」故「通天下之志」乃爲君子在「成己」工夫完成之後，進一步要「成人」、「成物」之前的重要環節。《孟子・公孫丑》云：「子路人告之以有過，則喜。禹聞善言，則拜。大舜有大焉：善與人同，舍己從人，樂取於人以爲善。自耕稼陶漁以至爲帝，無非取於人者。取諸人以爲善，是與人爲善者也。故君子莫大乎與人爲善。」則舜之「善與人同」，實爲同人卦之最佳詮釋。

除「亨」外，同人有「利」德與「貞」德。〈彖〉曰：「利涉大川，乾行也，文明以健」，求通之心意有了，內心文明，思慮清楚，外在行動積極，配合著上卦乾陽健行之精神，必能利涉大川，度過大險難，而能有大收穫，王夫之云：「柔非濟險之道，而得剛健者樂與同心，則二之柔既足以明炤安危之數，而陽剛資之以『涉大川』，必利矣。」〔註54〕〈繫辭・上〉第八章亦云：

〔註52〕同註20，王夫之：《周易內傳》，頁155。

〔註53〕黃忠天：《周易程傳註評》（高雄：復文圖書出版社，2000年9月印本），頁158。

〔註54〕同註20，王夫之：《周易內傳》，頁155。

「同人，先號咷而後笑。子曰……二人同心，其利斷金，同心之言，其臭如蘭。」君子對外言「利涉大川」，對內則言「利君子貞」，即君子守「貞」乃有「利」也，故〈象〉曰「君子正也」，就卦體而言，六二、九五亦正位乎其中爻，亦是「貞」的表現，上下中正而應，形勢一片大好，君子順此大勢，循正理、行正道，必為有利，是以同人九五〈小象〉曰：「同人之先，以中直也。」此「中直」即指九五「中正」也。《論語》亦曰：「君子周而不比，小人比而不周。」唯循正道，乃能「周」也，且君子唯「能通天下之志」，也才能「周而不比」，求其大同。程頤言：「天下皆同，何險阻之不可濟？何艱危之不可亨？故利涉大川，利君子貞。」〔註55〕王夫之言：「凡應事接物者，不正而利，其邪彌甚。故易無有言利不貞者。」〔註56〕此言確道出「利」、「貞」二者關係之箇中關竅。

人生在世，有同道、同門、同事、同業、同仁、同宗、同鄉、同學、同年……等等名目，人與人之間的相交亦有同情、同理、同聲相應、同氣相求……種種通同之道，但要注意其中是否「以道同」，須避免為私情所牽，否則寖假就變成是阿比黨同，黨同則未免伐異也，此種結果恰恰與同人的精神背道而馳，其間不可以道里計。〈同人‧大象〉云：「天與火，同人，君子以類族辨物。」因此同人之同，非是混同、雷同、不分青紅皂白的同，而是有待蕩滌廓清，以期合於道的同，〈繫辭‧上〉第一章即言「方以類聚，物以群分。」〈繫辭‧下〉第六章亦言「其稱名也小，其取類也大。」所以在成就同人的事功之前，尚須下一番辨正的工夫，是以〈象〉曰：「唯君子為能通天下之志。」信哉斯言也。

饒是費了一番「類族辨物」的工夫，在同人的過程中，還是要歷經種種的考驗與周折，如九三云「伏戎於莽，升其高陵」，九四云「乘其墉，弗克攻」，乃至九五在「大師克相遇」之前，還有一番「同人先號咷」的波折，才能「而後笑」，乃至相逢一笑泯恩仇，九五與六二結合為同道，同時亦與九三、九四泯除了恩怨，此番周折乃是必經的歷程，應該在同人之前，要有此心理建設才是。

同人卦接續在天地不交的否卦之後，不具「元」德，元有大義、創始義，必須在同人之前花費心力做思辨的工夫，此已是「出山泉水濁」，不復原始之渾樸無鑿，又在過程中遭遇種種波折險阻，只能堅持和同於道，漸漸激濁揚

〔註55〕同註53，黃忠天：《周易程傳註評》，頁158。
〔註56〕同註20，王夫之：《周易內傳》，頁156。

清，撥除迷霧，以期復反於道，達至「大同」之境，之中無「元」德之灌注，實是備極艱辛的歷程，所幸有「亨」、「利」、「貞」三德，勉人鼓勇向前，義無反顧。

十四 大有 ䷍ 離上 乾下

大有卦卦辭：

> 大有：元亨。

〈大有・彖〉曰：

> 大有，柔得尊位，大中而上下應之，曰大有。其德剛健而文明，應乎天而時行，是以元亨。

程頤曰：「卦之才，可以元亨也。凡卦德有卦名，自有其義者，如『比吉』『謙亨』是也。有因其卦義便爲訓誡者，如『師，貞，大人吉』『同人於野，亨』是也。有以其卦才而言者，『大有，元亨』是也，由剛健文明，應天時行，故能元亨也。」〔註57〕則程頤以「卦才」來解釋大有之有「元、亨」二德。才，材也，則根據大有之質材，是有元、亨之德。則大有之材爲何？〈序卦〉曰：「與人同者，物必歸焉，故受之以大有。」〈雜卦〉曰：「大有，眾也。」可知大有資源豐富、眾望所歸，自然能開創與亨通。王夫之則云：「『元亨』者，始而亨也。群陽環聚，非易屈爲己有，而虛中柔順以懷集之，則疑阻皆消，而無不通矣。」〔註58〕

〈大有・彖〉解釋「元亨」之因：「柔得尊位，大中而上下應之，曰大有」、「其德剛健而文明，應乎天而時行，是以元亨。」則其亨通之由當是「大中而上下應之」，而「柔得尊位」當與「大有」之「大」有關，程頤曰：「五以陰居君位，柔得尊位也，處中，得大中之道也，爲諸陽所宗，上下應之也。夫居尊執柔，故眾之所歸也。」〔註59〕又曰：「五之性柔順而明，能順應乎二，二，乾之主也，是應乎乾也。順應乾行，順乎天時也，故曰：應乎天而時行，其德如此，是以元亨也。」〔註60〕

〔註57〕同註11，程頤：《易程傳》，頁129。
〔註58〕同註20，王夫之：《周易內傳》，頁162。
〔註59〕同註11，程頤：《易程傳》，頁129。
〔註60〕同註11，程頤：《易程傳》，頁129～130。

　　程頤接著泛講四德曰：「諸卦具元、亨、利、貞，則象皆釋爲大亨，恐疑與乾坤同也，不兼利貞，則釋爲元亨，盡元義也。元有大善之義，有元亨者四卦，大有、蠱、升、鼎也。唯升之象，誤隨它卦，作大亨。曰：諸卦之元，與乾不同，何也？曰：元之在乾，爲元始之義，爲首出庶物之義，它卦則不能有此義。爲善爲大而已。曰：元之爲大可矣，爲善何也？曰：元者物之先也，物之先，豈有不善者乎？……故文言曰：元者，善之長也。」〔註61〕此釋文指出卦辭曰「元亨」的有「大有、蠱、升、鼎」四卦，只有〈升・象〉釋「元亨」爲「大亨」，餘三卦皆直釋爲「元亨」，爲「盡元義也」，而其元之義似指與「元之在乾，爲元始之義」、「它卦則不能有此義。爲善爲大而已」有關，則其元之義在乾坤以外之卦當指「善」也。「盡元義也」即「盡善義也」，而〈升・象〉以「大亨」釋「元亨」，則是不能「盡元義也」，是以程頤說升「誤隨他卦，作大亨曰」，不是沒有道理的。再者，甲骨文之「大」與「元」字，本就容易混淆（見第二章第二節），因此，有可能誤將〈升・象〉之「元亨」傳抄爲「大亨」，實不無此可能也。

　　大有卦無利、貞二德，王夫之云：「不言利貞者，無剛斷以居中，未能盡合於義，能有眾善而不能爲眾善之所有，則不足以利物；柔可以順物情，而不能持天下之變，汎應群有，未一所從，則其正不固也。此卦之德，王者以屈群雄，綏多士，致萬方之歸己，而既有之後，宰制震疊、移風異俗之事未遑及焉，君子以之遜志虛衷，多聞識以廣德，而既有之餘，閑邪存誠、復禮執中之功猶有待焉。」〔註62〕然同人、大有二卦相序相綜，關係密切，居大有之卦，資源豐富、眾望所歸時，得元、亨之德，若能同時注意到要能像同人卦注重人際關係之和諧，並於其中施行正道，則利、貞之德即接踵而至，王夫之所謂「能有眾善」即爲大有，而「爲眾善之所有」即爲同人，二者合一，則元、亨、利、貞四德俱足矣。

十五　謙　䷎　坤上　艮下

謙卦卦辭：

　　謙：亨。君子有終。

〔註61〕同註11，程頤：《易程傳》，頁130。
〔註62〕同註20，王夫之：《周易內傳》，頁162。

〈謙‧彖〉曰：

謙，亨，天道下濟而光明，地道卑而上行。天道虧盈而益謙，地道
變盈而流謙，鬼神害盈而福謙，人道惡盈而好謙。謙尊而光，卑而
不可踰，君子之終也。

謙卦有亨德，此因「天道下濟而光明，地道卑而上行」，上下交流而得亨
通所致，又〈謙‧彖〉曰「天道虧盈而益謙，地道變盈而流謙，鬼神害盈而
福謙，人道惡盈而好謙」，也都寓涵多與少之間因交流而得以亨通之意。王夫
之曰：「『虧盈益謙』者，物壯盛則衰槁，稚弱則增長也。『變盈流謙』者，山
阜高危，則夷下隨流以充谿壑也。天、地、人、神，情理之自然，君子體之
以修德，小人測之以徼利，然而其可亨一也。」〔註63〕又說：「『天道』，九三
之陽也。……謙一陽伏處於三陰之下，豫一陽拔出於三陰之上，……故謙曰
『下濟』，豫曰『出地』。……地道之上行，陽降而陰自升，若陽讓之使然也。
陽知其不足，而猶然下以濟陰之乏，其志光明，陰所共白，非小人僞爲卑遜
以屈天下之陰謀，故『卑而上行』，無所不順，此其所以亨也。」〔註64〕

歷史上謙讓不爭的人物如《尚書‧堯典》言堯「允恭克讓，光被四表。
格于上下」，〔註65〕對堯謙沖讓國的事跡，可謂推崇備至，《尚書‧大禹謨》
又說：「滿招損，謙受益，時乃天道。」〔註66〕此句實可爲〈謙‧彖〉的最佳
註解。《老子》曰：「夫唯不爭，故天下莫能與之爭。」《論語‧學而》：「夫子
溫、良、恭、儉、讓，以得之。」《論語‧子罕》：「不忮不求，何用不臧。」
也都是發揚謙德的結果。〈繫辭‧下〉第七章講《易》之憂患九卦，其中說到
謙卦是：「謙，德之柄也。」「謙尊而光。」「謙以制禮。」人與人之間的相處
要能久常，就必須人人都能謙恭禮讓，從而制定禮文儀節，以形成和樂熙穆
的氣氛，乃能無往而不亨通。與謙卦相錯的履卦，爲憂患九卦之首，〈繫辭‧
下〉第七章曰：「履，德之基也。」「履和而至。」「履以和行。」謙、履相錯
旁通，「禮之用，和爲貴。」「履以和行」爲「謙以制禮」之基礎，〈繫辭〉之
作者的確別有深意。而〈大壯〉四陽壯盛，衝過了頭，〈大壯‧大象〉即以「雷

〔註63〕同註20，王夫之：《周易內傳》，頁170。

〔註64〕同註20，王夫之：《周易內傳》，頁169。

〔註65〕同註43，《尚書正義‧虞書》〈堯典第一〉，孔安國傳、孔穎達正義《尚書正義》
　　　　卷2，頁19下。

〔註66〕同註43，《尚書正義‧虞書》〈大禹謨第三〉，孔安國傳、孔穎達正義《尚書正
　　　　義》卷4，頁58下。

在天上，大壯，君子以非禮弗履」加以警惕之。

謙有亨德，謙和能致亨通，然謙無元、利、貞三德，而與之相序、相綜之豫卦則有利德，豫有預防、預備，以及猶豫之意，〈豫・大象〉云：「君子以思患預防之。」〈繫辭・下〉第二章曰：「重門擊柝，以待暴客，蓋取諸豫。」種種的預警措施，是用來保障生命財產之安全，屬於必要之舉措，凡事豫則立，不豫則廢，並不與君子之謙恭待人的態度相違背。譬如雲門舞集創辦人林懷民先生的曾祖林維朝先生，他在清末時，是新港一帶赫赫有名的人物，曾指揮家族壯丁掃蕩土匪，也在大地震之後，於自家宅第開辦私塾，教育鄉親孩童，是位能文能武、仗義疏財的人物。可見得縱是謙沖君子，仍要懂得「豫」之重要以及其利處，且二者不相妨害。而謙與豫卦互相擷補，則或能得其利德也。

十六　豫　䷏　震上 坤下

豫卦卦辭：

豫：利健侯行師。

〈豫・彖〉曰：

豫，剛應而志行，順以動，豫。豫順以動，故天地如之，而況健侯行師乎？天地以順動，故日月不過，而四時不忒。聖人以順動，則刑罰清而民服。豫之時義大矣哉！

謙、豫俱爲五陰一陽卦，但因陽爻的位置不同，謙之九三處下卦之終，所以謙九三「勞謙君子，有終吉」；豫之九四出得下卦而進入上卦之初，其勢其力均較謙爲壯盛，因此豫九四「由豫，大有得；勿疑，朋盍簪」。王夫之曰：「『豫』，大也，快也。一陽奮興於積陰之上，拔出幽滯之中，其氣昌盛而快暢，故爲豫；乃靜極而動，順以待時而有功之象。」〔註67〕

豫卦「利健侯行師」，王夫之於此解釋曰：「豫一陽而失其位，方靜之極而忽動以快其所爲，此非常之事。『利健侯行師』，王者命討之大權，所宜慎也，而以快豫行之，疑於不利。故聖人推言所以利之故，而歎其時義之大，非善體者不能用也。」〔註68〕「健侯」是《易經》中的重要觀念，建侯是事前的人力分配，乃至掌握資訊、規劃組織，這都是健侯；行師是動員組織、

〔註67〕同註20，王夫之：《周易內傳》，頁175。
〔註68〕同註20，王夫之：《周易內傳》，頁176。

前往作戰。可見豫卦有著充分掌握事理人情，然後審時度勢，而乘勢雷厲風行之意，故豫有預備、準備的意思，也有大、快的意思。而豫之所以能如此「利建侯行師」的原因，〈豫‧彖〉的解釋是：「剛應而志行，順以動」，九四奮出於外卦之初，一呼百諾，五陰與之呼應，建侯行師之事水到渠成，而陽爻之理想志業可行；順以動，即順禮而動，如理而行，〈豫‧彖〉接著說：「豫順以動，故天地如之，而況建侯行師乎？」〈繫辭〉也說：「先天而天弗違。」順理而動，則「天地如之」，雖動在天之先，然天地之動亦不違背之，「而況建侯行師乎？」〈豫‧彖〉接著說明天地和聖人順（理）而動的結果：「天地以順動，故日月不過，而四時不忒。聖人以順動，則刑罰清而民服。豫之時義大矣哉！」

豫只有利德，無元、亨、貞三德，而與之相序、相綜的謙卦則有亨德：「謙亨，君子有終。」豫卦雖「利建侯行師」，然豫亦有和樂、與猶豫之意，〈雜卦〉曰：「謙輕而豫怠也。」謙卦輕己重人，豫則有豫樂過度，而生懈怠之虞。因此在豫之豫樂浹洽、熙熙融融，或大刀闊斧、建侯行師之餘，仍不能或忘謙虛之德，乃能亨通，亦方有善終。

與豫相錯的卦是小畜，小畜即陰畜也，小畜以小畜大，以柔濟剛，乃能「亨」，實則小畜之「以小畜大」，涓滴成河的工夫，亦是豫卦「建侯行師」之前的籌備階段，是小畜乃有「密雲不雨」之綢繆狀態。小畜與豫卦參酌互看，則小畜以小畜大，有「高山不辭其壤、江海不辭涓滴」之意，在豫之建侯行師時，若能同時保有小畜之鉅細靡遺、耐心等候、待時而發的工夫，則仍有亨通的可能，〈豫‧彖〉亦言：「豫之時義大矣哉」，與小畜之待時而發有相通之處。

豫難有元、貞之德，豫之前兩卦是大有，〈序卦〉曰：「……大有，有大者不可以盈，故受之以謙。有大而能謙必豫，故受之以豫。」實則說明豫卦之最佳狀態其實是兼具大有、謙二卦之精髓：「有大而能謙」，能謙即能亨，能有大（即大有）即能「元亨」，然處豫而能兼有謙已屬不易，處豫而想兼大有之「其德剛建而文明」，更是談何容易。至於豫之無貞德，乃因豫之建侯行師之後，即是大破壞之後，尚未談到建設的問題，是無貞固之德。

豫六五云：「貞，疾，恆不死。」黃壽祺、張善文《周易譯註》釋曰：「貞疾，猶言守正防疾。此喻六五處歡樂之世，柔居君位，下恃九四強臣，有沈樂忘憂之危，故誡其守正防疾，才能恆不死。」〔註69〕

〔註69〕同註38，黃壽祺、張善文：《周易譯註》，頁149。

十七　隨　䷐　兌上 震下

隨卦卦辭：

隨：元，亨，利，貞，無咎。

〈隨‧彖〉曰：

隨，剛來而下柔，動而說。隨，大亨貞無咎，而天下隨時，隨時之義大矣哉！

　　《周易正義》釋「元，亨，利，貞，無咎」曰：「『元亨』者，於相隨之世，必大得亨通，若其不大亨通，則無以相隨，逆於時也；『利貞』者，相隨之體，須利在得正，隨而不正，則邪僻之道，必須利貞也；『無咎』者，有此四德，乃無咎，以苟相從，涉於朋黨，故必須四德乃無咎也。」〔註70〕此謂所隨必須爲至正，乃得大亨有利，而無咎害。〈隨‧彖〉之「剛來而下柔」，《正義》釋曰：「震處兌下，是『剛來下柔』：震動而兌說，既能下人，動則喜說，所以物皆隨從也。」〔註71〕對「剛來而下柔」，「隨，大亨貞無咎」，王夫之《周易內傳》曰：「彖備四德，傳不言利者，體仁合禮而恒於正，則和義而利物。凡彖傳釋利貞，不更言利，皆準此。」〔註72〕又曰：「『天下隨時』者，天下已成乎陰上陽下之時，而因時以與之周旋，順乎時而不失其大正，此唯全體天德，而爲聖人不磷不緇之堅白，而後無可無不可。」〔註73〕王夫之釋四德，亦依〈乾‧文言〉「體仁足以長人，嘉會足以合禮，利物足以和義，貞固足以幹事」之義，則王夫之仍以「體仁」釋「元」，甚至釋〈隨‧彖〉「大亨貞」之「大」，可見其以「體仁」釋「元」、並釋「大」，則其以「元」爲「大」、爲「體仁」，實三者爲一也，「元」爲「大」爲「始」，此其初義，「體仁」爲義理上之引申義，就其包容性而言爲「大」，就其原發性而言爲「始」，就其落實於道德生活而言則爲「體仁」，是三者實爲一也，不只是並行不悖而已。

　　「全體天德」之「天德」實際即爲「元」、爲「仁」，曾昭旭師在〈聖之時者解〉一文中說：「到底是聖之時者抑是任情而流，關鍵則仍在於仁之自覺與否。……要眞說儒家學問，畢竟只此是核心。至於時，則只是此一自覺的

〔註70〕同註4，王弼、韓康伯注，孔穎達疏《周易正義》卷3，頁56上。
〔註71〕同註4，王弼、韓康伯注，孔穎達疏《周易正義》卷3，頁56上。
〔註72〕同註20，王夫之：《周易內傳》，頁182。
〔註73〕同註20，王夫之：《周易內傳》，頁182。

當機運用所成的恰當形態而已。」〔註74〕此語亦點出能隨之先決條件還在於有「元」德、有「仁」德也。

〈屯・彖〉亦以「大亨貞」釋其卦辭之「元亨利貞」，則是王夫之「象傳釋利貞，不更言利。皆準此」之另一例，此外更別無他例，王夫之釋〈屯・彖〉「動乎險中，大亨貞」云：「方險而動，陽剛不爲難阻，體天之健行以出而有功，所以具四德而首出咸通，得性命之正。」〔註75〕是亦以「體天之健行」釋「元」，則「元」在天爲健行不已之動力，在人則爲仁德發用的根源，此爲《易》之自然哲學與道德意涵相融而成的結果。

隨卦與謙卦比較，則隨爲「全體天德，而爲聖人不磷不緇之堅白，而後無可無不可」，故能有絕對自信，乃能隨性，〈雜卦〉云「隨，無故也。」此「故」即爲成見、包袱、舊習等等，無故則沒有身段，隨時可以用最柔、最低下的姿勢來因應時勢或人事，此孔子「從心所欲不踰矩」之義，時可行則行，時可止則止，「夫子時然後言，人不厭其言；樂然後笑，人不厭其笑；義然後取，人不厭其取」（《論語・憲問》），與〈繫辭・上〉第八章：「言行，君子之樞機，樞機之發，榮辱之主也」，與《中庸》「君子而時中」義相合也，所以孔子乃聖人中之「聖之時者」，「可以仕則仕，可以止則止，可以久則久，可以速則速」（《孟子・公孫丑上》），聖人隨時「全體天德」，因此其聖之德性並不特別偏向某一方面之展現，如伯夷、叔齊之「清」，伊尹之「任」，及柳下惠之「和」也，皆是侷限於某一局面，而不是全方位的展現，此亦〈繫辭〉「不可爲典要，唯變所適」之義。

謙卦則強調君子有絕對自信之後，仍能自覺的保持謙遜以下人的態度，故能「君子有終」（謙卦辭），卦辭有亨之德，〈謙・彖〉曰：「天道虧盈而益謙，地道變盈而流謙，鬼神害盈而福謙，人道惡盈而好謙」，君子謙謙，到哪裡都亨通，故謙具亨德也。然謙爲何不若隨之四德俱全？若就卦象言，王夫之云謙卦「唯一陽浮寄於眾陰之中」，〔註76〕而隨卦「震陽生於下，以從二陰，兌陽漸長，而猶從一陰，躡其後而順之行，故爲隨。陽雖隨陰，而初陽得資始之氣，以司帝之出，得乾元亨之德；四、五漸長，陽盛而居中，以大正而

〔註74〕見曾昭旭：《道德與道德實踐》（臺北：漢光文化事業公司，1983 年 4 月印本），頁 110。
〔註75〕同註20，王夫之：《周易內傳》，頁 93。
〔註76〕同註20，王夫之：《周易內傳》，頁 168。

利物，得乾利貞之德。……使非具四德，而係戀乎陰，以喪其剛健中正之實，……其咎大矣。」〔註77〕就二者義理而言，謙沖之德乃是君子自持自守之德，可以不隨事物而動搖，然於隨卦，君子以己隨人，志在潤化所及之事物，則須以隨順之姿跟從，以伺機教化也，然於隨順之時，一定要心中有主（元之「體仁」，此為初衷），看似被動，實為主動，姑稱為「主動的被動」，如此才能轉化既成之結構，乃能亨通而得利，此亦《論語》「和而不同」、《中庸》「和而不流」之義；否則徒然「係戀乎陰，以喪其剛健中正之實」，則如何能無咎？此為隨卦與謙卦的差別。

再者，是隨卦與乾卦的差別：「元、亨、利、貞」是乾卦的四德，而隨卦卦辭也說「元、亨、利、貞」，但多了「無咎」二字，表示隨能隨時變化、能屈能伸，這雖合乎創造的精神，但隨得不好也會出大毛病：若成了隨意、隨便，而毫無原則，這就有「咎」了。

隨九四云：「隨有獲，貞凶。有孚在道，以明，何咎！」王夫之釋曰：「五陽得位，而四隨之，必獲其心。乃當隨之時，方競隨陰，而四獨守貞以依主，葰弘之所以為晉殺，孔融之所以為操害也，雖貞而凶矣。然其所孚者，故道也，能明於倡和之義，上下之分，身雖死而志白於天下，又何咎乎！」〔註78〕

另一種對此爻「貞凶」的說法，是黃壽祺、張善文《周易譯註》所言：「貞凶，猶言守正防凶。此謂九四陽居陰位，近君而善為人從，有違正之象，應當趨正常守，謹防凶險，故戒以『貞凶』。」〔註79〕

十八　蠱　☶　艮上
　　　　　　　巽下

蠱卦卦辭：

　蠱：元亨，利涉大川。先甲三日，後甲三日。

〈蠱‧彖〉曰：

　蠱，剛上而柔下。巽而止，蠱。蠱元亨，而天下治也，利涉大川，往有事也。先甲三日，後甲三日，終則有始，天行也。

蠱卦卦名歷來即有多方解釋：有從上下卦之合體卦象解義，即〈蠱‧彖〉

〔註77〕同註20，王夫之：《周易內傳》，頁181～182。
〔註78〕同註20，王夫之：《周易內傳》，頁185。
〔註79〕同註38，黃壽祺、張善文：《周易譯註》，頁156。

之「剛上而柔下，巽而止」之說；有從義理發揮者，如程頤曰：「自古治必因
亂，亂則開治，理自然也，如卦之才以治蠱，則能致元亨也。」〔註80〕有從
蠱字字形上發揮者，如王夫之曰：「『蠱』……从蟲从皿。……奉養於人者，
以皿盛蟲而進之，毛血鱗介昆，皆蠱也。」〔註81〕

　　〈序卦〉云：「以喜隨人者必有事，蠱者，事也。有事而後可大，故受之
以臨。臨者，大也。」〈雜卦〉云：「隨，無故也。蠱，則飭也。」隨、蠱二
卦相序相綜又相錯，其關係之密切，幾與否、泰二卦同。〈隨・大象〉云：「君
子以嚮晦入宴息。」〈蠱・大象〉云：「山下有風，蠱，君子以振民育德。」
可見兩者是截然不同的風格與氣象，直是此翻然變臉而爲彼也：隨卦講求隨
順情境、無入而不自得，蠱卦則要振作民氣、竭力整飭之，此亦蠱之「飭」
義所從出。然隨、蠱亦相序相綜，其中必有綿綿若存之關聯，如〈序卦〉「以
喜隨人者必有事，蠱者，事也」之義，李光地云：「壞極則有復通之理，但當
弘濟艱難，而不可狃於安，維始愼終而不可輕於動，故以利涉大川，先甲後
甲爲戒。」〔註82〕前一階段之終，即爲後一階段之始，交相重疊，無法劃分，
如唐玄宗天寶年間，雖是盛極一時之治世，然其中亦同時含有衰敗的因素了。
所以治蠱必須看清此中良莠駁雜、盤根錯節之處，乃能負起承先啓後的時代
責任，其中守成與創新同等重要。

　　蠱卦是一個讓人「很忙」的卦：前人的成果與過失既要一起承擔、矯正，
概括的負責，又要因應時代潮流之趨向，以興利除弊，甚至大刀闊斧的變法
革興，「蠱，壞前之終」，則蠱爲「除弊」，「蠱，事後之始」，則蠱爲「興利」，
這在在都是不可小覷之「事」也，所以說這一卦很忙、很多事要做。此亦蠱
之「事」義所從出。

　　此卦不禁令人想起雍正皇帝，和《紅樓夢》裡的賈探春：前者雍正夾在
「康、乾盛世」之間，在位僅十四年，即得接下康熙「削三藩」和平定葛爾
丹之後留下的內政爛攤子，而致力於政經和軍事改革，也爲後繼的乾隆之治
打下紮實的基礎。而後者在《紅樓夢》第五十六回「敏探春興利除宿弊、賢
寶釵小惠全大體」中力挽賈府在王熙鳳手中敗壞的家風與家計，處沈疴之際，

〔註80〕 同註53，黃忠天：《周易程傳註評》，頁213。

〔註81〕 同註20，王夫之：《周易內傳》，頁187。

〔註82〕 （清）李光地：《御纂周易折中》（臺北：臺灣商務印書館，1983年6月印本，
　　　　《景印文淵閣四庫全書》經部第32冊：易類），卷3，頁38～99下。

反更能表現其俐落明快的思維與手腕，其識見與能力，實在寶釵與鳳姐之上。

面對如此需要振衰起敝的處境，還真不能沒有「元」德來提振士氣、積極整飭，《易經》中處處蘊含辯證之思維：形勢已壞到了谷底，反能更激勵人從爛泥地裡再爬起、一切重新開始，以走通眼前這個困境，是以處蠱而能「亨」；實際，一說「元」，即包「亨」，有了源源不絕的創造力、原動力，則從任何環境當中都能「生生」，即甍甍生新、絕處逢生，進而達至〈蠱・彖〉所言「天下治也」的境界，此「終則有始」之理，乃「天行」之理也，唯君子乃能有此大信。

除蠱卦外，他卦如困，卦辭曰「困亨」，〈困・彖〉曰「困而不失其所亨，其唯君子乎」，自勉自勵之義，不言可喻；坎卦卦辭更直接說「有孚，維心亨，行有尚」，「有孚」是對天理天道有大信，乃能以一己之「心」來「亨」，坎、困二卦之處境當較蠱卦艱險而迍邅，然卦辭皆云「亨」，反不提「元」德，是要君子仁人自己提振自己，「心常在腔子中」，以此走通生命的險境困境，以己身作旁人的最佳典範——作「人能弘道」及「盡心、知性、知天」的鮮活力證！

蠱卦之「元亨」，一說來自〈蠱・彖〉曰「剛上而柔下」也，王夫之釋為：「『元亨』者，上下各得其分，而下能致養，於時始亨也。」〔註83〕蠱卦之上、下兩體皆為「剛上而柔下」，顯見整個道德秩序是在軌道上的，因初處蠱之時，雖是交接之際，然其道德理想性卻也是最濃厚之時，而「下能致養」，陰性的現實環境恰能夠提供理想得以落實的土壤，以是得「元亨」也。

蠱卦除元、亨外，尚有「利」德，「元、亨」用在「除弊」，「利」用在「興利」，而「利涉大川，往有事也」亦有勉勵君子勇往前行、持續奮鬥之意。蠱包元、亨、利三德，而無「貞」德，此因蠱必須面對以往歷史沿襲下來所帶來的積弊，弊之積，即由於「不貞正」，因此從初爻至五爻，必須一直「幹父之蠱」、「幹母之蠱」，甚至過猶不及，還有四爻之「裕父之蠱」，則除蠱之過程，亦時有不得中道、不能貞正的風險，然而也只能邊做邊改，以期達於中道，而不能停滯停留，使蠱之事態加深加重。〈乾・文言〉曰「貞者，事之幹也。……貞固足以幹事」，是有貞固之德乃能幹事，然處蠱之時，卻必須秉其元德、仁心不斷的幹事，從中摸索出中道、正道，繼而能撥亂反「正」也。

依卦序，蠱之後為臨卦，臨卦卦辭又具元、亨、利、貞四德，蠱若能援引臨之貞德，以正道臨事而治蠱，則或能得其貞德也。

蠱九二云：「幹母之蠱，不可貞。」王弼注曰：「居於內中，宜幹母事，

〔註83〕同註20，王夫之：《周易內傳》，頁187。

故曰『幹母之蠱』也；婦人之性難可全正，宜屈己剛，既幹且順，故曰『不可貞』也。」〔註84〕此亦〈小象〉「得中道也」之義。

第五節　臨、觀、噬嗑、賁、剝、復

十九　臨　䷒　坤上
　　　　　　兌下

臨卦卦辭：

　　臨：元，亨，利，貞，至於八月有凶。

〈臨‧彖〉曰：

　　臨，剛浸而長，說而順，剛中而應。大亨以正，天之道也。至於八
　　月有凶，消不久也。

臨卦是少數卦在一開始即開宗明義標舉「元，亨，利，貞」四德兼具的，關於「臨」字，《詩經‧大雅》〈大明〉有「上帝臨汝」之句，《穀梁傳》哀公七年：「《春秋》有臨天下之言焉」，徐乾曰：「臨者，撫有之也」，〔註85〕《爾雅‧釋詁》訓之曰：「視也」，《說文解字》則釋曰：「監也」，由此四說可看出「臨」實含有「以上視下」、「以尊臨卑」之義。〈序卦〉云：「有事而後可大，故受之以臨。臨者，大也。」此句實含有臨人者必須德尊隆聖的意思，觀本卦卦象，初、二爻陽剛浸長，正寓道德理想已然形成、將能落實於現實之中，故《周易正義》說：「以陽之浸長，其德壯大，可以監臨於下，故曰臨也。」〔註86〕

臨之初、二爻陽剛浸長，以剛貞陰，以二陽爻貞定三、四、五、上四個陰爻，故曰「臨」也，既臨之，便要注重方法，因此身段要柔，要「說而順」，但行事雖如此柔婉，堅毅的理想卻不因此而打折扣，因為「剛中而應」，九二居下卦之中與群陰（或上卦之主六五）相應，志剛而行柔，這是可以大大亨通而又守中持正的，因為它符合天道的原則。

此卦講的雖是君王臨民之道，但證諸筆者多年教國中學生的經驗，亦能

〔註84〕同註4，王弼、韓康伯注，孔穎達疏《周易正義》卷3，頁58上。

〔註85〕范甯注、楊士勛疏：《春秋穀梁傳注疏》〈哀公七年〉（臺北：藝文印書館，1993年9月印本，《重刻宋本十三經注疏附校勘記》第7冊），卷20，頁202上。

〔註86〕同註4，王弼、韓康伯注，孔穎達疏《周易正義》卷3，頁58下。

符合以師臨生之道：教學生做人當然是以聖人之道作為強大後盾，但直接把它搬出來只會嚇跑學生，很多時候必須放下身段、假以辭色，還必須時時察言觀色，待取得學生的信任與敬重之後，才可循循善誘之，否則直接的循循善誘只會變成洪水猛獸，把學生推得離你越來越遠，因此親近聖人之道的機會也越來越少，如此豈非有違教育的初衷？只要自己能「剛中」，確定自己的目標，行事上當然是可以權變的，正因為「剛中」，所以無論採取何種措施都是其來有自、方向正確的，縱然收不了一時之效，導致理想性似乎被打折扣的假象，但是就長遠來看，這才是真正能夠行得通的。譬如學生雖懵懵懂懂，但因為心無所定著、一無依傍，心裏其實也是渴慕正道正理的，為師者必須用極大的耐心及智慧才能導其入正途。

至於「至於八月有凶，消不久也」，各家解釋不同，但多與卦氣論陰陽消息有關，因不在本文探討之列，姑且不論，總括其論之要旨都在警惕：此卦雖四德俱足，然不可就此有恃無恐，尚需戰戰兢兢行事。

〈臨·彖〉云「大亨以正」，表面上好像只強調亨、貞二德，其實亨自元來，貞自利來，說亨、貞其實包含元、利在先，因為這是必然的生成過程。至於〈臨·象〉云：「澤上有地，臨，君子以教思無窮，容保民無疆。」臨卦對君王而言，是督治、保護人民的課題，對君子來說，就是教化、並且容畜人民的課題，臨卦下卦為兌，「兌」有喜悅、及言說的意思，在此正符合象辭中君子誨人不倦的意象，胡炳文《周易本義通釋》說：「不徒曰『教』，而曰『教思』，其意思如兌澤之深；不徒曰『保民』，而曰『容民』，其度量如坤土之大。」〔註87〕此言緊扣上下卦的意象來論述，頗為中肯。

臨卦講的是化育的課題，程頤曰：「化育之功，所以不息者，剛正和順而已。以此臨人、臨事、臨天下，莫不大亨而得正也。」〔註88〕此言的是。

二十　觀　䷓　巽上
　　　　　　　坤下

觀卦卦辭：

　　觀：盥而不薦，有孚顒若。

〔註87〕（元）胡炳文：《周易本義通釋》（臺北：世界書局，1986年，《景印摛藻堂四庫全書薈要》經部第9冊：易類），卷3，頁10～713上。

〔註88〕同註11，程頤：《易程傳》，頁172～173。

〈觀‧彖〉曰：

　　大觀在上，順而巽，中正以觀天下。觀，盥而不薦，有孚顒若，下觀

　　而化也。觀，天之神道，而四時不忒，聖人以神道設教而天下服矣。

　　王夫之釋曰：「此卦四陰浸長，二陽將消，而九五不失其尊以臨乎下。於斯時也，抑之而不能，避之而不可，唯居高而不自媟，正位以俯待之，則群陰瞻望尊嚴而不敢逼。」〔註89〕又云：「君子之處亂世，陰邪方長，未嘗不欲相忮害，而靜正剛嚴，彼且無從施其干犯而瞻仰之，乃以愛身而愛道，蓋亦若此。德威在己而不在物，存仁存禮，而不憂橫逆之至，率其素履，非以避禍而邀福，而遠恥遠辱之道存焉矣。」〔註90〕由此可知，觀卦在王夫之看來是非常險惡之卦，以此也可解釋爲何觀卦元、亨、利、貞四德全無。

　　王夫之又釋〈觀‧彖〉之「觀，天之神道」曰：「觀者，天之神道也，不言不動而自妙其化者也。二陽在天位，自天以下皆陰也。天以剛健爲道，垂法象於上，而神存乎其中；……聖人法此，以身設教，愚賤頑冥之嗜欲風氣雜然繁興，而『顒若』之誠，但盥而不輕薦，自令巧者無所施其辯，悍者無所施其爭，而天下福矣。」〔註91〕王夫之即以此卦秉其陽剛嚴敬之氣，處污世之中，而能不失其清正，王夫之並作〈觀生居銘〉，以自道其幽居之治。曾昭旭師闡發其意說：「蓋謂奸邪猖獗，君子見逐，是陰盛陽消，天地閉塞之時也。己雖不忍坐視，而孤陽危處，行道無援，亦唯幽居自靖，……而唯自盥潔其身，其以一己之貞德默證天理焉。」〔註92〕

　　〈觀‧大象〉亦云：「風行地上，觀，先王以省方觀民設教。」這是說爲政者到各地考察、訪求民情，以作爲施政的參考。風地觀，下順上巽，下卦爲坤，代表黎民百姓，上卦爲風，象徵政治教化——君子之德風，小人之德草，草上之風必偃。觀卦是六十四卦中宗教色彩最濃厚的一個卦，藉著宗廟祭禮，可明白天人互動的精微，並藉此引導和教化人民。

　　觀卦無元、亨、利、貞四德中任何一德，因爲陰之勢力浸長至下四爻，侵逼於九五，其勢既不可遏，於義又不可逃，形勢異常險惡，是以無元、亨、利、貞四德。而與觀相綜相序之臨卦，臨卦二陽爻在下，陽氣日盛，實力漸

〔註89〕同註20，王夫之：《周易內傳》，頁 199～200。

〔註90〕同註20，王夫之：《周易內傳》，頁 200。

〔註91〕同註20，王夫之：《周易內傳》，頁 201。

〔註92〕曾昭旭：《王船山哲學》（臺北：遠景出版事業公司，1996 年 5 月印本），頁 24～25。

長，形勢大有可爲，基礎穩健，格局開闊，是以元、亨、利、貞四德俱全，但觀爲臨之綜卦，觀爲八月，臨爲十二月，是以〈臨・彖〉有「至於八月有凶」之警語，即是警告雖於臨卦之境，也可能形勢逆轉至觀卦之險惡處境，而元、亨、利、貞四德全無；但如果反向思考：則觀也有可能逆轉形勢至臨卦，其關鍵之處，也許就是〈雜卦〉對此二卦所概稱的：「臨觀之義，或與或求。」處觀卦之境地，本無可作爲，但臨觀之際、與求之間，本就糾葛交錯，難分難解，對執政者而言，爲人民謀福利，這是施與；然而執政者也要求人民服役納稅等，這是要求。對人民而言，其施與和要求，則是反向的，然而或與或求，總是雙向互動、且不斷交流的，若能熟諳其機制運作，運用之妙，存乎一心，則或臨或觀，實是由審時度勢而來，因此是否四德俱全，或四德全無，也全在於知幾。然而無論處觀或處臨，皆以眞誠剛正爲本也。

二十一　噬嗑　䷔　離上　震下

噬嗑卦卦辭：

　噬嗑：亨，利用獄。

〈噬嗑・彖〉曰：

　頤中有物，曰噬嗑。噬嗑而亨，剛柔分，動而明，雷電合而章。柔
　得中而上行。雖不當位，利用獄也。

噬嗑卦與法律、刑罰密切相關，〈噬嗑・大象〉曰：「雷電噬嗑，先王以明罰敕法。」卦辭、〈彖〉和〈大象〉，三者都講到律法以及刑罰。〈序卦〉則曰：「可觀而後有所合，故受之以噬嗑。嗑者，合也。物不可以苟合而已，故受之以賁。」〈雜卦〉曰：「噬嗑，食也。」就噬嗑之卦象言，初、上兩爻爲陽爻，二陽之間，爲三陰一陽，一陽爲九四，其形在二陽之間，有如口中之物（即〈噬嗑・彖〉曰：「頤中有物，曰噬嗑。」），又似如鯁在喉，欲除之而後快，故以噬嗑爲「食」、爲「咬合」之意。然其引申之意涵與刑罰有關，當是因爲噬嗑即用力咬合以剷除障礙，使對方就範，如雷電之雷霆萬鈞、毋枉毋縱，如此才能使政治清明、上軌道，而能亨通。〈噬嗑・彖〉曰：「噬嗑而亨，剛柔分，動而明，雷電合而章」，噬嗑之有亨德，乃因六爻剛柔分明，九四處群陰之中，形勢如鯁在喉，爲除之而後快，此時展開行動是準確迅速而目標明確的，「動而明」亦可解爲下卦震動，鐵面無私、雷屬風行，上卦離明，

審愼議獄、毋枉毋縱，雷電相合，如刑罰之彰明。

〈中孚・大象〉曰：「澤上有風，中孚，君子以議獄緩死。」中孚卦下澤上風，風吹澤上，撫臨萬物，意象柔和，即連最需要鐵腕作風的獄政制度，也要「議獄緩死」。噬嗑卦下雷上火，意象則較中孚卦更爲剛猛，但雷霆剛猛，離火柔和，仍能收剛柔相繼之效。「柔得中而上行，雖不當位，利用獄也」，指六五得中位，雖以柔居剛不當位，然以此尊位而行刑罰治獄之事，卻能收以柔濟剛之效。

卦辭「噬嗑：亨」，王夫之曰：「初、上二陽，以其剛制之才，強函雜亂之陰陽於中，而使之合，是齮合也。『亨』者，物不合則志氣不通，雖曰齮合，而亦合矣，是噬嗑之亨也。」〔註93〕

〈彖〉曰：「柔得中而上行，雖不當位，利用獄也」，王夫之釋曰：「『不當位』，謂六五也。變否塞之道，柔自初而上行以得中，炤其妄而治以刑，合於義矣，故『利』。兩造曰『訟』，上察下惡而治之曰『獄』。」〔註94〕「利」之字義與「義」有關，見第二章，是以王夫之直曰：「合於義矣，故『利』。」

〈噬嗑・大象〉亦曰：「雷電噬嗑，先王以明罰敕法。」可見噬嗑是先王以最強硬的手段，來達成統合之目的，以求國勢亨通。與噬嗑內外卦互換的豐卦，其〈豐・大象〉則曰：「君子以折獄致刑。」王夫之解釋其中的不同爲：「離明以明罰，雷動以敕法，所以制疑叛之人心而合之也，故爲『噬嗑』。禁令懸於上，不率者則謹持而決之。此定法律於未犯之先，故既明則必斷，與豐殊用。豐者折獄於已犯之後，法雖定而必詳察以下求其情，故既斷而必明。噬嗑，先王之道；豐，司寇之道。法定於一王，獄成於良有司也。」〔註95〕又說：「噬嗑之『明罰敕法』，已斷而必更察之，立法之愼，先王詳刑之典，君道也。豐之『折獄致刑』，已明則斷，君子用法之嚴，吏治也。」〔註96〕噬嗑卦離明在上以明罰，豐則離明在下以詳察其情，功用不同；噬嗑卦雷動在下以敕法，豐則雷動於上以折獄，時勢不同也。王夫之釐清剖析得甚是。

噬嗑無元德、無貞德，何故？噬嗑以強力才勉強得以亨通，勢所難免，然實已離原始渾厚之元德甚遠，失其淋漓大氣。噬嗑又以破壞（咬合）爲手

〔註93〕同註20，王夫之：《周易內傳》，頁207。

〔註94〕同註20，王夫之：《周易內傳》，頁208。

〔註95〕同註20，王夫之：《周易內傳》，頁209。

〔註96〕同註20，王夫之：《周易內傳》，頁442。

段乃得亨通，則如何能夠貞定和貞固事物？以是無元德、無貞德，而利德也只限於「用獄」也。

　　噬嗑九四云：「噬乾胏，得金矢。利艱貞，吉。」小象云：「利艱貞，吉，未光也。」王弼注：「金，剛也；矢，直也。噬乾胏而得剛直，可以利於艱貞之吉。」〔註97〕此言九四秉性剛直，利於在艱難之中守正，可得吉也。

　　噬嗑六五云：「噬乾肉，得黃金。貞厲，無咎。」小象曰：「貞厲，無咎，得當也。」王弼注：「處得尊位，以柔乘剛，而居於中，能行其戮者也；履不正而能行其戮，剛勝者也；噬雖不服，得中而勝，故曰『噬乾肉，得黃金』也。己雖不正，而刑戮得當，故貞厲而無咎也。」〔註98〕

二十二　賁　☲☶　艮上 離下

賁卦卦辭：

　　賁：亨，小利有攸往。

〈賁‧彖〉曰：

　　賁亨。柔來而文剛，故亨。分剛上而文柔，故小利有攸往。（……）
　　天文也；文明以止，人文也。觀乎天文，以察時變；觀乎人文，以化成天下。

　　噬嗑卦以強硬手段求亨，賁卦則以文飾求亨，文飾之亨不能耐久，所以只能「小利有攸往」。質勝文則野，文勝質則史，文質彬彬符合中庸之道，當然最好，退而求其次，則寧質勿文，《老子》第四十一章之「明道若昧，大白若辱，大音希聲，大象無形」，正為上九「白賁，無咎」之最佳詮釋。

　　王夫之謂：「『賁亨』，言賁所以亨者，陽之亨；『小利有攸往』，陰之利，非陽之利也。自上接下曰『來』。一陽之上，一陰即至，以相錯而文之。陽道本質實而剛正，陽甫動而陰即來，虛柔以適於人情，剛不戾物，而貴賤靈蠢皆樂觀而就之，陽道亨矣。」〔註99〕此釋賁之亨也，則是著眼於陰陽相感而和諧浹洽，是以能亨。

　　王夫之釋賁之「利」德則謂：「泰之變，從三陽之中，分而往上也。柔在

〔註97〕同註4，王弼、韓康伯注，孔穎達疏《周易正義》卷3，頁61下～62上。
〔註98〕同註4，王弼、韓康伯注，孔穎達疏《周易正義》卷3，頁62上。
〔註99〕同註20，王夫之：《周易內傳》，頁214。

上而易流，或至泥於情欲而違於理；剛舍中位，離其類而上，以止陰之過，則聲色臭味皆有節而不拂於理，陰之往乃以利焉。」〔註100〕此釋賁之利也，亦是著眼於陰陽相感而交流相通，然因爲是以陽「止陰之過」，是以在實際具體的結構如聲色臭味方面皆能「有節而不拂於理」，是以處處爲有利也。

　　然賁之有亨及（小）利德，其德卻來自於陰陽之間雜而又調和之故，但設若「美不足而務飾之」，則將「飾有餘則誠愈不足矣」。〔註101〕是以《呂氏春秋·慎行論》、《說苑·反質》、《孔子家語·好生》皆記載孔子自筮得賁卦，喟然而嘆，謂賁「非正色也」。《說苑·反質篇》曰：「孔子卦得賁，喟然仰而嘆息，意不平。子張進，舉手而問曰：『師聞賁者吉卦而嘆之乎？』孔子曰：『賁非正色也，是以嘆之！吾思夫質素，白當正白，黑當正黑，夫質文何也？吾亦聞之：丹漆不文，白玉不雕，珠寶不飾，何也？質有餘者，不受飾也。』」〔註102〕《呂氏春秋·慎行論》、《孔子家語·好生》所記載的文字，其大意亦類於《說苑》之紀錄。王夫之則謂：「小謂陰也，雖亨雖利，非大始自然之美利，而不足於貞。〈彖〉於四德，有亨利而無元貞。夫子噬得賁而懼，以此也夫！」〔註103〕

　　賁何以無元德？乃因賁爲外爍、文飾之意，很容易就文飾過了頭，而成爲「文勝質則史」，則離本源道體益遠矣！故王夫之謂賁：「止於亨利者：君子之道，時行時止，即質即文，而斤斤然周密調停，以求合於人情事理，則抑末而非本也。」〔註104〕賁之卦形紋理陰陽相錯有致，即爲剛柔「周密調停」之象，然而就因爲太講究這種或質或文的比例，「以求合於人情事理」，反而失去自然之大氣，而拘拘落於形式之要求，則是捨本逐末，去道遠矣，是以無元德。

　　至於賁無貞德，何故？上述賁卦容易捨本逐末，是以去道遠矣，然賁亦以此不能自貞矣。王夫之謂：「自非聖人，因賁而與之俱賁，則隨化以流，而與人爭美利於小節，賁之所以可懼也。」〔註105〕賁飾過度之結果，只能落於

〔註100〕同註20，王夫之：《周易內傳》，頁214。

〔註101〕同註20，王夫之：《周易內傳》，頁213。

〔註102〕（漢）劉向：《說苑·反質》（臺北：世界書局，1987年，《四庫全書薈要》子部第2冊：儒家類），卷20，頁247～191上。

〔註103〕同註20，王夫之：《周易內傳》，頁213。

〔註104〕同註20，王夫之：《周易內傳》，頁214。

〔註105〕同註20，王夫之：《周易內傳》，頁215。

與人比美了，因此女人的衣櫃裡永遠少一件衣服；而男人的小車永遠不夠看，老想著要換一輛更大更新更貴的跑車；手機式樣舊了務必換新；同樣是吃青菜蘿蔔到大飯館去吃價位是三級跳，但不去不能彰顯其身分地位；小公寓只是暫時住著，花園別墅才是最後的歸宿……，凡此種種「賁飾」自身的慾望，使得資本主義乃能以此為溫床，對消費者的消費動機持續加溫，務必使「物交物，則引之而已矣」！若此則如何能安頓身心、如何能自貞？

〈賁‧大象〉：「山下有火，賁，君子以明庶政，無敢折獄。」亦顯示了賁這種注重小節的特性：「庶政」是例行而瑣碎的行政事務，「折獄」卻是判斷犯人或生或死的重大決定，〈賁‧大象〉在此特別叮囑「無敢折獄」，這是因為折獄一定要有相當的道德修為以及人生閱歷作為雄厚的背景，所以注重以誠相感的中孚卦，其〈大象〉曰：「君子以議獄緩死。」即或有深厚的人文素養之背景，仍須再三的議論探討，乃能斷獄，所以在賁卦，也只能「明庶政」，處理好日常之事務，而不宜制定重大的決策。

二十三　剝　䷖　艮上
坤下

剝卦卦辭：

剝：不利有攸往。

〈剝‧彖〉曰：

剝，剝也，柔變剛也。不利有攸往，小人長也。順而止之，觀象也。

君子尚消息盈虛，天行也。

〈序卦〉云：「賁者，飾也。致飾然後亨則盡矣，故受之以剝。剝者，剝也。物不可以終盡，剝窮上反下，故受之以復。復則不妄矣，故受之以無妄。」剝卦之前為賁卦，文飾是尚，過度在虛浮的表面下工夫，必然會疏忽心性的修養，而致侵蝕人性基礎，造成社會風氣敗壞，連僅有的亨通之德都會消耗完，這就到了剝卦；剝盡復來，由剝而復，復卦一元復始，初九陽爻浸長，一切又有了新希望；復卦之後是無妄卦，則元、亨、利、貞四德俱全。

〈雜卦〉云：「剝，爛也。」剝卦五陰之勢上漲，侵逼一陽，從根本上爛得通透，毫無元、亨、利、貞四德中之任何一德，然而與剝互為綜卦的復卦，〈雜卦〉則云：「復，反也。」一陽復反，基礎踏實穩固，〈繫辭‧下〉第七章之論憂患九卦，即云復為：「德之本也。」復卦一陽初始，是為德之本也。而復卦卦

辭云「復亨，出入無疾，朋來無咎」，又云「利有攸往」，有亨德以及利德可爲剝之資助，故雖處剝之時，如能想到有剝極而反，反至於復卦之可能，而以逆來順受的姿態，處之泰然，則仍能有亨通之道，以及有利於長遠的未來的可能。

與剝卦相錯之卦爲夬卦，其卦辭曰：「不利即戎，利有攸往」，有利、有不利，〈剝·象〉曰「小人長也」，〈夬·象〉曰「剛長乃終」也，二者正好是相反的態勢，可見得陰集圖（即小人）勢力強大的剝卦，還是要得到陽集團勢力強大的夬卦之奧援，藉此提漸心性，才能得利。

剝初六云：「剝床以足，蔑貞凶。」小象曰：「剝床以足，以滅下也。」剝六二云：「剝床以辨，蔑貞凶。」小象曰：「剝床以辨，未有與也。」王弼注：「蔑貞凶」爲「正削而凶來也」，〔註106〕可以之爲此二爻爻辭「蔑貞凶」之解也。

二十四　復　䷗　坤上
震下

復卦卦辭：

　　復：亨。出入無疾，朋來無咎。反復其道，七日來復，利有攸往。

〈復·彖〉曰：

　　復亨。剛反，動而以順行，是以出入無疾，朋來無咎。反復其道，

　　七日來復，天行也。利有攸往，剛長也。復，其見天地之心乎！

〈雜卦〉云：「復，反也。」〈繫辭·下〉第七章闡釋憂患九卦，其中釋復卦爲：「復，德之本也」，又釋之爲「復，小而辨於物」、以及「復以自知」，復之陽爻雖位居卑小，然而卻是初始之位，有如初胚之具體而微，基因全在，於此初始之時即明辨於物，乃能於日後發揮大用，是以復初九云：「不遠復，無祇悔，元吉。」

《老子》云：「萬物並作，吾以觀復。夫物芸芸，各復歸其根。歸根曰靜，是謂復命。復命曰常，知常曰明。」又云：「常德不離，復歸於嬰兒……常德不忒，復歸於無極……常德乃足，復歸於樸。」等有關「復」的觀念，亦與《易經》的復卦有相通之處。復卦一陽復始，其生發之勢銳不可擋，而《老子》之復有復返、回歸、溯源之意，亦是回到本性的初始點，來一一檢視、一一沉澱的意思，但老子之「復」似較爲沉寂無爲，而《易經》之復卦則呈顯積極可爲的氣象。明儒馬一浮先生成立書院，刻經講學，期有補於世道人

〔註106〕同註4，王弼、韓康伯注，孔穎達疏《周易正義》卷3，頁64上。

心，其書院即名爲「復性」。

近年有生物學家以人工培育埃及陵墓中之千年古蓮的種子成功，種子的生命力，在沉睡千年以後還能萌發幼芽，繼而抽枝吐葉，的確非常神奇，但這也提示了我們種子與核仁的力量，是多麼具有穿透時空的能力，而「核仁」之「仁」亦是孔子之「仁」學說的本意，核仁深埋土中，即象復之卦象：一陽居於五陰之下，位雖卑小，其勢實不可小覷。

復有亨德、利德，王夫之釋「復亨」曰：「陽一出而歸其故居，則不可復禦，陰得主而樂受其化，故『亨』。」[註107] 又釋「出入無疾」曰：「一陽初發，爲天心始見之幾，致一無雜，出無疾也；一陽以感群陰，陰雖暗昧，而必資陽以成化，情所必順，入無疾也。」[註108] 則其著眼點，仍在於陰陽爻之間可互通感應，而能交流，故得「亨」通，甚至「出入無疾」也。

王夫之釋卦辭「利有攸往」曰：「誠之所固有、幾之所必動也。……由此以往，愈引愈出，而陽益生，皆一陽震起之功也。率此而推行之，世無不可治，而人無不可爲堯舜也。」[註109] 復卦實爲作聖合天之卦也，故〈復‧象〉曰：「復其見天地之心乎！」人之所以生，無非天地之心也，能見天地之心，即能見其生生不息之心，如此深刻體驗天德，則何所往而不利也。

《孟子》曰：「盡其心者，知其性也；知其性，則知天矣！存其心，養其性，所以事天也。」《中庸》也說：「唯天下至誠，爲能盡其性；能盡其性，則能盡人之性；能盡人之性，則能盡物之性；能盡物之性，則可以贊天地之化育；可以贊天地之化育，則可以與天地參矣！」《孟子‧告子》曰：「操則存，舍則亡，出入無時，莫知其向。惟心之謂與？」凡此亦皆顯示了復的特性。

復無元、貞二德，復卦之後是無妄卦，元亨利貞，四德俱全，〈序卦〉云：「復則不妄矣，故受之以無妄。」復卦一陽初生，有復性、復命、復於本心之意，把握此復之一幾，相續不斷的善體良知，時時誠意正心，如此則無妄（不妄）矣：不生妄念、不作妄想，這是回到終極的大信，較諸復卦更爲眞實誠懇，沒有欺妄，因此元、亨、利、貞四德俱全。故處復卦時，要把握此一念之動，將它一直持續下去，積累其一次一次誠意正心的純度，以達無妄之對天道終極篤厚的大信，乃能元亨利貞，四德俱全。

[註107] 同註20，王夫之：《周易內傳》，頁225。
[註108] 同註20，王夫之：《周易內傳》，頁226。
[註109] 同註20，王夫之：《周易內傳》，頁226。

第六節　無妄、大畜、頤、大過、坎、離

二十五　無妄　䷘　乾上　震下

無妄卦卦辭：

> 無妄：元，亨，利，貞。其匪正有眚，不利有攸往。

〈無妄・彖〉曰：

> 無妄，剛自外來而為主於內，動而健，剛中而應。大亨以正，天之命也。其匪正有眚，不利有攸往，无妄之往，何之矣？天命不祐，行矣哉！

王夫之云：「『無妄』云者，疑於妄而言其無妄也。若非有妄，則不言無妄矣。……自人而言則見為妄，自天而言，則有常以序時，有變以起不測之化，既為時之所有，即為理之所不無。理，天理也。在天者即為理，縱橫出入，隨感而不憂物之利，則人所謂妄者，皆無妄也。」〔註110〕卦名無妄，意為：疑為有妄，而實無妄也，對天道有絕對的信心，才能有「凡存在必合理」之大信，如此，即連在世俗眼光中看來似乎是「妄」的事物，以天理的眼光則皆為「無妄」（不是妄）了。

〈序卦〉云：「復則不妄，故受之以無妄。」復卦一陽生於初始之爻，有復性、復命、復於本心之意，善體良知，誠意正心，如此則無妄（不妄），不生妄念、不作妄想，仍舊是本諸初衷，回到更終極的大信，較諸復卦實更為誠意正心，真實誠懇，沒有欺妄，因此元、亨、利、貞四德俱全。但只要一有妄念，即是「匪正」，隨即則「有眚」，「不利有攸往」。〈雜卦〉云：「無妄，災也。」即指妄念一動，則招來災害。

王夫之釋無妄卦之元、亨、利、貞四德曰：「君子於天之本非有妄者，順天而奉天時，於妄者深信其無妄，而以歸諸天理之固有，因時消息以進退，而不敢希天以或詭於妄。故天道全於上，天化起於下，元亨利貞，四德不爽。」〔註111〕〈無妄・彖〉之「大亨以正，天之命也」，正是此意；而《中庸》「天命之謂性」，在此亦與「天之命也」相通，唯有至誠的君子才能與此性、命相通，而元、亨、利、貞四德俱全。

〔註110〕同註20，王夫之：《周易內傳》，頁235。

〔註111〕同註20，王夫之：《周易內傳》，頁235。

無妄之有元、亨、利、貞四德的原因，即為〈彖〉所言「剛自外來而為主於內，動而健，剛中而應。大亨以正，天之命也」，王夫之釋之曰：「外卦皆陽，陽與陽為類，而一陽離其群，間二陰而在下，以主陰而施化……五剛中而二應之，不失其正，則非無所稟承而動者。雖非時序，而承天固有之四德，唯其所施而可矣。天道有恆而命無恆，故曰：『莫非命也，順受其正』者，存乎君子爾。」〔註112〕無妄內卦之震，使得老化的結構有改變的希望，初九成為震之主，此震動乃剛健之動，因其乃秉天理（外卦為天）而動，九五與六二得中得位又互為應和，是以大亨以正，元、亨、利、貞四德俱全，因為秉天理而動也。

乾天在上，雷震於下，無妄卦整體是一生機暢旺之象，〈無妄・大象〉云：「天下雷行，物與無妄，先王以茂對時，育萬物。」此即《中庸》之「不誠無物」、「至誠如神」之義，反身而誠，則萬物皆備於我。

無妄卦元、亨、利、貞，四德俱全，但有條件但書：「其匪正有眚，不利有攸往」，匪同非，眚為人禍，其原意為眼睛上長的一層眼翳，因其障蔽了視線，所以引申為天理被人欲蒙蔽的意思，如此即不能誠意正心，而容易妄行妄作，導致災禍上身。反身而不誠，則差之毫厘，失之千里，故「不利有攸往」也。

二十六　大畜　䷙　艮上 乾下

大畜卦卦辭：

　　大畜：利貞。不家食吉，利涉大川。

〈大畜・彖〉曰：

　　大畜，剛健篤實，輝光日新，其德剛上而尚賢，能止健，大正也。

　　不家食吉，養賢也。利涉大川，應乎天也。

大畜卦內卦乾健，外卦艮止，內卦主德，外卦主業，此卦象徵一個人的內在德性充實飽滿，隨時能夠向外鴻圖大展，但是仍舊步步為營，摸著石頭過河，並不暴虎馮河，急於一時見用於世。王夫之釋大畜卦曰：「『大』，陽也。大畜，以陽畜陽也。艮者，乾道之成，以止為德，以一陽止二陰於中，而因以止乾，其用雖柔，而志則剛。用柔以節乾之行於內，所以養其德而不輕見，待時而行，

則莫之能禦矣。」〔註113〕〈雜卦〉云:「大畜,時也。」也說明了大畜卦因時蘊養、藏器待時的特性,切勿自以為滿懷熱情,就魯莽行事,如此則容易遭受重大挫敗,而對道德理想過早的失望,這樣就不合於大畜之道了。

〈大畜·彖〉曰:「剛健篤實輝光,日新其德」,王夫之釋此句曰:「贊大畜之德,其美如此其至也。」〔註114〕大畜基礎穩固,卻仍舊邁著踏實穩健的步伐,循序漸進,繼續培養正氣,日新其德,以期至於至善。王夫之曰:「畜其德業,而不急於功化,則學問益充,寬仁益裕,德自日新而盛,其資於養者深矣。」〔註115〕

〈大畜·大象〉曰:「天在山中,大畜,君子以多識前言往行,以畜其德。」天如何能在山中?此處之天乃指天理、天道、以及無形的智慧而言,以此之姿的天藏於山中,正如同先聖先賢之前言往行,是種種智慧之展現,君子多方體悟這樣的智慧,才能大畜其德,而能凡心大用。君子也認為只有學問和智慧可以儲蓄和累積,財富和物質則不能真正的被累積,而只能不斷的被消耗,因此將全副的精神用來創造生命的意義,而以陽畜陽,以大畜大,此大畜之真意也。

大畜卦著重道德理想之實踐,大方向是對的,所以可以慢慢來,不必急於一時,道德事業永遠都應該呈現寬裕、從容、令人可親的氣象。譬如周文王天下三分有其二,仍以臣子之禮事殷,以德為其志業,時日一久,影響力漸漸擴張,自然瓜熟蒂落;而武王興兵,則不免血流漂杵也,故孔子評武王之樂,曰:「盡美矣,未盡善矣!」等到真力瀰滿,所謂「真積力久則入」之日,自是道德事業成功之時也。

關於大畜之利、貞二德,王夫之曰:「乾畜美於內,精義以盡利,敦信以保貞,備斯二德,皆艮止之功也。」〔註116〕而釋大畜之無元、亨二德的原因,則是:「不及元亨者,止而未行,長人之德未施,雲雨之流形有待也。」〔註117〕又云「利涉大川」,乃因「健於行而姑止,止之者又其同志,以之涉險,蔑不濟矣。」〔註118〕王夫之且釋〈大畜·彖〉之「剛上而尚賢,能止健,大正也」,

---

〔註113〕同註20,王夫之:《周易內傳》,頁242。
〔註114〕同註20,王夫之:《周易內傳》,頁242。
〔註115〕同註20,王夫之:《周易內傳》,頁242。
〔註116〕同註20,王夫之:《周易內傳》,頁242。
〔註117〕同註20,王夫之:《周易內傳》,頁242。
〔註118〕同註20,王夫之:《周易內傳》,頁242。

曰：「『尚』，進也。剛出乎二陰之上，居高以倡，引陽而進之，以進之道止之，誘掖獎進，使精其義，故『利』。健行者恐過於敏，以止之道進之，使敦厚其德，非『大正』者不能，故『貞』。」〔註119〕

大畜與無妄相序相綜，關係密切，無妄重內心之至誠至信，大畜重道德生命之開展積累，二者實爲一體之兩面，在大畜之時，如能時時求其放心，事事反求諸己，秉其至誠，乃能與無妄卦相通，而得元、亨、利、貞四德俱全也。

大畜九三：「良馬逐，利艱貞。日閑輿衛，利有攸往。」小象曰：「利有攸往，上合志也。」王夫之注曰：「三以剛居剛，而爲進爻，有良馬之象。上九與合德而尚賢，養其才於已裕而延之進，可以騁矣。而四、五二陰居中爲礙，未可遽以得志，故必知難而守正乃利。」〔註120〕

二十七　頤　䷚　艮上
　　　　　　　　　震下

頤卦卦辭：

　頤：貞吉。觀頤，自求口實。

〈頤・彖〉曰：

　頤，貞吉，養正則吉也。觀頤，觀其所養也；自求口實，觀其自養也。天地養萬物，聖人養賢以及萬民：頤之時大矣哉！

關於頤卦卦名來由，《周易集解》引鄭玄注曰：「頤，口車輔之名也。震動於下，艮止於上；車口動而上，因輔嚼物以養人。」〔註121〕〈序卦〉曰：「頤者，養也。」乃知頤卦的主題在「養」，至於養什麼、以及怎麼養，對此〈頤・彖〉則有所說明，程頤注〈彖〉曰：「貞吉，所養者正，則吉也。所養，謂所養之人，與養之之道。自求口實，謂其自求養身之道。皆以正則吉也。聖人極言頤之道，而贊其大。天地之道，則養育萬物；養育萬物之道，正而已矣。聖人則養賢才，與之共天位，使之食天祿，俾施澤於天下，養賢以及萬民也。養賢，所以養萬民也。」〔註122〕

程頤並注頤卦云：「頤，養也；人口所以飲食，養人之身，故名爲頤。聖

〔註119〕同註20，王夫之：《周易內傳》，頁243。
〔註120〕同註20，王夫之：《周易內傳》，頁245。
〔註121〕同註8，孫星衍：《周易集解》，頁714上。
〔註122〕同註53，黃忠天：《周易程傳註評》，頁309～310。

人設卦推養之義，大至於天地養育萬物，聖人養賢以及萬民；與人之養生、養形、養德、養人，皆頤養之道也。動息節宣，以養生也；飲食衣服，以養形也；威儀行義，以養德也；推己及物，以養人也。」〔註123〕各家注此卦卦辭，都著眼於「養正則吉」，此乃「貞吉」之義也；頤養之道，唯正乃能得吉，大畜「利貞」，頤「貞吉」，皆因守正道也。頤卦特別言明唯「正」乃能吉，並不多言有利與否，因「飲食之道」乃基本養生之道，入手不正，則全無有發展未來之可能，因此特重「貞」之德，即特重其正當、正常、正確，及恒定如常的飲食之道，飲食之道即養身之道，養身之道又與養心之道有相通之處，且養身之道甚或有難於養心，在於飲食太日常、太普通、太瑣碎，以至於容易使人習焉不察，以為多吃多喝並無傷大雅，詎知此細微面乃修養之異於不修養之「幾希」處也！尤其在物慾橫流的今日世界，食慾、消費慾也無時無刻的被外界刺激著，因此「飲食的正道」乃更形重要。

頤卦不言元、亨二德，此二德屬陽德，飲食乃所以養成身體之道，重在形塑的過程，屬性為陰，又以正道為唯一考量，是以特只拈出「貞」之一德，即連「利」德亦不提起，其實卦辭言「貞吉」，養正則吉，時時刻刻養正，並持之以恒，乃能集小吉為大吉，有身即有本，唯其養身在於入手即「正」。

頤卦與大過互為序卦、錯卦，大過卦卦辭：「大過：棟橈。利有攸往，亨。」大過下巽上兌，順而悅行，利有攸往，乃亨，是以有亨、利二德，大過有棺槨之象，漢人視之為死卦，與頤卦一生一死，可以對照來看，對死，人皆戒慎恐懼、避之為上；對日常的飲食養生之道，卻往往視若無睹、以之為小道，殊不知正因其微小，且普遍而尋常，反更能主宰我們的生活，乃至於以之衍生出來的種種行為模式，甚至性情修養等，其影響層面更是切身而深刻廣大，頤、大過互錯，頤卦背後即是大過，可說飲食不得正，乃有大過錯也（諸如今日高血糖、高血壓、高血脂、和骨質疏鬆等等文明病可為佐證）；也可說，若以對待大過之態度來對待養生之道，因而戰戰兢兢、戒慎恐懼，謹慎並介意自己所吃喝的每一口飲食，以之為進德修業的重要方式之一，則不只有「貞」，乃能得「亨」、「利」二德也。

頤六三云「拂頤，貞凶。十年勿用，無攸利。」小象曰：「十年勿用，道大悖也。」王夫之注曰：「『拂頤』，拂人待養之情而不養也。六三與震為體，初之所望養者也，乃位剛志進，而與上九之尊嚴靜止者相應，拂初而不

與之頤。當多欲之世而吝於與，……爲得其『貞』，亦『凶』道也。」〔註124〕

二十八　大過　☱ 兌上　巽下

大過卦卦辭：

　　大過：棟橈。利有攸往，亨。

〈大過‧彖〉曰：

　　大過，大者過也。棟橈，本末弱也。剛過而中，巽而說行，利有攸

　　往，乃亨。大過之時大矣哉！

　　關於大過卦卦名，孔穎達《周易正義》釋之爲：「四陽在中，二陰在外，以陽之過越之甚也。」〔註125〕朱熹則曰：「大，陽也。四陽居中過盛，故爲大過。上下二陰，不勝其重，故有棟橈之象。又以四陽雖過，而二五得中，內巽外說，有可行之道，故利有所往而得亨也。」〔註126〕

　　王夫之《周易內傳》則曰：「二、五中位正，而與初、上相比，下交成巽，以受其入，上交成兌，而相說以行，則可節其過而亨；非然，未有能亨者也。」〔註127〕此訓卦辭「利有攸往，亨」與朱熹同，有亨、利二德之條件，其關鍵點仍在於陽，尤其在九二與九五兩中爻，九二對下俯照初六，有如照顧基本民生、廣納民間建言，而不至有長在深宮之中，不知民間疾苦的毛病，此即「下交成巽以受其入」之意；九五對上六禮敬景仰，彼此無摩擦扞格，此即「上交成兌而相說以行」之意，若能如此，則能打開「四陽居中過盛故爲大過」的僵滯局面，而能著重對初、上兩陰爻的連結，形成「巽而說行」的態勢，乃能「利有攸往，亨」。

　　大過卦無元、貞二德，四陽居中過盛，佔據中四爻，形成緊密的權力結構核心，此卦無綜卦，翻過來、覆過去，都是大過卦，可見其結構之凝聚性，也正因此緊密的結構，也使得陽爻容易喪失其活活潑潑的創造原動力，以是無元德。四陽居中過盛故爲大過，過即「非正」之意，陽集團緊密結合，不釋放出權力，也缺乏關懷陰的意願，是非陽之正道也，故無貞德。

〔註124〕同註20，王夫之：《周易內傳》，頁251～252。

〔註125〕同註4，王弼、韓康伯注，孔穎達疏《周易正義》卷3，頁70下。

〔註126〕朱熹：《周易本義》（臺北：北方出版社，2002年8月印本），頁131。

〔註127〕同註20，王夫之：《周易內傳》，頁256。

與大過相錯者爲頤卦，頤，養也，頤卦卦辭：「頤：貞吉。觀頤，自求口實。」〈頤・彖〉曰：「頤，貞吉，養正則吉也。……天地養萬物，聖人養賢以及萬民。」將頤卦與大過卦對照來看，頤卦正可提醒大過卦之陽集團，需反躬自省，不要忘了以陽養陰的天責：下養初六，俯照與提攜萬民百姓，上養上六，禮敬與照顧退位的賢者，如此乃能有「貞」德也。

二十九　坎　☵☵ 坎上 坎下

坎卦卦辭：

習坎：有孚，維心亨，行有尚。

〈坎・彖〉曰：

習坎，重險也。水流而不盈，行險而不失其信。維心亨，乃以剛中也。行有尚，往有功也。天險，不可升也；地險，山川丘陵也；王公涉險以守其國。險之時用大矣哉！

坎爲坎險之意，乾坤父母卦之後，即接一屯卦，屯，迍也，難之至也；而《易》上經以坎、離爲終，坎、離爲《易經》六十四卦依卦序首先出現的兩個六子自相重疊形成的卦，而坎、離之中，又以坎爲先，坎亦難也，對照屯卦來看，眞可謂人生處處有艱險，但這也是考驗人是否能將之轉化和創造成道德修養的種種機會，是以孟子曰：「德慧術知，恆存乎疢疾。」又，〈繫辭・下〉第十一章云：「易之興也，其當殷之末世、周之盛德邪？當文王與紂之事邪？是故其辭危。」可知作《易》者亦有此明顯的憂患意識。

〈坎・大象〉云：「水洊至，習坎，君子以常德行，習教事。」〈說卦〉亦云：「坎，陷也。」「坎者，水也。正北方之卦也，勞卦也。萬物之所歸，故曰勞乎坎。」水洊至，波濤不斷，危險洶湧而至，似橫無際涯，君子以險爲常，履險如夷，雖勞苦亦不怨懟，無論造次、顛沛，都不停止進德修業之事。

王夫之釋坎之卦辭曰：「『維心亨』者，外之柔不足以亨，而中之剛乃亨也。以剛中敦信之心行乎險，而變動不居者皆依有形之靜體而不妄，則『行』可有功而足『尚』。君子所貴乎坎者，此也，孟子所謂『有本』也。」〔註128〕又釋〈坎・彖〉之「維心亨，乃以剛中也」曰：「『心』者，函之於中以立本

〔註128〕同註20，王夫之：《周易內傳》，頁261～262。

者也。言『乃』者，明非外見之柔，可以涉險而得亨。」﹝註129﹞唯有維持一顆心的創造性不斷不斷的持續發揮，才能夠亨通，也唯有從險之中眞正的走出來，才算是有意義、有功效，足以使人高尙其「剛中敦信」的意志與信念，如此才能從險中創造出意義，然後能泰然度過險海，到達價值的彼岸去。

坎卦只有亨德，而無元、利、貞德，處坎險之中，先求通也，走得通，才有下一步，而坎卦之亨，又全無外在環境的保證或奧援，只能靠「維心亨」也。

坎與離互爲序、錯，〈序卦〉云：「物不可以終過，故受之以坎。坎者，陷也。」又，〈雜卦〉云：「離上而坎下也。」人居坎險之中，隨波浮沉，慌亂之中，爲求存活，免不了會攀援附會一番；又水性趨於下，火性則昂揚向上，二者趨向不同，故互爲錯卦，於險難之中，若攀援的對象是個君子甚或大人，則有如〈離‧象〉所云：「重明以麗乎中正」、「柔麗乎中正」，所託爲中正之人，則能夠如離卦卦辭所云：「利貞，亨」，因貞正、貞固而利而亨了。

三十　離　䷝　離上
離下

離卦卦辭：

> 離：利貞，亨。畜牝牛吉。

〈離‧象〉曰：

> 離，麗也。日月麗乎天，百穀草木麗乎土，重明以麗乎正，乃化成
天下。柔麗乎中正，故亨，是以畜牝牛吉也。

離爲附麗之意，並有依隨、相繼的意思，〈說卦〉云：「離，麗也。」離卦中爻皆柔，柔以得中，而二陽相與依附，就像火光必須附著在可燃物之上，才能燃燒，也像人生不能夠遺世而獨立，必須在家庭、或事業、或感情、或精神上有所定著、有所寄託，否則一無攀附，實難以發光發熱。

〈離‧大象〉云：「明兩作，離，大人以繼明照於四方。」作爲振作、興起之意，後明繼於前明，有薪傳之意，所謂「大人」，〈乾‧文言〉釋其意爲：「大人者，與天地合其德，與日月合其明，與四時合其序，與鬼神合其吉凶。」其德配天地也。至於「繼明」之義：點著一把火固然可喜，但如何將這把火

﹝註129﹞同註20，王夫之：《周易內傳》，頁263。

繼續維持發光發亮的狀態，才是更需要君子持續去關注的、連綿不絕的修養歷程，例如孔子自云：「吾十有五而志於學」、「三十而立」、「四時而不惑」、「五十而知天命」、「六十而耳順」……等等接踵而來的階段，每一階段都各有其目標，也都各有其特色。

曾昭旭師在上《易經》課，講到〈離‧大象〉時，說到了人生有「兩把火」：第一把火為「才情和理想之火」，意為年輕人秉著天賦才情，和特有的熱情與正義感，很容易燃起其生命之火，然而此把火並非是經過自覺自省才把握得到的，得來不難，所以失去也容易；到了中年以後，才情與理想相互戕傷，理想折拗、扭曲為委屈的妥協，才情亦變成懷才不遇的牢騷，如此種種傷害，導致懷疑自我、也懷疑道德價值的中年階段來臨，這時是否能求得與生命和道德的二度和諧、再次肯定道德修養的價值，才能再度揮灑生命的熱力與光輝，其關鍵就在於第二把火：「修養之火」，但此修養在青年階段即要開始積累，才能開發出生命中內在深層的創造力，而此創造力更是伴隨著生命中不同的階段修養而來的道德創造力。

離卦有亨、利、貞三德，王夫之釋之曰：「光景者，陽之發也，陰固在內者也。得所麗以成其用，則『利』；居得其所而正，則『貞』；能知所附麗而得中，美不必自己，而大美歸焉，則『亨』；皆言陰也。」〔註130〕釋〈離‧彖〉之「柔麗乎中正，故亨」云：「柔而麗乎剛之正，則奠位乎中，而自通天下之志，故君道以之而亨。」〔註131〕「柔麗乎中正」即身附麗於心，現實附麗於理想，把自身作為理想、與「道」燃燒的材質，因此，「道」才能亨通大行也。

《易》上經〈離‧大象〉以「大人以繼明照於四方」作結，其意義有如六十四卦終於未濟卦，未濟，（道德理想）未完成也，二者同樣都是對人類當下以及未來的發展寄予殷切的、深厚的、而不絕如縷的期望。

〔註130〕同註20，王夫之：《周易內傳》，頁267～268。
〔註131〕同註20，王夫之：《周易內傳》，頁269。

第六章 《易》下經各卦「元、亨、利、貞」四德有無之闡析

第一節 咸、恆、遯、大壯、晉、明夷

三十一 咸 ䷞ 兌上
艮下

咸卦卦辭：

咸：亨，利貞。取女吉。

〈咸・彖〉曰：

咸，感也。柔上而剛下，二氣感應以相與。止而說，男下女，是以
亨，利貞，取女吉也。天地感而萬物化生，聖人感人心而天下和平。
觀其所感，而天地萬物之情可見矣！

王夫之《周易內傳》曰：「咸以坤三之六，往乎上而成悅；以乾上之九，來
乎三而苟安以止；三、上者，浮動之幾，陰陽相感，而遂相易以往來。」〔註1〕
則王夫之以咸來自否卦之卦變，三、上爻居內、外卦之上，有浮動之幾象，因
此二爻互換以成咸卦。其釋咸之亨、利、貞德曰：「咸之『亨』者，已成乎否，
則不得不動於感，感雖淺而志亦自此而通。若夫感之得失，視乎其後，而已非
否塞之故矣。『利貞』者，陽下而止陰之逼，陰上悅陽以不流，固合於義，而二、

〔註1〕王夫之：《周易內傳》（長沙：嶽麓書社，1998年11月印本，《船山全書》第
1冊），頁275。

五之中得其位，固保其貞也。」〔註2〕王夫之以「成乎否，則不得不動於感」釋咸之亨，則與本文第三章第五節：因爻位互感而通，乃有「亨」德之結論同。至於利、貞二德，乃因「陽下」、「陰上」此種爻位之互動，造成坤陰集團的瓦解，不復如否卦之坤下，侵逼於乾上，而使陰成艮止之狀態；陰往而居上爻，造成兌之陰陽合和局面，因此爲了打開否塞的局面，這樣的交流是合於義的，故有「利」德。而二、五爻居中得位，是以有「貞」德。

何以咸卦不見「元」德？王夫之曰：「咸、恆二卦，……陽皆內閟，而陰皆外著，陰得見其功，而陽反藏於內，求以消否而保泰，難矣哉！……故二卦皆無吉爻。」〔註3〕此話雖是解釋咸、恆二卦皆無吉爻之因，但也可以解釋二卦俱無「元」德之因：陽爻皆被陰爻包在卦體之中，有窒礙、悶澀之感，不能自由的抒發其心意，以是無元德也，此由卦象而言。

若由卦理言：「兩少相得，初不必有深情至理以相與」，〔註4〕咸卦下爲少男，上爲少女，此「兩少相得」，即《孟子・萬章上》所謂「慕少艾」也，亦即青少年之青春浪漫、生命力鬱勃澎湃，亟欲尋一發抒之管道，是以「慕少艾」之情自然湧現，且〈雜卦〉云：「咸，速也。」則此少年情懷倏乎來去，並無道德理性作爲引導，實不容易安度青春狂飆期，若要在咸卦中求「元」德，則「元」爲生生之大、之始，直接與《中庸》「天命之謂性」熨貼，性是「喜怒哀樂之未發」，情則是已發之後的喜怒哀樂愛惡欲，必須使其恰到好處、符合中庸之道，若皆能「發而接中節」，就是和，能「致中和」，性與情相即相容，乃能「天地位焉，萬物育焉」，而「與天地參矣」！能達如此境界，非有生生之德——「元」——不可，然達此境界實屬不易，元亨利貞，四德俱全，亦誠難也。

咸、兌二卦卦辭皆云：「亨，利貞」，但咸卦多了「取女吉」三字，王夫之認爲咸卦『「取女吉」者，兩少相得，初不必有深情至理以相與，……於取女之外，無取焉矣。」〔註5〕而兌卦「推廣說之爲用，爲王道之美利，而皆剛中柔外之德成之也。剛中則順乎天之正，柔外則應乎人之所利。」〔註6〕是以兌卦之用，發而皇之，可爲「王道之美利」，要之以二、五皆「剛中」，而咸

〔註2〕 同註1，王夫之：《周易內傳》，頁276。
〔註3〕 同註1，王夫之：《周易內傳》，頁275～276。
〔註4〕 同註1，王夫之：《周易內傳》，頁276。
〔註5〕 同註1，王夫之：《周易內傳》，頁276。
〔註6〕 同註1，王夫之：《周易內傳》，頁461。

卦唯九五剛中，且兩少相得，陽爻又閉處於陰爻之內，道德理性不容易抬頭，是以只有「取女」一事吉，因此咸卦卦辭特別言明：「取女吉」也。

三十二　恆　䷟　震上 巽下

恆卦卦辭：

　　恆：亨，無咎，利貞，利有攸往。

〈恆・彖〉曰：

　　恆，久也。剛上而柔下，雷風相與，巽而動，剛柔皆應，恆。恆亨，
　　无咎，利貞，久於其道也。天地之道，恆久而不已也。利有攸往，
　　終則有始也。日月得天而能久照，四時變化而能久成，聖人久於其
　　道而天下化成。觀其所恆，而天地萬物之情可見矣！

　　恆與咸卦互綜，二者關係密切，咸，易感，注重生命的流動性；恆，久也，注重生命的貞定，「恆：亨，無咎，利貞，利有攸往」，恆久之首要條件，在「亨」通（然要有所通，其先決條件仍是有所感也，是以咸、恆互綜），要先走得通，才能夠「無咎」；要先「利貞」（因貞正而得利），才能夠「利有攸往」（繼續走得下去，走得長長久久，而爲有利），程頤曰：「恆而能亨，乃無咎也；恆而不可以亨，非可恆之道也，爲有咎矣。……恆所以能亨，由貞正也，故云利貞。」〔註7〕是以恆有亨、利、貞三德。

　　咸、恆二卦皆有亨、利、貞三德，然俱無「元」德，此因「此二卦者，陽皆內閟，而陰皆外著，陰得見其功，而陽反藏於內，求以消否而保泰，難矣哉！」〔註8〕此就卦象言。若就卦理言，恆以守常恆久爲特性，日子一久，靠著慣性過久了，難免缺乏創造性，即缺乏「生生之謂易」的乾元剛健生動之精神，是以恆卦無元德。〈恆・大象〉云：「雷風恆，君子以立不易方。」凡事有得必有失，優點從相反面來看即爲缺點，君子以「不易方」堅定自立，可以「大德不踰矩」了，然未免缺乏活活潑潑對應生命當下時空的彈性，而這也是易感易通的咸卦最主要的性格，是以咸、恆二卦互補爲足；然縱使合此二者，仍不能有「元」德，此因咸、恆各得一體之相反面，能表現出其鮮明之特性，然正因此旗幟鮮明的原因，反使其不能容蓄其他的性格，因此缺

〔註7〕　程頤：《易程傳》（臺北：文津出版社，1990 年 10 月印本），頁 283。
〔註8〕　同註1，王夫之：《周易內傳》，頁 275～276。

乏元之兼容並蓄（大）以及活潑的創造力（始、生）的特性。

換言之，四德俱全的乾、坤、屯、隨、臨、無妄、革七卦，都是包容性、變動性、與創造力最大的大卦。

咸以男女相感爲譬，恆以夫妻婚姻爲喻：男女戀愛以浪漫的碰觸始，然戀愛成熟的自然要求即是婚姻，婚姻能夠貞定彼此的感情，但弔詭的是：在此恆定的感情中，因缺乏原始新鮮的感通或觸動，乃從「戀愛之貞定」變成「戀愛之墳墓」，這是因爲居安不思危，疏忽了：在貞定恆常的環境中，所面對「走得通、走下去」的考驗更爲嚴苛，此因活潑的生命自然有要求不確定性的需要，而其表現的特性就是浪漫、脫軌、動盪、新鮮、危疑，然而這些素質「似乎」對已經過信誓旦旦的貞定，而自以爲能維持恆久的婚姻造成威脅，殊不知，恆卦「雷風相薄」，李光地云：「雷風者，天地之變而不失其常也；立不易方者，君子之歷萬變，而不失其常也。」〔註9〕程頤也說：「恆者常久也，恆之道可以亨通，……夫所謂恆，謂可常久之道，非守一隅而不知變也，故利於有往，唯其有往，故能恆也。一定，則不能常矣。」〔註10〕〈繫辭〉亦云：「窮則變，變則通，通則久。」「通其變，使民不倦。」「易之爲書也不可遠，爲道也屢遷。」所以，要在婚姻中談一輩子的戀愛，在戀愛中過一輩子的婚姻，這婚姻才不是名存實亡的、綑綁自由的婚姻，這戀愛才不是無根無由、沒有道德理想貞定的盲目偶合。可憾昔賢在此方面並無太多的描述，然婚姻價值之穩固與家庭力量之安定，在在都是當今社會最渴求而不能得的，曾昭旭師明此一觀念與態度之重要，而致力於愛情、婚姻、與家庭方面的著述，〔註11〕讀來親切喜悅，歷歷可解，現代迷失在戀愛或婚姻中的人，可引以爲參考。

恆初六云：「浚恆，貞凶，無攸利。」小象曰：「浚恆之凶，始求深也。」黃壽祺、張善文《周易譯註》釋曰：「初六處恆之始，陰柔淺下，上應九四；

〔註9〕 （清）李光地：《御纂周易折中》（臺北：臺灣商務印書館，1983 年 6 月印本，《景印文淵閣四庫全書》經部第 32 冊：易類），卷 12，頁 38～331 上。

〔註10〕 同註 7，程頤：《易程傳》，頁 283。

〔註11〕 曾昭旭師說：「我對男女關係的關懷不是心理學的，或輔導學的關懷，而是比較屬於文化、哲學層面的關懷，也就是我志不在排解眼前男女問題的個案，而在探尋兩性相處的根本理想何在。」見《不要相信愛情》附錄（臺北：漢光文化事業公司，1987 年 12 月印本），頁 197。其他有關著作有《愛情功夫》（臺北：張老師出版社，1996 年 2 月印本）《現代人的感情生活》（臺北：希代出版社，1996 年印本）《發現愛情》（臺北：漢光文化事業公司，1996 年印本）《解情書二》（臺北：聯合文學出版社，2001 年印本）等。

猶急於深求恆道，卻欲速不達……初六陰居陽位，其行失正，但求恆心切亦不可全非，故勉其趨正自守，以期避免凶險；不然，若執意浚恆，必無所利。」〔註12〕

恆九三云：「不恆其德，或承之羞，貞吝。」小象曰：「不恆其德，無所容也。」黃壽祺、張善文《周易譯註》釋曰：「九三以陽剛居下卦之終，應於上六，躁動盲進，有守德不恆之象，故人或加之以羞。……九三雖不恆其德，但其位尚正，故勉其守正歸恆，庶可免吝。」〔註13〕

恆六五云：「恆其德，貞，婦人吉，夫子凶。」小象曰：「婦人貞吉，從一而終也；夫子制義，從婦凶也。」王弼注：「居得尊位，爲恆之主，不能制義，而係應在二，用心專貞，從唱而已，婦人之吉，夫子之凶也。」〔註14〕

三十三　遯　☰☶　乾上　艮下

遯卦卦辭：

遯：亨，小利貞。

〈遯・彖〉曰：

遯亨，遯而亨也。剛當位而應，與時行也。小利貞，浸而長也。遯之時義大矣哉！

遯，退也。〈雜卦〉云：「遯則退也。」遯之有「亨」德，乃因「剛當位而應，與時行也」，剛指九五，九五當位得中，與六二相應，孔穎達《周易正義》曰：「陰長之卦，小人方用，君子日消。君子當此之時，若不隱遯避世，即受其害，須遯而後得通，故曰『遯亨』。『小利貞』者，陰道初始浸長，正道亦未全滅，故曰『小利貞』。」〔註15〕遯卦陰爻漸長，居初、二之爻位，王夫之曰：「二得下之中也，位莫美於中，……遯，未踰乎下之中，故陰爻無傷陽之慝。」〔註16〕是陰雖浸長而「無傷陽之慝」，六二反能與九五相應，

〔註12〕黃壽祺、張善文：《周易譯註》（上海：古籍出版社，1990 年 2 月印本），頁267。

〔註13〕同註 12，黃壽祺、張善文：《周易譯註》，頁 268。

〔註14〕王弼、韓康伯注，孔穎達疏《周易正義》10 卷（臺北：藝文印書館，1993 年 9 月印本，《重刻宋本十三經注疏附校勘記》第 1 冊），卷 4，頁 84 下。

〔註15〕同註 14，王弼、韓康伯注，孔穎達疏《周易正義》卷 4，頁 84 下～85 上。

〔註16〕同註 1，王夫之：《周易內傳》，頁 290。

六二、九五各爲陰、陽兩集團之主，此相應關係代表兩集團呼應的關係大於抗衡的關係，二、五各自得中又得位，維持暫時相安無事的局面，是以遯亨，君子於此局勢遯而亨也。此亦符合〈序卦〉云：「恆者，久也。物不可以久居其所，故受之以遯。遯者，退也」之義。「小利貞」之解有兩種角度：第一種角度將「小」解爲「陰」，如王夫之：「小，陰也，陰未失其居下之義，故利。陽遯而與相應，故貞。」〔註17〕則遯之亨、利、貞三德，皆由「陰未失其居下之義」來也，陰居二，與五相應，故「亨」；有利於陽之遯，此實於陰陽皆有利，故「利」；陰不失「居下之義」，是得陰之正也，故「貞」。

第二種角度，則將「小利貞」視爲對陽來說，此利、貞爲小利、小貞，如程頤：「陰柔方長，而未至於甚盛，君子尚有遲遲致力之道，不可大貞，而尚利小貞也。」〔註18〕此種解釋則強調君子於此遯之時只能於小事上堅持原則，大局面則接受陰漸長的趨勢，這種態度其實亦不失「與時行也」主動的遯退精神。進退，亦大矣！〈乾·文言〉曰：「知進退存亡而不失其正者，其唯聖人乎！」

遯無「元」德，何故？遯退之主爲陽，王夫之謂「尊者出而在外曰『遯』」也，〔註19〕雖然陰爻「未失其居下之義」，然陽被陰之浸長勢力漸逼漸退，亦是事實，陽漸失其陽剛自主之創造原動力，如何能有原始渾淪之元德呢？然在整個局勢向陰靠攏之時，陽即選擇功成身退，亦不失陽之自主與自覺性，此〈遯·象〉「與時行也」之義，故曰「遯之時義大矣哉」！至於當遯隱之時，若能如〈乾·文言〉釋「潛龍勿用」所言：「龍德而隱者也。不易乎世，不成乎名，遯世無悶，不見是而無悶。樂則行之，憂則違之，確乎其不可拔，潛龍也。」此亦爲「乾元」處初九時的舉止態度，君子於遯之時，若能遯得像「龍德而隱者」，則是契入遯義之最上乘，也是有「元」德做主的一種遯退了。

三十四　大壯　☱☰　震上 乾下

大壯卦辭：

大壯：利貞。

〔註17〕同註1，王夫之：《周易內傳》，頁290。

〔註18〕黃忠天：《周易程傳註評》（高雄：復文圖書出版社，2000年9月印本），頁375。

〔註19〕同註1，王夫之：《周易內傳》，頁290。

〈大壯・彖〉曰：

　　大壯，大者壯也。剛以動，故壯。大壯利貞，大者正也。正大而天
　　地之情可見矣！

　　《周易本義》釋其名爲：「大，謂陽也。四陽盛長，故爲大壯。」〔註20〕
十二陰陽消息卦中，陽由復卦之初爻經二、三爻，今寖長至第四爻，形成大壯
卦，因此「四陽盛長」，且內卦已成乾卦，剛健不已，具有強大後盾，而陽爻仍
繼續上長至外卦，可見其強健壯盛的動力不曾稍歇，是以名爲「大壯」卦。

　　大壯卦辭簡明扼要的「利貞」二字，都是四德之一，蓋大壯卦之陽爻已寖
長至第四爻，由內卦「德」（內聖）的議題進展至「業」（外王）的議題，由發
用面發展至結構面，因此著重於穩固現實當中結構體制的強大勢力，此爲及物
潤物之議題，而此卦背後又有強大的乾卦作爲後盾，是以力量在結構中運轉，
可得利多的結果；而「貞」爲此利多之累積，自然因利多而連帶貞定下來。此
似爲水到渠成的當然結果，然而其中也隱含著危機：因爲「貞」有二義：其一
爲「正」也，若是由正而來之利，自是多多益善、而且沒有副作用的；然貞之
另一義爲「固」也，若是由固著、僵化、封閉的結構中得來之利，由於不是循
著正理所得之利，縱然利多，也只是導致結構更爲僵化窒礙，成爲一無源頭活
水的死潭而已，長此以往是行不通的，故綜觀大壯卦之爻辭多有警語，即是在
警惕：勿恃壯大而躁動，尚要時時警惕自己的方向是否正確，此大壯之勢是否
如理而來，否則成爲無明之勢、躁進之力，甚至因著慣性與習氣而憑藉勢力壓
迫別人，則是完全背離初衷了，因此〈雜卦〉說：「大壯則止」也。

　　依循以上理路，可知大壯卦首重利、貞二德，正因其著眼於此，所以容
易喪失元、亨二德，則大壯將如何與相關之卦互補，而得元、亨、利、貞四
德俱全呢？先看大壯卦的綜卦爲遯卦，其卦辭爲：「遯亨，小利貞。」遯與大
壯卦皆有利、貞二德，而遯又多了「亨」一德，遯之亨乃因遯卦爲陰漸長而
陽漸衰之卦，君子當此之時應隱遯避世，免受其害，子曰「危邦不入，亂邦
不居」之謂也；遯而後得亨，此與大壯卦的精神完全互補：遯卦講求退者從
容，大壯講求進者如理，當退則退，當進則進，退而全生，進而立功，各自
成全道家及儒家的理想，是進退之義大矣哉！大壯在挺進時，尚須有遯之意
來提醒自己：時時煞車、時時警惕，在審時度勢之餘，還要不時問問自己的
初衷是否變質，如此配合遯卦的特質，才能獲致「亨」德。

〔註20〕朱熹：《周易本義》（臺北：老古文化事業公司，2000年3月印本），頁181。

　　至於大壯該如何可獲致「元」德呢？與大壯卦內外卦相反的卦是天雷無妄卦，其卦辭曰：「無妄：元，亨，利，貞，其匪正有眚，不利有攸往。」無妄卦講的是天道，雷霆上頂天理而動，天下雷霆轟隆作響，象其天威，人當戒慎恐懼，順應天道，不要妄爲，若能如此，則元亨利貞四德俱全，觀無妄卦之名：〈序卦〉曰：「復則不妄矣，故受之以無妄。」「無妄」即「不妄」，也就是「不妄爲」之意，如此亦與大壯卦相輔相成：大壯擁有乾健不已的四個陽爻，但因其陽爻仍未據九五之天位，所以必須配合無妄卦的天道，方能獲致珍貴的元德。

　　綜上所述，大壯卦自身有利、貞二德，須通過綜卦邂獲致亨德，內外卦相反的無妄卦獲致元德，如此才能元、亨、利、貞四德俱足。

　　大壯九三云：「小人用壯，君子用罔；貞厲，羝羊觸藩，羸其角。」小象曰：「小人用壯，君子罔也。」王夫之注曰「九三與上六相應，小人見君子之壯而欲用之，而九三因欲網羅之以爲己用，雖不自失，亦危矣。」〔註21〕

三十五　晉　☲☷　離上坤下

晉卦卦辭：

　　晉：康侯用錫馬蕃庶，晝日三接。

〈晉・象〉曰：

　　晉，進也。明出地上，順而麗乎大明，柔進而上行，是以康侯用錫馬蕃庶，晝日三接也。

晉卦四德全無，王夫之《周易內傳》曰：

　　晉，延而進之也。需與晉同道而德異。需三陽欲進，爲陰所閡，而九五居尊以待其來，陰不能蔽之。晉三陰欲進，爲陽所限，而六五居尊以延之上，陽不能止之。剛之相需，以道相俟也。柔之相晉，以恩相接也。……「晝日三接者」，既錫之，又屈體以下延之。……易之爲教，扶陽抑陰，而於觀、於晉、於鼎，無惡陰之辭，於晉尤若與之者，陰陽剛柔皆天地之大用，有時而柔道貴焉，則亦不廢其用。然彖辭類有四德，而觀、晉無之，則陰之不足於德，亦可見矣。不言吉者，王者之待諸侯，恩威並用而天下寧。有大明之君，有至順之臣，則可厚錫車馬，隆禮延接以懷柔之。不然，則錫以富而尾

大不掉，謙以接而且有下堂見諸侯之漸，固不如屯與豫之「利建」也。〔註22〕

晉，進也，有援引、提拔之義。晉卦六五居中但不得位，日初出地上，形象較為親和，也較不威嚴，象徵君王初登基，尚未真正被人民完全的擁戴，在此時需用柔道來接引初、二、三，三個陰爻，此三陰爻象徵輔弼之臣，欲進之，則必須「以恩相接」也，即是用利益來懷柔、來示恩，暫且放下理想、放下大道理，以物質條件籠絡大的諸侯（康侯），這是權宜性的措施，藉以迂迴穩固其權力核心，以俟日後行其理想也。是以「無惡陰之辭，於晉尤若與之者，陰陽剛柔皆天地之大用，有時而柔道貴焉，則亦不廢其用」，但隨之而來的困擾，則是難判定大臣之忠心與否，否則厚錫貳臣以車馬名利，只怕尾大不掉，是以元、亨、利、貞難判定；又因此舉措非義理之常，只是權宜之計，故談不上四德之任何一德，可說是四德全無，因非照君子之常道與義理而行也，容易有種種副作用，如攪亂政治倫理、或使諸侯貪暴等等，是以沒有四德。

王夫之《周易內傳》解釋〈晉・象〉曰：「明出地上，天子臨諸侯之象」，〔註23〕是謂當上了執政者，「順而麗乎大明，諸侯承事天子之象」，〔註24〕此象徵忠臣柔順而盡忠，附麗於大明天子之下，「柔進而上行，陰離四而進乎五，為柔之主，以延三陰。」〔註25〕謂陰進至外卦外王事業之主位，已君臨天下，但仍要講求示好的手段及方法，以鞏固政權，「是以康侯用錫馬蕃庶，晝日三接也」（〈晉・象〉）。

再者，〈雜卦〉曰：「晉，晝也；明夷，誅也。」〈雜卦〉多舉相對的兩個卦抒發其相對之卦義，晉為晝則暗示明夷為夜，明夷為誅則暗示晉為錫；而〈序卦〉云：「晉，進也，進必有所傷，故受之以明夷。夷者，傷也。」「進必有所傷」，用酒食貨利來攏絡康侯以鞏固政權，總難免伴有隨之而來的副作用，但局勢如此，不得不用此權宜之計，只是必招其傷；反倒是處明夷之時，能安其傷，「內文明而外柔順」，尚能「利艱貞」，於此受傷之時，仍能蒙其利。晉卦則是放下理想，想要拉攏群陰，則很難避免陰之越分，是以不言元、亨、利、貞；但晉與明夷相序相綜，又互為內外卦相反之卦，若能有明夷之「內

〔註22〕同註1，王夫之：《周易內傳》，頁300～301。
〔註23〕同註1，王夫之：《周易內傳》，頁301。
〔註24〕同註1，王夫之：《周易內傳》，頁301。
〔註25〕同註1，王夫之：《周易內傳》，頁301～302。

文明而外柔順」之志，身段雖放柔軟，心終不忘其文明之志，則終能有利也。

晉與需相錯，王夫之謂「需與晉同道而德異。需三陽欲進，爲陰所閡，而九五居尊以待其來，陰不能蔽之。晉三陰欲進，爲陽所限，而六五居尊以延之上，陽不能止之。剛之相需，以道相俟也。柔之相晉，以恩相接也」，〔註 26〕需卦健行遇險，需暫停等候；晉卦明出地上，已掌政權，可以有爲，需卦卦辭：「需：有孚，光亨，貞吉，利涉大川。」其〈彖〉曰：「需，須也，險在前也，剛健而不陷，其義不困窮矣。」處晉之時，雖用酒食貨利爲手段來拉攏集團之勢力，若能深知危險即在眼前（「險在前也」），因而戰戰兢兢，戒愼恐懼，每一步都抱著摸著石頭過河的心態小心行事，並保持剛健的理想性，而不讓自己的心智沉溺於如此好施小惠的權宜手段之中（「剛健而不陷」），則能「其義不困窮矣」，不會只耽溺於如此小成的局面，而忘了初始終極的理想性，如此，以需之卦義來互補於晉卦，則能援引其亨、利、貞三種卦德。

回頭看看〈晉·大象〉：「明出地上，晉，君子以自昭明德。」此即《大學》「明明德」之意，提醒君子需加強內在動力，自我來照亮其明德，時日一久，自能得到尊重與愛戴，此與需之「剛健而不陷」，義亦相通也。

晉九四云：「晉如鼫鼠，貞厲。」小象曰：「鼫鼠貞厲，位不當也。」王夫之注曰：「三陰志在上行，五方延而晉之，四以陽處退位，橫互其間，使三陰之行移忌前郤，不得速進，如鼫鼠然，雖以陽止陰，爲得其貞，而亦危矣。」〔註 27〕

晉上九云：「晉其角，維用伐邑，厲吉，無咎，貞吝。」小象曰：「維用伐邑，道未光也。」黃壽祺、張善文《周易譯註》釋曰：「『貞吝』……言上九以伐邑免咎，畢竟有用武之憾，未能全吉，故再誡其趨正自守、以防憾惜。」〔註 28〕

三十六　明夷　䷣　坤上 離下

明夷卦卦辭：

明夷：利艱貞。

〔註 26〕同註 1，王夫之：《周易內傳》，頁 300～301。

〔註 27〕同註 1，王夫之：《周易內傳》，頁 304。

〔註 28〕同註 12，黃壽祺、張善文：《周易譯註》，頁 292。

〈明夷・象〉曰：

　　明入地中，明夷；內文明而外柔順，以蒙大難，文王以之。利艱貞，
　　晦其明也；內難而能正其志，箕子以之。

　　〈序卦〉曰：「夷者，傷也。」此卦爲日入於地中之象，猶如光明有所傷，故名爲明夷。孔穎達《周易正義》曰：「此卦日入地中，明夷之象；施之於人事，闇主在上，明臣在下，不敢顯其明智，亦明夷之義也。」〔註29〕卦辭「利艱貞」，《周易集解》引鄭玄注曰：「日之明傷，猶聖人君子有明德而遭亂世，抑在下位，則宜自艱，無幹事故，以避小人之害也。」〔註30〕

　　〈明夷・象〉言文王以明臣事闇主，被紂王幽囚羑里而蒙大難，更凸顯紂之無道，反使民心凝聚，而能三分天下有其二，但仍服事殷，譬猶「內文明而外柔順」，乃能以此度過巨大危難。而箕子爲紂王之叔父，爲同姓皇親，義不能棄紂而去，但事紂猶難，形勢兩難，只能佯狂爲奴，以守其志，才算盡忠於朝廷，又不速禍上身，此即「內難而能正其志」之意，而「晦其明」，孔穎達《周易正義》曰：「明在地中，是晦其明也；既處明夷之世，外晦其明，恐陷於邪道，故利在艱固其貞，不失其正：言所以『利艱貞』者，用『晦其明』也。」〔註31〕

　　明夷卦卦辭曰「利艱貞」，王夫之釋曰：「利艱貞者，二以柔居中得位，而養其明，以上事暗主，所合之義，在艱難而不失其貞，蓋文王之志也。」〔註32〕故於艱難之中仍有得利之處，乃在其「艱難而不失其貞」，此處之「艱貞」爲〈象〉所言「內難而能正其志」之義，王夫之謂「內難，居於晦而不得出，以受暗主之辱也。正其志，不失其柔順中正之德也。」〔註33〕但如此看來，於艱難中「不失其柔順中正之德也」，似乎僅能避禍，焉能有利？原來此利意指：君子於此艱難之時，雖仍自足獨立而無求，縱使欲有所爲，仍是時未至也，因此不要激憤填膺，也不要鬱鬱不得，而在苦中仍要自修，貯存道德上以及客觀現實上的力量，待至道大明時，乃可以有所爲也。職是之故，此「利」首在能通過「晦其明」之時，明哲保身，積貯實力，以待來日，最好的例子就是文王，受盡紂之種種磨難，而終能苦盡甘來，創建周之朝代及其文明。

〔註29〕同註14，王弼、韓康伯注，孔穎達疏《周易正義》卷4，頁88上。
〔註30〕孫星衍編著：《周易集解》（臺南：大孚書局，1994年10月印本），頁303。
〔註31〕同註14，王弼、韓康伯注，孔穎達疏《周易正義》卷4，頁88下。
〔註32〕同註1，王夫之：《周易內傳》，頁306。
〔註33〕同註1，王夫之：《周易內傳》，頁307。

　　明夷卦有利、貞，而無元、亨二德，與之互爲序、綜，和內外卦互調的晉卦，更是一德全無。明夷卦六爻全變，錯卦爲訟卦，其卦辭有利有不利（「利見大人，不利涉大川」），然亦無元、亨二德，以訟卦觀文王當時之處境，若是態度翻然改變，與紂王正面衝突，則不只興訟，且動刀兵，鹿死誰手，尚在未定之天，利之與否，實難定奪；唯於明夷之中，「內文明而外柔順」，乃唯一有利之態度與方向，古諺：「留得青山在，不怕沒柴燒」，此卦實爲最好的詮釋。

第二節　家人、睽、蹇、解、損、益

三十七　家人　䷤　巽上
離下

家人卦卦辭：

　　家人：利女貞。

〈家人・彖〉曰：

　　家人，女正位乎內，男正位乎外。男女正，天地之大義也。家人有
　　嚴君焉，父母之謂也。父父，子子，兄兄，弟弟，夫夫，婦婦，而
　　家道正。正家而天下定矣！

　　〈序卦〉云：「傷於外者，必反其家，故受之以家人。」〈雜卦〉云：「家人，內也。」家人卦的前一卦爲明夷，夷即傷也，人成年之後離家去奮鬥，難免遭遇波折挫敗，這時都會想起自己的原生家庭，而想返家休憩，或想自組家庭，讓漂泊受傷的心靈獲得安慰，而這正是家庭最重要的功能：提供庇護、提供溫暖。《詩》云：「妻子好合，如鼓瑟琴；兄弟既翕，和樂且耽。宜爾室家，樂爾妻帑。」可知生命感情的貞定，就是從家庭生活開始的。

　　〈家人・大象〉曰：「風自火出，家人，君子以言有物而行有恆。」家人卦下卦離火、上卦巽風，火起風生，此風吹的是暖風，家庭氣氛經營得好，即是眼前當下一口熨貼人心的暖氣，而家中之事，雖然卑之無甚高論，卻就是因其瑣碎、平常，庸言庸行之中，反更見其深刻與長久的意義：君子在家中有齊家之責，因此雖是庸言，亦要言之有物，雖是庸行，亦須行之切合事理，使其符合道德之常，而有其道德意義，從中見出永恆性。所以家庭乃是最宜於進行人格修養之處，因家人彼此之間的相處最無防衛心，也最容易暴露其性格弱點，而欲消弭其弱點，又有最充裕的時間，可以選擇最適合的方

式，慢慢待其自然轉化；從另一方面而言，家人之間若有好的德行發揮，雖是極渺小幽微處，卻也能見其潛德幽光。所以近距離、長時間的相處，是最適宜進行人格修養的，無怪乎歷來纂輯某人家書成冊，或記載治家格言、治家方法的書籍，亦能流傳久遠，就是因爲家道非小事，即使是在位的施政者，其施政之本，仍是從修身齊家開始的：家齊而後國治，國治而後天下平，如果每一個家庭都幸福美滿，過著合於道德意義的生活，並不斷創生道德價值，則社會自然祥和安康，並且蘊含著生機與活力。

家人有利、貞二德，且明言利「女」貞，家庭生活能否幸福，女性的角色的確要比男性吃重得多，雖然現代化的社會，女性主義抬頭，許多女性走出家門，要求與男性平起平坐，而且要求家中所謂的「新好男人」也要分擔許多女人以前要做的種種事務，但不可諱言：女性是陰性的生命，天生具備有生育與造型的能力，陰性生命適於一個穩定貞固的環境，來發揮其化生化成的功能，譬如在家庭之中，女性是感情凝聚的核心，是幼兒教育、人格養成的第一線，是環境造型的決定者，是日常生活能上軌道並不斷運作的推動者，也是最容易左右家庭氣氛的人物，……由於家庭貞定與貞固的性質，與女性天性中要求穩定安全的陰性特質若合符節，所以女性與家庭二者的結合，基本上能不斷的產生利益，促進家庭生活的正常化與提昇，是以家人卦卦辭曰「利女貞」也。

與家人卦相序相綜的睽卦，則是元亨利貞，四德全無。家人卦之前的明夷卦「利艱貞」，家人卦「利女貞」，卦辭都只有三個字，非常簡潔，且所利所貞皆有特定條件或對象，接下來的睽卦只是「小事吉」，與明夷卦的前一卦晉卦同爲元亨利貞，四德全無，可見晉、明夷、家人、睽，這四個卦可謂艱辛坎坷：晉非君子之常道，只可偶一爲之，明夷卦備極艱辛，卦辭勉勵君子在艱難中固守正道而得利，家人卦是傷於明夷之後的溫馨庇護所，然而偏重於女性生命的貞定與得利，君子之德仍未澤被百姓，到了睽卦，又是四德全無，只宜小事，……這四卦前後二卦四德全無，中間二卦之德爲利、貞，皆屬四德中的陰性之德，可見客觀現實環境處處險巇，必須步步爲營才是。

三十八　睽　䷥　離上
兌下

睽卦卦辭：

睽：小事吉。

〈睽‧彖〉曰：

> 睽，火動而上，澤動而下；二女同居，其志不同行。說而麗乎明，
> 柔進而上行，得中而應乎剛，是以小事吉。天地睽而其事同也，男
> 女睽而其志通也，萬物睽而其事類也。睽之時用大矣哉！

「睽」，馬王堆帛書《周易》作「乖」，孔穎達《周易正義》曰：「物情乖異，不可大事。」〔註34〕朱熹《周易正義》曰：「睽，乖異也。爲卦上火下澤，性相違異；中女少女，志不同歸，故爲睽。……以卦體言之，則六五得中而下應九二之剛，是以其占不可大事，而小事尙有吉之道也。」〔註35〕

睽卦上卦爲離火，火勢延上，下卦爲兌澤，澤水流下，二者背道而馳，漸行漸遠；且上卦離爲中女，下卦兌爲少女，二女勉強同住在一個屋簷之下，二者皆爲陰性生命，其盲點也大致相同，就算長久的相處，也難以看清楚彼此的盲點，而加以改進；但從另一方面來看，中女與少女，年齡想法性格卻已有很多差異，相處實難，二者之盲點大致雷同，而相處又容易起摩擦，以是日久造成睽隔的現象。

〈睽‧彖〉在分析完何以「小事吉」的原因之後，話鋒驟轉，說「天地睽而其事同也，男女睽而其志通也，萬物睽而其事類也」，可見在〈彖〉的眼光看來，無論怎樣對立的事物，仍有可相通處，若能擴大視野、提昇視角，用包容的心胸來廣納萬物，則能達至更高層次的結合，而消弭人爲習氣的乖隔睽違了。

〈睽‧大象〉曰：「上火下澤，睽，君子以同而異。」君子以同而異，意同於「君子和而不同」，君子求同，求的是「道之同」；君子而異，是不同的風範、氣象、個性……，雖然有不同的變化，但並非是根源上的隔閡。君子大部分時間都與人、事和諧相處，但只有處於關鍵點，最能看出他還是堅持與道相結合的初衷，決不隨波逐流，此亦《中庸》云「君子和而不流，強哉矯」之意。

睽卦元亨利貞，四德全無，與之相綜相序之家人卦，則有利、貞二德，睽爲睽隔乖違之意，家人則爲聚集和諧之意，處睽之時，若能想到〈睽‧彖〉所提醒的「天地睽而其事同也，男女睽而其志通也，萬物睽而其事類也。睽之時用大矣哉」，則能在看似矛盾重重的事物當中，尋出共通之處，進而求得

〔註34〕同註14，王弼、韓康伯注，孔穎達疏《周易正義》卷4，頁90下。
〔註35〕朱熹：《周易本義》（臺北：北方出版社，2002年8月印本），頁165。

更上一個層次的、辯證式的統一，更有甚者，彼此共同擁有如家人之間情感交流的管道，則何愁睽隔乖違的僵局不能打破呢！而由睽卦轉爲家人卦，不但打破窒悶的僵局，還可獲得利、貞二德呢。

三十九 蹇 ䷦ 坎上 艮下

蹇卦卦辭：

> 蹇：利西南，不利東北。利見大人，貞吉。

〈蹇·彖〉曰：

> 蹇，難也，險在前也。見險而能止，知矣哉！蹇利西南，往得中也。
> 不利東北，其道窮也。利見大人，往有功也。當位貞吉，以正邦也。
> 蹇之時用大矣哉！

蹇之意，《周易本義》曰：「足不能進，行之難也。」〔註36〕殷憂啓聖，多難興邦，《老子》第四十章云：「反者道之動，弱者道之用。」反面或負面的處境，本身就是一種考驗人的資源，它考驗著人的智慧，如何能因勢利導，導向於有利的方向，以突破瓶頸、打破僵局，甚至扭轉形勢；它也考驗著人的心性、鍛鍊人的內在韌性，正所謂「動心忍性，增益其所不能」，此亦爲〈蹇·大象〉云：「山上有水，蹇，君子以反身修德」之意，君子在立業的過程中，一定會遭遇蹇難，這時更要時時修補身心性命，自問有沒有忘了自己所訂立的初衷，吾日三省吾身，決不能待到心靈變質，忘了初衷本性，才來做修德的功夫，那已是來不及了。

蹇卦有利、貞二德，但利德有其方向性，若方向不對，反而不利，卦辭曰「利西南，不利東北」，以後天八卦來看，西南半壁諸卦爲：西兌、西南坤、南離、東南巽，皆屬陰卦；東北半壁諸卦爲：東震、東北艮、坎北、西北乾，皆屬陽卦，因此蹇卦卦辭曰「利西南，不利東北」，其意應爲陰者以陰居陰，切勿躁進衝動，而闖進陽剛的範圍之內，混淆了陽陰的主次關係，且蹇卦內卦艮止，外卦坎險，有見險輒止之意象，因此也特別凸顯其不妄動、不強出頭的特性。此與坤卦卦辭「西南得朋，東北喪朋」有相通之處。所以蹇卦卦辭「利西南，不利東北」，其意應爲：「利於陰者以陰居陰，謹守本分，而不利於陰逾越本分，躁進行事，以致陰居陽位，擾亂陽陰之主從順序」。

〔註36〕同註20，朱熹：《周易本義》，頁196。

王夫之則釋「利西南，不利東北」曰：「蹇者非不行也，行而後見其蹇焉；擇利而蹈，在平而若陂，唯恐其顛越也。『西南』，高山危灘之鄉，行者必畏慎；若蹇以此道行之，則利。『東北』，青兗衍博之地，可以快行，將忘其蹇，故不利。」〔註37〕其意為：須以行西南崎嶇之地的態度，去行走東北平緩之地，才不會因為輕忽而出錯。這樣的詮釋其實與上述「陰者以陰居陰，謹守本分，而不利於陰逾越本分，躁進行事」之戒慎的精神是相通的。

「利見大人，貞吉」，則是在蹇難的環境中，利於去見有實力的大人，並且要依循正道、貞守正道，如此才能得吉。

蹇卦有貞德，〈蹇・象〉曰：「當位貞吉，以正邦也。」蹇中四爻皆當位得正，是客觀上的好局勢，但也正因為有這種好情勢，作《易》者怕觀《易》之人掉以輕心，因此特別在蹇之卦辭說明「利西南，不利東北」，蹇卦中四爻皆正位，有如行東北之平坦道路，形勢一片大好，但若因此而高枕無憂，則將喪失戒慎恐懼、好謀以成的心態，因此卦辭將「貞吉」放在句末，放在「利西南，不利東北，利見大人」之後，其主要的用意，就是要人不要把客觀的好情勢作為先決條件，而忘了自己應該要持有兢兢業業、摸著石頭過河的心態，這樣才是處險境的正確態度。

蹇卦有利、貞二德，而與之相綜相序的解卦，中四爻皆不當位，所以只有利德，而無貞（正位）之德。

四十 解 ䷧ 震上
坎下

解卦卦辭：

解：利西南，無所往。其來復吉，有攸往，夙吉。

〈解・彖〉曰：

險以動，動而免乎險，解。解利西南，往得眾也。其來復吉，乃得中也。有攸往夙吉，往有功也。天地解而雷雨作，雷雨作而百果草木皆甲坼。解之時大矣哉！

解，〈雜卦〉云：「解，緩也。」〈序卦〉云：「物不可以終難，故受之以解。解者，緩也。」《周易正義》曰：「解，難之散也。」〔註38〕《說文》曰：

〔註37〕同註1，王夫之：《周易內傳》，頁325。

〔註38〕同註20，朱熹：《周易本義》，頁199。

「解,判也,從刀判牛角。」解之原意為分判、離析,引申有舒緩、散釋的意思。解卦內卦坎險,外卦震動,有動而免於險之象。王夫之曰:「『解』者,解散其紛亂也。中四爻陰陽各失其位,而交相間以雜處,於是而成乎疑悖。解之之道,使陰陽各從其類以相孚,而君子小人各適其所欲,則雖雜處而不爭。」〔註39〕解卦中四爻皆不當位,陰陽彼此之間是嚴重的遮蔽和阻礙,面對如此異質化的場域,只能以柔道處之,給出充裕的時間,把原有的執著、強求都放下,船到橋頭自然直,有如隆冬之後,自然伴有春雷春雨,喚醒冰雪封藏的大地,此時用力是用在刀口上,事少而功多,是以〈解·象〉曰:「天地解而雷雨作,雷雨作而百果草木皆甲坼。解之時大矣哉!」

　　解卦卦辭之「利西南」,西南屬陰柔卦的範圍,利西南即利於按照陰柔的屬性,寧靜平緩,不強出頭,解決事情之方向照此特性行事,則為有利也。王夫之則釋曰:「『利西南』者,西南山川砢磊不平之地,以解道行之,則利也。」〔註40〕詮釋的方向則是以中國西南地勢險峻,必須以緩解的態度、寬裕的心情慢慢的行走通過,如此方能有利,切勿躁進猴急,反容易陷入更大的困境之中,二者的詮釋可互為註腳、互相補充。王夫之又說:「『解』者,……以剛治之,則愈睽。……解以柔撫之,加意拊循,矜其不正之過,而小人樂得其欲,君子樂得其道,則陽不忿而陰不疑,待其自相解散,而治之也有餘。故上六可以『射隼』,而夫子曰『待時而動』也。」〔註41〕故解以柔道行之,則君子小人皆得其所哉。

　　試以解卦之「利西南」比較蹇卦「利西南,不利東北」:解之中四爻不得位,於現實上確是西南崎嶇之地,因此須以緩解之道行之;蹇之中四爻皆得位,於客觀環境上其實是東北平緩之地,但作《易》者憂心人會因此而有輕慢疏忽之虞,因此特言明「利西南,不利東北」:即須以行西南崎嶇之地的態度,去行走東北平緩之地,才不會因為輕忽而出錯。

　　〈解·象〉曰:「險以動,動而免乎險,解。」《莊子·養生主》形容庖丁解牛的文字最能描述這種意象,庖丁解牛時的神情是:「每至於族,吾見其難為。怵然為戒,視為止,行為遲,動刀甚微,謋然已解,如土委地。」而其依據的原則是:「依乎天理,批大郤,導大窾,因其固然,技經肯綮之未嘗,

---

〔註39〕同註1,王夫之:《周易內傳》,頁331。
〔註40〕同註1,王夫之:《周易內傳》,頁332。
〔註41〕同註1,王夫之:《周易內傳》,頁331～332。

而況大軱乎？」因庖丁能敏銳感知到罅隙細縫處，所以能動刀甚微，看似無所作為，牛體卻應聲磔然已解，這是用力用在刀口之上，雖實有為，卻看似無為之象，可謂事少而功多也。〈解・象〉接著說：「解利西南。」在西南邊崎嶇坎坷的地形之上行走，也有如解牛一般困難，所以也要以無為沖虛的心態來度過難關。

而解卦中四爻皆失位，柔乘剛，剛柔對立，須待時而行，給出夠長的時間去等待，讓中四爻漸漸由失位變成得位，這樣的過程，非無為則不能成其功也。〈解・象〉說：「天地解而雷雨作，雷雨作而百果草木皆甲坼。解之時大矣哉！」王夫之釋曰：「陰亢而乘剛，故難結而不解。其在天地之化，則陰凝於上，而陽伏不興，結為寒凍暳霾，而草木不足以生。乃柔和之氣動於上下，雷乃以升，雨乃以降，晦蒙之氣消，陰陽各從其類，則百果草木之函錮者皆啟，解之功大矣，唯其時也。」〔註42〕也說明解之功在待時而行，鬱結難解之處自會迎刃而解。

解只有利德一德，與解相綜相序者為蹇，蹇有利、貞二德，蹇卦中四爻當位得正，故貞（正）吉。而解中四爻陰居陽位、陽居陰位，皆不得正位，唯有以柔道施以解決之道，讓中四爻逐漸由失位變成正位，卦變為蹇卦後，方能獲貞德。

解六三云：「負且乘，致寇至；貞吝。」小象曰：「負且乘，亦可醜也；自我致戎，又誰咎也？」王夫之注曰：「上承九四之剛，本屈居卑賤，而下乘九二之剛，躁進憑陵，是擔負之役人而乘軒矣。……居非所得，寇必奪之。道宜凶，而僅曰『貞吝』者，有上六『高墉』之射解其悖，故可悔過以保，然而已吝矣。」〔註43〕

四十一　損　䷨　艮上
　　　　　　　　　兌下

損卦卦辭：
　損：有孚，元吉，無咎，可貞，利有攸往。曷之用？二簋可用享。
〈損・象〉曰：
　損，損下益上，其道上行。損而有孚，元吉，無咎可貞，利有攸往。

〔註42〕同註1，王夫之：《周易內傳》，頁333。
〔註43〕同註1，王夫之：《周易內傳》，頁335。

－238－

　　曷之用？二簋可用享。二簋應有時，損剛益柔有時。損益盈虛，與時偕行。

　　損卦的構成原理，爲損泰卦之九三以益上六，正是「損下益上，其道上行」之意。〈序卦〉云：「緩必有所失，故受之以損。損而不已必益，故受之以益。」損、益爲一體之兩面，《論語・爲政》曰：「殷因于夏禮，所損益可知也；周因于殷禮，所損益可知也；其或繼周者，雖百世可知也！」

　　損益之道，相伴相生，即損即益，王夫之釋〈損・象〉之「損益盈虛，與時偕行」曰：「蓋嘗觀於四時之行矣：春夏爲陽，秋多爲陰，而非必有截然分界之期而不相爲通。陰、晴、寒、暑，於至盛之中早有互動之幾，密運推移，以損此之有餘，益彼之不足。……則有孚而可貞者固然：時行其正，損益行其權。乃既損既益，而時因以變遷，則損益行，而時因與偕行也。」〔註44〕「苟明乎此，則節宣順其理勢，調變因其性情，質文、刑德、哀樂、取舍無容執滯，而節有餘以相不足，無一念之可廢其幾矣。庶幾得『與時偕行』之大用與！」〔註45〕可知損益實爲一體之兩面，且是不可分的、既損既益、與時偕行的一體，損益兩卦之道理可通，則兩卦之德，亦可互補。

　　〈繫辭・下〉第七章所提憂患九德，有關損卦的部分說到：「損，德之修也」，說明損己益人，爲修美道德的方法；「損，先難而後易」，教人先行自損之難，而後可獲益之易也；「損以遠害」，用損之道，可遠離禍害。

　　王夫之釋損卦卦辭「有孚，元吉」曰：「『有孚』者，初與二剛相孚，四與五柔相孚，陰陽交足於內，自相信以爲無憂，而後以其有餘者損下而益上、損剛而益柔，陽固充實，未喪其中位，而陰已足以利其用，非內不足而徇乎外者。唯其有孚，則『元吉』矣。陽雖損，而中道自得，根本自固也。」〔註46〕則王夫之以「元」爲「本」，損卦能「元吉」，乃因「中道自得，根本自固也」。損卦自泰卦損其九三之陽爻，上益上六而成損卦也，泰卦之內卦乾陽已成，損其第三爻去益外卦之坤陰，有初九、九二爲基礎後盾，乃是「損下益上」，損有餘而補不足，陽以其餘力去愛陰，呈現充實飽滿的氣象，道德事業自然可大可久，是以損有元、利、貞三德。

　　損之有元、利、貞三德，乃因：用損之道，需「有孚」，有初九及九二相

〔註44〕同註1，王夫之：《周易內傳》，頁342～343。
〔註45〕同註1，王夫之：《周易內傳》，頁343。
〔註46〕同註1，王夫之：《周易內傳》，頁340。

孚爲基礎，派出九三去益陰，誠心誠意的去做，則可化解陰之猜疑忌刻，而獲得元吉，元吉，原本就吉：損有餘補不足，故吉也。可貞，可以損道（損陽之有餘，補陰之不足）爲正道，利於長久的以此爲方向，向前奮進。

損與咸相錯，咸卦辭：「咸亨，利貞」，咸有亨德可資損卦，咸：感也，而損卦即是有感於陰之猜疑忌刻需被化解，因此派出九三去益陰，故損卦可旁通於咸卦，以獲亨德，而使之「元、亨、利、貞」，四德俱全。

四十二　益　䷩　巽上 震下

益卦卦辭：

益：利有攸往，利涉大川。

〈益‧彖〉曰：

益，損上益下，民說無疆，自上下下，其道大光。利有攸往，中正有慶。利涉大川，木道乃行。益動而巽，日進無疆。天施地生，其益無方。凡益之道，與時偕行。

益卦之構成原理，爲否卦之上卦九四與下卦初六互調，即「損上益下」而成益卦。如此，則否之窒塞不通的僵局可被打破，陽剛注入並居於方生之初爻，有光明的希望，陽爻的理想亦能有所實踐與傳承，在其中，並有增益與改進之處。益卦之九五、六二得中得位，且互相應與，上下一心，精誠團結，前途大爲光明，帶來利多的消息，因此卦辭云：「利有攸往，利涉大川」。

益卦內震外巽，內震即內心充滿動能，且中心有主，外巽即以順巽爲姿態，保持低調，靈活靈動，見縫就鑽，無孔不入，在任何環境中都能遊刃有餘，與周遭環境融爲一體。

〈益‧大象〉云：「風雷益，君子以見善則遷，有過則改。」益卦上卦巽風，下卦震動，所謂雷風相薄：「見善則遷」是巽風的順遜姿態，「有過則改」則是震雷的能動興革，二者鼓盪生機，可相互增益。

〈繫辭‧下〉第七章所提憂患九德，有關益卦的部分說到：「益，德之裕也」，說明施益於人，乃是充裕道德的方法。「益，長裕而不設」，施益於人，以長久的充裕一己之德行，卻不預設對方的回報。「益以興利」，益之道可廣興福利。

王夫之釋益卦卦辭「利有攸往」曰：「益亦損乾之剛，益坤之柔，而謂之

益，不謂之損者，剛雖損於四以益陰於初，而爲方生之爻，陽道且立本而日長，則陰益而陽亦益，非若損之損三以居上，爲已往之爻，寄居於天位之上，實自損以益彼也。」〔註47〕而釋〈益・象〉之「利涉大川，木道乃行」曰：『『木』謂巽也，……動之而巽以行，行以漸進而不遽，爲舟行之象。循涯日進，而無遠不屆，行舟之利所以不可禦也。」〔註48〕此釋益卦能「利有攸往，利涉大川」之因也。

〈序卦〉云：「損而不已必益，故受之以益。」〈雜卦〉云：「損益，盛衰之始也。」損中有益，益中有損，得必有失，失必有得，損益之中，盛衰已見端倪。

益只有利之一德，但利有攸往、利涉大川，利益之處實多。與之相序相綜的損卦則有元、利、貞三德，損益之道，實爲一體，時損時益，即損即益，〈雜卦〉曰：「損益，盛衰之始也。」其意實視損益爲渾淪一體，確難分也，因此處益卦，亦要用損之道，二者並行，隨時調整，則益卦亦能獲損元、貞之德。

益與恆相錯，恆卦辭：「恆亨，無咎，利貞」，恆卦有亨、貞二德可資益卦，〈益・象〉曰：「益動而巽，日進無疆」、「凡益之道，與時偕行」，可見益卦也以恆之道爲主，是以能旁通恆卦以獲亨、貞二德，而使之「元、亨、利、貞」，四德俱全。

第三節　夬、姤、萃、升、困、井

四十三　夬　　　兌上
　　　　　　　　乾下

夬卦卦辭：
　夬：揚於王庭，孚號有厲。告自邑，不利即戎，利有攸往。
〈夬・象〉曰：
　夬，決也，剛決柔也，健而說，決而和。揚於王庭，柔乘五剛也。
　孚號有厲，其危乃光也。告自邑，不利即戎，所尚乃窮也。利有攸

〔註47〕同註1，王夫之：《周易内傳》，頁348。
〔註48〕同註1，王夫之：《周易内傳》，頁349。

往，剛長乃終也。

夬卦卦名爲「決」之意，孔穎達《周易正義》曰：「夬，決也。此陰消陽息之卦也，陽長至五，五陽共決一陰，故名爲夬也。」〔註49〕夬、姤二卦相序相綜，卦象都是一陰五陽，都是陰陽爭鬥的卦例。

〈夬·彖〉其中「健而說，決而和」一句，孔穎達《周易正義》曰：「乾健而兌說，健則能決，說則能和，故曰『決而和』也。」〔註50〕能決並不一定非採取激烈的手段，能決而又能和，才可能眞決也。夬卦之後接著是姤卦，而非六爻皆陽爻的乾卦，此正所以看出《易經》陰陽相待，剛柔相推的道理。乾、坤二卦乃純理之卦，乾陽到頂是「亢龍有悔」，坤陰到頂則是「血戰玄黃」，所以，趕盡殺絕只會凸顯矛盾，而無法釜底抽薪的解決問題，老子云：「聖人不死，大盜不止。」亦在說明這種陰陽相倚相生的道理。所以，欲對邪魔歪道斬草除根，其實是不切實際的，只能以教化、轉化和柔化的方式對待，才不會激化起更大的邪念邪行，故〈夬·彖〉強調「健而說，決而和」也。

夬卦卦辭有利有不利，端看五陽對待一陰的態度而定，即「剛決柔」的態度是否是「健而說，決而和」的，對「揚於王庭」孔穎達《周易正義》釋爲：「以君子決小人，故可以顯然發揚決斷之事於王者之庭，示公正而無私隱也。」〔註51〕但此說似與「健而說，決而和」有所牴牾。

程頤釋「孚號有厲」爲「孚，信之在中，誠意也；號者，命眾之辭。君子之道雖長盛，而不敢忘戒備；故至誠以命眾，使知尚有危道。雖以此之甚盛，決彼之甚衰，若易而無備，則有不虞之悔；是尚有危，理必有戒懼之心。則無患也。」〔註52〕此意實與王夫之釋「揚於王庭，孚號有厲」相通。

「揚於王庭」此句沒有主格，《正義》視其主格爲「君子（陽）」，設若將其主格視爲「小人（陰）」，則王夫之釋此句爲「乘剛，故揚揚而自得」，〔註53〕繼而解釋〈夬·彖〉「孚號有厲，其危乃光也」爲「知其危乃光大」，即陽集團知其危險之情狀，而能戒愼行事，乃有光大前景也。王夫之又釋卦辭「孚號有厲；告自邑」爲「群陽相與交孚，以號呼不寧，而自見其危矣。危則自治不可不飭，故必『告自邑』，亟內治；……內治修，則徐而制之，專任能者以建威銷

〔註49〕同註14，王弼、韓康伯注，孔穎達疏《周易正義》卷5，頁103上。
〔註50〕同註14，王弼、韓康伯注，孔穎達疏《周易正義》卷5，頁103上。
〔註51〕同註14，王弼、韓康伯注，孔穎達疏《周易正義》卷5，頁103上。
〔註52〕同註18，黃忠天：《周易程傳註評》，頁487～488。
〔註53〕同註1，王夫之：《周易內傳》，頁356。

萌，可矣。」，〔註54〕則王夫之將「告自邑」釋爲回復本心本性，以省察、拂拭、或修正之。

夬無元、亨、貞三德，於利德則有利與不利：「不利即戎」、「利有攸往」，「不利即戎」乃因「以剛之盛爲尚，而恃之以戰陰，則窮」，〔註55〕陽盛則易生驕心，驕心一生則輕慢，輕慢而戰則力有時而窮。「利有攸往」則因「進修其德而不已，道勝於己，陰乃終凶」，〔註56〕陽集團努力進德修業、反求諸己，若是自反而縮，則陰乃終凶，不必急於一時之間非要與之來個大對決。

夬卦無元德亦無亨德，雖然五陽共聚，連結成強大勢力，但貌似壯大，其實五陽各懷心意，未必能同心同德，如同道德的初衷已泯，存心駁雜，故難以服陰，綜有五陽，亦不能「即戎」，和陰來個面對面的直接對決，乃使上六之陰可以「揚於王庭」。

夬與大壯共通處都在陽太盛，難免盛氣凌「陰」，以眾欺寡，是以卦爻辭中皆出現警語，如大壯初九「壯于趾，征凶」，九三「小人用壯，君子用罔」，上六「羝羊觸藩，不能遂，不能退」等，而在陽勢力更壯盛的夬卦，就直接在卦辭中警告著「孚號有厲」、「不利即戎」等，大壯有利貞二德，夬卦只勉強有「利有攸往」之利德，而且還附帶有先決條件是「不利即戎」，即五陽無論如何都要按捺住性子，不能遽與陰當眾對決，只有回過頭再去做修德的工夫，認認眞眞、實實在在反省初衷：自己可仍然是清白無瑕、青天可表的？自己是否就是絕對的正義及眞理？畢竟以德乃能服人，以力服人只能是一時的假象。

與夬卦相序相綜者爲姤卦，姤卦一陰初長，陰勢力有坐大的**趨勢**，卦辭「姤：女壯，勿用取女」是一德也無。與夬相錯的剝卦，〈剝·象〉曰「柔變剛也」，與〈夬·象〉之「剛決柔也」，二者態勢正好逆轉，夬卦辭尚有「利有攸往」之「利」，剝卦辭則是「不利有攸往」，且元、亨、利、貞，一德也無，因此，夬卦不能從剝卦卦理得到什麼支援，反要警惕：夬之背反面即爲陰集團勢力強大的剝卦，因此不可不愼也。

夬卦互體上乾下乾，隱含乾卦卦體，夬卦如能於五陽之間摒棄前嫌、化猜忌爲信任，夬之每一陽爻皆回復乾之每一陽爻的充實飽滿、無私無己，爻

〔註54〕同註1，王夫之：《周易內傳》，頁356。

〔註55〕同註1，王夫之：《周易內傳》，頁357。

〔註56〕同註1，王夫之：《周易內傳》，頁357。

與爻無間暢通，自能朗現「乾：元，亨，利，貞」的氣象。

四十四　姤　䷫ 乾上
巽下

姤卦卦辭：

姤：女壯，勿用取女。

〈姤・彖〉曰：

姤，遇也，柔遇剛也。勿用取女，不可與長也。天地相遇，品物咸
章也。剛遇中正，天下大行也。姤之時義大矣哉！

姤卦五陽之下初陰生，陰之勢力雖微弱，但有上揚之勢，實不可小覷。《老子》曰：「其未兆易謀。」又說：「爲之於未有，治之於未亂。」防微杜漸，不可不愼也。

〈序卦〉云：「決必有所遇，故受之以姤。」決爲徹底解決問題，但舊問題解決了之後，新問題仍會層出不窮，因爲人會有不斷的邂逅、不斷有新的際遇，所以夬卦之後，與姤卦相連。

〈雜卦〉云：「姤，遇也。柔遇剛也。」姤爲不期而遇，不期而遇的邂逅，常會帶來新的機會與視野，在人生旅途中，也不可能總是在既定的軌道上行駛，時不時的，總會逸出主要道路，而岔到別的支路上，而人也要隨時貯備相當的彈性，以包容新的、不同的機會和挑戰。

〈姤・大象〉曰：「天下有風，姤，后以施命誥四方。」王夫之曰：「姤本不貞之卦，而大象專取天、風之義，與彖全別。聖人不主故常，觀陰陽之變，而即變以取正。故讀易者不可以大象例象也，類如此。」〔註57〕在四德全無的姤卦當中，〈大象〉作者仍能看出其中積極的意象，即以天和風合成一個「天下有風」的意象，君王可用以將政令告諸四方諸侯，此外，也可視之爲君子之教化普及人民的意象，即《論語》「君子之德，風；小人之德，草。草上之風，必偃」之意。

姤卦無元、亨、利、貞之任何一德，陰爻佔據初始之位，初生之陰，能量尚未耗損，且有壯大昂揚的趨勢，能量飽滿卻沒有以道德爲其領導的方向，充滿著不確定性，漫流而無所節制，並沒有植基於「善」根之上，以是無元德，亦無亨、利、貞之德。對姤之無貞德，王夫之曰：「不期而會曰遇，姤之

〔註57〕同註1，王夫之：《周易內傳》，頁363。

象也。……『姤』乃女子邂逅，與男相遇之謂，其爲不貞明矣。陰之忽生於群陽之下，本欲干陽，而力尙不能敵，故巽以相入，求以得陽之心，而逞其不軌之志，其貌弱，其情壯矣。卦本一陰爲主，而卦之名義、象、爻，皆爲陽戒，小人之幸，君子之不幸也。」〔註58〕此明姤卦：女（陰）壯也，勿以其尙孤弱低卑，而輕忽怠慢，甚至生出調戲輕佻之意，致令其坐大，而竟至尾大不掉的局面。

姤與夬相綜相序，處姤卦時，陽若能用夬卦「剛決柔也，健而說，決而和」的態度，溫柔但堅決，絕對不折扣、不退讓，定能使得陰之勢力在尙未壯盛之前，就知難而退，如此陽集團方能「利有攸往」，而得利德也。

又，姤與復互爲錯卦，復卦辭「復，亨。……利有攸往」，復爲一陽以感群陰，姤爲一陰以亂群陽，處姤卦時，陰爻若能如復卦之群陰一樣，願受陽之感化，則可獲「亨」、「利」二德矣。

四十五　萃　　兌上　坤下

萃卦卦辭：

　　萃：亨，王假有廟，利見大人，亨，利貞。用大牲吉，利有攸往。

〈萃・彖〉曰：

　　萃，聚也。順以說，剛中而應，故聚也。王假有廟，致孝享也。利見大人，亨，聚以正也。用大牲吉，利有攸往，順天命也。觀其所聚，而天地萬物之情可見矣。

〈序卦〉云：「物相遇而後聚，故受之以萃。萃，聚也。」萃原意爲草叢生，引申爲萃聚，爲人文與資源之薈萃也。

萃有亨、利、貞三德，卦辭云「王假有廟」，是有關王者之大卦。王夫之曰：「上言『亨』者，通萃之德而言之；下言『利見大人，亨』者，則就見大人而言其亨之緣也。陽聚於其位，陰順於下而奉之，嘉之會也。」〔註59〕此說釋卦辭第一個「亨」字爲總括全卦之亨通德行，第二個「亨」則由「利見大人」而來。王夫之繼言：「『利見大人，亨』，言三陰聚以從六二而應九五，見之而上下各安其位，志無不通也。應以正，合義而永貞，故曰『利貞』。」

〔註58〕同註1，王夫之：《周易內傳》，頁361。
〔註59〕同註1，王夫之：《周易內傳》，頁367。

〔註60〕此說指下卦三陰匯聚，以從六二，而陰集團與九五君王相應與，以是得亨通，又六二與九五為正應，二者是以正相應，以是有貞德，又因貞正合義而得利也，以是有利德，可知王夫之是以義為利也。此為萃之有亨、利、貞三德之由。

「聚以正」是萃卦獲亨很重要的條件，王假有廟、用大牲都必須合於正道；況且，由人的聚合過程中，最容易引發人情喜怒哀樂愛惡欲各種變化，發而中節不容易，若不中節即不正，吉凶悔吝便由此而生。因此，萃卦之貞德實為首要之德，貞，正也，聚之以正，則亨德、利德可隨之而來。

若以萃卦與比卦相較：比卦一陽五陰，一陽得位又得中，且居王位，卦之意象為比附結盟，卦辭曰「原筮，元，永貞」，有元、貞二德。萃卦則是二陽四陰卦，九五中正之外，多了一個陽爻九四，對九五而言，頗感九四造成的壓力與威脅，所謂功高震主也；對九四而言，則是伴君如伴虎，動輒得咎，而萃之意象為匯聚各方人力和資源，在九五與九四的矛盾之中，九五爻辭曰：「萃有位，無咎。……元，永貞，悔亡。」表示九五君王須反求諸己，從根源上貞固德行節操，方能悔亡。萃九五爻辭曰「元，永貞」，比卦卦辭曰「原筮，元，永貞」，表示萃九五必須自覺的從根源上貞固節操，而比卦則是形勢一片大好，「原筮，元」：本就選擇原動力充沛的「元」（在比卦即指九五之天道、道義），「永貞」，即是使「元」的地位穩固，如此道德之動力方能源源不絕，「原筮，元，永貞」，即是直接從最原始的道德創生力得到永恆的穩固基石。

萃無元德，〈萃・象〉曰：「觀其所聚，而天地萬物之情可見矣！」〈咸・象〉則曰：「觀其所感，而天地萬物之情可見矣！」〈恆・象〉：「觀其所恆，而天地萬物之情可見矣！」〈大壯・象〉：「正大而天地之情可見矣！」咸、恆、大壯、萃皆可見出天地萬物之情，然此四卦皆不具元德，可見元德實為難得也。

萃與升互序互綜，升卦辭：「元亨，用見大人。」〈升・大象〉曰：「君子以順德，積小以高大。」處萃卦之君王，若能禮賢下士，虛懷若谷，如升卦一般，以順巽之姿採納賢者的建言，則能在萃聚資源與人才之餘，還能將整個社會國家的層次向上提升，這樣就能獲致升卦的「元」德，變成「元、亨、利、貞」，四德俱全了。

〔註60〕同註1，王夫之：《周易內傳》，頁367。

四十六 升 ䷭ 坤上
巽下

升卦卦辭：

升：元亨，用見大人。勿恤，南征吉。

〈升‧彖〉曰：

柔以時升，巽而順，剛中而應，是以大亨。用見大人，勿恤，有慶
也。南征吉，志行也。

升卦下巽上坤，象徵人以順巽之姿，並順應時勢往上爬升，初六「允升」，
允爲誠心，初六承九二，順著九二剛中的時勢往上升，而九二、九三則一起
往上升，外卦坤順，其勢通暢無阻，是故「南征吉」，南爲離火，象徵光明磊
落的去做，必能得吉，此亦《詩經‧小雅》〈伐木〉曰：「出自幽谷，遷于喬
木」之意。

〈雜卦〉云：「萃聚而升不來也。」來與往相對，「不來」即「往」也，「往」
之意爲爻的動勢由下往上發展，正符合「升」的意象。

〈序卦〉曰：「聚而上者謂之升，故受之以升。」萃聚資源以及人才，是
爲了整個社會層次不斷的向上提昇，這就到了升卦。

〈升‧大象〉曰：「地中生木，升，君子以順德，積小以高大。」《老子》
亦云：「合抱之木，生於毫末。」君子須懂得「順德」，即能順其自然之序也，
登高必自卑，行遠必自邇，日久才能積小以高大。

王夫之釋升之元、亨二德曰：「『元亨』者，陽爲初陰所升，得中而爲主
於內，陰爲陽所升，居尊而爲賓於外，陽爲主而道行，故不失其德之元，而
自成乎嘉之會也。」〔註61〕此釋升有元、亨二德之因：九二被初六所推尊，
上卦坤地之中爻又虛位以待之，因此道德動力可以彼此上下亨通，而「成乎
嘉之會也」。〈升‧彖〉曰：「柔以時升，巽而順，剛中而應，是以大亨」，對
陽爻言，是「剛中而應」，對陰爻言，則是「柔以時升，巽而順」，陰陽兩相
配合的結果，就是「大亨」了。對〈升‧彖〉「大亨」之意，王夫之則釋之爲：
「九二剛中不喪其主道，而五下應之，故大善而亨通。」〔註62〕可見他是將
「大」（元）釋爲「善」了，若然，則其精神可與〈乾‧文言〉曰：「元，善
之長也」直接接通，可知〈乾‧文言〉以「善之長」爲「元」之意，即是有

〔註61〕同註1，王夫之：《周易內傳》，頁373。
〔註62〕同註1，王夫之：《周易內傳》，頁374。

本有源、初始即植基於善，而亨、利、貞三德，亦由此元善之德開展而成。

升有元、亨二德，與之相綜相序的萃卦則有亨、利、貞三德，處升之情境，如能不忘仍舊要時時延攬人才、厚貯實力，薈萃與累積各方資源，則亦可得萃之利、貞二德，而成為元、亨、利、貞，四德俱全了。

四十七　困　䷮ 兌上 坎下

困卦卦辭：

困亨，貞，大人吉。無咎，有言不信。

〈困‧彖〉曰：

困，剛揜也。險以悅，困而不失其所亨，其唯君子乎！貞，大人吉，

以剛中也。有言不信，尚口乃窮也。

困，上澤下水，水位降至最低，為澤無水之象，象徵資源困乏，處境艱難，四郎探母有劇文曰：「我好比籠中鳥，有翅難展；我好比淺水龍，被困在沙灘。」這樣的處境，差可比擬困卦所處之境。但艱難困苦，玉汝于成，正好藉此磨練心志，正所謂身困而道通，《孟子‧盡心》曰：「古之人，得志，澤加於民；不得志，修身現於世。」縱使不能及物潤物，也要留下正氣與榜樣在人間。

困為三陰三陽卦，此類卦型最為複雜，困之九二為初六、六三所掩，而九四、九五又為上六所掩，此為〈困‧彖〉「困，剛揜也」之意，陽剛被陰柔掩蔽，有如正義被邪惡勢力包圍，也有君子被小人所累的意象。

君子處困，如何處之？〈繫辭‧下〉第七章有憂患九卦，其中有關困卦，云：「困，德之辨也。」「困，窮而通。」「困以寡怨。」困境乃辨別德行高低的最佳時機；處困雖艱辛，卻有窮則變，變則通的契機；處困境時不抱怨、不怨尤，君子素夷狄行乎夷狄，素患難行乎患難，守道固也。

〈困‧大象〉云：「澤無水，困，君子以致命遂志。」君子處困，更須反求諸己，回到本源，如其初衷，行其志向，這也是孔子所以說「君子固窮，小人窮斯濫矣」的心情。

困卦卦辭開宗明義即言「亨，貞」，困之亨乃因「困而不失其所亨，其唯君子乎」，王弼曰：「困必通也，處窮而不能自通者，小人也。」〔註63〕天下無道，仍然要自行其道，自己走出一條路來。《孟子‧滕文公》曰：「居天下

〔註63〕同註14，王弼、韓康伯注，孔穎達疏《周易正義》卷5，頁108上。

之廣居，立天下之正位，行天下之大道，得志，與民由之；不得志，獨行其道。富貴不能淫，貧賤不能移，威武不能屈。」君子在任何處境，都能走通一條路來，在困境當中，固然難以立人達人，但有德君子總可以有把握己立己達，作一個仁人，這就是天下無道，自行其道。〈困·象〉亦曰：「險以悅，困而不失其所亨，其唯君子乎！」都在勉勵君子處困，而心志不爲所困也，乃能走得通。

　　而困之貞乃因「以剛中也」，九二、九五俱以陽居中，此爲居困而獲亨、貞二德的主因。王夫之曰：「困爲君子憤悱求達之情，則其道之亨，不待事之遂而早已遠乎吝，故曰『困亨』。『貞大人』者，言大人之處困，亦唯以貞爲道；而貞固大人之貞，非小貞也。大人者，……乃當其處困，則靜正以居，居處恭，執事敬，與人忠，之夷狄而不棄：此大人之唯以貞爲道。」〔註64〕又釋〈困·象〉之「困而不失其所亨，其唯君子乎」曰：「剛中正位，則『不失其所』，唯君子能因困而善用之，故亨。」〔註65〕此說釋困之有亨、貞二德之因。君子處困，更有何道？只能「以剛中也」，如此才能與道偕行，只此良知便足。

四十八　井　䷯　坎上
巽下

　井卦卦辭：

　　井：改邑不改井。無喪無得，往來井井。汔至亦未繘井，羸其瓶，凶。

　〈井·象〉曰：

　　巽乎水而上水，井。井養而不窮也。改邑不改井，乃以剛中也。汔
　　至亦未繘井，未有功也。羸其瓶，是以凶也。

　　井卦上坎下巽，有風順而入於水，井水上升，被汲取出井的意象。有井水處有人家，取之不盡，用之不竭，供給民生日用，正是「無喪無得。往來井井」。

　　〈井·象〉曰：「汔至亦未繘井，未有功也。」自來掘井絕非易事，先要鑑定地下泉水的位置，接著探勘地質、水質，最後需要裁定是否值得開採，然後是極大的決心與耐心，一鑿一鑿的深入地層，直到觸及地下泉脈；否則爲山九仞，功虧一簣，少一畚箕的土，就不能得到清冽的井水，鑿不及泉，

〔註64〕同註1，王夫之：《周易內傳》，頁380。
〔註65〕同註1，王夫之：《周易內傳》，頁381。

猶未鑿井，因而「未有功也」。而「羸其瓶，是以凶也」，是指汲水的瓦瓶可能在汲水的過程當中碰破了，則不只是「未有功」，甚至是「凶」了，所謂「瓦罐不離井口破，將軍難免陣前亡」，對於正在所從事的事情，是隨時隨地都可能出狀況的，必須戰戰兢兢，戒慎恐懼，敬慎不敗，才能貫徹始終。

〈繫辭・下〉第七章論憂患九德，云：「井，德之地也。」「井，居其所而遷。」「井以辨義。」井水供給民生之水源，正如同德行的源泉滾滾，不舍晝夜；井的位置始終不變，任何人都可從中取水解渴而受惠；井水博施濟眾，卻不伐善施勞，正是義之所在，「正其誼不謀其利，明其道不計其功」也。

〈井・大象〉云：「木上有水，井，君子以勞民勸相。」《周易正義》曰：「勞，謂勞賚；相，猶助也。井之為義，汲養而不窮；君子以勞來之恩，勤恤民隱，勸相百姓，使有功成，則此養而不窮也。」〔註66〕即《孟子・滕文公》曰「勞之來之，匡之直之」之謂也，君子發動人民在民生基本面打好基礎之後，又從而激起其自尊自信，以教化之。

井卦初六「井泥不食」，一窪糟粕，井不成井；九二「井谷射鮒」，水量太少，沒有作用；九三「井渫不食」，井已疏浚，水位上升，卻乏人問津；六四「井甃」，完成掏污、濬深，並修治井壁的工作之後，終得「無咎」；九五「井冽」，有甜美的井水可以喝了；上六「井收勿幕，有孚元吉」，呈顯大公無私的氣象，有孚即有誠信，故能元吉，元吉即從本源就吉，有生之又生、生生不息的意味。井卦卦辭元亨利貞，四德全無，然而到了上六「井收勿幕，有孚元吉」，卻有元字出現，往下接革卦，革卦則元亨利貞，四德俱全。〈序卦〉云：「井道不可不革，故受之以革。」這在井之上六已顯端倪，元氣再現，而革之道，非元亨利貞四德俱全，不能成之，故《禮記・經解》云：「絜靜精微，易教也」，此言的是。

井卦元亨利貞，四德全無。井、困二卦相綜相序，相綜兩卦只是立場看法不同，實為一卦，客觀形勢受困（困卦），正能激發出「天命之謂性」的潛能（井卦），不怨不尤，下學上達，盡性乃可以知天。

相綜的兩卦，只是分成兩個面向、或分成兩段來說明一個道理，〈雜卦〉亦云：「井通而困相遇也。」通，通暢而不滯；相遇，項安世《周易玩辭》曰：「以通與遇為反對，則遇，為相抵而不通之象矣。」〔註67〕困井一通一不通，

〔註66〕同註14，王弼、韓康伯注，孔穎達疏《周易正義》卷5，頁110上。
〔註67〕項安世：《周易玩辭》（臺北：世界書局，1986年印本，《景印摛藻堂四庫全書

但二者實爲外在環境之不同，於君子內在德行，則是不受影響的，如處井卦行博施濟眾的事業時，也須做著處困不得志時而時時修養身心、反省初衷的工夫，則處井卦亦能得困之亨、貞二德也。

第四節　革、鼎、震、艮、漸、歸妹、豐、旅

四十九　革　䷰　兌上
　　　　　　　離下

革卦卦辭：

革，己日乃孚，元，亨，利，貞，悔亡。

〈革‧象〉曰：

革，水火相息。二女同居，其志不相得，曰革。己日乃孚，革而信之。文明以悦，大亨以正。革而當，其悔乃亡。天地革而四時成，湯武革命，順乎天而應乎人。革之時大矣哉！

「革」顧名思義爲「變革」之意，〈雜卦〉曰：「革，去故也。」「革」字原義爲「治革」之意，即除去獸皮之毛，且鞣治成皮革的意思，獸皮經整治而成新的面貌，故又引申爲去舊、更新、改革之意。故孔穎達《周易正義》曰：「革者，改變之名也；此卦明改制革命，故名『革』也。」〔註68〕李鼎祚《周易集解》引鄭玄曰：「革，改也，水火相息而更用事，猶王者受命，改正朔，易服色，故謂之『革』也。」〔註69〕

革卦上澤下火，「革之兌澤爲靜定之水，而既濟之坎水爲流動之水。革卦之所以強調改變、革命，是因爲事物已發展到失去活力而如同一潭死水，必須奮起改變它。澤、火兩種力量，守舊戰勝革新，則事物維持老死狀態；革新戰勝守舊，方有新生之到來。革卦之水靜，故更強調人爲之奮起；既濟之水動，故更強調必然之轉化。革卦強調去舊開新，既濟強調保成防亂。」〔註70〕皮毛放著不管會發爛發臭，必要加以整治才能顯現皮革之美，才有保存的價值，其象

薈要》經部第3冊：易類），頁4～804上。

〔註68〕同註14，王弼、韓康伯注，孔穎達疏《周易正義》卷5，頁111上。

〔註69〕同註30，孫星衍編著：《周易集解》，頁406。

〔註70〕陳鼓應、趙建偉：《周易注譯與研究》（臺北：臺灣商務印書館，2000年3月印本），頁433～434。

徵意義大至時代之變遷，小至個人習氣之改革，都必須加以一番整治之後，才能賦予新面貌，也才能繼續發揮該有的功能與運作的機制。

革卦元、亨、利、貞四德俱足，但要在「己日乃孚」的條件配合下才能如此，「己日」自來版本不一，或作「已日」、「巳日」，涵義人言人殊，朱震《漢上易傳》曰：「己當讀作『戊己』之『己』，十日至『庚』而更；更，革也。」〔註71〕顧炎武《日知錄》承之曰：「天地之化，過中則變。日中則昃，月盈則食，故《易》之所貴者中。十干則『戊己』為中，至於『己』則過中，而將變之時矣，故受之以『庚』；庚者，更也。天下之事當過中而將變之時，然後革而人信之矣。」〔註72〕是則「己日」之說似較為可採；王夫之則謂「道之大明，待將盛之時，以升中，於時為巳，日在禺中而將午，前明方盛，天下乃仰望其光輝而深信之。」〔註73〕則是訓「巳日乃孚」之意。

綜觀「己日」、「巳日」之意，其實皆寓有「時機已成熟」的概念，此時時移勢轉，民氣可用，揭竿而起可獲成功，也唯有在這樣時機成熟的條件下，才能「元亨利貞。悔亡」。由於革命過程勢必伴隨相當程度的破壞性，是以需等待人心深深的信服才能發起革命，如此才能將過程中的悔恨、摩擦和破壞降至最低。〈革·象〉曰：「己日乃孚，革而信之」，「革而當，其悔乃亡」，即是強調這種革命的正當性。

至於在上澤下火、相息相爭的情況下，如何還能夠元亨利貞四德俱足呢？對此王夫之曰：「元亨利貞，乾之四德，自三至五，乾道已成，然後虎變而小人莫不悅順，悔乃可亡，德之難也。有其德，乘其時，以居其位，而後可革。」〔註74〕則王夫之是以革卦之三、四、五爻組成一互體乾卦，來講革卦之元亨利貞四德，是革之四德自乾之四德而來，然而乾卦為抽象性的創造原理，而在革卦，則必須面對治絲益棼的現實環境，是以需加上「己日乃孚」的條件，才能四德俱足，而得以悔亡。就革卦卦意言，舊典範與舊體制無論如何盛極一時，至此也已是摧枯拉朽，起而推翻之，重新打造新體制，才能保有活潑的生機和創造力，以此「重新打造」的觀點而言，其意義與價值並不下於乾

〔註71〕 朱震：《漢上易傳》（臺北：世界書局，1986年印本，《景印摛藻堂四庫全書薈要》經部第2冊：易類），頁3～629下。

〔註72〕 顧炎武著、黃汝成集釋：《日知錄集釋》（長沙：岳麓書社，1996年2月印本），卷之一：「己日」條下，頁16。

〔註73〕 同註1，王夫之：《周易內傳》，頁396。

〔註74〕 同註1，王夫之：《周易內傳》，頁396。

坤之始建天地，是以元亨利貞四德俱足，渾淪飽滿。

革九三云：「征凶，貞厲；革言三就，有孚。」小象曰：「革言三就，又何之矣！」王夫之注曰：「革之不可輕試也，以九三剛而當位，大明已徹，然且不可自謂知天人之理數而亟往以革，征則必凶，道雖正而猶危也。……九三以剛居剛，而爲進爻，故先戒以凶危，而後許其有成，以使知徐待焉。」〔註75〕

五十　鼎　䷱　離上
巽下

鼎卦卦辭：

　　鼎：元吉，亨。

〈鼎・象〉曰：

　　鼎，象也。以木巽火，亨飪也。聖人亨以享上帝，而大亨以養聖賢。

　　巽而耳目聰明，柔進而上行，得中而應乎剛，是以元亨。

革、鼎二卦互綜，〈雜卦〉云：「革，去故也；鼎，取新也。」因此，「鼎革之際」一詞被用來指新舊之間交替轉換的時期，「鼎」原義爲烹肉的鍋子，原是民生日用之物，又可作爲獻享祭祀的重器，因此也是象徵政權的法器，《漢書・五行志》載：「《史記》周威烈王二十三年，九鼎震。……鼎者，宗廟之寶器也。宗廟將廢，寶鼎將遷，故震動也。」〔註76〕孔穎達《周易正義》曰：「鼎之爲器，且有二義：一有亨飪之用，二有物象之法。……此卦明聖人革命，示物法象，惟新其制，有鼎之義；以木巽火，有鼎之象，故名爲鼎焉。」〔註77〕〈序卦〉云：「井道不可不革，故受之以革。革物者莫若鼎，故受之以鼎。」井卦以舊井需疏浚維修以恢復原有功能爲象徵，當中蘊含有舊制必得改革之義，故繼之以革卦；而革命乃劇烈的轉變，有如鼎之亨飪，化生爲熟，劇烈改變了事物的性質，成就了新的事物，故繼之以鼎卦。實際上，去故與取新，二者相因相成，同時並存，也同時進行。

鼎卦卦辭極爲簡短，只有「元吉，亨」三個字，王弼《周易注》曰：「革去故而鼎取新，取新而當其人，易故而法制齊明：吉然後乃亨，故先『元吉』

〔註75〕同註1，王夫之：《周易內傳》，頁400。

〔註76〕《漢書・五行志》（臺北：鼎文書局，1986年10月印本，《中國學術類編：新校本漢書并附編二種：二》），第7中之上，頁1401。

〔註77〕同註14，王弼、韓康伯注，孔穎達疏《周易正義》卷5，頁112下。

而後『亨』也。」〔註78〕這是從鼎卦之卦義而言。

王夫之則以巽卦之卦變詮釋〈鼎·彖〉之「巽而耳目聰明，柔進而上行，得中而應乎剛，是以元亨」此段文字，王夫之云：「巽以入人之情而達之，……此釋內卦。巽敵應而不相與，變而柔進居中，以與剛相應，志通而養道行矣。此釋外卦。具上二義，故陽之元德伸而吉；剛柔相應，則志通而亨。」〔註79〕這是從巽卦卦變爲鼎卦的角度來講元、亨二德，至於其中「養道行矣」之「養道」，乃指鼎卦「六五上養上九，享帝之象；下養三陽，養賢之象」。〔註80〕而所謂「陽之元德」即陽之活活潑潑的創造性，與擔負起教化陰的責任之寬弘氣魄，爲了使陽之元德得以抒發和實現，乃從巽卦之六四與九五互調而成鼎卦，如此陽退居九四，反使鼎之二、五兩爻可剛柔相應，而六五以其柔進的身段，更能禮賢下士、折節厚遇國之賢臣也，以是言「元吉，亨」也。

鼎之意義可總括爲：穩重有實、儀足法、才足用、量足容、不動而敬，能信於物，因此〈鼎·大象〉曰：「木上有火，鼎，君子以正位凝命。」則鼎字有端正、正肅、固著的意象，是很顯明的；在甲骨文中，鼎字又與貞字相通，故貞字乃正、固之意，是不言可喻的。「鼎」字字義考據與「貞」之本義，還有，與「貞」字因何可以形成四德之一有關，此爲本文之重要議題，因此在此重行提出，詳見第二章，在此不另詳細論述之。

至於鼎卦何以無利、貞二德，乃因革故鼎新的過程，至激至劇，著重在去故與取新，至於後續之體制運作、乃至從運作中得利，以至趨於一定常軌之固定化、模式化（或者也恐趨於僵滯化，亦未可知）之歷程，於鼎卦之時尚未能掌握，因此有元、亨，而無利、貞之德。鼎與革相綜相序，鼎新之際，如果還能保有革故時的大氣魄，並時時注意其正當性，即〈革·彖〉所云「大亨以正，革而當，其悔乃亡」，則可由鼎、革二卦之卦理相通處，獲利、貞二德也。

五十一　震　　震上
　　　　　　　　　震下

震卦卦辭：

　震：亨。震來虩虩，笑言啞啞。震驚百里，不喪匕鬯。

〔註78〕同註14，王弼、韓康伯注，孔穎達疏《周易正義》卷5，頁112下。
〔註79〕同註1，王夫之：《周易內傳》，頁404。
〔註80〕同註1，王夫之：《周易內傳》，頁404。

〈震‧彖〉曰：

　　震亨，震來虩虩，恐致福也。笑言啞啞，後有則也。震驚百里，驚
　　遠而懼邇也。出可以爲宗廟社稷，以爲祭主也。

　　震爲雷聲震動之意，故震主動也，〈序卦〉云：「主器者莫若長子，故受之以震。震者，動也。」震爲長男，有主宗廟神器之責，震者，動也，指一陽興於初爻，生機勃發，有震動興起的氣勢，〈說卦〉亦云：「帝出乎震。」又云：「萬物出乎震。」〈雜卦〉云：「震，起也。」人生的一切主宰和擔當，皆須在震動、和由之而來的行動中才能完成。

　　〈震‧大象〉云：「洊雷，震，君子以恐懼修省。」洊爲接續貌，洊雷指雷聲隆隆，大地震動不已，君子因之而戒愼恐懼，修行內省，君子之修行，有時適時的雷霆棒喝，其功效超過經年累月的苦修。乾卦九三曰：「君子終日乾乾，夕惕若。厲無咎。」《詩》曰：「戰戰兢兢，如臨深淵，如履薄冰。」也有這樣臨深履薄的意思，可與〈震‧大象〉共同參看。

　　震卦卦辭極力描寫人遇到霹靂大雷時仍能態度從容的樣子：「震來虩虩，笑言啞啞；震驚百里，不喪匕鬯。」「虩」是牆上的壁虎，「虩虩」指雷聲一響，壁虎立刻竄逃，因此用來引申人戒愼恐懼的樣子，因恐懼戒備乃能避禍（恐致福也）。「笑言啞啞」，大災難過去，經過大考驗，人的心志因此變得堅韌剛毅，對以後的人生修爲更有助益，因此笑聲啞啞，爲的是往後更有紮實深厚的人生原則了（後有則也）。雖「震驚百里」，然「不喪匕鬯」，宗廟社稷的祭祀仍得以進行，並沒有斷了正統和文化的香火。

　　震爲動，能動就能交流，有交流就能亨通，卦辭僅言亨德，不見元、利、貞三德，殆因：震爲長子，不爲父，不是創造主體，故不見元；貞有固守之意，不合震動主旨；震動亦不必然獲利，故不云元、利、貞。

　　與震卦性質相類的還有復卦，復之內卦亦爲震，復是一陽復始，主要是初心的回復純潔無私，初陽勃發，至誠可感，潛力無限；震卦之卦義則是要以雷霆萬鈞之力，震動周遭陰性僵化的事物結構。復卦重點在成己，震卦重點在成人成物，但二者之共同點是都具有亨德。

　　王夫之云震卦：「此卦二陰凝聚於上，亢而怠於資生。陽之專氣，自下達上，破陰而直徹於其藏，以揮散停凝之氣，……乃造化生物之大權，以威爲恩者也，故其象爲雷。而凡氣運之初撥於亂，人心之始動以興，治道之立本定而趨時急者，皆肖其德焉。凡此，皆亨道也。不待詳其所以亨，而但震動

以興，則陰受震而必懼，陰知戒，則陽亨矣。」〔註81〕此言震卦有亨德之因。

　　震有亨德，而無元、利、貞三德，與之相綜、序之卦為艮，艮卦一德也無。與震相錯之卦為巽，巽卦卦辭「小亨。利有攸往。利見大人」，於洊雷之後，君子因之「恐懼修省」，放低身段，以柔巽之姿，作深刻的自我反省檢討，定能得利也。至於元、貞二德，則無從經由與他卦旁通而獲致。

五十二　艮　䷳　艮上
　　　　　　　艮下

　　艮卦卦辭：

　　　　艮其背，不獲其身。行其庭，不見其人。無咎。

　　〈艮·彖〉曰：

　　　　艮，止也，時止則止，時行則行，動靜不失其時，其道光明。艮其
　　　　止，止其所也。上下敵應，不相與也，是以不獲其身。行其庭。不
　　　　見其人，无咎也。

　　艮為艮止之意，〈序卦〉云：「物不可以終動，止之，故受之以艮。艮者，止也。」〈雜卦〉亦云：「艮，止也。」艮之前為震卦，震為動，若時勢不適合有強烈的舉動措施，則需懂得適可而止，這就到了艮卦。

　　〈艮·大象〉云：「兼山，艮，君子以思不出其位。」《論語·憲問》子曰：「不在其位，不謀其政。」曾子亦曰：「君子思不出其位。」時、位二者為《易經》的重要變因，時位不同即有不同的考量，君子處艮，則思不出其位，必須專心致志，在現有的位置角色當中，努力認真，以達成最好的結果。這是一種成就累積的必經歷程，必須凝聚焦點，努力鑽研，做出成果，而非浮泛散漫，一無所成，如此則於道亦無所彰顯也。

　　艮之積極意義，則如〈說卦〉所云：「成言乎艮。」君子成己成人成物之後，達於至善而止，即止於至善也。〈說卦〉又云：「艮，東北之卦也，萬物之所成終而所成始也。」艮為東北之卦，由位居東方的震卦，到東北的艮卦，剛好繞行一周，象徵生生不息、薪盡火傳之意，是以艮卦有成終、成始之意，被賦予相當重要的地位，因此失傳的《連山易》以之為首卦也。

　　艮卦元亨利貞，四德全無，這在六子自相重疊所形成的純卦當中，可說是僅此一例，艮尚靜止，和《易經》主健動、生生的基本精神不符，因此卦

〔註81〕同註1，王夫之：《周易內傳》，頁410。

辭中元、亨、利、貞四德俱無。震卦講動，敬謹而動故亨；艮卦講止欲，止所當止，無咎。《繫辭傳》云：『懼以終始，其要無咎，此之謂易之道也。』故艮卦雖元亨利貞，四德全無，不過得以「無咎」，還是相當符合《易經》的高標準的。

以止爲尚的卦除了艮，還有剝卦，剝卦「不利有攸往」，剝下坤上艮，順而止之，處剝之時，需因勢利導，找到出路，而將五陰上揚的局勢緩和下來，否則一陽浮于五陰之上，實危如累卵。

艮非死寂死灰之意，而是強調止得其所、止得其時，〈艮·彖〉曰：「時止則止，時行則行，動靜不失其時，其道光明」，以中爻互卦來看，也是震中有艮、艮中有震，震艮互生，彼此消長，必以中庸之道爲之調和折衷，乃能「動靜不失其時」也。

艮與震相綜相序，震動艮止，相反相成，同時闡明人生動靜舉止的道理。〈雜卦〉云：「震，起也；艮，止也。」二者實爲一體之兩面，艮止非死寂枯槁之意，靜極乃思動；震動輒有新的動力注入，可以重新運轉舊有機制，讓各部分交流溝通，以獲亨通之德。

五十三　漸　☴☶　巽上　艮下

漸卦卦辭：

漸：女歸吉，利貞。

〈漸·彖〉曰：

漸之進也，女歸吉也，進得位，往有功也。進以正，可以正邦也，
其位剛得中也。止而巽，動不窮也。

《周易正義》曰：「漸者，不速之名也。凡物有變移，徐而不速，謂之漸也。」〔註82〕又曰：「婦人之嫁，備禮乃動，故漸之所施，吉在女嫁，故曰『女歸吉』也。『利貞』者，女歸有漸，得禮之正，故曰『利貞』也。」〔註83〕古禮女兒出嫁，是一件大事，自問名至親迎，程序繁瑣，以示其隆重，也在程序當中，拉長出嫁的時間，使一切循禮漸進，合於正道，乃能得利。

漸卦以鴻鳥作爲一個貫串全卦六個爻的意象，其爻辭初六：「鴻漸于干」，

〔註82〕同註14，王弼、韓康伯注，孔穎達疏《周易正義》卷5，頁117上。
〔註83〕同註14，王弼、韓康伯注，孔穎達疏《周易正義》卷5，頁117上。

六二：「鴻漸于磐」，九三：「鴻漸于陸」，六四：「鴻漸于木」，九五：「鴻漸于陵」，上九：「鴻漸于陸」。鴻雁飛行時總是成群結隊，或成人字、或成一字，又鴻雁為侯鳥，配合著時序飛行或棲止，一生只婚配一次，夫妻鳥恩愛非常，如果不幸喪偶，此後也不再交配，這些特性與人類不離群索居、以及配合著時序行止、和對理想愛情與婚配的渴望相符，於是就以之作為婚姻締結的意象。

漸卦卦辭云「女歸」，而六爻皆以鴻雁取象，可見全卦是以鴻雁或飛行或棲止的歷程來象徵出嫁循序漸進的過程。初六鴻雁棲止於水邊，毛頭小子來追求，又險又怕，周圍的人又有許多是非之言，但這是沒關係的，窈窕淑女，君子好逑，這沒有過錯。六二鴻雁漸漸飛到了大磐石上，溫飽舒適，和樂安定，有成家的基礎了。九三鴻雁飛到了陸地上，要自我把持，不受誘惑，不能在意中人出征未歸時，耐不住寂寞而失貞，和別人懷了孕，卻不能生育這個私生子，這是凶的；應拒絕誘惑，好好的守貞才對。六四鴻雁漸漸飛到了樹上，且有桷可棲，至此漸入佳境，轉危為安，沒有過錯。九五鴻雁飛到了高陵之上，這是因為鴻雁寧缺勿濫，不肯隨便和人婚配，所以可能等了多年還不能結婚懷孕，但只要懷抱高潔的理想，這些終會有的，所以別因為心慌意亂而隨便擇偶，終能得吉。上九鴻雁飛上了高陵，〔註84〕積漸於大成，高飛宵漢，其羽華美，可為儀典之裝飾。象徵女子謹慎擇偶出嫁，也象徵其堅守正道而行，人生依序漸進的奮鬥歷程終於有了美好的成果。

《易經》編輯者苦心孤詣的將漸卦（或其他卦）之六條爻辭編排成現在所看到的這個內容及順序，使人不能不從中看到其所亟欲表現的整體意象，而這也豐富了原有卦爻辭的意義，並提昇其意境。由此也可看出，從《易經》卦爻辭之內容與編排中，已呈現了許多思想內涵，所以卦爻辭決非西周卜辭的隨機排列而已。

《周易正義》釋〈漸・彖〉「進得位，往有功也。進以正，可以正邦也者。此就九五得位剛中，釋『利貞』也。言進而得於貴位，是往而有功也；以六二適九五，是進而以正，身既得正，可以正邦也。」〔註85〕「身既得正，可

〔註84〕 李光地注曰：「陸字與九三重，故先儒改作逵字以協韻，然逵、儀古韻實非協也。意者，陸乃阿字之誤，阿，大陵也。……儀，古讀俄，正與阿協。」同註9，李光地：《御纂周易折中》卷7，頁38～208上。

〔註85〕 同註14，王弼、韓康伯注，孔穎達疏《周易正義》卷5，頁117上。

以正邦也」即《大學》格致誠正以迄修齊治平之序，此亦爲〈漸‧大象〉云「山上有木，漸，君子以居賢德善俗」之意。

漸卦有利、貞二德，順序上卻是因貞而得利，此亦〈漸‧彖〉「進以正，可以正邦也」之意。王夫之《周易內傳》云：「卦因否卦之變而立義。否陽上陰下，各據其所而不交。漸則坤上之陰，上乎四以相入，乾下之陽，下乎三而止焉，陰陽於是乎得交以消否塞，而陰之進、陽之退，以其密邇者潛移於中，易相就而徐相浹，故其卦爲漸。」〔註86〕其釋漸之利貞則爲：「卦中四爻，陰陽各當其位，貞也。……二五乃以各奠其中位而無不正，則合義而利，永故其貞矣。」〔註87〕此詮釋亦是奠基於「因貞而得利」之觀點。

漸有利、貞，而無元、亨二德，與其相序相綜復相錯之歸妹卦，則一德也無。

五十四 歸妹 ䷵ 震上 兌下

歸妹卦卦辭：

歸妹：征凶，無攸利。

〈歸妹‧彖〉曰：

歸妹，天地之大義也，天地不交而萬物不興。歸妹，人之終始也，說以動，所歸妹也。征凶，位不當也。無攸利，柔乘剛也。

〈序卦〉云：「進必有所歸，故受之以歸妹。」女嫁爲歸，歸妹就是嫁妹，內卦爲少女，外卦爲長男，少女見到長男而主動追求，行爲不當，女追男，逾越陰柔之本分，躁進而衝動，且歸妹中間四爻皆不當位，以柔乘剛，是以征凶無攸利。

〈雜卦〉云：「漸，女歸待男行也。……歸妹，女之終也。」漸卦遵循男追女的自然態勢，且女子出嫁待男子禮備而後行，能循序漸進，爲男女夫婦之正。歸妹則爲少女急於出嫁，乃因此躁進而征凶也。

〈歸妹‧大象〉曰：「澤上有雷，歸妹，君子以永終知敝。」澤悅於下，雷動於上，有少女春心大動之象，此時以慾望領導理智，其弊端須在一開始即加以防範，提早做好心理的準備，需時時避免理智被慾望所蒙蔽，才能知

〔註86〕同註1，王夫之：《周易內傳》，頁425。
〔註87〕同註1，王夫之：《周易內傳》，頁426。

道自己永遠要走的正道。王夫之曰：「君子明知事會之有敝，而必保其終，情不爲變，志不爲遷，蓋體此象以爲德。庸人不知敝而妄覬其終之利，智士知其敝而爲可進可退之圖以自全。」〔註88〕君子知道自己永遠要走的是什麼路，縱然知其中必有沉墮的可能，與種種的磨難，也不會改變初衷，此意正是《論語》：「君子素其位而行，不願乎其外」之主旨也。

歸妹與漸二者相綜相錯又相序，漸爲循序漸進、終至於高陵，歸妹則躁進致凶、結局成空，二者都是進，卻因態度和緩循禮與否，造成截然不同的結果。《老子》云：「重爲輕根，靜爲躁君，是以聖人終日行不離輜重，……輕則失根，躁則失君。」因此循序漸進、端正穩重，還是最佳上策。

歸妹卦一德也無，漸卦「女歸吉。利貞」，女歸爲吉，女性有最終的好歸宿，因貞正而得利，歸妹上六「女承筐無實，士刲陽無血，無攸利」，落得個有名無實的婚姻，皆因躁進失禮也。歸妹六爻復反或六爻全變，則變成漸卦，歸妹卦中即隱含有漸卦在其中，女子是因征凶躁進而失貞失利，抑或因循序漸進而有良緣歸宿，只在幾微之際，全視當下所採取的態度，是否合於天理、合於自然，一念之轉，歸妹即成漸卦，則可獲利、貞之德也。

與女性的感情與家庭有關的卦除了漸卦，還有咸與家人卦，咸卦：「亨。利貞。取女吉」，漸卦：「女歸吉。利貞」，家人卦：「利女貞」，女性生命的最佳歸宿乃是在經營感情生活、家庭生活，但必須循禮漸進，切勿心急而躁進。

五十五　豐　䷶　震上 離下

豐卦卦辭：

豐：亨，王假之。勿憂，宜日中。

〈豐・彖〉曰：

豐，大也。明以動，故豐。王假之，尚大也。勿憂宜日中，宜照天下也。日中則昃，月盈則食。天地盈虛，與時消息，而況於人乎！況於鬼神乎！

豐爲豐大、豐碩、豐盛、豐滿之意，〈序卦〉云：「得其所歸者必大，故受之以豐。豐者，大也。」〈雜卦〉又云：「豐，多故也。」豐卦如日中天，故人朋友特別多，多故即多資源、多人脈之意。就卦體來看，豐卦下離上震，

離明在下，震動而上行，此即〈豐·彖〉「明以動」之意，象徵太陽升至高空，日正當中，光芒萬丈，無所不照，是以卦辭有「宜日中」之語。

〈豐·大象〉曰：「雷電皆至，豐，君子以折獄致刑。」豐卦內離明、外震動，內在思慮明晰、且掌握所有線索，外在則如雷霆之威，以此斷案折獄，方可無枉無縱。噬嗑卦「明罰敕法」，內震動外離明，恰與豐卦為內外卦互調的兩個卦，噬嗑卦先動後明，先下手為強，以強硬手段剷除大惡，以免橫生枝節；豐卦先明後動，罪證確鑿後再斷案判刑。而賁卦「明庶政不敢折獄」，其卦象內離明外艮止，縱使思慮明白，仍不宜斷案折獄，德不足堪也。

豐卦資源豐盛，有亨通之道，《周易正義》釋「豐。亨。王假之」曰：「德大則無所不容，財多則無所不齊，無所擁礙，謂之為『亨』，故曰『豐，亨』。」〔註89〕又曰：「假，至也。『豐，亨』之道，王之所尚；非有王者之德，不能至之，故曰『王假之』也。」〔註90〕程頤注曰：「豐為盛大，其義自亨，極天下之光大者，唯王者能至之。」〔註91〕能豐能大，自能亨通無所阻礙，但只有王者才可達此境界，因為王者才能「勿憂。宜日中」，程頤注曰：「所有既廣，所治既眾，當憂慮而不能周及，宜如日中之盛明，普照天下，無所不至，則可勿憂矣。」〔註92〕

豐只有亨一德，而與豐相綜相序的旅卦，則有亨、貞二德：「旅。小亨。旅貞吉。」「旅貞吉」，羈旅在外，仍需守正，所謂「造次必於是，顛沛必於是」，「正」的原則是走到哪裡都要堅守的，君子守正的態度，決不會因為時空的改變而改變。反觀豐卦六爻，除了初九及六五之外，其他爻辭出現「豐其蔀」（二次）「豐其沛」、及「豐其屋」等詞語，象徵資源越聚越多，並且為聚集而聚集，不知所為何來，拜金習氣甚囂塵上，金錢與權力結合，黑暗勢力如虎添翼，很顯明的，是偏離了正道，因此需要與之相綜的旅卦來兩相平衡：旅為羈旅在外，資源不易聚集，較無豐卦資源太豐厚的問題，因此得以「旅貞吉」，處豐之時，如能想到處旅時，需時時反省初衷是否端正、行為是否清白，也隨時丟得開已聚集在手邊的資源，而不吝惜，可以隨時出發、隨時開始，不執著死守著資產，則可得旅之貞德也。

〔註89〕同註14，王弼、韓康伯注，孔穎達疏《周易正義》卷6，頁126上。
〔註90〕同註14，王弼、韓康伯注，孔穎達疏《周易正義》卷6，頁126上。
〔註91〕同註18，黃忠天：《周易程傳註評》，頁631。
〔註92〕同註18，黃忠天：《周易程傳註評》，頁632。

五十六　旅　☶☲　離上
　　　　　　　　　　艮下

旅卦卦辭：

　　旅：小亨，旅貞吉。

〈旅‧彖〉曰：

　　旅，小亨，柔得中乎外而順乎剛，止而麗乎明，是以小亨。旅貞吉
　　也，旅之時義大矣哉！

　　旅爲行旅，即失其居所，羈旅在外，〈序卦〉云：「窮大者必失其居，故受之以旅。」豐卦資源豐厚，驕奢淫佚的習氣也跟著來了，其結局往往敗家蕩產，流離在外。〈雜卦〉云：「親寡，旅也。」旅卦寄人籬下，舉目無親，與人非親非故，只能以柔順之道生存，並且投靠剛健光明的君子，求小亨以安身。

　　孔子當年爲施行自己的政治理想而周遊列國，栖栖皇皇，如喪家之犬的時刻所在多有，晚年回到祖國魯國，退修六經，著書立說，《易緯‧乾鑿度》記述其經過：「孔子⋯⋯生不知易本，偶筮其命，得旅。請益於商瞿氏，曰：『子有聖智而無位。』孔子泣而曰：『天也，命也，鳳鳥不來，河無圖至，嗚呼！天命之也。⋯⋯究《易》作《十翼》。』」〔註93〕這段紀錄的眞實性當然可疑，不過孔子有是德而無是位，乃有「素王」之稱，這是確實的。而其德行事業中最重要的表現，除了教育之外，就是著書立說了，例如作《春秋》，子曰：「知我者，其唯春秋乎？罪我者，其唯春秋乎？」而《十翼》至今不能定論是孔子所作，但孔子在羈旅漂泊之後，成就了確立不拔的學說，這是不爭的事實。所以旅還有一個意象：就是君子的宿命，是不斷的行旅以明道也，所謂「上山修道，下山行道」，這是必然的歷程和考驗。

　　旅卦之亨只是小亨，因旅卦羈旅漂泊，不可能大亨，所能求者小亨也；且「小亨」有另一意：小爲陰也、柔也，意指用柔乃亨、不宜逞強。出門在外，形勢比人強，人在屋簷下，不得不低頭，身段當然要低柔一點。《周易集解》引虞翻曰：「小，謂柔；得貴位而順剛，麗乎大明，故『旅，小亨』。」〔註94〕小亨，即於小、於陰爲亨，謂行旅之時，以柔順謙遜之道待人處事，則能有亨通

〔註93〕（漢）鄭玄：《易緯‧乾坤鑿度》（臺北：臺灣商務印書館，1983年6月印本，《景印文淵閣四庫全書》經部47：易類），卷下，頁53～838下至53～839上。

〔註94〕（清）孫星衍：《周易集解》（臺北：新文豐出版公司，1984年，《叢書集成新編》第16冊），卷7，頁771下。

之道，若是剛盛亢進，則不能亨通。甚且將如旅上九所言：「鳥焚其巢，旅人先笑後號咷」，其因就是「喪牛於易，凶」，牛爲柔順動物，喪牛即喪失柔順之性，變得逞強而剛愎，到時落得個景況淒涼，尤其到了晚年，想要有安身的居所，卻不能如願，更是令人嗟嘆。

旅卦除了亨德，還有貞德：「旅貞吉」，羈旅在外，仍需守正，所謂「造次必於是，顛沛必於是」，「正」的原則是到哪裡都要堅守的，又《論語》曰：「素富貴，行乎富貴；素夷狄，行乎夷狄；素貧賤，行乎貧賤；素患難，行乎患難。君子無入而不自得焉。」君子守正的態度，決不會因爲時空的改變而改變。《周易本義》曰：「旅非常居，若可苟者；然道無不在，故自有其正，不可須臾離也。」〔註95〕此言的是。

旅有亨、貞之德，而與旅相綜相序的豐卦，只有亨德。另與旅相錯之卦爲節卦，出門在外，當以節慾節流爲尚，且要隨時調節身心，以順應情勢，方能安身，節卦亦有亨德，可加強旅之小亨，使其更爲亨通暢達也。

旅九三云：「旅焚其次，喪其童僕；貞厲。」小象曰：「旅焚其次，亦以傷矣；以旅與下，其義喪也。」王弼注曰：「居下體之上，與二相得。以寄旅之身而爲施下之道，與萌侵權，主之所疑也。故次焚僕喪而身危也。」〔註96〕

第五節　巽、兌、渙、節、中孚、小過、既濟、未濟

五十七　巽　䷸　巽上
　　　　　　　　　　巽下

巽卦卦辭：

　巽：小亨，利有攸往，利見大人。

〈巽·彖〉云：

　重巽以申命。剛巽乎中正而志行，柔皆順乎剛，是以小亨，利有攸
　往，利見大人。

巽卦內外卦皆爲風，風行無所不入，故〈說卦〉云：「巽，入也。」〈序卦〉也說：「旅而無所容，故受之以巽；巽者，入也。」旅卦出門在外，不見容於當

〔註95〕同註20，朱熹：《周易本義》，頁251。
〔註96〕同註14，王弼、韓康伯注，孔穎達疏《周易正義》卷6，頁128上。

地人，易受其排斥，若想安頓下來，必得放低姿態以融入當地社會，此即爲巽之入也。〈雜卦〉云：「兌見，而巽伏也。」是說巽卦卦體一陰伏於二陽之下，兌卦則是一陰見於二陽之上，一伏一見，此處說巽之伏，亦是說其易於入也。

巽卦之巽一爲「順」之意，〈巽‧象〉之「重巽」即順而又順，此順服之姿乃是爲了伸張天命：陽剛順服於其中正的理想性（即天命）而能得以施行其志，而陰柔也順服於陽，此陰順於陽，陽順於天，即是順而又順也，天命得以伸張，故能「小亨，利有攸往，利見大人」。是以連〈巽‧大象〉也重申：「隨風，巽，君子以申命行事。」隨字有連繼相隨的意象，與「重巽」相通，君子效法此隨風之象，而申論命令，施行政事。也因此才有「君子之德，風；小人之德，草；草上之風必偃」這樣的教化效果。

巽有亨、利二德，但卦辭稱亨德爲「小亨」，《周易集解》引陸績曰：「陰爲卦主，故小亨。」〔註97〕《易程傳》亦曰：「巽兌義，亦相類，而兌則亨，巽乃小亨者，兌，陽之爲也，巽，陰之爲也。兌，柔在外，用柔也；巽，柔在內，性柔也，巽之亨，所以小也。」〔註98〕王夫之《周易內傳》曰：「巽者，選具而進之謂，能慎於進則相入，故爲入也；柔順修謹，欲依陽而求相入以成化，巽之德也。陽且樂而受之，是以『小亨』。」〔註99〕陸績、程頤二人著重於陰（小者）在卦中的作用，王則強調卦體於陰爲亨，是以小亨，三者皆能說得通，其義也相通：陰爲卦主，故卦性柔，此柔性之姿對於教化陰者亦是極爲有利的。上述各家之說綜合了巽卦之亨德何以爲小之因。

除了巽卦卦辭稱「小亨」外，其他尚有旅卦卦辭亦稱「小亨」，其象辭曰「柔得中乎外而順乎剛」，亦是主柔道，故亦爲小亨也。

巽卦二稱利德，謂：「利有攸往，利見大人」，蓋因初六、六四柔順修謹，得於遇陽，陽亦樂受，故利有攸往；大人指九二、九五，特別是九五，〈乾‧文言〉形容大人是：「大人者，與天地合其德，與日月合其明，與四時合其序，與鬼神合其吉凶，先天而天弗違，後天而奉天時。」因此利於陰者往見，而受其教化也。此大人即是根據〈乾‧文言〉所言，是參天地造化的有德之人，往見之並受其教化，亦是爲了申命行事，以完成巽卦的最終使命也。

巽卦無元、貞二德，何故？巽卦性柔，以柔道爲主，是以無剛健不已的

〔註97〕同註94，孫星衍：《周易集解》卷7，頁773下。
〔註98〕同註7，程頤：《易程傳》，頁511。
〔註99〕同註1，王夫之：《周易內傳》，頁454。

元德；至於巽卦無貞德，貞者，固也，凝滯固著的特性與巽之謙遜易入完全相反，是以無貞德。而與巽互綜的兌卦則除了亨利二德，還具備貞德，是因兌「陽爲」（見《易程傳》之說明），其〈象〉稱「剛中而柔外」，因爲秉其剛中之正，乃得利貞。而巽與兌旁通，亦能得其貞德。巽之初六曰「利武人之貞」，巽之九五曰「貞吉」，上九曰「貞凶」，亦是與兌之貞德有相通之處。巽之爻辭三處皆提到「貞」，然卦辭中卻不提，這在整部《易經》中是很少見的。

巽與綜卦兌卦互通可得貞德，兌卦剛中柔外，悅以利貞也。然巽由何可獲元德？觀其錯卦爲震，震來虩虩，有大亨之象，然震亦無元德也。

巽上九云：「巽在牀下，喪其資斧；貞凶。」小象曰：「巽在牀下，上窮也；喪其資斧，正乎凶也。」這是〈小象〉唯一一次明白的以「正乎凶也」解釋「貞凶」，王夫之注曰：「巽既在牀下，而高處乎上，則不相通甚矣。又不比乎四，而無恃以行，則凶者其情理之應得，而非意外之變也。此言『貞凶』，別爲一義。然上九亦無不正之失，特以過恃其剛正而凶，遂爲應得之禍爾。」〔註100〕此言的是，雖是因貞而得凶，然於義仍不可不貞也。

五十八　兌　☱　兌上
兌下

兌卦卦辭：

> 兌：亨，利貞。

〈兌‧彖〉云：

> 兌，悅也。剛中而柔外，悅以利貞，是以順乎天而應乎人。悅以先
> 民，民忘其勞；悅以犯難，民忘其死。悅之大，民勸矣哉！

兌與巽相同，同屬六子卦自相重疊的純卦之一，兌卦以澤澤相疊而成，象徵「欣悅」，〈序卦〉云：「入而後悅之，故受之以兌。兌，悅也。」〈說卦〉云：「說萬物者莫說乎澤。」又云：「兌，正秋也，萬物之所說也，故曰說言乎兌。」《周易正義》釋曰：「正秋，八月也，立秋而萬物皆說成也。」〔註101〕

〈兌‧彖〉之「剛中」，指二、五兩爻以陽剛居中，柔外，指三、上以陰柔處外，其卦體說明了：兌卦外在柔悅而不失其內剛的意象，王弼注曰：「說而違剛則諂，剛而違說則暴；剛中而柔外，所以『說以利貞』也。剛中，故利貞；

〔註100〕同註1，王夫之：《周易內傳》，頁459。

〔註101〕同註14，王弼、韓康伯注，孔穎達疏《周易正義》卷9，頁184上。

柔外，故說亨。」〔註102〕〈兌‧彖〉僅以「剛中而柔外」就解釋了整句卦辭「亨，利貞」的意思。〈兌‧彖〉接著說明這種「剛中柔外」的欣悅之道是順天應人的，其教化力量之大，以之領導人民，人民能任勞忘苦；以之奔赴危難，人民也能捨生忘死；其影響力之大，可以使人民自動努力、自我勉勵！

兌卦之兌，除了有「悅」的意思，還有「說」的涵義，王夫之《周易內傳》曰：「兌爲欣說之說，又爲言說之說，而義固相通：言說者，非徒言也，稱引詳婉，善爲辭，而使人樂聽之，以移其情。饋人千金之璧，而辭不善，則反以致怒，故言說者，所以說人。而人之有心，不能言則鬱，稱引而詳言之則暢，故說者所以自說而說人也。」〔註103〕〈兌‧大象〉曰：「麗澤兌，君子以朋友講習。」亦是取兌卦言說之象也。《論語‧學而》即言：「學而時習之，不亦說乎？有朋自遠方來，不亦樂乎？」亦言朋友講習的快樂。《論語‧子罕》則曰：「巽與之言，能無悅乎？」委婉勸告、又能打動人心的話，自能深入人心，使人「樂聽之以移其情」，《論語》短短數字，卻能結合巽、兌兩卦的要旨。

王夫之《周易內傳》如此釋兌之亨、利、貞三德：「兌有三德，……其亨利貞者，說則物我之志咸通，說而物我胥勸以相益，說之以道，本無不正也。具此三德，自無不亨，而利者皆正，正自利矣！」〔註104〕秉著正大的道德理想（即守貞也），發而爲言說，就有溝通人我、舒暢生命的功能（因貞而亨也）；甚至將言說形成道德事業，加以推行運作，發揮其及物潤物的功能（因貞而利也），此即兌卦亨、利、貞三德之所由來。

兌卦卦辭之「亨」，不同於巽卦之「小亨」，《易程傳》解釋爲：「巽兌義，亦相類，而兌則亨，巽乃小亨者，兌，陽之爲也，巽，陰之爲也。兌，柔在外，用柔也；巽，柔在內，性柔也，巽之亨，所以小也。」〔註105〕要之，兌之所以能亨，乃在其「剛中」也，因此其悅樂是有本有源的悅樂，絕不是逢迎拍馬、毫無根由的諂媚或苟且。而此亨通，乃是因其「利貞」（守正而利）而來，此即王弼所言「剛中，故利貞；柔外，故說亨」也。因此兌卦具備亨、利、貞三德，較巽卦多出「貞」德，且其亨德亦較巽卦爲顯著。

兌卦有亨、利、貞三德，而無元德，顯見悅之以道可得亨利貞，然而兌

〔註102〕同註14，王弼、韓康伯注，孔穎達疏《周易正義》卷6，頁130上。
〔註103〕同註1，王夫之：《周易內傳》，頁460。
〔註104〕同註1，王夫之：《周易內傳》，頁460。
〔註105〕同註7，程頤：《易程傳》，頁511。

卦重在用柔，以柔道為主，是以無元氣渾厚的元德，王夫之《周易內傳》曰：「兌有三德，而特無元；元者，陽剛資始之德，外發以施化，兌卦陽德不著見而隱於中，未足以始也。說者事成而居之安，乃以人己交暢；若以說始，則是務相隨順，而道先自枉。其為言說，則先以言者，事必不成，故兌於元德不足焉。」〔註106〕然則何以獲元德？觀其綜卦巽卦，並不能資其元德；而兌之錯卦為艮卦，亦無元德。

　　與兌卦外卦同為澤的革卦，其卦辭則元亨利貞，四德俱全；兌革二卦同樣講求「悅」的力量，百姓悅服、近悅遠來，乃能收教化群眾（兌卦）或動員群眾（革卦）的效果；然兌缺元德，而革卦則元亨利貞四德俱全，乃因革卦是全盤推翻、另起爐灶，徹底又激烈，然何以能使天下翕然相應？正需渾淪充沛的元德為其推動之本，亨利貞之德為其後續建設之資，是以元亨利貞四德俱全；而兌卦可說是已進入及物潤物的體制運作階段，需要亨利貞三德來確保體制之運作無窒礙難行之虞，然兌、革二卦其〈彖〉皆曰「順乎天而應乎人」，此二卦相似處也：即守正也。

五十九　渙　䷺　巽上
　　　　　　　　坎下

渙卦卦辭：
　　渙：亨，王假有廟，利涉大川，利貞。

〈渙‧彖〉云：
　　渙，亨，剛來而不窮，柔得位乎外而上同。王假有廟，王乃在中也；
　　利涉大川，乘木有功也。

　　渙，有渙散意，〈序卦〉云：「悅而後散之，故受之以渙。渙者，離也。」〈雜卦〉亦云：「渙，離也。」《周易本義》曰：「渙，散也，為卦下坎上巽，風行水上，離披解散之象，故為渙。」〔註107〕其意象為風吹水流，渙然而有文章，故「渙」有另一意為「文」，渙，水流散而成文章，故《論語》有『煥乎其有文章』之語，從水、從火，義皆相通也。

　　渙為三陰三陽卦，此種卦是由泰或否卦之內外卦陰陽爻對調而來，因此有剛柔往來之說；譬如渙卦，是由否卦的二、四兩爻對調而來，上卦九四來居第

〔註106〕同註1，王夫之：《周易內傳》，頁460。
〔註107〕同註20，朱熹：《周易本義》，頁260。

二爻，下卦六二往居第四爻，因而形成風水渙卦。〈渙‧象〉云「剛來而不窮」即指九四陽剛來居下卦，進入群陰之中，爲其主，如此即能打通否卦的壅滯狀態，而且來者爲陽，帶來的是正大的理想性，因此打開了僵局，從此可以亨通，此即「剛來而不窮」之意；至於否卦之六二，往居第四爻，是用柔道化解了否卦上卦過於剛硬的群陽集團，且其陰爻位居上卦之最低爻，柔之至也，也因此能承剛，形成巽卦，順陽以入，打破否塞僵局，此「柔得位乎外而上同」之意。二爻對調，打破固著滯壅狀態，故能亨也，是以渙卦之卦德首在「亨」。

「王假有廟」，指君王親臨宗廟主持祭祀大事，崇德報功，並祈求上蒼及祖先的庇祐。廟是王室家族精神之象徵，是天命所降之處，王借之以凝聚渙散的人心，以身作則，教民愼終追遠，則民德歸厚。自來「假」主要有二解：一爲「格、至」，一爲「借」，都說得通，而且不互相違背；「王乃在中」即君王居宗廟之中主持祭祀大事，如此可以凝聚渙散的人心，也可以大有一番作爲（利涉大川）了。「乘木有功」，〈說卦〉云「巽爲木，爲風」，渙卦卦象上木下水，如舟行水上，可以利涉大川，〈繫辭‧下〉第二章亦云：「刳木爲舟，剡木爲楫，舟楫之利以濟不通，蓋取諸渙。」此言亦道盡渙卦之亨、利二德也！

卦辭「利貞」，即「利於正」也，〈渙‧象〉中反而沒有對此加以解釋，《易經》六十四卦中大凡具亨、利二卦德者，率亦具貞德，如蒙、需、同人、離、咸、恆、遯、萃、兌、渙、小過、既濟等卦，只有賁、復、大過、巽具備亨利二德，卻不具備貞德，此何故？蓋貞者，正也。用心正大光明，無不可對人言，根據這樣正大的基礎，才能站得住腳，而所得之亨、利，才是因貞而亨、因貞而利。而賁卦重外表文飾，文勝質也，不利於正；復卦生機初現，不宜定著（貞亦有定之義）；大過棟橈，過之爲大，即失正也；巽重巽以申命，身段至柔，亦不宜固著也，故賁、復、大過、巽，此四卦有亨利二德，而無貞德。

渙卦不具元德，其義至明：若有元德灌注於渙卦，則渙也不成其渙散了，此亦渙之所以難獲元德者；渙之綜卦節卦無元德；錯卦雷火豐，亦無元德；內外卦對調爲水風井，仍無元德。

六十　節　䷻　坎上
兌下

節卦卦辭：

節：亨，苦節不可貞。

〈節·彖〉曰:

節,亨,剛柔分而剛得中。苦節不可貞,其道窮也。説以行險,當位以節,中正以通。天地節而四時成;節以制度,不傷財,不害民。

節爲節制之意,〈序卦〉云:「物不可以終離,故受之以節。」〈雜卦〉云:「節,止也。」渙、節二卦,相續相綜,一發散一凝聚,義理有所相通:渙爲渙散之意,彼此離披解散,節則重新節制,使之有紀律、有制度,是以〈節·大象〉曰:「澤上有水,節,君子以制數度,議德行。」其意象也是由「節制」而來,孔穎達《周易正義》曰:「水在澤中,乃得其節。」〔註108〕朱震繼其意曰:「澤之容水,固有限量,虛則納之,滿則泄之,水以澤爲節也。」〔註109〕君子因此效法此節制之象,制定禮數法度以爲準則,並論議人才之道德行爲,使其任用得宜。

節卦有亨通之道,因爲節卦卦象三剛爻三柔爻,剛柔均分,王夫之《周易內傳》曰:「剛柔分,言其相間,各成乎畛而不相亂;得中,乃可以爲陰之節,而陰恃以不傾,中有主,則通乎物,而不隨物以流也。」〔註110〕剛爲嚴屬,柔爲寬裕,剛柔均分,便是寬嚴有節度,而剛健君子又居二、五之中位,可得節道之中正,不過剛,不過柔,陰柔的百姓也因之有了依循的標準,而不致於傾倒,因爲中心有主,乃能和外物交流溝通,而不受物之牽引誘惑。此節卦所以亨之理。

然而過分節制就成爲「苦節」,苦節不合人情,不能使人長期貞守,其道必窮,窮即是不通,所以卦辭在提出了節有「亨」德之後,又加了一條但書:「苦節不可貞」,此「苦節」本非節卦原意,節卦上水下澤,澤有悅樂之意,象徵節道有寬裕美好、使人樂從的特性,如優美的禮樂數度之節制浸濡人民,如人與人相互交接時的禮節佳儀,如此之節度,才使人樂於遵從,也才能有亨通之道。

姑以戒菸爲例:吸了幾十年煙的人如果要斷然的戒菸,據統計有近半數的人會引起大腸潰瘍等緊張反應,而此反應則在他再度吸煙後即自然消失;因此衛生單位建議如果有心戒菸,應採漸進式的進程:先謝謝香煙的效勞與多年的陪伴,接著設定一個幾天或幾週以後的近程目標,同時開始培養其他

〔註108〕同註14,王弼、韓康伯注,孔穎達疏《周易正義》卷6,頁132下。
〔註109〕同註71,朱震:《漢上易傳》,頁3～669。
〔註110〕同註1,王夫之:《周易內傳》,頁473。

的好習慣，如每天三十分鐘的散步等等，以取代原來香煙在生活中消除精神緊張的角色，讓身心漸次的做好準備，再開始正式戒菸，這樣符合身心的正常運作，才容易成功，而且戒菸成功以後也不容易再犯煙癮。這才是合於中道和人性的「節」制之道。

另一方面，節道必須找到或者創造出悅樂之情（內卦為兌），即能勇於赴險（外卦為坎），如九五即在上卦坎險之中，居其主而節之，中正而能亨通。天地行節之道以成四時，君王行節之道以形成良善的制度，則能不傷財、不害民，且能使道大行而亨通。

節有亨德，而無元利貞德，節卦是制數度議德行的外王事業，已落於現實之制度面來考量，離初始之元氣已遠，是以無元德；節亦是節約，澤中蓄水資源有限，須得量入為出，即《論語》所稱「節用而愛人」，得以利用之資源有限，因此利益面不大，故無利德；節無貞德，因拿捏不好即成苦節，苦節不可貞也。

節與其序、綜卦渙卦旁通，可得利、貞二德，渙、節二卦相續相綜，一發散一凝聚，一宣散一節制，義理有所相通：渙之鬆散過度，即須適度節制；節之過甚則傷於苛薄，須渙之散之以舒緩之，例如平日節衣縮食的過日子，到了過年或祭祀時，也不能太寒儉，此以渙來平衡苦節也，避免苦節，則可以貞定，可以久長，因貞而得利也。

節通過綜卦渙不得元德；而其錯卦火山賁，亦不見元德，但由節與賁之對照可見：節重內在之實，賁卦虛有其表，二者正好相錯相反；節之內外卦對調成澤水困，仍無元德，困卦是水漏在澤之下，沒有資源了，所以要注意撙節之道。

節上六云：「苦節，貞凶，悔亡。」小象曰：「苦節貞凶，其道窮也。」王夫之注曰：「五以中道為節，而物情甘之，不可損也。上猶以為過，而裁抑之以人情之所不堪，雖無淫佚之過，可謂貞矣，而違物以行其儉固之志，凶道也。然而悔亡者，天下之悔皆生於侈汰，自處約，則雖凶而無恥辱。」〔註111〕此言之分析，可謂鞭辟入裡。

六十一　中孚　䷼　巽上兌下

中孚卦卦辭：

〔註111〕同註1，王夫之：《周易內傳》，頁477。

中孚：豚魚吉，利涉大川，利貞。

〈中孚・彖〉曰：

中孚，柔在內而剛得中；說而巽，孚乃化邦也。豚魚吉，信及豚魚
也；利涉大川，乘木舟虛也；中孚以利貞，乃應乎天也。

關於卦名中的「孚」字，朱子曰：「伊川云：『存於中為孚，見於事為信。』
說得極好。因舉《字說》：『孚』字從『爪』從『子』，如鳥抱子之象；今之『乳』
字一邊從『孚』，蓋中所抱者實有物也。中間實有物，所以人自信之。」〔註112〕
朱子以「信」釋「孚」，所以「中孚」即是「中心誠信」之意，《周易正義》
所謂「信發於中，謂之中孚」〔註113〕也。〈雜卦〉亦簡單明瞭地說：「中孚，
信也。」〈序卦〉則云：「節而信之，故受之以中孚。」

〈中孚・彖〉之「柔在內」指六三、六四兩爻被包在卦體正中，象徵陰
受陽的感召；而「剛得中」指九二、九五分處內外卦之中，得中做主，「說而
巽，孚乃化邦也」，程頤曰：「上巽下兌，為上至誠以順巽於下，下有孚以說
從其上。如是，其孚乃能化於邦國也。」〔註114〕而「豚魚吉」，乃是因為至誠
至信，甚至連小豬小魚都受到感化而吉祥。「利涉大川」，是因為整個卦體中
虛外實，有若舟體，乃能利涉大川也；「中孚以利貞，乃應乎天」，中孚之所
以有利、貞二德，乃是因為符合陽剛天道照顧陰柔萬物的美德啊！

中孚卦辭中有利、貞二卦德，依〈彖〉解釋是因為「應乎天也」，此因陽
爻在卦體周圍（即初、二、五、上，上下各兩爻）包圍了卦中的陰爻，使陽
剛利於善盡護持感化陰柔的責任，而此護持感化之責即是合於天道的：陽剛
貞定了危疑不安的陰柔事物，使之各得其所、各盡其用，陰因陽之貞定而為
有利，故利貞也。王夫之《周易內傳》曰：「『天』謂陽也，陽孚之以利物貞
固之德，故陰應之。誠者天之道，至誠而不動者，未之有也。」〔註115〕物得
貞定而為有利，利之大，甚且能涉大川也。

〈中孚・大象〉曰：「澤上有風，中孚，君子以議獄緩死。」「議獄緩死」，
亦因信之極也，程頤曰：「君子之於議獄，盡其忠而已；於決死，極其惻而
已，故誠意常求於緩。緩，寬也。於天下之事，無所不盡其忠；而議獄緩死，

〔註112〕（宋）黎靖德編：《朱子語類》（臺北：文津出版社，1986 年 12 月印本，《朱
子語類》第 5 冊），卷 73，〈易九：節、中孚〉，頁 1867。

〔註113〕同註 14，王弼、韓康伯注，孔穎達疏《周易正義》卷 6，頁 133 上。

〔註114〕同註 18，黃忠天：《周易程傳註評》，頁 696。

〔註115〕同註 1，王夫之：《周易內傳》，頁 480。

最其大者也。」〔註116〕對照〈象〉之「信及豚魚也」，君子之信，大者議獄緩死，小者信及豚魚，如此乃能化及萬邦，萬物因而能獲得貞定，此即是最大的利也。

而中孚何以獲元、亨二德？先看與中孚相錯的小過卦，其卦辭曰：「小過：亨，利貞；可小事，不可大事；飛鳥遺之音，不宜上，宜下，大吉。」中孚、小過卦序亦相連，〈序卦〉稱：「節而信之，故受之以中孚；有其信者必行之，故受之以小過。」則小過為實踐履行之卦，過程中總有差池過錯，需得不斷修正，也因此能藉著改過而亨通也。故至誠的中孚在踐履及物潤物的過程時，雖不免有些小過失，然而經由不斷的改正，並通過小過卦卦辭的提示，總能行得通的，此亦小過象辭「小者過而亨」之意。至於元德，則難獲矣。

中孚上九云：「翰音登于天，貞凶。」小象曰：「翰音登于天，何可長也！」王夫之注曰：「上九剛德，非無信者。然亢而居高，自信而不下比於五，以孚於陰，則不自量其剛之不中，尚小信而亢志絕物。雞之高飛，能幾何哉？以其剛而不靡也，可謂之貞。然亦匹夫匹婦之諒耳，凶必及之。」〔註117〕

六十二　小過　䷽　震上 艮下

小過卦卦辭：

　小過：亨，利貞；可小事，不可大事；飛鳥遺之音，不宜上，宜下，大吉。

〈小過・象〉曰：

　小過，小者過而亨也；過以利貞，與時偕行也。柔得中，是以小事吉也；剛失位而不中，是以不可大事也。有飛鳥之象焉，飛鳥遺之音，不宜上，宜下，大吉，上逆而下順也。

關於小過卦卦名，程頤曰：「小者過其常也，蓋為小者過，又為小事過，又為過之小。」〔註118〕《周易本義》則曰：「小謂陰也，為卦四陰在外，二陽在內，陰多於陽，小者過也。」〔註119〕〈序卦〉曰：「有其信者必行之，故受

〔註116〕同註18，黃忠天：《周易程傳註評》，頁697～698。
〔註117〕同註1，王夫之：《周易內傳》，頁483。
〔註118〕同註7，程頤：《易程傳》，頁546。
〔註119〕同註20，朱熹：《周易本義》，頁268。

之以小過。」「信」是由前一卦中孚卦而來的，中孚卦至誠而感化陰性事物，在此及物潤物的同時，總不免有些小過誤，需要不斷的修正，所以中孚卦之後接小過卦。至於〈雜卦〉則簡單明瞭的說：「小過，過也。」總括而言，陰爲小，陽爲大，小過即爲陰有過越、過分、過失之意。

小過，就是小者（陰）之過也，經過不斷的改正小過錯，終究能夠亨通。藉著不斷的小過錯，反能得利、貞二德，因爲能隨著時機而善用、正用小者、陰者也。〈小過·象〉曰「柔得中」指二、五兩爻以柔居中作主，所以對小事可得吉祥；至於陽爻居三、四爻，這是失了君位，不能居中作主，所以不能做大事。卦象爲飛鳥之象，飛鳥所發出的聲音，不宜於向上強飛，宜向下落實，如此則大吉，這是因爲向上，則二陽高蹈遠引，不能實踐愛陰的志向，故應順著二陰向下，如此才能落實陽愛陰的志向。

由〈小過·象〉中可看出：小過之所以有亨、利、貞三德，皆是因爲「與時行也」，但此三德亦是因小而來，且因「柔得中」，所以也是小亨、小利、和小貞。小過一方面是承節卦、中孚卦而來，有節度之後而能有信，再去行及物潤物的事業，基本上是條正道，綜有過，亦屬小過。反而因爲經過小過卦不斷的修正過誤，而能走得更爲亨通。至於小過之利、貞，乃因善用「小」（陰）之道而與時行也，譬如飲食衣著方面，如能隨著時地之不同而有適當的變化及文采，從中獲得一種熙熙融融的和樂之感，也能因此更貞定對道德之信心。只要不讓自己陷溺其中，就不致有大過。此即孔子所謂「雖小道，亦有可觀焉；致遠恐溺，故君子不爲也」。

〈小過·大象〉對小過之「小」，有更進一步的發明：「山上有雷，小過，君子以行過乎恭，喪過乎哀，用過乎儉。」完全合於中道很難，孔子也說：「吾不得中行而與之，必也狂狷乎！狂者進取，狷者有所不爲也。」一般人不是狂即是狷，人生之進德修業，本就是要兢兢業業、時時反躬自省，小過雖不斷，過則勿憚改，但求無大過矣！「中庸」是一種理想人格，故孔子爲「聖之時者也」，一般人一時做不到，至少在日常生活的行爲、喪葬、以及用度方面，能夠自我克制，不要被物慾（此屬陰性）蒙蔽，而要讓心做主，因此雖然看起來好像過恭過哀過儉，但因爲合於卦辭「可小事」的限制，行事姿態低一點，這還是合於時宜的。《周易正義》言：「小人過差，失在慢易、奢侈，故君子矯之，以『行過乎恭，喪過乎哀，用過乎儉』也。」〔註120〕此實亦有

〔註120〕同註14，王弼、韓康伯注，孔穎達疏《周易正義》卷6，頁134下。

矯枉過正之意，然此過，終屬小過也。

小過有亨、利、貞三德，而無元德，通過相錯相序的中孚卦亦不能得元德；內外卦對調形成山雷頤卦，亦無元德。

和小過卦一樣強調「學習」的卦還有兌卦，其卦辭亦有亨、利、貞三德，而不見元德，人生在世，勤奮學習可得亨、利、貞三德，至於元德則難求也。

六十三　既濟　☲☵　坎上
離下

既濟卦卦辭：

　　既濟：亨小，利貞；初吉終亂。

〈既濟・彖〉：

　　既濟，亨，小者亨也。利貞，剛柔正而位當也。初吉，柔得中也；

　　終止則亂，其道窮也。

既濟卦名依陸德明《經典釋文》引鄭玄曰：「既，已也，盡也；濟，度也。」〔註121〕可見此卦是用渡水已竟象徵「事已成」，孔穎達《周易正義》：「濟者，濟渡之名；既者，皆盡之稱。萬事皆濟，故以『既濟』為名。」〔註122〕〈雜卦〉亦云：「既濟，定也。」〈序卦〉云：「有過物者必濟，故受之以既濟。」皆說明此卦是一格局穩固、結構完美的卦，卦辭中顯示有亨、利、貞三德，但也提醒著「初吉終亂」的警語。

〈既濟・彖〉表明既濟之亨為小者之亨，《易經》以陰為小，所以此卦之亨指的是制度結構上的亨，即是制度健全、運作熟練上的亨通，而非指生命創造力的暢通無阻；至於利、貞二德，則是由「剛柔正而位當」來，既濟卦陰居陰位，陽居陽位，每一爻皆當位，此乃「剛柔正而位當」之意，也因此利、貞二德乃是因為陰陽爻當位而得，「當位」造成秩序井然、有條不紊的格局，然而也因為這個格局的嚴整端肅、步步符合規則，反而窒死了變通的空間，因此所得之利、貞亦是從制度規矩的運作而來，制度亦屬陰性，故此利、貞，亦為小利、小貞。綜上可知，既濟之亨、利、貞三德俱為小亨、小利、小貞，構成一小康局面，然缺乏元氣淋漓、渾淪飽滿的創造精神，所以小康

〔註121〕（唐）陸德明：《經典釋文》（臺北：臺灣商務印書館，1983年6月印本，《景印文淵閣四庫全書》經部176：五經總義類），卷2，頁182～394上。

〔註122〕同註14，王弼、韓康伯注，孔穎達疏《周易正義》卷6，頁136上。

局面不能長保，不免造成「初吉終亂」的結果；「初吉」是由於「柔得中」，六二以陰柔得中做主，穩固陰性結構的健全與運作，故剛開始可得「吉」，然而「終止則亂」，就是因為以陰為主，缺乏創造力與前瞻性，所以其道必窮。

〈既濟・大象〉據此引申：「水在火上，既濟，君子以思患豫防之。」《周易正義》曰：「水在火上，炊爨之象。飲食以之而成，性命以之而濟，故曰『水在火上，既濟』也。」〔註 123〕以炊爨為例，則君子思患豫防之道，就是隨時注意察看裝食物的鍋子有無破裂或滲漏的情形，好能即時加以補救，因此〈既濟・大象〉有警惕君子防微杜漸的意思，如此或可以保持「初吉」，而不至於「終亂」也。

既濟自身有亨、利、貞三德，則如何可獲得元德呢？觀既濟之綜卦、錯卦、互卦、內外卦俱為未濟卦，其卦辭曰：「未濟：亨；小狐汔濟，濡其尾，無攸利。」未濟只見亨德，並不能提供既濟所缺的元德；至於卦序相連的兩個卦，除未濟以外，還有小過卦，其卦辭曰：「小過：亨，利貞；可小事，不可大事；飛鳥遺之音，不宜上，宜下，大吉。」則小過雖有亨、利、貞三德，但亦是對「小事」言，和既濟卦於陰得亨、利、貞三德是同一個意思，因此仍不得元德。

既濟卦為結構性堅強的一卦，格局雖完美，但畢竟有限，而且格局愈完美，有限性也愈大，不能適應生命現場無窮無盡的變化，缺乏元德的創造精神以及隨著時地變化的流動性，譬如一間裝潢華美、特定性功能強的房子，初始住的時候可能滿舒服，久而久之，想要改變一下裝潢甚至格局，以適應不同階段性的功能，卻是不可能了，因為整間房子在設計之初就有了嚴整規劃，容不下一點意料之外的餘地，最後住的結果當然是有所不足的。且《易經》整部書至此卦已近尾聲，所以在卦辭就提出「初吉終亂」的警語，雖是警語，但也是必然的結果，因為在此倒數第二卦既濟中，完全無法經由自身或旁通他卦而獲得四德之中最初始、最珍貴的元德，而卦之亨、利、貞三德，亦皆為小亨、小利、小貞，因此終必亂也，作《易》者藉此對自我做全盤顛覆，來告誡讀《易》者「盡信書，不如無書」，「彌近理而大亂真」的道理，唯有靠著腔子中一顆活活潑潑的心（即乾元），才能真正適應生命現場的無窮變化。

〔註 123〕同註 14，王弼、韓康伯注，孔穎達疏《周易正義》卷 6，頁 136 上。

六十四　未濟　☲☵　離上　坎下

未濟卦卦辭：

　　未濟：亨；小狐汔濟，濡其尾，無攸利。

〈未濟・彖〉曰：

　　未濟，亨，柔得中也。小狐汔濟，未出中也；濡其尾，無攸利，不

　　續終也。雖不當位，剛柔應也。

　　未濟與既濟卦彼此為綜卦、錯卦、互卦、序卦、內外卦相反的一組卦，其關係之密切，在整部《易經》中只有泰、否這一組卦的關係差可比擬（泰否不為互卦，其他同）。既濟卦卦名之意為「事已成」，則未濟卦當為「事未成」之意，其意顯明，〈序卦〉曰：「物不可窮也，故受之以未濟終焉。」《易》主生生不息，因此「物不可窮」實為必然之結論，且卦序以乾、坤始，以既濟、未濟終，表明整個宇宙人生為一開放的系統，至此未濟卦，六爻皆失位，仿若一切既有成就皆崩毀重來，但藉此也可以進入另一片未知的領域繼續奮鬥。〈雜卦〉云：「未濟，男之窮也。」男之窮即陽之窮，《易經》扶陽抑陰，未濟三陽皆失位，〈雜卦〉之意實含陽需窮極行事，努力求濟之意。

　　未濟卦辭中有亨之卦德，而不見既濟卦之利、貞二卦德，何故？未濟卦雖當侘傺之際，然而卻是亨通的，因為人生的道德創造，本是一個格局成就，即刻又有新的格局產生，層層轉進，無窮無盡，本此精神來健行精進，自是亨通無阻的。且〈未濟・彖〉曰「柔得中」，六五以柔居中下應九二，因此而亨通。既濟、未濟彖辭皆曰「柔得中」，可見得處於時局翻新之際，皆宜用柔也。「小狐汔濟，未出中」指九二居下坎之中，未能出險，使得小狐到不了對岸，尾巴被沾濕了，無可得利，這也是因為努力持續不到最後的緣故。而未濟雖六爻皆不當位，然而剛柔兩兩相應，應有可濟之機，此所以再釋未濟能亨之理，因此「亨」德乃是未濟卦唯一也是最重要的卦德。

　　像未濟卦這樣，表面乍看之下不佳，但卦辭言「亨」的例子在整部《易經》中不算少：如蒙、小畜、遯、困、渙、小過卦都是，當然也包括未濟卦，可見無論怎樣艱險難行的處境，只要穩定軍心、應付得宜，照樣能夠走得通。

　　未濟缺既濟之利、貞二德，但通過彼此為綜、錯、序、內外卦相反、以及互卦的既濟卦可得利、貞二德，勉強達一小康局面，然而未濟與既濟卦相同，皆無法獲得元德。乾、坤二卦元亨利貞，天道渾淪，至未濟僅得亨，因

此君子此時更須小心謹慎，是以〈未濟・大象〉云：「火在水上，未濟，君子以慎辨物居方。」火在水上，運行方向相背相離，君子乘此時機審慎辨物，使各居其所，各盡其用，方有可能促成「既濟」也。〈繫辭・上〉第一章即言明：「方以類聚，物以群分，吉凶生矣！」《費氏學》引項安世曰：「必加『慎』者，以其未濟也。水火交則有難，辨之不早辨，居之不得其所，皆難之所由生也。」〔註124〕此言的是。

第六節　《易》六十四卦「元、亨、利、貞」四德分布表

◎表示該卦具有此德，◎之數目表示卦辭提到此德之次數。

Ｘ表示該卦卦辭提及此德時，前面冠有否定辭，即卦辭中特別強調該卦不具此德。

「小」字表示該卦卦辭提及此德時，前面或後面緊接「小」字，表示此德在該卦所能發揮的作用不大。

		元	亨	利	貞
1 乾	䷀	◎	◎	◎	◎
2 坤	䷁	◎	◎	◎◎	◎◎
3 屯	䷂	◎	◎	◎◎	◎
4 蒙	䷃		◎	◎	◎
5 需	䷄		◎		◎
6 訟	䷅			◎Ｘ	
7 師	䷆				◎
8 比	䷇	◎			◎

〔註124〕馬其昶：《周易費氏學》（臺北：新文豐出版公司，1987 年印本，《叢書集成續編》第 32 冊），頁 126 上。

		元	亨	利	貞
9 小畜	䷈		◎		
10 履	䷉		◎		
11 泰	䷊		◎		
12 否	䷋			X	◎〔按〕
13 同人	䷌		◎	◎◎	◎
14 大有	䷍	◎	◎		
15 謙	䷎		◎		
16 豫	䷏			◎	
17 隨	䷐	◎	◎	◎	◎
18 蠱	䷑	◎	◎	◎	
19 臨	䷒	◎	◎	◎	◎
20 觀	䷓				
21 噬嗑	䷔		◎	◎	
22 賁	䷕		◎	小◎	
23 剝	䷖			X	
24 復	䷗		◎	◎	
25 無妄	䷘	◎	◎	◎X	◎
26 大畜	䷙			◎◎	◎
27 頤	䷚				◎
28 大過	䷛		◎	◎	

		元	亨	利	貞
29 坎	䷜		◎		
30 離	䷝		◎	◎	◎
31 咸	䷞		◎	◎	◎
32 恆	䷟		◎	◎◎	◎
33 遯	䷠		◎	小◎	小◎
34 大壯	䷡			◎	◎
35 晉	䷢				
36 明夷	䷣			◎	◎
37 家人	䷤			◎	◎
38 睽	䷥				
39 蹇	䷦			◎ X ◎	◎
40 解	䷧			◎	
41 損	䷨	◎		◎	◎
42 益	䷩			◎◎	
43 夬	䷪			X ◎	
44 姤	䷫				
45 萃	䷬		◎◎	◎◎◎	◎
46 升	䷭	◎	◎		
47 困	䷮		◎		◎
48 井	䷯				

		元	亨	利	貞
49 革	䷰	◎	◎	◎	◎
50 鼎	䷱	◎	◎		
51 震	䷲		◎		
52 艮	䷳				
53 漸	䷴			◎	◎
54 歸妹	䷵			X	
55 豐	䷶		◎		
56 旅	䷷		小◎		◎
57 巽	䷸		小◎	◎◎	
58 兌	䷹		◎	◎	◎
59 渙	䷺		◎	◎◎	◎
60 節	䷻		◎		X
61 中孚	䷼			◎◎	◎
62 小過	䷽		◎	◎	◎
63 既濟	䷾		◎小	◎	◎
64 未濟	䷿		◎	X	

〔按〕據王夫之釋否卦：「不利於君子貞，非利於小人之不貞，亦非君子可不正而利。陰據要津，君子無所往而得利，貞且不利，況可不貞乎？然君子雖不利，而固保其貞也。此言『利』者，與害相對之辭。」〔註125〕因此，卦辭雖云「不利」，然而固守正道、韜光養晦、全身遠害，才是此卦的重點，是以將卦辭之「不利君子貞」，視為無「利」德，而有「貞」德。

〔註125〕同註1，王夫之：《周易內傳》，頁148。

從上列表格得知六十四卦「元、亨、利、貞」四德之分布情形可歸納如下：

一、「元、亨、利、貞」四德俱全的卦，有乾、坤、屯、隨、臨、無妄、革七卦。

二、具有四德中任三德的卦，可細分為下列四類：

（一）具亨、利、貞三德之卦：蒙、需、同人、離、咸、恆、遯、萃、兌、渙、小過、既濟十二卦。

（二）具元、利、貞三德之卦：損一卦。

（三）具元、亨、貞三德之卦：（無）。

（四）具元、亨、利三德之卦：蠱一卦。

三、具有四德中任二德的卦，可細分為下列六類：

（一）具元、亨二德之卦：大有、升、鼎三卦。

（二）具元、利二德之卦：（無）。

（三）具元、貞二德之卦：比一卦。

（四）具亨、利二德之卦：噬嗑、賁、復、大過、巽五卦。

（五）具亨、貞二德之卦：困、旅二卦。

（六）具利、貞二德之卦：大畜、大壯、明夷、家人、蹇、漸、中孚七卦。

四、具有四德中任一德的卦，可細分為下列四類：

（一）僅具元德的卦：（無）。

（二）僅具亨德的卦：小畜、履、泰、謙、坎、震、豐、節、未濟九卦。

（三）僅具利德的卦：訟、豫、解、益、夬五卦。

（四）僅具貞德的卦：師、否、頤三卦。

五、不具四德中任一德的卦：有觀、剝、晉、睽、姤、井、艮、歸妹八卦。

小結：由上列表格可推知以下結論：

一、具有「元」德的卦有十三卦，約為六十四卦的五分之一，除「元、亨、利、貞」四德俱全的七卦外，其他卦只有六卦具有元德，可見「元」德之珍貴與難得。

二、在具有「元」德的卦中，具元、利、貞三德之卦，僅損一卦，具元、

亨、利三德之卦，僅蠱一卦，而具元、亨、貞三德之卦則付之闕如，這或可解釋爲：一旦具元德，則多發展爲元、亨、利、貞，四德俱全的情況，而具元、利、貞三德，或具元、亨、利三德之卦，各有一例，相對於元、亨、利、貞俱全的七個卦來看，可說是特例，然損、蠱二卦，亦很容易與它卦旁通，而獲致元、亨、利、貞四德俱全的狀態。

此種情況證諸具元、亨二德之卦，爲大有、升、鼎卦，具元、貞二德之卦，爲比卦，此四卦亦很容易與它卦旁通，而獲致元、亨、利、貞四德俱全的狀態（見第五、六章各卦四德有無之闡析），可知具有元德之卦，不是發展爲元、亨、利、貞四德俱全的七個卦，就是發展爲損、蠱、大有、升、鼎、比等六卦，而此六卦亦很容易與它卦旁通，以獲致元、亨、利、貞四德俱全的狀態。

可見「元」德雖是珍貴與難得，然一旦具元德，則很容易發展爲本身四德俱全、或者容易與他卦旁通，而獲四德俱全狀態之卦，如四德俱全之七卦，和損、蠱、大有、升、鼎、比等六卦。

三、僅具元德的卦付之闕如，可見一旦具有元德，即很容易發展出其他亨、利、貞三德之中，其或一、或二、或三之德，不可能讓元德孤懸於一卦之中，而未發展出其他的德來。

四、具四德中任三德之卦，以第一種類型，即具亨、利、貞三德之卦爲最多，共十二卦，此種卦在上述各類型卦中，也是最多的一種，此種卦具亨、利、貞三德，唯獨不具元德，這個現象，或可補充元德珍貴而難得的觀點。

五、「元、亨、利、貞」四德俱全的卦有七卦，除了乾卦卦辭但言「元、亨、利、貞」，其餘六卦皆爲有條件的「元、亨、利、貞」四德俱足，譬如坤卦的利、貞二德，需「利牝馬之貞」、「先迷，後得主，利」、「西南得朋，東北喪朋，安貞，吉」，集這些條件在一起，才能「元、亨、利、貞」四德俱全。又如革卦，前題是「己日乃孚」，接著「元、亨、利、貞」四德俱足後，才能「悔亡」。此七卦各見第五、六章各卦四德有無之分析，於此不贅述。

六、「元、亨、利、貞」四德俱缺的卦有八卦，其中又各有情境不同之處：例如觀卦因四陰浸長，二陽將消，君子處此時機，只能靜正剛嚴，使群陰瞻望其尊嚴而不敢侵逼，其情境險絕至此，是以無「元、亨、利、貞」任一德可言，然卦辭仍提醒君子需「盥而不薦」、「有孚顒若」，才能安然度過此情勢惡劣的階段。又如剝卦，不但卦辭中全無「元、亨、利、貞」四德，更言「不

利有攸往」，此因剝卦五陰上漲，侵逼一陽，情勢之險，猶甚於觀卦，處剝之時只能逆來順受，切勿據隅頑抗，如此才能度過這個內在心理、及外在形勢交相煎逼的惡劣時段。至於其他卦之情況，各見第五、六章各卦四德有無之分析，於此不贅述。

七、「元、亨、利、貞」四德俱全的卦有七卦，不具四德中任一德的卦則有八卦，可見四德俱全或不具四德中任一德的數目差不多，且各占六十四卦的八分之一。

其他具四德中任三德的卦，共十四卦；具四德中任二德的卦，共十八卦；具四德中任一德的卦，共十七卦；此三類卦──即具四德中任三、任二、或任一德的卦──數量皆相當，而四德俱全或四德全無之卦，比較之下，則相對為少，由此可看出：四德俱全或四德全無的情況，可說是較為特殊的狀況。

人生境遇中，四德俱全、資源充沛的時機固然不太多，遇上了當然要好好掌握；然而四德全無、孤立無援的時刻亦屬少數，當真遇上了，也要能夠逆來順受，以藏器待時、因時蘊養，切不可灰心喪志，而失去陽剛篤實輝光的道德理想。人生際遇極好與極壞的比例其實都不多，因此在失意時，實在不需懷憂喪志，因為雨過新霽，人生的任何階段，都有東山再起的可能。

而在一般人生境遇之類型中，大多時刻總會有四德中的一、二或三個德伴隨，以使境遇既不致過於一片大好，也不致過於艱窘難進；由上列四德分布表及不同類型之卦的數量分析結果，亦可看出其與此實際人生際遇之狀況大致是吻合的。

第七章　結論：「四德」的存在及其價值

　　《易》之「四德」的確存在，其存在實有其價值與意義。

　　《易經》卦爻辭中本已蘊含豐富之義理，尤其其中天人一貫之思想，本就深契儒家學說之底蘊，因此《易傳》作者不待外求，而依附《易經》來闡明孔門之義理，更於〈乾・文言〉中拈出「四德說」的具體說明。

　　本文在第二章中，先整理《易經》與《易傳》文本中有「元、亨、利、貞」等字的相關文句，而確定此四字可獨字為句，進而將其字義整理出初步的意義。

　　在本文第三章第一至第五節當中，則以不同之文獻考據及其所提供之角度反覆申明「四德說」之存在：如在第一節中，本文從卜官占卜時之心理狀態為「一種超常的思維形式」的角度，提出占卜之辭並非全然迷信的觀點，從而徵引文獻，提出了「《易經》作者即是當時王朝的行政官員，為一批知識份子中的精英，這使得《易經》至少在編輯成書的過程中，即充滿著人文色彩」的論據。

　　卜筮並非全然的迷信，而且卜筮在遠古時期，還是當時的知識分子認識未知世界的重要方式之一，在卜筮過程當中，卜筮者所進行的是「一種超常的思維形式」，卜筮的經過及結果是可以累積、沉澱、綜合、以及應用，甚至形成人文智慧的，第一節最後並引黃沛榮先生論文所作結論，以《易經》一書的編訂過程當出自西周卜官一人之手，從而認定《易經》其書充滿了人文義理。

　　在第二節中，本文分別上溯「元、亨、利、貞」個別之原始字義，則「元」為大、為首，引申為始，「亨」為享、為通，「利」為利益，「貞」為卜之外，

原始造字即寓有正、固之義，則此四字之原始字義已隱隱含有「德性」的意思，最初於占卜活動之後卜官寫定卜辭時，對此四字之用法也許或有、也許或無主觀之揀擇，但此四字再經過西周卜官之手，繫於卦爻之下而形成爲卦爻辭，甚至更進一步，最後由一人之手將之編訂爲《周易》一書之時，則於此時，將卦爻辭中「元、亨、利、貞」這四個富涵人文精神的字特別拈取出來，而繫於首卦乾卦之下，以之形成「四德」，這是不無可能的。

因爲遍尋所有卜辭，也未見有「元亨利貞」這樣一條卜辭，所以有可能是在《易經》編輯寫定的過程當中，編訂者刻意在眾多的卦爻辭裡，分別拈出最重要的這四個字——「元、亨、利、貞」——來作爲首卦乾卦之卦辭，頗有以此爲全《易》綱領之意味。當然，這只是推斷，目前尚未找到充分的證據能支持這樣的說法。

在第三節中，則呈顯出從《易經》的卜筮之易，到《易傳》的義理之易，是如何轉化的。

其中的轉化過程，誠如高懷民先生在區別《左傳》載穆姜之言：「元，體之長也」，與〈文言〉曰：「元，善之長也」二者之間的不同時，特別說到：「文言傳不言『體之長』而言『善之長』，『善』字在易學中乃指陰陽化生之德，繫辭傳所謂：『一陰一陽之謂道，繼之者善也。』故易『體』字爲『善』字，乃將乾卦之由普通之『爲六十四卦之首』的含義，轉變成『爲六十四卦化生之始』的含義；也就是說，『體之長』之『元』，不具『生』之義，而『善之長』之『元』，則特明『生』之含義。」〔註1〕

由「元，體之長」至「元，善之長」的一字之易，的確可看出從「卜筮之易」到「義理之易」的重要軌跡。

在第四節中，則探討《易傳》中的人文色彩，但實則《易傳》中的人文色彩，在《易經》卦爻辭中即可明顯的看出來，可知《易傳》與《易經》其中並非一斷裂之鴻溝，由《易經》到《易傳》，其中還是能看到傳承的軌跡，因爲《易傳》作者是企圖從哲學的高度加以概括先賢的智慧，而將古代的卜筮之書哲理化，如果不是《易傳》作者們從《易經》當中看出了能將之哲理化的因素，則他們如何能夠從先秦到西漢，歷時數百年之久，前仆後繼的爲《易經》作成《易傳》，而不是在起始就另闢蹊徑，自己獨立寫成儒家的義理

〔註1〕 高懷民：《先秦易學史》（臺北：中國學術著作獎助委員會，1975年6月印本），頁257。

書，而與《易經》完全無關呢。

有關《易經》與《易傳》的關聯性及其內容偏重之不同，我們究應如何看待之？我認爲：就時代言，《易經》與《易傳》分而爲二；就作者言，《易經》出自西周卜官，然其最後編訂當成於一人之手，《易傳》則爲孔門弟子所寫，然《易經》與《易傳》之作者都是當時知識份子中的精英，也都是極富人文精神的一批人；就卜筮與義理之內容言，《易經》以占筮爲起源，然亦寓有深厚義理，至《易傳》則只剩下少許的卜筮色彩，而專以義理創論。質言之：《易傳》之所以能立基於《易經》，而發揚其探賾鉤深之義理，除卦象此一重要而顯明的橋樑之外，我認爲「元、亨、利、貞」亦爲其中重要的環節，畢竟此四字在《易經》與《易傳》當中隨處可見，《易傳》對此四字也有重大的發揮，以藉其建立儒學之義理系統。

在釐清由《易經》到《易傳》二者間的關聯性之後，則點明儒家欲借《易傳》中天人合一的精神，以形成其道德形上學的基礎。

在第五節中，則取《易傳》之文釋《易經》卦爻辭之「元、亨、利、貞」，並舉出其中容或有些許主觀之解釋，如〈乾・文言〉曰「利，義之和也」，或許離「利」之本意或卦爻辭之本意較遠，然站在後設詮釋學的角度，〔註2〕則如此之解，不但可被容許，且於建立一道德生活與世界的前提之下，亦屬極爲必要。

《易經》再經過《易傳》作者的深化詮釋，則原本已可分立爲四的「元、亨、利、貞」，至此，已完全可視之爲「四德」了。

本文第四章中，則透過文獻考證，列舉歷代重要易學家有關「四德說」之內容，並溯源及歸納整理之，而比較其異同，最後說明「四德說」之存在淵源已久，且其來有自；再尋求文獻資料之支持，以肯定「元、亨、利、貞」之四德即源自《易傳》所謂的「乾元」。

在第五、六章中，則據「四德說」以演繹法闡發《易經》六十四卦之卦理，以及分析其四德或有或無之因，和如何與其他相關之卦互通卦理，以期盡可能達到四德俱全之圓滿狀態，如果不能以相通卦理之卦互相輔助發明以達致四德俱全之圓滿狀態，則說明其可能的原因是什麼。

乾卦俱舉四德，餘則未必盡舉，乃因，以天道論而言，萬物皆由乾元而來，本應皆具四德，然就客觀存在之現實而言，萬物則不能俱全的呈現四德。

〔註2〕請參考第一章第二節陳蘭行與楊儒賓之引文中所採取之觀點。

此乃因只有「人」才能具有「仁心」，也即是「眞實生命、仁心」，也因而具有「創造的眞幾」，即是具有元德，於時時刻刻、每一處每一地都能自主的實踐此四德，即牟宗三先生所言：「從我們自己的道德的創造性來證實這個『天命不已』也是創造的。」〔註 3〕其餘物種不具仁心，沒有自主性，亦無創造性或道德性的活動，因此不能由道德實踐的歷程之中呈顯此四德。唯有人有可能具足的以道德實踐呈現此四德，亦即是淋漓盡致地發揮其所具有的元德（仁心）。

譬如在「水洊至」（〈坎・大象〉）的坎卦裡，其情勢可謂險之又險，作《易》者不說「元亨」（本來就亨、或說又有原動力又能亨通）來使占卦者見之如吃了定心丸一般，反而要說「維心亨」，可謂用「心」良苦，是要特別點醒占卦者「除心之外，別無能亨通者」，只要此心常在腔子裡，此心不灰，則無論如何（即使在困境中）都能夠亨通。

職是之故，乾、坤之外的六十二卦卦名皆爲人生在世，所可能遇到的種種境況，並不就是「人」本身，此種種境況乃種種物事所構成，故屬「物」的範圍，是以不能具足的呈現四德，綜有乾、坤、屯、隨、臨、無妄、革七卦卦辭提到元，亨，利，貞四德，亦只是天時地利配合得恰到好處；反觀「人」的因素，則不管處於哪一卦哪一爻或者是任何處境態勢，他都有可能發揮道德的創造性，使元德生生不已的乾健之德隨時隨地的發揮，且總是充沛飽滿、私毫無慊餒的。此亦爲本文在分論六十四卦時的重點所在：如何在種種不同的態勢之下，仍能發揮乾健之德，以使四德皆能具足的呈顯。對於此種主體性，牟宗三先生說到：

> 儒家是自律道德，自律之所以爲自律靠什麼東西呢？靠 free will、moral will，照儒家的詞語講，就是靠本心、良知。眞正講主體，從主體這個地方挺立起來，頂天立地，只有儒家，其他諸教都不是從主體挺出來，都是繞出主體以外。這是核心的一點。〔註 4〕

誠如曾昭旭師所言：「在中國哲學……最重要的字眼並不是有或存有（Being），而是生或生生（Becoming），生生者，變化義、道德創生義、愛之動態實踐義。這也就是中國傳統生命哲學的無上寶典：《易經》的「易」的取義所在……是

〔註 3〕 牟宗三主講、盧雪崑錄音整理：《周易哲學演講錄》（臺北：聯經出版事業公司，2003 年 7 月印本），頁 102。

〔註 4〕 同註 3，牟宗三主講、盧雪崑錄音整理：《周易哲學演講錄》，頁 61。

指道德創造、意義賦予、大用流行之生生不息也。」〔註5〕

　　隨時隨地保持那忧悌惻隱之心，即是保有了仁德（元德），是「則一一生活之事之生起，皆無極而太極，如一一生命之成」，〔註6〕且「其小大不同，義無分別」，〔註7〕如此則無處無時不能一一目擊道存，一一觸處逢春，存在生命與道體天心相互涵攝，體物而味道，「然後吾人之性命之德之流行，方可同時爲天德流行」〔註8〕也。

　　所謂「天德流行」，落實於每日、乃至於每時每刻的生活之中，就是尋常的庸言之謹、庸行之敬，然而這正是「吾人之性命之德之流行」，儒家正是於此似乎瑣碎繁雜的現實當中，以「下學上達」、「踐仁知天」的實踐功夫，呈顯其宗教式的情懷。

　　這種儒家式的宗教情懷，不是表現於外在形式的教規與儀軌當中，而是表現爲對事事物物皆賦予道德意義與價值意涵，和對生活內容及對家園世界，皆以道德創造的觀點生發之、運行之，乃至或經世濟民，或著書立說，或甚至在天下無道、時運不濟時，更能凸顯其安身立命、清明在躬的生活態度與宗教情操。

　　中國傳統哲學本就以「實踐」爲本，如何將中國哲學之義理，落實在實踐中，在具體的實踐過程裡，時時印證其哲學義理，或以義理之思維去實際詮釋生命問題，這是本文所關注的議題。

　　俗諺有云：「各人頭頂一片天。」我時驚訝于像這樣看似簡單的俗語卻能表現最深的道理，這其中甚至蘊含有某種宗教情懷，這種情懷是中國人特殊的情懷，在於儒家數千年的浸染與據以安身立命之確立不拔的信念，以此而有宗教般的虔敬情操。初次乍聽，只覺得滿有骨氣的，於今本文將結束時再想起這句話，直覺腰桿挺直，申申然昂首天地間：時時頭頂著一片天（頂字要作爲動詞看，才美），無時無處，天都不在覆育、垂顧，卻也可能時時鞭策、警告：人唯有盡心盡力，把一個「人」字做到盡可能得最好，才不致對不起自己的那片天，此即孟子所言「盡其心者，知其性也；知其性，則知天矣！」

〔註5〕　曾昭旭：《儒學三書》之二：《儒家傳統與現代生活──論儒學的文化面相》（臺北：臺灣商務印書館，2003年8月印本），頁68。

〔註6〕　唐君毅：《存在生命與心靈境界》（臺北：臺灣學生書局，1977年9月印本），頁958。

〔註7〕　同註6，唐君毅：《存在生命與心靈境界》，頁958。

〔註8〕　同註6，唐君毅：《存在生命與心靈境界》，頁958。

牟宗三先生則謂「從我們自己的道德的創造性來證實這個『天命不已』也是創造的，所以，從知性就可以『知天』」，〔註9〕「道德是個擎天柱，直接從這個地方以這個作一個中心來立教」，〔註10〕「人身」秉天性而生，是如此尊貴，只能盡其所能的來發揮道德之創造性，別作他種用途，或甚至自我放棄、自我沉淪，都是違天與逆天的，亦與善之根本「元」愈離愈遠。

因此，「元、亨、利、貞」即是道德創造之全部意義：天地萬物由「乾道變化，各正性命」而來，是乾元之德之具體表現，而其最終目的在「保合大和，乃利貞」，是故，資始資生、大化流行、道德事業的開展，無非創造性——元德——的呈現與鼓舞。

「元」是創造的生機、動力，在人而言即是仁心、仁性，即是具有乾健之德之創造性根源；其生機暢達、不滯不塞的特性即為「亨」；其不滯不塞之通暢而有其方向與定著，在現實之中能產生效益，即是「利」；利而能有所成、有所正定，即為「貞」，貞者，正、定、成之謂也。牟宗三先生即言：「『元、亨、利、貞』四個階段，大分兩個階段，這是儒家道德形上學所嚮往的最高境界。」〔註11〕

「元」為「善之長」、為「仁」，「元」是價值意義和創造生發的本源，〈繫辭・下〉第一章謂「天地之大德曰生」，此德即是「元德」，一說「元」，即有「亨、利、貞」發用之可能，因此我們實可據以貫通《易》經、傳所有的義理，而人亦能法此「元、亨、利、貞」四德以成君子，〈乾・大象〉曰：「天行健，君子以自強不息。」此行健不已之原動力即是「元」，動力生發不絕，「亨、利、貞」亦於其生發的同時如源泉滾滾而來，而於及物潤物的當下時隱時顯，因之造成一眞實複雜的大千世界，身在其中的人們，如何在其複雜而多有缺憾的情境中，能透視情境的背後，總有一源源生發之動力——「元」，使人總能保持繼續向上的積極態度，而非向下沉淪，以致萬劫不復，此可謂「四德說」之貢獻，因此四德說之義理價值是無庸置疑的。

以上即為本文之結論，拘於才識所限，不免有過漏不足之處，尚祈各位先進，不吝教正，是所引領企盼。

〔註9〕 同註3，牟宗三主講、盧雪崑錄音整理：《周易哲學演講錄》，頁102。
〔註10〕 同註3，牟宗三主講、盧雪崑錄音整理：《周易哲學演講錄》，頁83。
〔註11〕 同註3，牟宗三主講、盧雪崑錄音整理：《周易哲學演講錄》，頁33。

參考書目

一、易學專書（以書名首字筆劃由少至多排列）

1. 《大易哲學論》，高懷民撰，臺北：成文出版社，1978 年。

2. 《大易哲學論》，高懷民撰，臺北：高懷民出版，1988 年 7 月。

3. 《六十四卦經解》，（清）朱駿聲撰，臺北：漢京文化事業公司，1984 年 7 月。

4. 《四因說演講錄、周易哲學演講錄》，牟宗三撰，臺北：聯經出版事業公司，《牟宗三先生全集》第三十一冊，2003 年 4 月。

5. 《先秦易學史》，高懷民撰，臺北：東吳大學中國學術著作獎助委員會，1975 年 6 月。

6. 《朱文公易說》，（宋）朱熹撰，臺北：世界書局影摛藻堂《四庫全書薈要》，1986 年。

7. 《朱熹易學析論》，曾春海撰，臺北：臺灣學生書局，1986 年。

8. 《來註易經導讀》，鍾泰德撰，臺北：玄同文化事業公司，2002 年 12 月。

9. 《兩漢易學史》，高懷民撰，臺北：文津出版社，1975 年 8 月。

10. 《周易大傳今注》，高亨撰，濟南：齊魯書社，1981 年。

11. 《周易大傳新注上、下》，徐志銳撰，臺北：里仁書局，1995 年 10 月。

12. 《周易今注今譯》，南懷瑾、徐芹庭註譯，臺北：臺灣商務印書館，2000 年 8 月。

13. 《周易內傳》，（清）王夫之撰，長沙：嶽麓書社，《船山全書》第一冊，1998 年 11 月。

14. 《周易古經今注》，高亨撰，北京：中華書局，1989 年 2 月。

15. 《周易古經通說》，高亨撰，臺北：洪氏出版社，1977 年 9 月。

16. 《周易外傳》，（清）王夫之撰，長沙：嶽麓書社，《船山全書》第一冊，1998 年 11 月。

17. 《周易本義》，（宋）朱熹撰，臺北：北方出版社，2002 年 8 月。

18. 《周易本義》，（宋）朱熹撰，臺北：老古文化事業公司，2000 年 3 月。

19. 《周易本義通釋》，（元）胡炳文撰，臺北：世界書局影摛藻堂《四庫全書薈要》，1986 年。

20. 《周易正義》，（魏）王弼、韓康伯注（唐）孔穎達疏，臺北：藝文印書館影清嘉慶間阮元校刊本，1993 年 9 月。

21. 《周易帛書今注今譯》，張立文撰，臺北：臺灣學生書局，1991 年 9 月。

22. 《周易玩辭》，（宋）項安世撰，臺北：新文豐出版公司，《叢書集成續編》第二十六冊，1987 年。

23. 《周易的自然哲學與道德函義》，牟宗三撰，臺北：文津出版社，1998 年 8 月。

24. 《周易的美學智慧》，王振復撰，長沙：湖南出版社，1991 年 12 月。

25. 《周易知識通覽》，朱伯崑主編，濟南：齊魯書社，1993 年 12 月。

26. 《周易思想研究》，張立文撰，武漢：湖北人民出版社，1980 年 8 月。

27. 《周易象象傳義理探微》，黃沛榮撰，臺北：萬卷樓圖書公司，2001 年 4 月。

28. 《周易哲學和古代社會思想》，張吉良撰，濟南：齊魯書社，1998 年 9 月。

29. 《周易哲學演講錄》，牟宗三主講、盧雪崑錄音整理，臺北：聯經出版事業公司，2003 年 7 月。

30. 《周易通論、周易觀象》，（清）李光地撰，臺北：廣文書局，1974 年 9 月。

31. 《周易程傳註評》，黃忠天撰，高雄：復文圖書出版社，2000 年 9 月。

32. 《周易費氏學》，（清）馬其昶撰，臺北：新文豐出版公司，《叢書集成續編》第三十二冊，1987 年。

33. 《周易集解》，（唐）李鼎祚撰、楊家駱編，臺北：鼎文書局，1975 年 4 月。

34. 《周易集解》，（清）孫星衍編，臺北：新文豐出版公司，《叢書集成新編》第十六冊，1984 年。

35. 《周易新譯》，蕭登福撰，臺北：文津出版社，2001 年 2 月。

36. 《周易經傳梳理與郭店楚簡思想新釋》，金春峰撰，臺北：臺灣古籍出版公司 2003 年 4 月。

37. 《周易經傳溯源》，李學勤撰，臺北：長春出版社，1992 年。

38. 《周易與儒道墨》，張立文撰，臺北：東大圖書公司，1991 年 11 月。

39. 《周易語解》，謝大荒撰，臺北：大中國圖書公司，1988 年 10 月。

40. 《周易縱橫談》，黃慶萱撰，臺北：東大圖書公司，1995 年 3 月。

41. 《周易譯註》，黃壽祺、張善文撰，上海：上海古籍出版社，1990 年 2 月。

42. 《帛書說略》，韓仲民撰，北京：北京師範大學出版社，1992 年。

43. 《易程傳》，（宋）程頤撰，臺北：文津出版社，1990 年 10 月。

44. 《易傳之形成及其思想》，戴璉璋撰，臺北：文津出版社，1997 年 2 月。

45. 《易傳道德的形上學》，范良光撰，臺北：臺灣商務印書館，1982 年 5 月。

46. 《易經的生命哲學》，李煥明撰，臺北：文津出版社，1992 年 3 月。

47. 《易經的哲學原理》，曾春海撰，臺北：文津出版社，2003 年 3 月。

48. 《易經新譯》，蕭登福撰，臺北：文津出版社，2001 年 2 月。

49. 《易經蒙引》，（明）蔡清撰，臺北：臺灣商務印書館影清文淵閣《四庫全書》本 1983 年 6 月。

50. 《易經應用大百科》，張其成主編，南京：東南大學出版社，1994 年 4 月。

51. 《易經雜說》，南懷瑾撰，臺北：老古文化事業公司，1995 年 11 月。

52. 《易經繫辭傳別講上、下》，南懷瑾撰，臺北：老古文化事業公司，1996 年 5 月。

53. 《易經繫辭傳解義》，吳怡撰，臺北：三民書局，1993 年 8 月。

54. 《易緯·乾坤鑿度》，（漢）鄭玄撰，臺北：臺灣商務印書館影清文淵閣《四庫全書》本，1983 年 6 月。

55. 《易學三書》（《易章句》、《易通釋》、《易圖略》）（清）焦循撰，臺北：新文豐出版公司，《大易類聚初集》第二十冊，1983 年 10 月。

56. 《易學大辭典》，張其成主編，北京：華夏出版社，1992 年 2 月。

57. 《易學拾遺》，李周龍撰，臺北：文津出版社，1992 年 3 月。

58. 《易學乾坤》，黃沛榮撰，臺北：大安出版社，1998 年 8 月。

59. 《易學基礎教程》，朱伯崑主編，廣州：廣州出版社，1993 年 12 月。

60. 《易學新探》，林政華撰，臺北：文津出版社，1987 年 5 月。

61. 《易學新論》，嚴靈峰撰，臺北：正中書局，1979 年。

62. 《易學源流》，鄭萬耕撰，臺北：大展出版社，2002 年 4 月。

63. 《易學漫步》，朱伯崑撰，臺北：臺灣學生書局，1996 年 11 月。

64. 《易學論著選集》，黃沛榮撰，臺北：長安出版社，1991 年 3 月。

65. 《易纂言》，（元）吳澄撰，臺北：世界書局影摛藻堂《四庫全書薈要》，1985 年。

66. 《東坡易傳》，（宋）蘇軾撰，臺北：世界書局影摛藻堂《四庫全書薈要》，

1985 年。

67. 《桐城吳先生全書‧易說》，（清）吳汝綸撰，臺北：藝文印書館，1964
年 9 月。

68. 《御纂周易折中》，（清）李光地撰，臺北：臺灣商務印書館影清文淵閣《四
庫全書》本 1983 年 6 月。

69. 《船山易學》，（清）王夫之撰，臺北：廣文書局，1981 年。

70. 《船山易學研究》，蕭漢明撰，北京：華夏出版社，1987 年 1 月。

71. 《焦循之易學》，楊家駱主編，臺北：鼎文書局，1975 年 4 月。

72. 《焦循雕菰樓易學研究》，賴貴三撰，臺北：里仁書局，1994 年 7 月。

73. 《童溪易傳》，（宋）王宗傳撰，臺北：世界書局影摛藻堂《四庫全書薈要》，
1986 年。

74. 《象數易學發展史》林忠軍撰，濟南：齊魯書社，1994 年 7 月。

75. 《道家易學建構》，陳鼓應撰，臺北：臺灣商務印書館，2003 年 7 月。

76. 《漢上易集傳》，（宋）朱震撰，臺北：新文豐出版公司，1987 年。

77. 《漢石經周易殘字集證》，屈萬里撰，臺北：聯經出版事業公司，1984 年。

78. 《談易》，戴君仁撰，臺北：臺灣開明書店，1961 年 11 月。

79. 《讀易三種》，屈萬里撰，臺北：聯經出版事業公司，《屈萬里全集》第一
輯，1993 年 7 月。

二、其他專書（以書名首字筆劃由少至多排列）

1. 《二程集》，（宋）程頤、程顥撰，臺北：漢京文化事業公司，1983 年。

2. 《人文講習錄、中國哲學的特質》，牟宗三撰，臺北：聯經出版事業公司，
《牟宗三先生全集》第二十八冊，2003 年 4 月。

3. 《才性與玄理》，牟宗三撰，臺北：聯經出版事業公司，《牟宗三先生全集》
第二冊，2003 年 4 月。

4. 《不要相信愛情》，曾昭旭撰，臺北：漢光文化事業公司，1987 年 12 月。

5. 《中國人文精神之發展》，唐君毅撰，臺北：臺灣學生書局，2000 年 6 月。

6. 《中國人性論史：先秦篇》，徐復觀撰，臺北：臺灣商務印書館，2003 年
10 月。

7. 《中國古代宗教初探》，朱天順撰，上海：人民出版社，1982 年 7 月。

8. 《中國古代思維方式探索》，楊儒賓撰，臺北：正中書局，1996 年 11 月。

9. 《中國思想史》，錢穆撰，臺北：蘭台、素書樓文教基金會，2001 年 2 月。

10. 《中國哲學十九講》，牟宗三撰，臺北：聯經出版事業公司，《牟宗三先生
全集》第二十九冊，2003 年 4 月。

11. 《中國哲學原論：原性篇》，唐君毅撰，香港：新亞書院研究所，1974 年 7 月。

12. 《中國哲學原論：原教篇》，唐君毅撰，香港：新亞書院研究所，1974 年 7 月。

13. 《中國哲學原論：原道篇》，唐君毅撰，香港：新亞書院研究所，1974 年 7 月。

14. 《中國哲學原論：導論篇》，唐君毅撰，香港：新亞書院研究所，1974 年 7 月。

15. 《中國經學史》，本田成之撰，臺北：學海出版社，1986 年。

16. 《中國經學史的基礎》，徐復觀撰，臺北：臺灣學生書局，1982 年 5 月。

17. 《中國經學史論文選集》，林慶彰編，臺北：文史哲出版社，1992 年 10 月。

18. 《中國遠古暨三代思想史》，李輯撰，北京：人民出版社，1994 年 4 月。

19. 《中庸形上思想》，高柏園撰，臺北：東大圖書公司，1991 年。

20. 《五十年來的經學研究》，林慶彰主編，臺北：臺灣學生書局，2003 年 5 月。

21. 《五十自述》，牟宗三撰，臺北：聯經出版事業公司，《牟宗三先生全集》第三十二冊，2003 年 4 月。

22. 《心體與性體（一）》，牟宗三撰，臺北：聯經出版事業公司，《牟宗三先生全集》第五冊，2003 年 4 月。

23. 《文化符號學》，龔鵬程撰，臺北：學生書局，1992 年。

24. 《日知錄集釋》，（明）顧炎武撰、黃汝成集釋，長沙：岳麓書社，1996 年 2 月。

25. 《毛詩正義》，（漢）毛公傳、鄭玄箋（唐）孔穎達疏，臺北：藝文印書館影清嘉慶間阮元校刊本，1993 年 9 月。

26. 《王船山哲學》，曾昭旭撰，臺北：遠景出版事業公司，1996 年 5 月。

27. 《古代宗教與倫理──儒家思想的根源》，陳來撰，北京：三聯書店，1996 年。

28. 《古史辨》第三冊上、下編，顧頡剛編著，臺北：明倫出版社，1970 年 3 月。

29. 《史記》，（漢）司馬遷撰、（唐）司馬貞索隱、（唐）張守節正義、（宋）裴駰集解，臺北：鼎文書局，1987 年 11 月印本。

30. 《四因說演講錄》、《周易哲學演講錄》，牟宗三撰，臺北：聯經出版事業公司，《牟宗三先生全集》第三十一冊，2003 年 4 月。

31. 《正蒙》（《張載集》）（宋）張載撰，臺北：漢京文化事業公司，2004 年 3

月。

32. 《生命的學問》，牟宗三撰，臺北：三民書局，1970 年 9 月。

33. 《甲骨文字典》，徐中舒主編，成都：辭書出版社，1993 年 9 月。

34. 《甲骨文字集釋》，李孝定編，臺北：中央研究院歷史語言研究所，1965 年 6 月。

35. 《先秦文史資料考辨》，屈萬里撰，臺北：聯經出版事業公司，1985，年。

36. 《在說與不說之間——中國義理學的理論與實踐》，曾昭旭撰，臺北：漢光文化事業公司，1992 年 2 月。

37. 《存在生命與心靈境界上、下》，唐君毅撰，臺北：臺灣學生書局，1977 年 9 月。

38. 《存在感與歷史感》，曾昭旭撰，臺北：臺灣商務印書館，2003 年 8 月。

39. 《朱子文集》，（宋）朱熹撰、陳俊民校編，臺北：德富文教基金會，2000 年 2 月。

40. 《朱子哲學思想的發展與完成》，劉述先撰，臺北：學生書局，1982 年。

41. 《朱子語類》，（宋）朱熹撰、黎靖德編，臺北：文津出版社，1986 年 12 月。

42. 《考信錄》，（清）崔述撰，臺北：世界書局，1960 年 11 月。

43. 《宋元學案》上、下，（明）黃宗羲撰、全祖望修定，臺北：廣文書局，1971 年 6 月。

44. 《巫師傳統和儒家的深層結構》，吳文璋撰，高雄：復文圖書出版社，2001 年 6 月。

45. 《我的探索》，傅偉勳撰，臺北：聯經出版事業公司，1985 年。

46. 《良心教與人文教》，曾昭旭撰，臺北：臺灣商務印書館，2003 年 8 月。

47. 《周敦頤》，陳郁夫撰，臺北：東大圖書公司，1990 年。

48. 《孟子義理疏解》，王邦雄、曾昭旭、楊祖漢撰，臺北：鵝湖月刊出版社，1983 年 10 月。

49. 《尚書正義》，（漢）孔安國傳（唐）孔穎達疏，臺北：藝文印書館影清嘉慶間阮元校刊本，1993 年 9 月。

50. 《東洋冥想的心理學——從易經到禪》，榮格撰、楊儒賓譯，臺北：商鼎文化，1995 年 3 月。

51. 《祁克果與現代人生》，陳俊輝撰，臺北：黎明文化事業公司，1987 年 5 月。

52. 《祁克果語錄四——宗教》，陳俊輝編譯，臺北：揚智文化事業公司，1993 年 6 月。

53. 《春秋穀梁傳注疏》，（晉）范甯集解（唐）楊士勛疏，臺北：藝文印書館

影清嘉慶間阮元校刊本，1993 年 9 月。

54. 《皇極經世・觀物外篇》，（宋）邵雍撰、閏修纂輯說，臺北：老古文化事業公司，2004 年 6 月。

55. 《科學方法百科辭典》，王海山主編，臺北：恩楷公司，2003 年 2 月。

56. 《書傭論學集》，屈萬里撰，臺北：聯經出版事業公司，《屈萬里全集》第二輯 1984 年 7 月。

57. 《殷墟卜辭綜述》，陳夢家撰，北京：中華書局，1992 年 7 月。

58. 《荀子集解》，（清）王先謙撰，臺北：藝文印書館，1994 年 1 月。

59. 《國學導讀》（二），邱燮友、周何、田博元編著，臺北：三民書局，2002 年 6 月。

60. 《現象與物自身》，牟宗三撰，臺北：聯經出版事業公司，《牟宗三先生全集》第二十一冊，2003 年 4 月。

61. 《船山哲學》，張立文撰，臺北：七略出版社，2000 年 12 月。

62. 《復性書院講錄》上、下，馬一浮撰，臺北：廣文書局，1964 年 1 月。

63. 《智的直覺與中國哲學》，牟宗三撰，臺北：聯經出版事業公司，《牟宗三先生全集》第二十冊，2003 年 4 月。

64. 《焦循研究》，何澤恆撰，臺北：大安出版社，1990 年 5 月。

65. 《圓善論》，牟宗三撰，臺北：聯經出版事業公司，《牟宗三先生全集》第二十二冊，2003 年 4 月。

66. 《新編甲骨文字典》，劉興隆編，臺北：文史哲出版社，1997 年。

67. 《經典釋文》，（唐）陸德明撰，臺北：臺灣商務印書館影清文淵閣《四庫全書》本，1983 年 6 月。

68. 《經學研究論叢》第十一輯，林慶彰主編，臺北：臺灣學生書局，2003 年 6 月。

69. 《道德與道德實踐》，曾昭旭撰，臺北：漢光文化事業公司，1983 年 4 月。

70. 《漢書》，（漢）班固撰、（唐）顏師古注、（清）王先謙補注，臺北：鼎文書局，1986 年 10 月。

71. 《說苑》，（漢）劉向撰，臺北：世界書局，《四庫全書薈要》，1987 年。

72. 《論語義理疏解》，王邦雄、曾昭旭、楊祖漢撰，臺北：鵝湖月刊出版社，1985 年。

73. 《儒家思想的現代意義》，蔡仁厚撰，臺北：文津出版社，1987 年。

74. 《儒家哲學的體系》，羅光撰，臺北：臺灣學生書局，1990 年 11 月。

75. 《儒家哲學論集》，曾春海撰，臺北：文津出版社，1989 年。

76. 《儒家基本存有論──自哲學始基點之定立與完成》，范良光撰，臺北：

樂學書局，2003 年 1 月。

77. 《儒家傳統與現代生活》，曾昭旭撰，臺北：臺灣商務印書館，2003 年 8月。

78. 《儒教》，杜維明撰、陳靜譯，臺北：麥田出版公司，2002 年 12 月。

79. 《讀經示要》上、下冊，熊十力撰，臺北：明文書局，1999 年 9 月。

80. 《體用與心性：當代新儒家哲學新論》，賴賢宗撰，臺北：臺灣學生書局，2001 年 6 月。

三、學位論文（以論文題目首字筆劃由少至多排列）

1. 《中國古代天人鬼神交通之四種類型及其意義》，楊儒賓撰，臺北：臺灣大學中文研究所博士論文，1987 年。

2. 《左傳、國語引《易》考釋》，唐玉珍撰，臺北：臺灣師範大學國文研究所碩士論文，2000 年 6 月。

3. 《先秦巫俗之研究》，趙容俊撰，臺北：臺灣大學中國文學研究所碩士論文，2002 年 11 月。

4. 《吳澄之《易經》解釋與《易》學觀》，楊自平撰，桃園：中央大學中國文學研究所博士論文，2000 年 1 月。

5. 《周易之「時中」思想研究》，李淑子撰，臺北：輔仁大學哲學研究所碩士論文，1993 年 6 月。

6. 《周易之道德哲學研究》，呂依靜撰，臺北：輔仁大學哲學研究所碩士論文，1996 年 7 月。

7. 《周易元亨利貞四德說研究》，方中士撰，高雄：高雄師範學院國文研究所碩士論文，1987 年 5 月。

8. 《周濂溪之研究》，石黑毅撰，臺北：臺灣大學哲學研究所碩士論文，1994 年 4 月。

9. 《易傳之解經學研究》，陳蘭行撰，桃園：中央大學中國文學研究所碩士論文，1994 年 6 月。

10. 《易傳陰陽思想研究》，劉馨潔撰，臺北：臺灣師範大學國文研究所碩士論文，2000 年 6 月。

11. 《易經之天人關係研究》，金學權撰，臺北：中國文化大學哲學研究所博士論文，1989 年 12 月。

12. 《易經倫理思想研究》，黃成權撰，臺北：中國文化大學哲學研究所博士論文，1982 年 5 月。

13. 《易經哲學中人之研究——以人之自律擴大過程爲中心》，金聖基撰，臺北：中國文化大學哲學研究所博士論文，1993 年 6 月。

14. 《易經憂患意識研究》，楊陽光撰，臺北：臺灣師範大學國文研究所碩士論文，1986 年 5 月。

15. 《胡五峰思想之研究》，王俊彥撰，臺北：中國文化大學中國文學研究所博士論文，1989 年 6 月。

16. 《胡渭《易圖明辨》之研究》，許朝陽撰，桃園：中央大學中國文學研究所碩士論文，1996 年 6 月。

17. 《胡煦易學研究》，許朝陽撰，臺北：輔仁大學中國文學研究所博士論文，2000 年 6 月。

18. 《從《伊川易傳》探伊川思想》，蔡府原撰，臺北：臺灣師範大學國文研究所碩士論文，2000 年 1 月。

19. 《清焦循《易圖略、易通釋》研究》，陳進益撰，桃園：中央大學中國文學研究所碩士論文，1994 年 6 月。

20. 《通書思想研究》，吳碧玲撰，臺中：東海大學中國文學研究所碩士論文，1995，年 4 月。

21. 《焦循《易》學之數理思維》，李雅清撰，臺北：政治大學中國文學研究所碩士論文，2003 年 6 月。

22. 《程明道「天人一本」說之研究》，金琇昌撰，臺北：臺灣大學哲學研究所碩士論文，1994 年 12 月。

23. 《項安世周易玩辭研究》，賴貴三撰，臺北：臺灣師範大學國文研究所碩士論文，1990 年 5 月。

24. 《論易經乾坤之作用》，楊遠謀撰，臺北：中國文化大學哲學研究所碩士論文，1987 年 6 月。

25. 《儒家圓教之可能性》，王財貴撰，臺北：中國文化大學哲學研究所博士論文，1997 年。

26. 《魏晉易學「生生」思想研究》，李瑋如撰，臺北：臺灣師範大學國文研究所碩士論文，2000 年 5 月。

四、單篇論文（以論文題目首字筆劃由少至多排列）

1. 〈人在周易思想中的價值〉，李賢中撰，《哲學與文化》第 20 卷第 10 期（總第 233 期），1993 年 10 月。

2. 〈卜筮之易與義理之易〉，戴君仁撰，《書目季刊》第 6 卷第 2 期，1971 年冬季號。

3. 〈中庸中的天人關係〉，傅佩榮撰，《中華易學》第 6 卷第 3 期（總第 63 期），1985 年 5 月。

4. 〈仁字出於古易〉，王凱然撰，《中華易學》第 4 卷第 9 期（總第 45 期），

1983 年 11 月。

5. 〈孔子的《易》教──《周易・文言傳》道德義涵解析〉，賴貴三撰，《孔孟月刊》第 41 卷第 4 期（總第 484 期），2002 年 12 月。

6. 〈孔子的《易》教──《周易・乾・文言傳》「子曰」釋義〉，賴貴三撰，《孔孟月刊》第 40 卷第 6 期（總第 474 期），2002 年 2 月。

7. 〈王夫之論《周易》「扶陽抑陰」之教〉，林文彬撰，《中興大學台中夜間部學報》創刊號，1995 年 11 月。

8. 〈王廷相的元氣無息論〉，王俊彥撰，臺北：里仁書局出版《章太炎與近代中國學術研討會論文集》，1999 年 6 月。

9. 〈王船山論陰陽與道體的關係〉，陳祺助撰，《哲學與文化》第 29 卷第 11 期，2002 年 11 月。

10. 〈王弼《易》注中之老子思想〉，邱宜文撰，《鵝湖月刊》第 23 卷第 8 期（總第 272 期），1998 年 2 月。

11. 〈自目的論與責任論分析與重建儒家道德哲學〉，成中英撰，《漢學研究》第 7 卷第 1 期，1989 年 6 月。

12. 〈完成「元亨利貞」的生命──《周易》的人生哲學〉，陳郁夫撰，《國文天地》第 6 卷第 11 期（總第 71 期），1991 年 4 月。

13. 〈周易「元亨利貞」析論〉，蒙傳銘撰，《中國學術年刊》第 2 期，1978 年 6 月.。

14. 〈周易元亨利貞辨〉，劉雁樓撰，長沙：師範大學出版社《大道之源──《周易》與中國文化》，1993 年 2 月。

15. 〈周易卦辭結構研究〉，林益勝撰，《空大人文學報》創刊號，1992 年 4 月 20 日。

16. 〈周易象傳論時大矣哉十二卦探義〉，林文欽撰，《孔孟月刊》第 28 卷第 9 期，1990 年 5 月。

17. 〈周易變易思想的類型〉，林文欽撰，《中華道教學院南台分院學報》第 2 期，2001 年 10 月。

18. 〈周原甲骨文與《易經》〉，陳寧撰，《新史學》第 7 卷第 1 期，1996 年 3 月。

19. 〈易何以為五學之原〉，易明撰，《中華易學》第 5 卷第 1 期（總第 49 期），1984 年 3 月。

20. 〈易哲學中的感應與亨通〉，曾春海撰，《哲學與文化》第 29 卷第 4 期，2002 年 4 月。

21. 〈易傳中的天人關係〉，傅佩榮撰，《中華易學》第 5 卷第 11 期（總第 59 期），1985 年 1 月。

22. 〈易傳關於天人之際的論述〉，戴璉璋撰，《鵝湖月刊》第 176 期，1990 年 2 月。

23. 〈易經大象傳義理研究〉，林政華撰，《書目季刊》第 18 卷第 4 期，1985 年 3 月。

24. 〈易經形式結構中所蘊涵之義理〉，黃沛榮撰，《漢學研究》第 19 卷第 1 期，（總第 38 期），2001 年 6 月。

25. 〈易經卦爻辭之形成與律則〉，徐芹庭撰，《孔孟月刊》第 20 卷第 10 期，1982 年 6 月。

26. 〈易經和道家中的「相反相成」原理〉上、下，嚴靈峰撰，《東方雜誌》第 21 卷第 8、9 期，1988 年 2、3 月。

27. 〈易經傳之吉凶思想──以卦爻辭與象、象、繫辭之討論為主〉，黃雅歆撰，《輔仁大學中文研究所學刊》第 4 集，1995 年 3 月。

28. 〈胡五峰盡心成性之思想〉，王俊彥撰，《孔孟月刊》27 卷第 6 期（總第 318 期），1989 年 2 月。

29. 〈哲學史的主觀性與客觀性〉，勞思光撰，《中國文哲研究通訊》第 1 卷第 2 期，1991 年 6 月。

30. 〈商代的神話與巫術〉，陳夢家撰，《燕京學報》第 20 期，1936 年 12 月。

31. 〈從《易》卦辭看程頤釋「元亨利貞」四德〉，蔡鴻江撰，《高雄餐旅學報》第 5 期，2002 年 12 月。

32. 〈從左傳筮例看周易義理化傾向〉，劉瑛撰，北京：燕山出版社《北京大學古文獻研究所集刊》（一），1999 年 12 月。

33. 〈試論卜筮之本質及其對於《易經》的意義〉，張振春撰，《中華易學》第 15 卷第 8 期（總 176 期），1994 年 10 月。

34. 〈試論先秦卜筮之官地位的轉變〉，黃忠天撰，《中華道教學院南台分院學報》第 2 期，2001 年 10 月。

35. 〈談卦爻辭中的動物及其象徵意義〉，黃忠天撰，《中興大學台中夜間部學報》創刊號，1995 年 11 月。

36. 〈論《周易·文言》可拆附卦爻辭下〉，彭忠德撰，《孔孟月刊》第 40 卷第 2 期（總第 470 期），2001 年 10 月。

37. 〈論《易傳》中乾坤的意義〉，王金凌撰，《輔大國文學報》第 12 期，1996 年 8 月。

38. 〈論卜辭與卦爻辭〉，周少豪撰，《中華學苑》第 46 期，1991 年 10 月。

39. 〈論儒家工夫論的轉向〉，曾昭旭撰，漢城韓國中國學會出版《中國學報》第 32 輯，1992 年。

40. 〈儒家性善說的理論根據〉，高懷民撰，《文藝復興月刊》第 78 期，1976

年 12 月。

41. 〈龜之謎〉，艾蘭（英）撰、汪濤譯，成都：四川人民出版社《甲骨文獻集成》第 29 冊，1992 年 8 月。

42. 〈變化氣質、養氣與觀聖賢氣象〉，楊儒賓撰，《漢學研究》第 19 卷第 1 期（總第 38 期），2001 年 6 月。